MYSTIQUE
ENTRE ACTION ET PENSÉE

HEINER WILMER

MYSTIQUE
ENTRE ACTION ET PENSÉE

Une introduction nouvelle
à la philosophie de Maurice Blondel

Traduit de l'allemand
par Félicien Le Douaron et Jean Dubray

Avant-Propos de Jean Dubray

© 2014 « Clairefontaine »
Collection dirigée par Jean-Jacques Flammang scj

Photo en couverture :
Maurice Blondel (photographie prise dans son cabinet
de travail par Mlle Luzzatti au cours de l'hiver 1939-1940)
© UCL, ALPHA, Centre d'archives Maurice Blondel

Editeur : BoD - Books on Demand
12/14 rond-point des Champs Elysées 75008 Paris
Impression BOD - Books on Demand, Allemagne

ISBN 978-23220-112-4-7

Dépôt légal, décembre 2014

En présentant cette édition française du livre de Heiner Wilmer SCJ nous tenons à rendre un hommage particulier à son principal traducteur, Félicien Le Douaron SCJ, décédé depuis peu, qui avait investi ses dernières forces et donné le meilleur de lui-même dans cet énorme travail. Que grâces lui soient rendues.

AVANT-PROPOS

La publication de cet ouvrage s'inscrit, de manière discrète et symbolique, dans la riche et séculaire histoire des relations culturelles franco-allemandes. En dépit des tragédies sanglantes qui ont affecté périodiquement et douloureusement les rapports entre nos deux pays voisins, que le Rhin sépare et relie tout à la fois, il est émouvant de constater qu'ils n'ont cessé, au cours des siècles, de nouer, entre eux, des contacts si intenses que leur destinée respective et leur âme commune ne sauraient se concevoir sans cette réciprocité. Avant de répandre et de mêler leur sang sur les champs de bataille, en des conflits aussi inutiles qu'impitoyables, ils avaient, depuis longtemps déjà, marié leur littérature, métissé leur musique, associé leur peinture et surtout transposé leurs concepts philosophiques. Il est exact de dire qu'en fin de compte, la France, dans son génie propre, ne saurait subsister sans l'Allemagne et que l'Allemagne ne saurait se définir elle-même sans la coopération avec sa très chère ennemie française.

Cette étude de la pensée de M. Blondel porte doublement l'empreinte de ce dialogue fécond entre nos deux cultures. L'auteur, Heiner Wilmer, désormais bien connu du public allemand pour différents essais, parus récemment[1], appartient au même Institut religieux que ses deux traducteurs français»[2], auxquels le relie, en outre, une ancienne et profonde amitié. Quant à l'objet du livre, il concerne un philosophe très représentatif d'une certaine pensée et que l'analyse, conduite par un écrivain pétri de culture germanique, éclaire d'une lumière vivre, y faisant même jaillir des lueurs imprévues. Depuis la publication, en allemand, de ce livre (1992), d'autres études, portant

---

[1] Signalons notamment un de ses derniers ouvrages, dont le succès fut éclatant : *Gott ist nicht nett*, Herder, Freiburg-in-B., 2013.

[2] Congrégation des Prêtres du Sacré-Cœur (St-Quentin). Malheureusement, l'un des deux, Félicien Le Douaron, est décédé récemment.

sur la pensée et l'œuvre de Blondel, ont vu le jour et les ont enrichies de leurs analyses. Il reste que la thèse de H. Wilmer représente pour les recherches blondéliennes, une étape historique importante, qu'on ne peut ni négliger, ni éviter.

L'originalité indéniable de l'ouvrage consiste dans le fait d'avoir uni, dans une même vision fondamentale, comme d'ailleurs l'indique le titre, la mystique et la foi chrétienne, le regard du croyant et la visée du philosophe. Jamais, en effet, ces différentes démarches n'avaient connu, avant les synthèses hardies du philosophe d'Aix-en-Provence, une telle continuité et entretenu des affinités aussi intimes. Avant de parvenir à ce résultat, il a fallu d'abord – et l'enquête minutieuse de l'auteur l'expose avec clarté – dégager et clarifier l'horizon intellectuel de la fin du XIXe siècle, tout imprégné de naturalisme et de rationalisme, encombré, en outre, d'une foule de préjugés, concernant la mystique. A cet égard, la première partie du livre se révèle d'une densité documentaire exceptionnelle, doublée d'une remarquable clarté pédagogique, dans la reconstitution des débats et polémiques, ayant agité l'intelligentsia française à propos de ces questions. Ces discussions houleuses n'épargnaient pas (on peut le constater en lisant les pages consacrées à la controverse avec J. Maritain) l'Eglise catholique elle-même. Celle-ci, depuis notamment la querelle du pur amour entre Bossuet et Fénelon, s'est souvent sentie mal à l'aise pour appréhender théologiquement et analyser rationnellement l'essence profonde du mysticisme.

Contre l'esprit scientiste de l'époque, M. Blondel tente de démontrer, dès sa première thèse *L'Action* (1893), que la destinée de l'homme ne saurait rester prisonnière de l'immanence, enfermée dans le seul horizon terrestre. L'ampleur et le dynamisme de la volonté humaine se révèlent tels qu'aucune réalisation concrète n'en épuisera jamais l'élan. L'infini se voyant ainsi logé au cœur de l'être, il devenait plus facile – et l'entreprise en paraissait plus logique – de souligner que, seul, le christianisme se montrait en mesure de combler les aspirations de l'homme. C'est l'objectif avoué de la *Lettre sur les exigences de la pensée contemporaine* (1896) retrouvant ainsi l'antique intuition augustinienne : « *Fecisti nos ad Te Domine et inquietum est cor nostrum donec requiescat in Te* »[1].

---

[1] « Tu nous as créés pour Toi, Seigneur et notre cœur est sans repos tant qu'il ne se repose en Toi », Saint Augustin, *Confessions*, Livre I/1.

La spécificité chrétienne tient au fait que cet Infini, venant combler la soif ardente de la créature, ne s'identifie pas à une Transcendance lointaine ou à l'incommensurable Etre des êtres, mais au Dieu de Jésus-Christ. Ici, Blondel redécouvre le thème johannique par excellence qu'il module et orchestre indéfiniment : « Dieu est Amour ». On ne saurait oublier, dans ce contexte, que cette révélation de l'Agapè évangélique, clef de voûte de la réflexion théologique et de l'expérience mystique, rejoint, à sa manière, l'idée fondatrice de l'Institut des Prêtres du Sacré-Cœur. En effet, le symbole privilégié en reste ce tabernacle ouvert et déserté, formé par le cœur exsangue du Sauveur, qu'un amour sans réserve a comme vidé de sa substance. L'auteur a raison de souligner que réflexion philosophique et prière se conjuguaient naturellement dans la vie quotidienne de M. Blondel, lequel méditait longuement le mystère du Vendredi-Saint et ne commençait jamais une journée de travail sans s'être agenouillé, de longues minutes, au pied de son bureau, couvert de feuilles blanches et surmonté d'une croix.

Il n'entre évidemment pas dans notre propos d'usurper la place du lecteur en reprenant et résumant les principaux acquis de cette riche enquête. C'est à chacun de pénétrer au sein de l'univers de pensée blondélien et d'y admirer notamment la profusion des termes et des métaphores, servant à désigner l'expérience mystique et à en suggérer l'indicible : la communion, l'union nuptiale, l'intussusception, la greffe divine, la prospection.

Au terme de ce modeste avant-propos, qu'il nous soit permis d'évoquer l'analyse percutante, conduite, en fin de volume, de la dernière œuvre de M. Blondel : *La Pensée*. Moins appréciée par les critiques que les précédentes, aboutissement tardif et imparfaitement dominé d'un travail mené par un écrivain au seuil de la cécité, elle mérite une attention particulière. Dans le sillage de Leibniz, le philosophe d'Aix-en-Provence refuse de considérer le « Cogito » cher à Descartes, comme le point de départ absolu de l'émergence de la pensée, car, si tel était le cas, son surgissement, au cours de l'évolution biologique, s'apparenterait à une sorte d'épiphénomène insolite et inexplicable. La « pensée pensante » s'inscrit dans un mouvement antérieur d'unification et de diversification à l'œuvre dans l'univers matériel et plus particulièrement au sein des règnes végétal et animal : « A l'instar des germes mystiques déposés, dès l'origine, non seulement dans l'homme mais dans toute la création et aspirant à l'union avec son Créateur, la pensée se montre présente, dès l'origine, dans le cosmos »[2]. Cette hypothèse extrême et englobante d'une « pensée cosmique » unissant esprit et matière n'est pas sans rappeler les intuitions bergsoniennes et teilhardiennes, portant sur « l'Elan vital » et invitant à contempler, jusque dans la nébuleuse primitive, l'ébauche d'un psychisme en quête de lui-même.

Cette ultime remarque résonne comme une invitation à explorer plus attentivement encore la première partie de l'histoire culturelle de l'Europe du XXe siècle qui nous donna d'assister à une renaissance spirituelle sans précédent dans les divers domaines de la peinture, de la musique, de la littérature et qui vit trois philosophes, aux itinéraires très dissemblables et s'appuyant sur des postulats fort différents, se rejoindre dans une même perspective et communier dans une même conviction.

Jean DUBRAY

---

[2] *Mystique entre Action et Pensée*, 3.3-2.2.

PRÉFACE

Le présent travail a été accepté comme dissertation doctorale, au semestre d'été 1991, par la Faculté de Théologie de l'Université Albert-Ludwig à Freiburg.

Nous voudrions remercier tout d'abord notre patron de thèse Monsieur le Professeur et Docteur Hansjürgen Verweyen, pour le soutien de son aide vigilante, et pour les remarques constructives de sa critique. Nous remercions Monsieur le Professeur Docteur Charles Lohr SJ. Il fut à l'origine de cette recherche, nous assista constamment de ses conseils et se chargea finalement de la Conférence de soutenance. Nos remerciements particuliers vont également à Monsieur le Professeur Docteur Peter Henrici SJ qui, pendant les deux années que dura le séjour de recherche à l'Université Pontificale Grégorienne à Rome, nous a introduit à la philosophie de Maurice Blondel. Il accompagna la thèse à toutes les étapes de sa composition, elle lui doit plus d'inspiration que ne l'indiquent les quelques références, au fil du texte.

Au plan des entrevues riches d'informations et d'apport documentaire, nous sommes largement redevable au Cardinal Henri de Lubac S.J. (Paris), décédé depuis ; à Messieurs les Professeurs Emile Poulat, Michel Sales SJ (Paris), Christophe Theobald SJ (Paris) et Xavier Tilliette SJ (alors à Rome), ainsi qu'à Messieurs Dr. Anton E. van Hooff OSB (Vaals/Niederlande) et Dr. Albert Raffelt (Freiburg). L'infatigable Madame Renate Schuler (Strittmatt) a soigneusement révisé le texte page après page, y apportant de nombreuses corrections lexicales. Nous la remercions cordialement. Nous remercions aussi le Père Jean Dubray SCJ (Athis Mons), pour nous avoir procuré des textes difficiles, et aussi pour la révision des citations françaises ; Monsieur Franz Noichl (Unteribental) pour son aide à la mise sous presse.

Nous sommes reconnaissant envers les confrères de la Congrégation des Prêtres du Sacré-Cœur (SCJ), qui nous ont assuré la disponibilité nécessaire à ce travail, et en ont accompagné la réalisation avec beaucoup de compréhension nous pensons notamment aux confrères du Collège International à Rome : nous voudrions remercier avant tout le Père Dr. Joseph Adam pour l'aide apportée à plusieurs délicats problèmes de traduction ; le Père Albert Bourgeois pour de nombreux entretiens riches de lumières, et le Père Antonius Stahlschmidt pour son aide dans le traitement des données.

Nous remercions le land de Baden-Würtemberg et l'Université de Freiburg de nous avoir accordé une subvention promotionnelle sur deux ans, et le Service Allemand d'Echanges Académiques de Bonn pour la bourse qu'il nous a accordée. Nous avons eu la joie de voir cet essai couronné par le « Prix Bernhard Welte », fondé par l'Archevêque de Freiburg, et décerné par Mgr. Dr. Paul Wehrle. Nous remercions également l'Archidiocèse de Freiburg pour sa participation considérable aux frais d'impression. Notre reconnaissance va finalement aux éditeurs des "Freiburger theologische Studien" et aux éditions Herder pour l'accueil amical de cet ouvrage dans cette collection.

Freiburg im Breisgau, février 1992
Heiner Wilmer SCJ

REMERCIEMENTS

Nous tenons à ajouter aux remerciements exprimés dans la préface de ce livre, ceux concernant les personnes qui ont concouru directement ou indirectement à sa traduction française. En tout premier lieu, notre gratitude s'adresse à Félicien Le Douaron (SCJ) qui n'a ménagé ni sa peine ni son temps et apporté sa compétence linguistique à ce délicat travail de traduction. Nous exprimons également notre reconnaissance très vive à Jean Dubray (SCJ) pour sa coopération à la traduction, l'impulsion donnée à la composition et à la parution de l'ensemble. Sans lui, ce résultat aurait été difficilement atteint. Nous remercions Léon Robert (SCJ) pour son concours précieux et exprimons notre vive reconnaissance au professeur Albert Raffelt pour l'actualisation qu'il a effectuée de la bibliographie générale.

1. INTRODUCTION

1.1. But et méthode du présent ouvrage

Rien n'a autant préoccupé le philosophe français Maurice Blondel (1861-1949) que de trouver une expression littéraire adéquate au vécu concret de sa foi chrétienne. On l'appelait, à juste titre, « le philosophe du concret », toujours soucieux qu'il était de fonder la pensée sur son expérience, en particulier sa profonde expérience spirituelle. A ce jour, l'étude des répercussions de l'expérience religieuse et spirituelle de Blondel sur sa pensée a déjà fait l'objet d'une recherche exemplaire[1]. Pourtant, pour qui parcourt l'histoire de l'accueil réservé à son œuvre, il apparaît que le problème des éventuelles expériences mystiques de Blondel, et en particulier de sa conception de la mystique, n'a guère suscité l'intérêt.

Tout en focalisant la recherche sur la conception blondélienne de la mystique et en montrant comment sa position ne prend forme que dans la confrontation avec d'autres penseurs de son temps, nous voudrions en même temps, par cet essai de théologie fondamentale, contribuer à éclairer le débat qui, dans la France du début du vingtième siècle, se développe autour de la mystique. Même si la présente étude doit son origine à un intérêt systématique, elle s'efforce néanmoins d'éviter toute actualisation prématurée. La teneur des conclusions concernant l'influence de Blondel sur la conception actuelle de la mystique à l'intérieur de la théologie exigeait de prendre en considération toutes les étapes importantes de la discussion subséquente, et de jeter tout au moins un regard panoramique sur l'évolution globale de ces débats jusqu'à ce jour.

Le but de ce travail est d'abord d'élaborer la conception blondélienne de la mystique : c'est l'occasion de montrer dans quelle me-

---

[1] Chr. Mahamé, *Spiritualité et philosophie chez Maurice Blondel de 1883 à 1893*, Paris, Beauchesne 1972 (= Eglise Nouvelle-Eglise ancienne. Spiritualité 1); A. Raffelt, *Spiritualität und Philosophie. Zur Vermittlung geistig-religiöser Erfahrung in Maurice Blondels, L'Action* 1893, Freiburg 1978 (=Freiburger theologische Studien 110); J.P. Ranga, *L'eucharistie chez Maurice Blondel des „Carnets intimes" à „L'Action"* 1882-1894. *La vie eucharistique dans l'élaboration d'une pensée philosopique*, Lyon, (dissertation non publiée), 1979 ; L. Cavaliere, *L'essenza del soprannaturale in Maurice Blondel*, Rome, (dissertation non publiée), 1980.

sure le regard du philosophe sur la mystique est loin de ressembler pour Blondel à ce qu'on pourrait appeler le mariage de la carpe et du lapin. Il faut ensuite réinsérer la conception de la mystique dans le cadre de l'œuvre entière de Blondel, afin de discerner dans quelle mesure les premières œuvres philosophiques de cet auteur ont influencé sa compréhension plus tardivement exposée de la mystique, ou de savoir si, à l'inverse, sa philosophie n'a pas marqué d'une empreinte décisive sa représentation de la mystique.

On se demandera si la compréhension blondélienne de la mystique ouvre un accès intérieur à toute une philosophie[2]. On posera particulièrement la question de savoir si et dans quel domaine l'œuvre maîtresse de Blondel, L'Action, présente une faille de la réflexion à laquelle la mystique seule peut porter remède.

La démarche de notre projet se laissera guider par le cheminement de la pensée de l'auteur. Sous l'influence d'impulsions extérieures, il dissémina ses déclarations sur la mystique dans des écrits de circonstance qu'il publia tandis qu'il enseignait la philosophie à Aix-en-Provence (1899-1927), ainsi que dans des œuvres plus tardives telles : L'itinéraire philosophique (1928) et Exigences philosophiques du christianisme (1930). En nous efforçant d'esquisser la conception blondélienne de la mystique sur fond de débat contemporain autour de cette notion, nous relèverons dans l'ordre chronologique les textes qui s'y rapportent. Lors de la démarche suivante, nous considérerons la représentation blondélienne de la mystique comme un catalogue de critères qui nous aideront à parcourir les étapes importantes de sa pensée, afin d'exposer clairement l'influence de sa notion de la mystique à l'intérieur de sa philosophie. La limite située en amont de ce parcours est constituée par L'Action (1893) et la toile de fond « expérientielle » présentée dans les notes journalières publiées ; la limite à venir est constituée par La Pensée (1934).

Qui veut reconstituer systématiquement la conception blondélienne de la mystique, se heurte à une difficulté dans la terminologie

---

[2] La meilleure introduction à ce sujet nous vient du P. Henrici, *Maurice Blondel (1861-1949), et la « Philosophie de l'Action »*, voir E. Coreth (éditeur), *Christliche Philosophie*, vol I, 583-584. Comparer A. Raffelt, *Blondel, Traductions et travaux en langue allemande sur l'œuvre de Blondel* dans *Theologie und Philosophie* 64 (1989) 237-252, ici 243.

même. Pour disposer d'un point de départ dans la recherche d'une saisie des notions de la mystique blondélienne, nous voudrions provisoirement cerner comme suit la spécificité du terme « mystique » : l'expérience religieuse ne devient expérience mystique que dans la mesure où elle est *ressentie* comme provenant directement de Dieu.

Pour que le présent travail puisse garder des proportions raisonnables, nous avons dû nous borner sur plusieurs fronts. D'un point de vue thématique, nous laissons de côté une recherche détaillée sur la place des sacrements dans la pensée de Blondel, ainsi que le lien substantiel qui la soude à l'Eucharistie. Quant aux sources écrites, nous nous en tenons strictement aux textes édités. Nous n'avons pas exploité les notes non publiées, accessibles seulement dans les archives Blondel à Louvain-la-Neuve. Nous n'avons pas non plus reconstitué les sources de Blondel, réservant ce sujet au prochain paragraphe. Nous concevons donc cette étude simplement comme une contribution à l'approche de l'œuvre blondélienne dans la perspective de la mystique et en même temps comme une invitation à savourer de plus près l'authenticité fascinante de sa pensée.

1.2. Les sources de Blondel

A quelle tradition Blondel puise-t-il ? La question des sources dont il s'est inspiré n'est pas posée ici pour elle-même. S'agissant d'analyser la compréhension de la mystique, il est préférable de formuler la question ainsi : quels auteurs ont exercé sur lui une influence spirituelle ? Les textes du P. Henrici se rapportant au sujet donnent une information de première main.

Henrici énumérait dans un article très développé de 1964 ces auteurs ecclésiastiques qui ont influencé les idées exposées dans *L'Action* (1895) : « Il est évident que les sources chrétiennes auxquelles Blondel a puisé ne sont pas des traités dogmatiques, mais la littérature ascétique et mystique dans tout l'éventail de sa tradition. Blondel lit et met à profit Thérèse d'Avila, François de Sales, Rodríguez, Guilloré, Scupoli, Schram, Scaramelli , mais par-dessus tout Augustin, Ignace de Loyola et ses deux compatriotes bourguignons Bernard de Clairvaux et Bossuet. Puis viennent Caussade, Gratry, Vincent de Paul, Bérulle, Lacordaire, Fénelon, Grégoire le Grand, François d'Assise et naturellement *L'imitation de Jésus-Christ.*

Ajoutons également la Sainte Ecriture, que Blondel nomme lui-même la source principale de sa pensée, qui est pour lui moins un manuel de connaissances qu'un livre de vie.[3] »

Ce faisant, Henrici se réfère aux *Notes-Semailles* qui attendaient encore d'être publiées[4]. La reconstitution des sources dans la lecture spirituelle de Blondel lui apparaît comme une tâche extrêmement difficile, étant donné que Blondel ne nomme que rarement les auteurs, pour ne rien dire des références aux ouvrages. Henrici n'a relevé dans l'article mentionné ci-dessus que les auteurs les plus concernés.

Dans sa thèse de doctorat publiée en 1972, Chr. Mahamé consacre un chapitre spécial aux auteurs spirituels de Blondel. Il y publie la *Bibliothèque de Piété*[5], une note de Blondel dans laquelle se trouvent des indications en partie détaillées sur des écrivains spirituels et leurs œuvres. De la composition de cette bibliographie, Mahamé conclut que les titres cités désignent des ouvrages que Blondel voulait acheter ou possédait déjà. Ainsi dans la *Bibliothèque de Piété*, il mentionne : le *Manuale christianorum* et le *Paroissien*, et les auteurs portés sur la liste sont François de Sales, Ambroise de Lambez, P. Olivaint, L. Lessié, T.M. Zigliara, Denis Pétau, A.-F. Ozanam, F.

---

[3] P. Henrici, *Glaubensleben und kritische Vernunft als Grundkräfte der Metaphysik des jungen Blondel*, dans: *Gregorianum* 45 (1964) 689-738, pp. 693-694.

[4] Ibid. 694. Les observations 13-28 renvoient aux *Notes-Semailles*. A côté des *Notes Valensin*, elles forment la partie principale des notes qui servirent à Blondel pour la composition de *L'Action*. Tandis que les *Notes-Semailles* se trouvèrent longtemps en possession de Mademoiselle Panis, la secrétaire de Blondel, le Jésuite Auguste Valensin conserva l'autre partie, nommée d'après lui. Ces notes irrégulièrement découpées étaient déjà numérotées par Blondel. De concert avec Mademoiselle Rougier, la secrétaire de Valensin et plus tard d'H. de Lubac, le P. Henrici disposa les bouts de papier en ordre chronologique. Le P. Henrici prépare une édition critique des « Notes-Semailles », qui sera bientôt prête. Dans une conversation, le P. Henrici nous a communiqué qu'il avait l'impression que les *Notes Valensin* étaient plus fournies que les *Notes-Semailles*. En plus des *Notes-Semailles* et des *Notes Valensin*, il a sûrement existé un cahier avec des notes semblables dans lequel H. Duméry aurait déjà puisé des citations, mais ce cahier, semble-t-il, aurait disparu.

[5] Chr. Mahamé, *Spiritualité et Philosophie*, 50-75.

Fénelon, mais surtout W. Faber et J.-J. Olier[6]. Blondel a-t-il effectivement lu tous ces livres ? On ne sait. Mahamé signale ensuite la forte influence d'Ignace de Loyola, de Bernard de Clairvaux et d'Augustin sur la pensée du jeune Blondel[7].

Au total, on a l'impression que notre auteur, s'il avait une bonne connaissance des mystiques espagnols, fut davantage influencé par les écrits des mystiques français, en particulier ceux de l' « Ecole Française ».

1.3. Au tournant du siècle : le débat sur la mystique

Le dix-neuvième siècle finissant fut vécu en France comme une époque de bouleversements, de crises et d'orientations nouvelles. La Révolution Industrielle et la question sociale causèrent de profonds clivages dans la vie publique et la vie privée. On remodela le rapport entre le travail et le capital, entre le travailleur et l'entrepreneur. Les travailleurs s'organisèrent, leurs associations représentatives virent le jour, et en 1884 fut votée la Loi sur les syndicats. La guerre franco-allemande de 1870-1871 laissa des traces profondes, la Troisième République fut proclamée, l'année 1875 vit naître une nouvelle Constitution. La jeune République, franchement bourgeoise, fut ébranlée par l'Affaire Dreyfus. Le 5 janvier 1898, E. Zola mit la République en ébullition par son article de presse : *J'accuse*. Dans l'Eglise, le *Syllabus* échauffa les esprits, le Concile Vatican I exerça une influence décisive sur l'histoire ecclésiastique et l'encyclique *Aeterni patris*, parue en 1879, fit du thomisme la philosophie officielle de l'Eglise. Dans le domaine des Sciences Naturelles, en 1859, Ch. Darwin avait suscité l'intérêt des spécialistes avec sa théorie sur l'origine des espèces. Cl. Bernard fit franchir à la médecine une étape nouvelle avec la parution, en 1865, de son ouvrage *Introduction à l'étude de la médecine expérimentale*. En 1874, le peintre Cl. Monet exposait un tableau : *Impression, soleil levant* (peint en 1872), qui donna son nom à un style pictural ressenti comme révolutionnaire, l'Impressionnisme, qui se répandit dans toute l'Europe.

---

[6] Ibid. 51-52.
[7] Ibid. 57-75.

A cette époque s'esquissa discrètement un débat qui se noua loin des centres d'intérêt en vogue, et qui, sans qu'on y prît garde, prit une telle extension que non seulement il attira l'attention de plusieurs disciplines, mais fit son entrée dans la presse quotidienne.

Le débat sur la notion même de mystique[8] connut au moment du changement de siècle et dans les deux premières décades du XXe siècle en France un développement inédit depuis le XVIIe siècle, c'est-à-dire depuis l'Ecole Française et les apparitions du Sacré-Cœur à Marguerite-Marie Alacoque (1647-1690) religieuse de Paray-le-Monial. Nous ne cherchons pas ici à décrire dans ses différents contextes l'histoire de ce débat sur la mystique. Nous n'effleurerons ces causes qu'afin de projeter quelque clarté sur la problématique à laquelle Maurice Blondel se trouvait confronté. Que couvrait la notion de mystique en théologie avant que ne se répande à nouveau l'intérêt pour ce phénomène ? Quel jugement portaient à cette époque les philosophes sur la mystique ? Dès lors, quelle situation servit l'amorce ? Pourquoi cette situation changea-t-elle du tout au tout ? Où gisent les causes de ce développement inattendu ? La conception de la mystique qui prévalait en théologie dans la

---

[8] Concernant le mot "mystique", voir Sophrone (= pseudonyme), *le mot "mystique"* dans la *Revue pratique d'apologétique* 28 (1919) 547-556. Sophrone traite du concept « mystique » selon le schéma suivant : I. Sens original (547-548), II. Sens chrétiens (548-554) et III. Sens non chrétiens (554-556). Voir aussi G. de Guibert, *Mystique*, dans la *Revue d'ascétique et de mystique* 7 (1926) 3-16. Concernant l'histoire du mot « mystique » voir L. Bouyer : *Mystique. Essai sur l'histoire d'un mot*, dans la revue *La vie spirituelle*. Supplément 3 (1949) 3-23. Concernant la conception de la mystique dans les premières années du 20ᵉ siècle en France, voir L. Roure, *Mysticisme* dans le *Dictionnaire apologétique de la foi catholique*, vol III, 4ᵉ édition, Paris, Beauchesne, 1916, 1014-1024 ; A. Fonck, Mystique (Théologie), dans le *Dictionnaire de théologie catholique*, vol. X, Paris, Letouzey, 1929, 2599-2674. Pour la conception moderne de la mystique, voir A. Ravier (éditeur) *La mystique et les mystiques*, préface d'Henri de Lubac, Paris, Desclée de Brouwer, 1965; M. Sales/P. Agaesse, *La vie mystique chrétienne,* dans le *Dictionnaire de spiritualité ascétique et mystique*, vol. X, Paris, Beauchesne, 1980, 1939-1984. Dans ce traité théologique, il est intéressant de constater que Maurice Blondel est le seul philosophe à faire l'objet de citations nombreuses et détaillées. Voir finalement l'ouvrage complet d'E. Ancilli/Paparozzi (éditeur), *La mistica. Fenomenologia e riflessione teologica*, 2 vol., Rome, Città Nuova, 1984.

deuxième moitié du XIXe siècle se laisse pressentir à qui feuillette un exemplaire du *Kirchenlexikon*. A l'article *Mystique, théologie mystique*, l'adjectif « mystique » est défini comme suit : « est mystique tout ce qui est un mystère[9] pour la connaissance naturelle et la perception correspondant à la nature ». La mystique est donc d'abord mise en relation avec un domaine qui se dérobe à notre connaissance ordinaire. On souligne l'aspect « mystère » des phénomènes extraordinaires au détriment de la relation de l'homme avec Dieu. Cette définition sommaire du *Kirchenlexikon*, tout comme la définition des mots : « Mystique, Théologie mystique » ne présentent en principe rien d'autre que la synthèse de l'ouvrage en deux volumes *Institutiones theologicae mysticae*, publié en 1774 par le Bénédictin D. Schram[10].

A l'opposé de la conception théologique de la mystique se répandit parmi les philosophes une notion essentiellement influencée par V. Cousin[11]. Dans le débat qui se développa plus tard autour de la

---

[9] *Kirchenlexikon oder Encyklopädie der katolischen Theologie und ihrer Hülfswissenschaften*, 12 volumes, 2e édition, Freiburg 1882-1901, vol VIII, 2081-2105, ici :2081.

[10] D. Schram, *Institutiones theologicae mysticae*, 2 vol, Augsbourg, 1774. Voir la nouvelle édition parue en France : D. Schram, *Theologia mystica*, 2 volumes, Paris, Vrayet de Surcy, 1848, vol I,1. D. Schram considère la théologie mystique comme une science : « Theologia Mystica est scientia, ex divinitus revelatis procedens, quae doctrinas ad perfectionem virtutum consequendam conducentes tradit ». L'ouvrage de Schram eut en France un succès considérable ; il fut traduit en français au milieu du 19e siècle et connut plusieurs rééditions : *Théologie mystique*, 2 volumes, 2e édition, Paris, Vivès ,1879, (4e édition 1891).

[11] D'après V. Cousin, le mysticisme est le rêve désespéré de l'homme d'entrer en contact direct avec Dieu : « quand on a resserré arbitrairement sa croyance dans les limites étroites de ce qu'on aperçoit directement, on étouffe dans ces limites, on en veut sortir à tout prix, et on invoque quelque autre moyen de connaître. On n'avait pas osé admettre l'existence d'un Dieu invisible, et voilà maintenant qu'on aspire à entrer en communication immédiate avec lui, tout comme avec les objets sensibles et les objets de la conscience. C'est une faiblesse extrême pour un être raisonnable de douter ainsi de la raison, et c'est une témérité incroyable, dans ce désespoir de l'intelligence, de rêver une communication directe avec Dieu. Ce rêve désespéré et ambitieux, c'est le mysticisme », V. Cousin, *Du vrai, du beau et du bien*, 8e édition, Paris : Didier 1860, 104-105. Il s'agit ici, à l'origine,

mystique, H. Joly résuma la conception de V. Cousin : « [Le mysticisme] est le contrepied du rationalisme, c'est le désespoir de l'intelligence qui, doutant de l'efficacité de la raison, rêve une communication directe avec Dieu, c'est une foi aveugle et portée jusqu'à l'oubli de toutes les conditions imposées à la nature humaine, ne voulant reconnaître entre Dieu et l'homme aucun intermédiaire, ni celui de l'univers sensible, ni celui de la raison, prétendant ainsi non seulement apercevoir Dieu face à face, mais s'unir à lui, tantôt par le sentiment, tantôt par quelque autre procédé caché, supprimant la réflexion, attaquant jusqu'à la liberté, substituant à l'effort une contemplation sans pensée et presque sans conscience... »[12] Le mysticisme ne serait donc rien d'autre que l'illusion rêvée de pouvoir entrer en contact direct avec Dieu. Dans ce rêve, la perception de Dieu par intuition directe est liée à un ressenti vague, toute intervention de la raison étant écartée. Ainsi donc, tandis qu'au milieu du XIXe siècle la théologie, considérant la mystique, n'en mettait pas en cause la réalité événementielle, la philosophie, elle, la contestait.

En dépit de cette conception opposée à la leur, les théologiens ne se sentirent guère provoqués. En tout cas, l'opinion différente des philosophes ne déclencha pas de discussion notable. Cette coexistence apparemment pacifique tenait peut-être à la nature particulière de ces disciplines, car aucun parti ne pouvait contredire l'autre en se fondant sur des preuves. Cette situation changea soudain quand, en plus des sciences humaines, les sciences physiques et naturelles commencèrent à s'occuper de phénomènes mystiques, ayant à leur tête les médecins et les psychologues. L'une des personnalités les plus influentes en ce domaine était J.M. Charcot, le maître de P. Janet et S. Freud. Il exerçait à « La Salpêtrière », le plus célèbre centre de neurologie du XIXe siècle, autrefois un hospice parisien qui doit son nom au site d'une ancienne poudrière. La médecine expérimentale de Charcot parvint à la conclusion que les phénomènes mystiques ne sont pas d'origine surnaturelle mais simplement

---

d'un cours déjà donné en 1818. V. Cousin le retravailla plusieurs fois et le publia pour la première fois en 1853.
[12] H. Joly, *La psychologie des saints*, 21e édition, Paris, Lecoffre, 1929, 37-38 (1ère édition 1897).

psychique. D'après Charcot, le mystique[13] est un malade mental, et les visions mystiques sont à rapprocher de l'hystérie ; l'individu atteint de ce mal aurait un penchant marqué pour la croyance au merveilleux et au surnaturel, comme pour des pratiques à caractère religieux ; il risquerait fort, par exemple, d'adhérer à des cercles de spiritisme[14].

Pour les théologiens, ce fut un choc. Ils étaient pour ainsi dire paralysés, abasourdis par la conclusion de la Salpêtrière. Impuissants, ils s'agrippaient encore à une définition de la mystique dénuée de tout fondement. Mais certaine conception de la mystique couvrant vaguement de ce terme tout ce qui était mystérieux, accentuant son caractère surnaturel sans toutefois la séparer du monde des phénomènes, ne pouvait que provoquer un sourire de compassion. Etant donné qu'elle n'était pas seulement un thème de la théologie, mais que la théologie mystique constituait une branche de la science catholique, les nouvelles avancées de la médecine et de la psychologie plongèrent l'ensemble de la théologie dans une crise profonde. Tout ce que l'on prenait jusqu'à présent pour du surnaturel ne devenait-il pas tout à coup une réalité explicable à partir du psychisme humain ? L'union à Dieu n'était-elle donc que l'illusion d'une raison désespérée ? La sphère du divin et ce qui en émanait se réduisaient-ils donc désormais à « la projection du moi » ? Les expériences réalisées par les sciences de la nature avaient-elles maintenant prouvé la justesse de certaines thèses philosophiques ?

De toute évidence le sol se dérobait sous les pieds des théologiens. En désespoir de cause, ils s'épuisaient à vouloir regagner du terrain, ce qui, à l'occasion, donnait l'impression du combat de Don Quichotte contre des moulins à vent. Ne devait être aucunement ce qui ne pouvait être : le tir croisé des arguments et des condamnations semblait dessiner les contours d'une guerre de position dans la politique de l'Eglise. Il n'empêche : quelques théologiens essayèrent de faire face à cette révolution copernicienne apparemment nouvelle en composant avec les avancées des sciences de la nature. L'un d'eux fut le jésuite belge de Louvain, G. Hahn.

---

[13] Voir à ce sujet Barbara Suter dans *Informationsblatt der Universität Zürich* 6 (1990) 9.

[14] J.M. Charcot, *Leçons sur les maladies du système nerveux faites à la Salpêtrière*, 3 vol, 3ᵉ édition, Paris, Delahaye et Cie 1877, vol III, 226-234.

En 1882, à l'occasion du 300ᵉ anniversaire de la mort de Thérèse d'Avila, l'évêque de Salamanque invita les savants catholiques à rédiger sur les révélations de la Sainte des écrits qui, aux yeux des savants incroyants, feraient preuve de cohérence. G. Hahn, qui s'était déjà fait un nom pour ses solides connaissances en biologie, accepta l'invitation et se mit au travail. Un an plus tard paraissait son article : *Les phénomènes hystériques et les révélations de Ste Thérèse*[15]. La recherche de Hahn s'appuyait sur le parti que l'on tirait des observations et des expériences entreprises par Charcot à Paris en vue d'étudier l'hystérie et l'hypnose[16]. Se fondant sur les symptômes constatés, Hahn aboutit à la conclusion que jusqu'à un âge avancé, Thérèse souffrait d'une épilepsie hystérique[17]. Puis, d'une manière exceptionnelle, elle se serait écartée du scénario classique de la maladie, brisant le parallèle - habituel chez les hystériques - entre les effets physiques et les effets intellectuels de la maladie, de sorte que dans son cas, aucune pathologie de nature intellectuelle ne se serait jamais manifestée. Elle aurait très bien su faire la part des choses dans sa double expérience des phénomènes hystériques et des phénomènes vraiment surnaturels. C'est pourquoi on ne saurait la classer parmi les hystériques[18]. La contribution de Hahn, qui étudiait Thérèse du point de vue de l'hystérie, fut couronnée d'un prix, mais fut mise à l'index en 1886 par Rome[19].

---

[15] G. Hahn, *Les phénomènes hystériques et les révélations de Ste Thérèse* dans la *Revue des questions scientifiques*, 13 (1883) 5-77, 511-569 ; 14 (1883) 39-84.

[16] Voir G. Hahn, *Les phénomènes* 13 (1883) 16-39.

[17] Voir J.M. Charcot , *Leçons sur les maladies du système nerveux*, vol I, 367-385, cours sur l'épilepsie hystérique.

[18] « Quand les rationalistes accordent à Ste Thérèse de Jésus une grande promptitude et une grande force de réflexion, une connaissance claire, exacte et profonde des opérations de son âme, ils nous offrent, même sous ce point de vue, une preuve concluante pour démontrer que la sainte était parfaitement à même de distinguer entre le naturel et le surnaturel, et qu'elle n'est pas victime d'une illusion quand elle parle de ce second ordre avec autant d'assurance que du premier », G. Hahn, *Les phénomènes* 14 (1884) 84.

[19] Ibid. 82 : « Thérèse souffrait d'une hystérie organique, elle n'était nullement atteinte d'hystérie intellectuelle. C'est même trop peu dire ; car sous le

Entretemps, un confrère belge de Hahn, L. de San, élaborait une interprétation divergente. En 1886 parut son *Etude pathologico-théologique sur sainte Thérèse*[20]. A la différence de Hahn, il n'imputait pas les états morbides de Thérèse à des causes psychiques. Il croyait plutôt à une gastrite aggravée de problèmes cardiaques. Il n'était pas question chez de San de symptômes induisant une hystérie[21]. Son étude donna le signal d'une série de publications qui eurent pour point commun d'affirmer la santé fondamentale de toute vie mystique et de ne rapporter d'aucune manière à l'hystérie les états psychiques de Thérèse. Le médecin A. Goix plaida donc pour une interprétation anti-hystérique, et conclut d'ailleurs en diagnostiquant que Thérèse avait contracté le paludisme[22]. Le médecin A. Imbert-Goubeyre se prononça aussi contre la thèse de l'hystérie, mais attribua le tableau clinique à l'anémie[23].

Il est difficile d'apprécier dans la perspective d'aujourd'hui la confusion provoquée parmi les théologiens par les conclusions de la médecine et les études telles que celle de Hahn. Les préoccupations

---

rapport intellectuel et moral, elle était au pôle opposé des hystéries ordinaires ».

[20] L. de San, *Etude pathologico-théologique sur sainte Thérèse*, Louvain, Fonteyn, 1886.

[21] Ibid. 108-109 : « Nous avons terminé l'examen des preuves que le P. Hahn fait valoir à l'appui de sa thèse des hallucinations. Non seulement nous en avons montré la faiblesse, mais nous leur avons opposé d'autres preuves décisives en faveur de la thèse contraire. Les manifestations psychiques de l'hystérie font donc absolument défaut chez sainte Thérèse. Que faut-il en conclure ? C'est que si, comme nous le croyons, notre démonstration s'impose avec la force irrésistible de l'évidence, la thèse de l'hystérie organique n'est pas soutenable ».

[22] A. Goix, *Le surnaturel et la science. Les extases de sainte Thérèse* dans les *Annales de philosophie chrétienne* Mai 1896, 148-159 ; Juin 1896, 268-280, ici 272.

[23] A. Imbert-Goubeyre, *La stigmatisation, l'extase divine et les miracles de Lourdes. Réponse aux libres-penseurs*, 2 vol, Clermont-Ferrand , Bellet 1894, vol II 541 : « une explication se présente naturellement pour les dix-huit premiers mois de la maladie : c'est celle d'une chlorose grave ». Imbert-Goubeyre réfute fermement la thèse de Hahn selon laquelle Thérèse serait hystérique, ibid. 533-562 : *Sainte Thérèse était-elle hystérique ?* Voir aussi A. Imbert-Goubeyre, *L'hypnotisme et la stigmatisation*, Paris, Bloud, 1899.

de H. Joly manifestent clairement le conflit des apologètes : dans sa publication de 1897, il mêle à ses réflexions la psychologie scientifique d'une part[24], mais d'autre part se distancie de l'interprétation consistant à mettre l'hystérie en rapport avec Thérèse, même dans le cas de phénomènes accessoires. Concernant Charcot, Joly reconnaissait les effets de l'hypnose. Il admettait que la suggestion peut produire les mêmes épisodes de voyance tels que les font connaître

---

[24] Significatif est le titre que H. Joly donne à son enquête : *La psychologie des saints*. Voir aussi d'autres écrits apologétiques qui parurent à cette époque : J. de Bonnoit, *Le miracle et ses contrefaçons*, 5ᵉ édition, Paris, Retaux 1895. V. Brenier de Montmorand est persuadé que les psychologues J.M. Charcot et son disciple P. Janet ont trouvé un auxiliaire inattendu chez le Jésuite G. Hahn : V. Brenier de Montmorand, *Hystérie et mysticisme*. Le cas de sainte Thérèse dans la *Revue philosophique de la France et de l'étranger*, 31 (1906) 301-308, ici 301 ; voir du même : *L'érotomanie des mystiques chrétiens* dans la *Revue philosophique de la France et de l'étranger* 28 (1903) 382-393 ; du même : *Ascétisme et mysticisme* dans la *Revue philosophique de la France et de l'étranger* 29 (1904) 242-262 ; du même : *Des mystiques en dehors de l'extase* dans la *Revue philosophique de la France et de l'étranger* 29 (1904) 602-625; du même : *Les états mystiques* dans la *Revue philosophique de la France et de l'étranger* 30 (1905) 1-23. L .Lieu, *La mystique divine et sa psychologie générale*, dans les *Annales de philosophie chrétienne* 152 (1906) 449-471, 620-637. J. Maréchal ne réfute pas à priori les acquis de la psychologie, mais plutôt les applique au mode de la connaissance mystique : voir J. Maréchal, *A propos du sentiment de présence chez les profanes et chez les mystiques* dans la *Revue des questions scientifiques* 32 (1908) 527-563 ; 33 (1909) 219-249, 376-426 ; voir à ce sujet J. Maréchal : *Science empirique et psychologie religieuse* dans *Recherches de science religieuse* 3 (1912) 1-61. J. Pacheu, *Introduction à la psychologie des mystiques*, Paris, Oudin 1901 ; du même : *Psychologie des mystiques chrétiens. Les faits: le poème de la conscience. Dante et les mystiques*, Paris, Perrin 1909. Du même : *Psychologie des mystiques chrétiens, critique des faits. L'expérience mystique et l'activité subconsciente*, Paris, Perrin 1911. L. Roure : *En face du fait religieux*, Paris, Perrin 1908 : voir ici surtout le chapitre IV : *Le mysticisme et ses explications pathologiques*, où L. Roure s'oppose directement à J.M. Charcot et G. Hahn, ibid. 123-172, surtout 133-145. A. Saudreau : *L'état mystique. Sa nature, ses phases et les faits extraordinaires de la vie spirituelle*, 2ᵉ édition revue et augmentée, Paris, Amat 1921, 44-57 : *Lehre Theresias über den mystischen Zustand*. J. Segond, *La prière. Etude de psychologie religieuse*, Paris, Alcan 1911.

les visions de Thérèse d'Avila. Bien que Joly acceptât les conclusions des sciences naturelles, il voulait, d'un point de vue théologique, garder les pieds sur terre en distinguant soigneusement la sainteté d'une personne et les phénomènes mystiques. Selon lui, le problème provenait de ce que pendant longtemps on avait considéré les phénomènes extraordinaires comme étant le signe décisif de la sainteté[25]. Or, affirmait-il, la sainteté ne reposait pas sur les phénomènes extraordinaires – révélations, visions, prophéties – mais c'était la sainteté effective de la personne qui en constituait la valeur[26]. Les phénomènes extraordinaires ne suffisent donc pas à faire de quelqu'un un mystique. Pour le reste, Joly distinguait la mystique de la sainteté dans la mesure où le mysticisme[27], qui serait selon lui l'amour éprouvé envers Dieu[28], ne représenterait qu'un premier pas sur le long chemin vers la sainteté. Chaque saint serait un mystique, mais tout mystique ne serait pas un saint. Le mystique par excellence serait le saint[29].

Concernant le rapport entre maladie et vie sainte, Joly professait une autre opinion que Charcot. Si mystiques et saints sont frappés par la maladie, la cause n'en serait pas pour autant que les hommes malades et faibles fussent plus portés à la vie mystique que les hommes en bonne santé. Ce serait bien plutôt l'inverse : les maladies « sont le résultat de leurs sacrifices voulus, de leurs austérités, de leurs luttes intérieures, de leurs souffrances morales et des persécutions qui, en tout temps, leur sont si peu ménagées[30] ». Hahn tomberait aussi dans l'erreur en mettant l'apparence physique de Thérèse en relation avec l'hystérie. Plus précisément : il ne ferait pas de distinction entre les manifestations passagères de la maladie et la maladie elle-même. Le chagrin de quitter la maison paternelle lors de l'entrée au Carmel ne saurait être assimilé au symptôme d'une

---

[25] H. Joly, *La psychologie*, 71.
[26] Ibid. 107.
[27] Joly ne fait pas de distinction entre « mystique » et « mysticisme ».
[28] H. Joly, *La psychologie*, 40.
[29] Ibid. 43.
[30] Ibid. 52.

mélancolie maladive[31]. Mystique et sainteté ne seraient donc pas imputables à une déficience innée.

N'était pas éliminée pour autant la possibilité d'attribuer à des causes physiques les épisodes vécus par Thérèse ou d'autres mystiques. Disciple de Charcot, P. Janet rapportait la mystique à un syndrome dépressif[32]. Dans la mouvance de Charcot on trouvait aussi le psychologue et philosophe H. Delacroix. D'après ce dernier, la mystique Thérèse d'Avila était affligée d'une grave maladie nerveuse (nervosisme grave) et souffrait d'un dédoublement de la personnalité (division de conscience)[33]. Ce que contredit M. Blondel dans une lettre ouverte à la « Société française de philosophie » et qui constitue la première intervention officielle de notre auteur dans le débat sur la mystique.

-----

[31] Ibid.110-111, remarque 1. Comment il faut comprendre dans le détail la vie de Thérèse, cela apparaît dans son étude apologétique rédigée plus tard : *Sainte Thérèse (1512-1582)*, XIXe édition Paris, Lecoffre 1926 (1ère édition 1902).

[32] D'après Janet, les mystiques se pénètrent de la conviction maladive d'être entièrement orientés vers Dieu, alors qu'en réalité ils ont une fixation sur eux-mêmes : « il ne faut pas oublier un grand caractère par lequel commence la maladie de l'extase, c'est le symptôme pathologique de l'ascétisme, ces malades se suppriment successivement toutes les joies, et en même temps tous les désirs de la vie, et toutes ses complications, le luxe, les honneurs, les relations sociales, la famille. C'est, paraît-il, pour faire plaisir au bon Dieu, n'est-ce pas plutôt pour se faire plaisir à eux-mêmes, parce qu'ils commencent déjà à trouver le calme dans cette vie restreinte ? » écrit Janet dans son article *Une extatique*, in *Bulletin de l'Institut psychologique international* I (1901), 209-240, ici 239. Janet se sait en accord avec E. Murisier et avec J.H. Leuba, qui enseignait aux Etats-Unis ; voir E. Murisier, *Les maladies du sentiment religieux*, Paris, Alcan, 1901 ; J.H. Leuda : *Les tendances fondamentales des mystiques chrétiens* dans la *Revue philosophique de la France et de l'étranger* 27, (1902), 1-36, 441-487.

[33] H. Delacroix, *Le développement des états mystiques chez sainte Thérèse*, (séance du 26 octobre 1905), dans le *Bulletin de la Société française de philosophie* 6, (1906), 3-13, ici 9.

2. CONCEPTION BLONDELIENNE DE LA MYSTIQUE

2.1. Commencement du débat public : réaction à l'égard des thèses de Delacroix (1905)

La première expression publique de Maurice Blondel concernant la mystique fut une lettre rédigée en l'automne 1905 à l'adresse de la Société française de philosophie[35]. A. Lalande, qui en fut le Secrétaire Général de 1901 à 1937, avait convoqué la Société à une séance à laquelle participèrent entre autres : E. Boutroux, L. Brunschvicg, V. Delbos, E. Durckheim. Quant au thème, ce groupe aborda lui aussi l'évolution du débat sur la mystique. A partir de l'exemple de Thérèse d'Avila, on voulut discuter de cette question. La base en fut fournie par l'exposé de H. Delacroix sur *le Développement des états mystiques chez sainte Thérèse*. Puisque la lettre de Blondel vise directement les affirmations essentielles de Delacroix, il nous faut d'abord parler de cet auteur et de sa conception de la mystique.

Ce n'est pas par hasard que Delacroix fut choisi comme référence principale de la séance. En France, au début du siècle, parmi les penseurs qui s'occupaient de mystique, il comptait parmi les plus éminents. Ses thèses faisaient sensation ; plus encore : sa dissertation de doctorat[36] sur le mysticisme spéculatif de Maître Eckhart avait suscité l'étonnement. Dans l'introduction, il avance la conviction qui constitue la base de toutes les enquêtes ultérieures : il croit que la réalité peut et doit se définir à partir de la notion de représentation, que l'expérience suffit à expliquer l'expérience[37], et qu'il en va de toute transcendance comme de toute causalité absolue : c'est comme si elles n'existaient pas : il n'y a que l'esprit, c'est-à-dire les phénomènes et leurs lois[38]. De là vient que toutes ses recherches commencent par le fait matériel, par l'expérience des mystiques respectifs. Il

---

[35] La lettre de M. Blondel se réfère à une conférence de H. Delacroix : *Le développement des états mystiques chez Ste Thérèse*, (séance du 26 octobre 1905) dans le *Bulletin de la Société française de philosophie*, 6 (1906), 19-23. Le rapport complet de la séance s'y trouve également, 1-42.

[36] H. Delacroix : *Essai sur le mysticisme spéculatif en Allemagne au quatorzième siècle*, Paris, Alcan, 1900.

[37] Ibid. 17.

[38] Ibid.17-18.

analyse les données de l'observation et explique les phénomènes mystiques en restant dans le cadre de l'empirique, sans recourir à la grâce ou à la transcendance. Il entend l'exclusion de la transcendance non comme un postulat, mais comme méthode[39]. A l'aide d'une méthode psychologico-historique, il croit pouvoir expliquer la totalité des faits d'une manière assez satisfaisante pour qu'on se dispense désormais de faire appel à une hypothèse « métapsychologique ».

Quand en 1905 Delacroix tint sa conférence devant la Société française de philosophie, il travaillait à l'élaboration d'un ouvrage[40] dans lequel, d'un point de vue psychologico-historique, il abordait les grands mystiques chrétiens. L'exploration des phénomènes mystiques chez Thérèse d'Avila, Madame Guyon, François de Sales, Jean de la Croix et Henri Suso aboutit à la conclusion que chez tous les mystiques, le progrès de la vie spirituelle repose sur une évolution interne à l'homme, explicable par des voies purement psychologiques. Le sentiment de passivité au cœur de l'expérience mystique ne serait rien de plus qu'une illusion. Au plan de la conscience claire, les mystiques se croyaient passifs. Mais en réalité, dans leur subconscient, ils se montreraient extrêmement actifs. Toutes les visions, toutes les voix intérieures, tout ce qui, de quelque manière, semble influencer de l'extérieur le mystique, Delacroix le rapporte à une activité du subconscient[41].

C'est dans ce sens qu'il explique les phénomènes mystiques (c'est-à-dire les visions, auditions, lévitations, stigmates) chez Thérèse d'Avila. Ces phénomènes ne sont possibles, à ses yeux, que parce que Thérèse recherche l'union à Dieu par les différentes étapes de la prière. Il poursuit en disant que ces étapes oblitèrent de plus en plus la conscience personnelle et réalisent intérieurement, pour un temps très court, la conscience à la fois affective et intellectuelle de la présence divine[42]. A cette étape de l'évolution mystique de Ste Thérèse, Dieu est perçu comme « flou », sans forme. « Sa transcen-

---

[39] Réponse de Delacroix à la lettre de Blondel dans le *Bulletin de la Société française de philosophie*, 6 (1906) 1-42, ici 23.

[40] H. Delacroix, *Etudes d'histoire et de psychologie du mysticisme. Les grands mystiques chrétiens*, Paris, Alcan, 1908.

[41] H. Delacroix, *Le développement des états mystiques*, 9. Voir aussi le même : *Etudes d'histoire et de psychologie du mysticisme*, 404-405.

[42] H. Delacroix, *Le développement des états mystiques*, 5.

dance (...) est devenue immanence »: le Dieu des mystiques[43]. Mais en même temps se passerait quelque chose d'autre. Certaines images et certains mots prendraient une consistance objective, et l'impression qu'ils proviendraient de l'extérieur favoriserait le dédoublement de personnalité, que préparerait « une grave maladie nerveuse ». Ce dédoublement de personnalité produirait, à côté du Dieu intérieur, perçu comme « flou » et « sans forme », un Dieu objectif extérieur à la personne ; un Dieu qui parle et que l'on voit : le Dieu de la Bible[44]. On est donc confronté ici à une antithèse entre le Dieu intérieur et flou, et l'autre Dieu, extérieur, personnel. Le Dieu intérieur, qui n'est pas le Dieu biblique, mais le Dieu du néo-platonisme (Denys l'Aréopagite), serait très dangereux, car il aurait produit des mystiques endehors du christianisme et même en-dehors de toute religion. Mais Ste Thérèse a réussi ce que peu ont réussi : réconcilier les éléments contradictoires par la richesse de son subconscient. En même temps, elle aurait constitué une réalité à deux visages, dans laquelle chaque Dieu se porterait garant de l'autre[45].

Ces considérations amenèrent Blondel à prendre position. Il avait presque 44 ans et enseignait la philosophie à Aix-en-Provence. La parution d'*Histoire et dogme*[46] ne remontait qu'à un an et demi,

---

[43] Ibid. 8.

[44] Ibid. 9.

[45] Ibid. 11.

[46] M. Blondel, *Histoire et dogme. Les lacunes philosophiques de l'exégèse moderne* dans *La quinzaine* 56, (1904) 145-167, 349-373, 435-458, maintenant dans *Les premiers écrits de Maurice Blondel*, 149-228 ; traduction allemande : *Geschichte und Dogma*, introduction par J.B. Metz et R. Marlé, traduction par A. Schlette, Mainz 1963 ; dans ce livre, Blondel fait appel à Thérèse d'Avila et B. Pascal quand, en référence à la conscience du Christ, il affirme que dans notre renoncement, nous rejoignons exactement le lieu du renoncement du Christ, parce que dans sa passion, il est devenu contemporain de notre souffrance. Ibid. 225-226/95-97. Concernant *Histoire et dogme*, voir les dernières études de M. Nédoncelle, *Les rapports de l'histoire et du dogme d'après Blondel* dans C. Troisfontaines (éditeur), *Journées d'études* (9-10 novembre 1974), 91-107 ; O. Koenig, *Dogma als praxis und Theorie. Studien zum Begriff des Dogmas in der Religionsphilosophie Maurice Blondels vor und während der modernistischen Krise*, (1888-1908), Graz 1983 (= *Grazer theologische Studien*, 9) ; G. Larcher, *Modernismus als theologischer Historismus. Ansätze zu seiner Überwindung im Frühwerk Maurice Blondels*, Frankfurt a. M. 1985 (=

quand en automne 1905 il se mêla au débat sur la mystique. Cette première prise de position explicite sur le thème en question semble dénuée d'importance. Manifestement, elle surgit du cabinet de travail comme une œuvre de circonstance, parmi d'autres[47]. Elle ne couvre même pas quatre pages dans le « bulletin » et se rapporte exclusivement à Delacroix. Pourtant, il nous semble important d'accorder à cette lettre une attention particulière. Même si extérieurement elle ne suscite guère d'intérêt, même si, à première vue elle semble « simplement » faire partie des nombreuses contributions mineures aux sujets d'actualité, elle se distingue par sa qualité. La profondeur de l'argumentation et l'assurance de ses idées devaient amener le lecteur d'alors, qui n'avait pas encore accès aux notes journalières, à soupçonner qu'il y avait là quelqu'un qui écrivait peut-être pour la première fois sur la mystique, mais qui n'en était pas à ses premières réflexions sur le sujet.

Pour commencer, Blondel se montra d'accord avec Delacroix sur trois points. Premièrement : selon son jugement, cet auteur méritait l'assentiment, parce que sur la base d'expériences authentiques du passé, il avait étudié les phénomènes religieux en détail et avec méthode, à savoir d'un point de vue historique, psychologique et médical. Deuxièmement, les états mystiques pouvaient assurément devenir l'objet des sciences positives, car ils apparaissaient, d'après Delacroix, « comme une succession bien enchaînée ». Troisième-

---

Europäische Hochschulschriften, XXIII 231) ; P. Gibert, *Blondel et l'intelligence de l'exégèse biblique*, dans Folscheid (éd.), *Maurice Blondel. Une dramatique de la modernité*, 58-66.
[47] Sur le bureau, de première importance se révéla la rédaction d'un article qui, au plan de la stylistique et de l'argumentation, fait partie des articles les plus marquants que Blondel ait jamais écrits : *Le point de départ de la recherche philosophique*, dans les *Annales de philosophie chrétienne*, 151 (1906), 337-360 ; 152 (1906), 225-249) ; traduction allemande par A. Raffelt pour la *Philosophische Bibliothek*, (Hamburg, Meiner) en préparation. Pour la traduction, nous nous servons du manuscrit de A. Raffelt, que lui-même nous a généreusement laissé. En décembre 1905, Blondel écrit à Méhémet-Ali Mulla-Zadé qu'il est sous pression, du fait que jusqu'au 15 ou 20 décembre il a promis son article sur *Le point de départ de la recherche philosophique*, mais qu'il n'en a pas encore abordé la rédaction. *M. Blondel/Wehrlé, Correspondance. Commentaires et notes de H. de Lubac*, 2 vol. Paris, Aubier, 1969, vol. I, 360, note.

ment : Blondel reconnaît qu'on peut tirer des conclusions solides en comparant les monographies consacrées à la vie de différents mystiques[48].

L'argumentation de Blondel se développe à partir de différents points de vue. Son objection principale aux assertions de Delacroix : cet analyste aurait cédé à un préjugé métaphysique. Blondel entend, concrètement, par là qu'a priori, cet auteur ne considérait pas les phénomènes mystiques comme phénomènes dans le sujet, mais seulement du sujet[49]. En d'autres termes : Delacroix ramène les états mystiques à la pure subjectivité, excluant toute objectivité, toute intervention « extérieure ». Selon Blondel, il s'agit ici d'une prise de parti implicite, de caractère métaphysique, se répercutant sur la description et l'interprétation des faits. Ainsi donc, en excluant l'hypothèse d'une action divine dans les âmes, c'est-à-dire d'une réalité intervenant mystérieusement de l'extérieur et qui, une fois perçue, produirait une force, Delacroix soumettrait les faits à une interprétation ontologique négative[50].

Selon notre auteur, il s'agit justement ici d'opérer une distinction. En guise d'explication, et se fondant sur le fonctionnement des sens, il cite la comparaison entre la « perception » (ou encore : la « sensation ») et « l'hallucination ». Sous bien des rapports, l'une et l'autre seraient identiques pour la conscience, mais se distingueraient comme phénomènes par leurs traits psychologiques, abstraction faite de leur différence d'origine. La perception par les sens, - la sensation - dans laquelle nous pensons être passif, se révélerait en réalité la source productrice d'une force (« dynamogénique ») à laquelle le sujet réagirait. L'hallucination, au contraire, semblerait provenir d'une activité spontanée, alors qu'en réalité, le sujet resterait passif. Cet exemple tiré du fonctionnement des sens serait applicable par analogie à l'étude des états mystiques[51].

Selon Blondel, la psychologie dispose donc, pour expliquer les phénomènes mystiques, non pas d'une, - comme le croit Delacroix - mais de deux possibilités. Après s'être penché sur les phénomènes

---

[48] M. Blondel, *Lettre* (concernant le rapport de) H. Delacroix, dans le *Bulletin de la Société française de philosophie* 6 (1906), 19-23, ici 19.
[49] Ibid.
[50] Ibid. 20.
[51] Ibid.

conscients, le psychologue chercherait à discerner si une telle passivité pouvait être en lien avec la perception ou l'hallucination. C'est alors qu'on pourrait voir s'il s'agissait d'un mysticisme faux et imaginaire (« hallucinatoire ») ou d'un mysticisme vrai, nourrissant les forces vives de l'âme, rendant aussi l'action plus féconde et plus universelle[52].

La passivité du mysticisme authentique ne se confondrait pas avec la paresse, mais pousserait au contraire à l'action[53]. Selon Blondel, la conscience personnelle ne se rétrécit pas, mais s'élargit par exemple chez Thérèse en « conscience de l'impersonnel », capable de maîtriser des difficultés complexes et d'accomplir des actions étonnantes. Mais ce sont là des dispositions particulières qui ne sauraient être causées par une névrose[54].

Notre auteur reproche à Delacroix d'avoir manqué le cœur du sujet, car l'étude philosophique du mysticisme ne devrait pas se borner à la question de la *méthode*, mais serait tenu de faire droit à *toute* la philosophie de la religion. On ne saurait traiter Dieu comme un objet mis à la disposition de l'esprit. Une psychologie qui analyserait les faits comme s'il s'agissait d'une création de nos activités affectives, ou contemplatives, ou imaginaires, étoufferait justement ce que le croyant aurait vécu comme étant la substance de la vie : la conviction que c'est d'abord le Dieu vivant qui agit. En outre, une telle psychologie ne ferait droit ni à l'expérience intérieure d'une vie à laquelle aucune science ne donnerait accès, ni à l'efficience réelle et pratiquement vérifiée d'une telle foi[55].

La psychologie aurait sa place dans la description des faits mystiques, sans cependant pouvoir prendre position sur leurs causes les plus profondes. Ce serait une illusion fatale que de penser - comme le fait Delacroix - que l'analyse psychologique épuiserait toute la réalité, aucune question n'étant laissée ouverte.

---

[52] Ibid. 21.

[53] Pour la traduction de la notion blondélienne d' «action », nous sommes d'accord avec la proposition de Raffelt : rendre ce terme aussi constamment que possible par « Tun ». A ce sujet, voir ses réflexions dans A. Raffelt, *Spiritualität und Philosophie. Zur Vermittlung geistig – religiöser Erfahrung in Maurice Blondel, L'Action* (1893), Freiburg, 1978 (= Freiburger theologische Studien 110), 7-8.

[54] M. Blondel, *Lettre (concernant le rapport de) H. Delacroix*, 22.

[55] Ibid.

Jusqu'à présent, l'enquête visait à développer la réplique de Blondel à l'exposé de Delacroix, en positif comme en négatif. Avant de passer à l'exploitation de cette recherche, il sera utile, compte tenu des enquêtes encore à faire, d'approfondir la question consistant à repérer les autres points sur lesquels Blondel garderait le silence. Pour l'essentiel, il s'agit de deux idées de Delacroix. D'abord, Blondel ne se prononce pas sur l'opposition entre, d'une part, le Dieu flou et sans forme que cherchent à atteindre les mystiques, et d'autre part le Dieu personnel de la Bible. De Blondel nous apprenons, il est vrai, que l'expérience mystique de sainte Thérèse ne saurait s'expliquer par un penchant à la névrose, mais sans que nous sachions s'il partage l'opinion de Delacroix selon laquelle les mystiques non seulement faisaient l'expérience de l'opposition entre ces deux représentations de Dieu, mais voyaient dans l'acceptation de cette opposition le sens de leur vie. En second lieu, Blondel néglige l'idée que la mystique serait possible non seulement en-dehors du christianisme, mais même au-delà de toute religion. Ce qui ressort de ce constat d'absence fera plus loin l'objet de la recherche.

Dans le sillage de la réponse à Delacroix, il s'agit désormais de maintenir ce qui suit. Blondel soutient l'idée de commencer l'investigation des phénomènes mystiques par l'expérience authentique des intéressés eux-mêmes fixée dans leurs écrits. Si l'on part de l'expérience, la mystique peut devenir l'objet des sciences positives. Cependant, le domaine de l'empirique étudié scientifiquement ne saurait couvrir l'intégralité de l'expérience mystique : par exemple, le dynamisme d'une activité exceptionnelle ne peut s'expliquer par la névrose. C'est pourquoi les sciences positives ne sauraient exclure une hypothèse métaphysique. C'est précisément ici que leur méthode se heurte à une limite. Puisque l'hypothèse se situe au-delà de l'expérience, elle ne peut plus faire l'objet d'études empiriques. Considérant l'origine des phénomènes mystiques, Blondel fait la distinction entre le faux et le vrai mysticisme. Le faux mysticisme ou pseudo-mysticisme repose sur une représentation imaginaire produite par l'homme, dans laquelle sa passivité se révèle être une pure et simple paresse. Par contre, le vrai mysticisme est d'origine divine, et dans ce contexte l'homme passif se révèle, en sa forme la plus élevée, éminemment actif. Intéressant est le fait que Blondel, pour expliquer cette différence, fait appel à une comparaison tirée du vécu sensoriel (perception/sensation-hallucination). Il y a donc une analogie entre le fonctionnement des sens et l'expérience mystique.

2.2. Commentaire de l'article « mysticisme » dans le *Vocabulaire* de A. Lalande (1911)

Six années après la lettre à la Société française de philosophie, Blondel rédigea, en 1911, le commentaire *Mystique. Mysticisme* accompagnant l'article *Mysticisme*[56] dans le *Vocabulaire technique et critique de la philosophie* de A. Lalande. En toile de fond se profilent les conflits internes de l'Eglise qui, au passage, ne laissèrent pas notre auteur indemne de toute meurtrissure ; nous en parlerons brièvement.

En fait, depuis la prise de position de Blondel au sujet de la mystique, le style du débat philosophico-théologique concernant la mystique, s'était complètement transformé. Au plan de la politique générale de l'Eglise, ce qu'on appelle la crise moderniste[57] avait

---

[56] M. Blondel, *Mystique, Mysticisme* , dans A. Lalande, *Vocabulaire technique et critique de la philosophie*, 16ᵉ édit., Paris, PUF 1988, 662-664.

[57] Dans un passé récent, on a beaucoup parlé de la position de Blondel sur le modernisme. Nous renvoyons à quelques études dans l'ordre chronologique : R. Marlé (éd.) : *Au cœur de la crise moderniste. Le dossier inédit d'une controverse*, Paris, Aubier, 1960 ; E. Poulat : *Histoire, dogme et critique dans la crise moderniste*, Paris, Tournay, 1962 ; R. Aubert, *La position de Loisy au moment de sa controverse avec M. Blondel*, dans C. Troisfontaines (éd.), *Journées d'études*, (9-10 nov.1974), 75-90 ; J.J. Kelly, *The modernist controversy .Von Hügel and Blondel* dans *Ephemerides theologicae Lovaniensis* 55, (1979), 296-330 ; R. Virgoulay, *Blondel et le modernisme. La philosophie de l'action et les sciences religieuses*(1896-1913), Paris, Le Cerf, 1980 ; E. Poulat, *Critique et mystique. Autour de Loisy ou la conscience catholique et l'esprit moderne*, Paris, Centurion, 1984 ; G. Larcher, *Modernismus als theologischer Historismus. Ansätze zu seiner Überwindung im Frühwerk Maurice Blondels*, Frankfurt a. Main; 1985 (= *Europäische Hochschulschriften* XXIII), 231; P. Henrici : *Blondel und Loisy in der modernistischen Krise*, in *IkaZ Communio* 16 (1987), 513-530; E. Poulat, *Maurice Blondel et la crise moderniste*, dans la *Revue philosophique de la France et de l'étranger* 112, (1987) 47-54 ; P. Gauthier, *Newman et Blondel. Tradition et développement du dogme*, Le Cerf, 1988, (= Cogitatio fidei 147 ; A.E. van Hooff, *Die*

atteint un sommet. En 1907, le modernisme fut condamné par Pie X dans le décret *Lamentabili* et l'encyclique *Pascendi*[58]. Dans l'entourage de Blondel, cette crise significative dans l'histoire de l'Eglise influença non seulement le débat public sur la philosophie de la religion, l'apologétique, l'exégèse, la dogmatique, sans compter la discipline de l'Eglise et l'action sociopolitique, mais se répercuta également dans le cercle privé de ses amis. Son meilleur ami, l'oratorien Lucien Laberthonnière,[59] fut frappé de plein fouet. Dès avril 1906, deux de ses livres : *Essais de philosophie religieuse*[60] et *Le réalisme chrétien et l'idéalisme grec*[61] furent condamnés. Ses écrits passaient pour modernistes ; parmi d'autres reproches, était visée son apologétique d'immanence. On soupçonnait ses écrits de dénier le caractère surnaturel de la foi, de l'Eglise, du dogme, et de considérer la révélation comme faisant partie de la nature de l'homme. Comme le conflit s'exacerbait, le pape Pie X prescrivit en 1910 contre le modernisme une formule de serment[62] synthétisant les déclarations essentielles de l'encyclique *Pascendi*. Tout le clergé en charge de pastorale ou d'enseignement devait souscrire à ce serment. N'en étaient d'abord exemptés que les professeurs d'Université. Le cinquième point du serment ciblait ces penseurs qui rapportaient la foi à une activité du subconscient, comme par

---

Innenseite des Moderenismusstreites. Die persönliche Erfahrung Maurice Blondels, mehr als blosse Geschichte ?, dans *Stimmen der Zeit*, 114 (1989), 667-676.

[58] H. Bouillard, *Blondel et le christianisme*, Paris, Le Seuil, 1961. Traduction allemande par M. Seckler, Mainz 1963. L'auteur de ce livre cite la traduction : 34, c.a.d en rétroversion française : « Quand parut l'Encyclique Pascendi contre le modernisme, il se trouva des gens pour prétendre, sans fondement, que lors de sa rédaction, on avait aussi visé Blondel ».

[59] J. Lacroix, *Lucien Laberthonnière 1860-1932*, dans : D. Huisman (éd.), *Dictionnaire des philosophes*, 2 vol., Paris, PUF, 1984, vol II,1467-1470, ici 1467.

[60] L. Laberthonnière, *Essais de philosophie religieuse*. Paris, Lethielleux, 1903.

[61] L. Laberthonnière, *Le réalisme chrétien et l'idéalisme grec*. Paris, Lethielleux, 1904.

[62] H. Denzinger/A. Schönmetzer, *Enchiridion symbolorum definitionum et declarationum de rebus fidei et morum*, 36e édition corrigée, Freiburg i. Br, 1976, 3537-3550.

exemple Delacroix. Il s'agissait de confesser que la foi n'était pas un produit du subconscient, mais provenait « ex auditu » du Dieu personnel[63].

Dans le combat contre le modernisme, on en vint à développer, dans l'Eglise, une réaction excessivement intégriste, dont les représentants combattaient la pensée immanentiste en se réclamant uniquement de la foi pour répondre aux questions de la vie publique et de la vie privée. Aux différentes sphères d'activité, par exemple scientifique ou syndicale, ils récusaient non seulement l'autonomie absolue, mais aussi l'autonomie relative. Tout devait être structuré à partir du point de vue catholique. Aux organisations de travailleurs devait présider une direction catholique, et sur la base d'un extrinsécisme exclusif fut refusée à leurs savoirs respectifs l'autonomie de leurs domaines et de leurs méthodes. C'est dans ce contexte éminemment conflictuel que s'élabora la rédaction du commentaire de Blondel : *Mystique, mysticisme.*

Dès la première phrase, notre penseur se dresse contre les extrinsécistes quand il constate que, quel que soit le jugement que l'on porte sur le mysticisme, il est nécessaire de reconnaître dans le psychisme la présence des états mystiques. Tandis qu'en 1905 il réfutait la prétention absolue de l'interprétation immanentiste d'un Delacroix, il s'oppose maintenant à l'autre extrême : la prétention exclusiviste de l'extrinsécisme. Concernant le caractère des états mystiques, en suivant cette école, on dévaloriserait d'abord en eux, jusqu'à l'extinction complète, les symboles fournis par les sens ainsi que les représentations de la pensée abstraite et discursive. D'autre part, on atteindrait, dans ces états mystiques, une sorte de contact direct de l'esprit avec la Réalité possédée. Ici, Blondel contredit A. Saudreau, dont le livre *Les faits extraordinaires de la vie spirituelle*[64] avait paru trois ans auparavant. D'après Saudreau, il se

---

[63] Ibid. 3542 : « Quinto : certissime teneo ac sincere profiteor, fidem non esse caecum sensum religionis e latebris subcon-scientiae erumpentem, sub pressione cordis et inflexionis voluntatis moraliter informatae, sed verum assensum intellectus veritati extrinsecus acceptae « ex auditu », quo nempe, quae a Deo personali, creatore ac Domino nostro dicta, testata ac revelata sunt, vera esse credimus, propter Dei auctoritatem summe veracis ».

[64] A. Saudreau, *Les faits extraordinaires de la vie spirituelle. Etat angélique-extase-révélations-visions-possessions*, Paris : Vic et Amat, 1908. Voir M. Blondel/J. Wehrlé, *Correspondance* II, 516-517.

produit bien, dans l'état mystique, une union à Dieu, mais cela n'entraîne aucun contact direct avec lui. La présence de Dieu pourrait être tout au plus ressentie comme paix, douceur, désir, souffrance. L'union prolongée avec Dieu est décrite par Saudreau comme un état dans lequel le cœur - ou si l'on veut l'âme - est continûment orientée vers Dieu comme l'aiguille d'une boussole[65].

De plus, selon Blondel, il faut faire droit au fait que le mystique a l'impression de posséder non pas moins, mais plus de connaissance et de lumière. En guise d'explication, comme en 1905, un exemple tiré de l'expérience lui sert de recours une fois de plus : « De ce que la musique n'a pas le genre de clarté et de précision qu'offre la parole articulée, il n'en résulte pas que les sons ne puissent exprimer ce que les mots, avec toute leur valeur logique, ne réussiront jamais à traduire […] Entre la science mystique et la connaissance théologique, métaphysique ou physique, il y a une différence analogue à celle qui sépare comme par un abîme l'impression d'un artiste goûtant une symphonie, et le commentaire littéraire que tout homme d'esprit cultivé, eût-il l'oreille fausse ou n'eût-il en effet jamais entendu une note, pourrait comprendre, en s'imaginant peut-être qu'il a de l'œuvre, transposée en un langage livresque, une intelligence supérieure à celle du musicien »[66]. Mystique et théologie sont donc séparées par une profonde coupure. Dans la mystique, il s'agit d'expérience immédiate, en soi incommunicable. Ce qui est communiqué, qui devient ensuite objet de réflexion avant tout dans la théologie, est une conceptualisation de cette expérience concrète.

Dans le paragraphe suivant, Blondel se tourne vers la terminologie : il recourt alors exclusivement à Denys l'Aréopagite. C'est à lui qu'on serait redevable du vocable « mystique », qui donne expression à cette connaissance parfaite de Dieu, qu'on atteindrait par une union d'amour (Nomina divina, VII, 3)

Le troisième et dernier paragraphe développe l'idée fondamentale du mysticisme. Puisque ni les images, ni les idées ne sauraient nous transmettre la réalité, il serait nécessaire de nous libérer des objets

---

[65] A. Saudreau, *La contemplation selon Mgr Saudreau*, dans le *Dictionnaire de spiritualité ascétique et mystique II*, Paris, Beauchesne 1953, 2159-2171, ici 2162.
[66] M. Blondel, *Mystique, Mysticisme,* 662.

sensoriels et des représentations intellectuelles. Qu'ensuite, mis à nu dans un état de passivité, l'individu s'ouvre au vide, il reviendrait alors à la souveraine libéralité de l'Etre infini, de lui révéler, dans cet état de vacuité, de nuit obscure, la vie mystique de la plénitude, sommet de l'activité humaine, comme le disent Tauler, Jean de la Croix et Thérèse[67]. Il s'ensuit donc qu'il y a une préparation à la vie mystique, à savoir l'ascèse, par laquelle l'homme se dépouille de soi-même et des réalités externes.

2.3. L'article : Le problème de la mystique (1925)

2.3.1. Mise au point

2.3.1.1. Mise en situation : le renouveau mystique

Quand en 1925 Blondel rédigea l'important article *Le problème de la mystique*[68], il établit d'emblée le constat suivant : « En dépit de

---

[67] « L'idée fondamentale du mysticisme semble donc celle-ci : les images ni les concepts ne nous donnent la réalité ; il faut traverser les choses sensibles, les représentations intellectuelles comme des voiles ; et lorsque par la vie purgative et ascétique on s'est dépouillé de soi et des choses, lorsqu'on s'est offert nu au vide, ce vide, cette nuit obscure révèlent la plénitude d'une vie qui ne semble cachée et « mystique » qu'à ceux qui, selon le mot de Newman, n'ont pas émigré de la région des ombres et des images. L'aspect de la doctrine sur lequel ont le plus insisté les grands mystiques comme Tauler, saint Jean de la Croix, sainte Thérèse, c'est que le comble de l'activité humaine, c'est d'aboutir à cet état de nudité ou de passivité intérieure qui seul laisse le champ libre à la souveraine libéralité de l'être infini ». Ibid. 663-664.

[68] M. Blondel, *Le problème de la mystique*, dans :*Cahiers de la nouvelle journée*, 3, Paris, Bloud et Gay 1925, 2-63.Voir à ce sujet Y. de Montcheuil, Maurice Blondel, *Pages religieuses*, Paris, Aubier 1942. Au chapitre *La contemplation mystique* (174-188), tous les textes cités sont extraits exclusivement de l'écrit *Le problème de la mystique*. Une vue d'ensemble des études ascétiques et mystiques des deux premières décennies du XIXe siècle se trouve dans : O. Marchetti, *Bolletino di ascetica e mistica : gli studi ascetico-mistici nell'ultimo ventennio*, dans : *La scuola cattolica*, serie V, 18 (1920) 461-474. Quiconque voudrait se procurer une impression sur l'état des publications concernant l'étude de la spiritualité à partir de 1920, trouvera toujours une bibliographie détaillée dans la *Revue d'ascétique et de*

toutes les apparences contraires, il y a en ce moment un renouveau et un progrès des études concernant la mystique. Il y a également, semble-t-il, un renouveau et une floraison de la vie mystique elle-même »[69]. Selon Blondel, on peut en rapporter des preuves nombreuses. Par exemple, le succès inattendu de revues et de livres consacrés aux états et aux phénomènes mystiques, sujets souvent traités, encore récemment, par le mépris et l'ironie. Par ailleurs, on compterait, semble-t-il, plus de vocations à la vie contemplative, la direction spirituelle s'orienterait plus méthodiquement vers les sommets de la vie spirituelle, beaucoup de personnes seraient parvenues aux formes les plus intérieures de l'union à Dieu. En outre, des recherches d'histoire, de psychologie et de pathologie concernant ces expériences se manifestaient un peu partout. On voyait naître des controverses philosophiques ou théologiques ainsi que des essais visant à organiser ces recherches en systèmes spéculatifs. On débattait du mysticisme jusque dans la littérature et dans l'art, voire même dans la presse quotidienne[70].

Blondel n'est pas le premier à parler d'une renaissance de la mystique. Dès 1917, R. Vallery-Radot[71] célébrait le phénomène du « renouveau mystique ». Deux ans plus tard, le Père Dominicain M.-Fr. Cazes consacrait un bref article au « renouveau mystique »[72]. Selon lui, le développement du débat sur cette question prenait une dimension si étonnante qu'on aurait pu parler d'une « mode »[73]. Même dans la littérature, le thème de la mystique faisait l'objet d'un intérêt jamais vu jusque-là. Parmi les poètes contemporains, toujours selon le Père M.-Fr. Cazes, Paul Claudel et Francis Jammes connaissaient un succès exceptionnel. L'accueil réservé à leurs livres - un

---

mystique. Il est vrai qu'elle se limite à la spiritualité catholique sans prétendre, même en ce domaine, être complète. De plus, les travaux purement hagiographiques ou psychologiques n'y figurent pas. Le lecteur est renvoyé aux *Analecta bollandiana*, à la *Revue d'histoire ecclésiastique* et à la *Revue néoscolastique.*

[69] M. Blondel, *Le problème de la mystique*, 2.

[70] Ibid.

[71] R. Vallery-Radot, *Le réveil de l'esprit* 2ᵉ éd., Paris, Perrin 1917, 111-136, Le renouveau mystique.

[72] M.-Fr. Cazes, *Le renouveau mystique*, dans *La vie spirituelle*, (1919) 280-284.

[73] Ibid. 281.

signe des temps - tenait à leur inspiration théologique et mystique[74]. En outre, Cazes cite d'autres faits où se manifestait l'épanouissement de la mystique. Des publications importantes étaient à signaler, comme *L'année liturgique* de Dom Guéranger ou l'édition des œuvres de Ruysbroeck, Louis de Blois, Catherine de Sienne, François de Sales. Les ouvrages pieux, comme par exemple les écrits de Bremond, passaient pour avoir autant de lecteurs que les romans eux-mêmes[75].

Il est vrai que l'auteur omet de mentionner deux faits qui nous paraissent d'importance dans le contexte du débat sur la mystique. Tout d'abord un phénomène récurrent qui ne faisait pas les gros titres de la presse, strictement individuel en tant que tel, mais qui produisait ses effets dans toutes les couches de la société, nous voulons dire : les conversions célèbres. Les cercles de philosophie et de théologie dressèrent l'oreille lorsque Jacques Maritain et sa femme Raïssa Oumançoff passèrent en 1906 à la foi catholique. Leur maison à Meudon, dans les environs de Paris, devint bientôt le centre d'attraction de nombreux intellectuels français. Surtout entre les deux guerres mondiales émanait de ce lieu un rayonnement spirituel considérable. Les conversions se multipliaient. Exemplaire à tous égards est celle de Paul Claudel, qui fit grand bruit[76]. C'est Claudel qui, presque vingt ans plus tard, incita son ami Francis Jammes à revenir au catholicisme. Les conversions non seulement firent sensation dans les cercles catholiques traditionnels, mais impressionnèrent durablement l'intelligentsia française.

Par la suite, l'enseignement de la théologie prit de plus en plus en compte la mystique, ce qui suscita en conséquence un nombre croissant de publications. En relation avec cette vogue mystique, fut instituée pour la première fois, en 1917, à la Faculté dominicaine de Rome, l' « Angelicum », une chaire de théologie ascétique et mystique, dont le premier titulaire fut le dominicain français R. Garrigou-Lagrange. Deux ans plus tard, les Jésuites instituèrent à la Grégorienne une chaire du même type, dont le titulaire fut le Père

---

[74] Ibid. 282.
[75] Ibid. 283.
[76] Paul Claudel raconte sa conversion dans *J. Guitton, Portraits et circonstances chroniques*. Présentation et notes par Gonzague Williatte, Paris, Desclée de Brouwer 1989, 298-299.

J. de Guibert. Presque dans la même foulée furent fondées deux revues qui l'une et l'autre avaient pour thème la théologie ascétique et mystique et qui existent encore aujourd'hui : en 1919 parut le premier numéro de la revue mensuelle des Dominicains *La vie spirituelle*. En 1920 parut pour la première fois la publication trimestrielle des Jésuites *Revue d'ascétique et de mystique*.

Les faits cités peuvent attirer l'attention sur l'importance croissante du phénomène de la mystique. Mais où chercher les raisons de cette efflorescence ? Cette question n'a guère reçu à ce jour de réponse satisfaisante. Il est de loin plus difficile de répondre à cette question que de présenter l'émergence nouvelle de la mystique dans sa complexité. La plupart des auteurs se contentent de décrire la situation, mais se taisent quand il s'agit de déterminer le pourquoi.

Cazes présente une explication générale de ce « renouveau mystique ». Il constate avec sérénité que la philosophie du positivisme héritée d'A. Comte et celle du matérialisme dérivée de Kant n'ont fourni à la génération actuelle, en guise de nourriture, qu'une idéologie abstraite et froide. Ce n'est pas cela que recherchaient les hommes en quête de contemplation et d'amour envers l'Être Lui-même, c'est-à-dire Dieu[77]. Blondel aussi répond très globalement à la question des raisons de cette efflorescence de la mys-tique[78]. Elles se révèlent si complexes, selon lui, que sous l'angle strictement naturel, des analyses plus longues seraient nécessaires si l'on voulait prendre en compte d'une manière équilibrée les influences presque toujours inexplicables. Au premier rang de celles-ci figuraient les exagérations du positivisme triomphant, les épreuves exceptionnelles du luxe et de l'effusion de sang[79], la déchéance et l'insuffisance d'une civilisation qui, sur le plan scientifique, s'était mise à l'école du matérialisme. Ces situations faisaient remonter à la surface, dans les âmes

---

[77] M.-Fr. Cazes, *Le renouveau mystique*, 281.

[78] M. Blondel, *Le problème de la mystique*, 3.

[79] Le 9 janvier 1915, Blondel porte un jugement sur la première guerre mondiale : « La victoire ne résultera pas, comme dans les guerres du passé, de batailles heureuses ; elle ne récompensera pas seulement l'endurance et la ténacité, elle ne dépendra pas seulement de la puissance économique et du ravitaillement : elle doit, pour être complète, stable, bienfaisante, être une vérité, une raison, un bien, qui triomphe des erreurs, des perversions et des atrocités par une justification spirituelle autant que par la force », M. Blondel, *Carnets intimes* II (1894-1949), Paris, Le Cerf, 1966, 219.

affamées, certaines aspirations indestructibles. Par ailleurs persistait le désir de comprendre avec précision, ce qui amenait de nombreux contemporains à disséquer comme un tissu vivant les états de notre conscience, afin de déterminer ainsi les lois vitales régissant l'unité du composé humain fait de chair et d'esprit. Blondel tient ce désir pour légitime et digne d'éloge.

Après avoir décrit l'extension du phénomène et posé la question de sa cause, notre auteur en vient à regretter les confusions qui l'accompagnent, portant sur le sens même du mot « mystique ». A tort, on entendrait par ce mot quelque chose de « caché » ou de « secret », sous prétexte qu'il est analysé par des hommes vivant au sein d'une clarté superficielle, et pourvus d'une connaissance apparemment obscure. Or, c'est plutôt l'inverse qui est susceptible de se produire. Les vrais mystiques, en effet, désignaient la clarté superficielle comme une obscurité[80].

J. de Guibert déplore également la confusion régnant dans les questions concernant la mystique. Par le mot lui-même, les uns désigneraient les états extraordinaires de la vie spirituelle. D'autres l'appliqueraient à toute oraison qui ne serait pas discursive au sens strict du terme. D'autres encore emploieraient l'expression « vie mystique » comme synonyme de « vie intérieure » dans la mesure où celle-ci serait opposée à la vie ascétique, car dans l'ascèse, il s'agirait simplement de corriger des défauts et d'acquérir des vertus morales[81].

D'où proviendrait cette confusion ? Blondel ne le dit pas. Par contre, R. Garrigou-Lagrange et J. de Guibert disposent chacun d'une explication différente. Tandis que le premier impute la confusion aux controverses entre les écoles théologiques modernes, le second n'incrimine pas d'abord les controverses, mais les inexactitudes dans l'emploi des termes et la description des faits[82].

---

[80] Ibid. 3-4.
[81] J. de Guibert, *A propos de la contemplation mystique. Problèmes actuels et questions de méthode*, dans : *Revue d'ascétique et de mystique*, 1 (1920) 329-351, ici 329-340.
[82] Ibid. 339.

Comme modèle à suivre, il recommande le *Vocabulaire technique et critique de la philosophie* publié par les membres de la Société française de philosophie[83].

Quant aux incohérences et aux confusions dans les études concernant la mystique, tout le monde est d'accord : il faut mettre de l'ordre dans ce chaos. Ce n'est qu'à partir de là que se comprend l'objectif de l'article de Blondel : *Le problème de la mystique*. De même qu'autrefois il se dressait contre la fausse philosophie[84], notre penseur s'élève maintenant contre le faux mysticisme, dans lequel un élément apparemment semblable peut être assimilé au vrai mysticisme, mais il s'agit en fait d'une similitude comparable à celle existant entre les mots « pathos » et « Patmos ». En conséquence, on désignerait par le mot « mystique » le désir trouble d'une pulsion de la nature, les débordements de la sensibilité, les exaltations nébuleuses de la souffrance, le romantisme de bon et de mauvais aloi, les extases de la chair et les ravissements de l'esprit. Dès lors, il n'est pas étonnant que beaucoup de gens se prononcent contre la mystique. C'est pourquoi Blondel veut dénoncer comme falsification une telle conception. La vraie et seule mystique non seulement n'aurait rien à voir avec le faux mysticisme, mais en incarnerait le contraire[85].

Avant d'aborder la question de savoir comment Blondel réalisa son projet, il ne faut pas perdre de vue qu'il s'aventurait ici dans une entreprise d'une extrême difficulté. D'une part, il partait en guerre contre une conception très floue de la mystique, qu'on ne pouvait catégoriser d'aucune manière. D'autre part, il n'était pas le premier à tenter de clarifier les débats confus sur les problèmes de la mystique. Avant la réaction de Blondel, il y avait eu déjà des tentatives dans ce

---

[83] Ibid. 345.

[84] M. Blondel, *Lettre sur les exigences de la pensée contemporaine en matière d'apologétique et sur la méthode de la philosophie dans l'étude du problème religieux*, dans : *Annales de philosophie chrétienne* 131 (1896), 337-347, 467-482, 599-616, 132 (1896), 131-147, 225-267, 337-350, maintenant dans : *Les premiers écrits de Maurice Blondel*, Paris, P.U.F., 1956, 5-95 ; traduction allemande :*Zur Methode der Religionsphilosophie*, introd. par H. Verweyen, trad. par I. et H. Verweyen, Einsiedeln 1974 (= Theologia Romanica 5). Nous citons Reiner Heiner d'après l'édition en français de 1956 et la traduction allemande, 8/107.

[85] M. Blondel, *Le problème de la mystique*, 4.

sens, et dans le même temps d'autres penseurs s'attelaient à la même
tâche que lui. Mais dans la critique du mysticisme flou, on trouvait
les opinions les plus variées. Comment classer notre auteur dans cette
diversité d'opinions ? En plus, il ne faut pas oublier qu'ici le philosophe Blondel manœuvrait sur un terrain habituellement dépendant
de la théologie. Nous avons déjà brièvement esquissé un premier
point traitant du chaos théologique régnant dans la conception même
de la mystique. Un deuxième point n'a pas encore été pris en considération jusqu'à présent. Les auteurs reconnus admettaient tous qu'il
fallait trouver une réponse au faux mysticisme, mais la teneur de
cette réponse faisait l'objet de grandes divergences. Inutile de
présenter ici en détail la diversité des opinions. Il suffit de donner
une idée du contexte où baignait Blondel, et dans lequel les options
respectives abordaient de manière variée le problème de la mystique.
Un courant était représenté par la revue des Dominicains *La vie
spirituelle*, l'autre par la publication des Jésuites : *Revue d'ascétique
et de mystique*. Nous allons les présenter ici, afin de jeter un
éclairage sur le contexte global dans lequel s'inscrit l'article de
Blondel *Le problème de la mystique*. Sera étudié plus loin le
troisième point traitant du problème de la réponse : comment un
philosophe peut-il s'occuper de mystique ?

2.3.1.2. Deux approches

La différence dans la conception que l'on se fait de la mystique
selon *La vie spirituelle* et selon la *Revue d'ascétique et de mystique*
apparaît très typique. Les buts dissemblables, les notions mêmes de
la mystique et les méthodes des deux courants contrastent clairement
dans les premiers numéros des revues respectives, surtout dans les
éditoriaux.

La vie spirituelle n'envisage que la promotion de la vie spirituelle.
Cette revue s'adresse tout d'abord au prêtre engagé dans la pastorale
et veut lui offrir une nourriture pour son âme et une aide pour la
direction spirituelle des fidèles[86]. En revanche, la *Revue d'ascétique
et de mystique* poursuit une visée théologique au sens le plus propre

---

[86] Par exemple dans le prologue *A nos lecteurs* dans *La vie spirituelle* 1
(1919) 1-2.

et le plus complet du terme[87], et s'adresse à des catholiques comme à des non-catholiques, auxquels elle veut fournir un soutien et même ouvrir une possibilité de dialogue. Quant aux maîtres de la spiritualité catholique, elle voudrait les aider dans le discernement à effectuer des diversités d'opinions[88].

Comment s'y prendre pour faire de la théologie ascétique et mystique ? Les réponses divergent. Dans *La vie spirituelle*, Garrigou-Lagrange, qui se réclame de Thomas d'Aquin, établit la distinction entre la mystique doctrinale et la mystique expérimentale. La mystique doctrinale serait le couronnement d'une science théologique, qu'on pourrait acquérir. En revanche, la mystique expérimentale serait une connaissance surnaturelle infusée par le Saint Esprit et constituant pour ainsi dire une anticipation de la « visio beatifica ». Cette distinction correspondrait au sens courant et étymologique des mots « ascèse » et « mystique ». Tandis que l'ascèse conduirait les âmes dans le combat contre le péché et au progrès dans la vertu, la théologie mystique traiterait des problèmes plus intimes, plus mystérieux de l'union de l'âme à Dieu jusqu'aux grâces exceptionnelles et aux révélations privées. Dans l'ensemble, la théologie ascétique et mystique ne serait pas une science en soi, mais une partie de la théologie[89].

Après avoir clarifié la différence entre la théologie ascétique et la théologie mystique, puis précisé leur objet, Garrigou-Lagrange porte son attention sur les méthodes à employer. Il présente tout d'abord « la méthode descriptive ou la méthode inductive » ; ce faisant, il s'oppose au Jésuite A. Poulain[90]. Si l'on se contentait de décrire les phénomènes mystiques et leurs conséquences pratiques, on aboutirait à des règles pour la direction spirituelle qui, au regard des théologiens, resteraient trop empiriques. On ne pourrait pas non plus prétendre faire œuvre scientifique, puisque si la science est bien une

---

[87] La formulation remonte à l'éditorial de J. de Guibert, *Les études de théologie ascétique et mystique. Comment les comprendre ?* Dans la *Revue d'ascétique et de mystique*, 1 (1920) 5-19, ici 5.

[88] Ibid. 10-11.

[89] R. Garrigou-Lagrange : *La théologie ascétique et mystique ou la doctrine spirituelle*, dans *La vie spirituelle* 1 (1919), 7-19, ici :9-10.

[90] Voir A. Poulain, *Les grâces d'oraison. Traité de théologie mystique*, Préface de J.V. Bainvel, 11ᵉ édition, Paris, Beauchesne, 1931 (1ᵉʳᵉ éd. en 1901).

connaissance des choses, ce n'est pas seulement de leurs manifestations et de leurs imitations : elle opère aussi un discernement de leur nature et de leurs causes. Concrètement, cela voudrait dire que dans la direction spirituelle, on ne pourrait jamais expliquer à quelqu'un la conduite à tenir en vue de se préparer à l'union mystique tant qu'on n'aurait pas encore précisé la nature de cette union. L'utilisation exclusive de la méthode inductive amènerait à ne plus voir : - que la vie surnaturelle propre à l'union à Dieu est un don exceptionnel de la grâce, - et que la vie ascétique et mystique devrait alors être considérée comme une partie non plus de la théologie, mais de la psychologie empirique[91].

En recherchant la méthode correcte, on ne devrait d'ailleurs pas passer de l'extrême de la méthode inductive à l'autre extrême d'une méthode purement déductive, que Garrigou-Lagrange soumet par ailleurs à une critique relativement succincte. Selon lui, la démarche idéale consisterait en la conjonction des deux, c'est-à-dire finalement de la méthode analytique et de la méthode synthétique. C'est à partir des principes fondamentaux de la théologie qu'on devrait définir la perfection chrétienne, la contemplation qui lui est préalable, ainsi que les moyens ordinaires et extraordinaires qui y conduisent. C'est pourquoi d'une part il faudrait analyser les concepts de vie chrétienne et de perfection chrétienne, d'autre part décrire les *faits* de la vie ascétique et mystique[92].

Il est remarquable que Garrigou-Lagrange, allant à l'encontre d'une surévaluation de la première, postule l'unité des deux méthodes inductive et déductive, mais pose ensuite la seconde comme démarche initiale, c'est-à-dire comme point de départ. Ici apparaît l'orientation particulière de *La vie spirituelle*. A preuve, on peut citer sur ce point la séquence et le choix des articles par la rédaction. Après l'éditorial de Garrigou-Lagrange, A. Gardeil traite, dans la deuxième contribution, de l'*idée* de la vie chrétienne[93]. Ses fondamentaux ne sont pas les comptes-rendus des expériences des mystiques, mais les évangiles et les dogmes.

---

[91] R. Garrigou-Lagrange, *La théologie ascétique et mystique*, 12-14.
[92] Ibid. 16-18.
[93] A. Gardeil, *Idée fondamentale de la vie chrétienne*, dans *La vie spirituelle* 1 (1919), 20-29.

Dans la première édition de la *Revue d'ascétique et de mystique*, J. de Guibert rédigea l'éditorial[94] en ayant sous les yeux la contribution-programme de Garrigou-Lagrange. Selon Guibert, la *Revue d'ascétique et de mystique* veut s'occuper directement de la spiritualité catholique. Ce principe fournira l'occasion d'aborder les questions de psychologie et d'histoire de la religion, mais dans le but unique de préciser l'objet de la recherche. Toujours selon lui, contrairement à ce qui se passe fréquemment, la spiritualité ne devrait pas être étudiée dans le sens qui suit : après avoir posé l'idéal, on n'aurait plus ensuite qu'à déterminer le cheminement spirituel qui y conduit.

L'auteur constate que, pour la plupart, les nouvelles publications sur la spiritualité catholique sont orientées vers la pratique et visent la direction spirituelle. Les recherches de nature spéculative, orientées vers l'histoire, la psychologie ou la théologie, brilleraient par leur rareté[95]. Pourtant, on ne saurait accepter que l'étude scientifique et spéculative de la spiritualité soit regardée comme un luxe. Deux considérations s'y opposeraient. D'abord, le respect à l' égard des incroyants et des croyants. Puisque c'est de l'extérieur que les incroyants observent la spiritualité catholique, parfois au risque de comprimer dans des catégories préfabriquées la vie interne de l'Eglise et des âmes chrétiennes, l'Eglise devrait déployer des efforts dans le domaine des sciences, afin de rendre possible un dialogue dans lequel pourrait être également impliquée l'expérience personnelle de la vie surnaturelle. A l'égard des croyants, et concernant la spiritualité, - le bien le plus précieux qui soit en ce monde -, on aurait le devoir d'observer une parfaite probité scientifique, une information complète et une méthode rigoureuse. Secondement : à propos de questions importantes, il existerait parmi les maîtres de la spiritualité catholique de considérables divergences d'opinions. Le fait d'aborder de telles questions uniquement par le côté pratique, poursuit l'auteur, produirait par contrecoup des effets négatifs sur la direction spirituelle elle-même[96].

---

[94] J. de Guibert, *Les études de théologie ascétique et mystique. Comment les comprendre ?* Dans la *Revue d'ascétique et de mystique*, 1 (1920) 5-19.
[95] Ibid. 6-7.
[96] Ibid. 10-11.

En accord avec Garrigou-Lagrange, Guibert considère la conjonction des méthodes déductive et inductive comme la voie la plus juste[97]. Mais s'agissant de l'application de cette méthode à double face, les esprits divergent. Pour Guibert, la méthode déductive va tellement de soi que toute insistance sur ce point se révèle superflue. Il faudrait, dit-il, attirer l'attention sur le travail des théologiens : le plus souvent, il est vrai, ils procèdent d'une manière déductive, mais réservent aussi une large place aux témoignages de foi. Le meilleur exemple en ce domaine, poursuit-il, serait fourni par Thomas d'Aquin qui, à la différence de Pierre Lombard, n'a pas établi de liste d'autorités, mais s'est fondé sur les données positives de la révélation[98]. D'ailleurs, la méditation des dogmes constituant les bases de la vie spirituelle, leur mise en comparaison, les conclusions qui s'en dégagent, leur classification éventuelle dans un système puissamment charpenté, voilà une entreprise qui relèverait de l'impossible. Dans le meilleur des cas, un théologien unique s'en montrerait capable. Pourtant, la théologie comme telle, toujours selon Guibert, ne pourrait ni négliger la recherche positive ni se retrancher exclusivement derrière le travail de la réflexion hautement spéculative. Demeurées seules, les idées conserveraient leur caractère abstrait et schématique. Elles ne pourraient s'incarner dans la réalité que par l'expérience personnelle de la vie spirituelle. Si, par conséquent, on vise une spiritualité qui ne reste pas purement philosophique mais tire profit de la garantie offerte par la tradition théologique, il faut alors, selon le même auteur, poser l'étude des témoignages de foi comme socle du travail théologique. Les témoignages ramèneraient alors à leur tour à la tradition dogmatique[99]. On pourrait, dans cette étude des phénomènes de la vie spirituelle, appliquer en toute liberté d'esprit des méthodes scientifiques identiques à celles qu'utilisent les incroyants, et cette démarche s'effectuerait tout en sachant qu'entre la science positive et la doctrine de la foi, c'est-à-dire entre l'expérience et le dogme, il n'y a pas d'abîme infranchissable, mais qu'ils s'éclairent mutuellement[100]. Face aux maîtres d'autrefois, la présente

---

[97] Ibid. 12, remarque 2 : de Guibert y cite le texte correspondant de R. Garrigou-Lagrange extrait de *La vie spirituelle* 1 (1919) 17-18.
[98] J. de Guibert, *Les études de théologie ascétique*, 15.
[99] Ibid. 14-15.
[100] Ibid. 13.

génération aurait l'avantage de pouvoir recourir au progrès des recherches en histoire et en psychologie. Ainsi Guibert se demande comment on pourrait étudier par exemple les maladies menaçant la vie spirituelle sans tenir compte du fait que ces mêmes maladies sont étudiées par des pathologistes et des psychiatres[101].

Dans son article-programme, Guibert, tout comme Garrigou-Lagrange, réclame la conjonction des méthodes déductive et inductive dans l'étude de la spiritualité et spécialement des phénomènes mystiques. En contraste cependant avec Garrigou-Lagrange, il insiste sur la méthode inductive. C'est par elle que devrait commencer la recherche. Cette conviction détermine l'orientation de la *Revue d'ascétique et de mystique*. C'est ainsi que le deuxième article[102] de cette publication n'offre pas de conception fondamentale comme le fait *La vie spirituelle*, mais le témoignage de foi du quiétiste espagnol Michel Molinos. Si on compare les objectifs de *La vie spirituelle* et de la *Revue d'ascétique et de mystique*, les différences suivantes apparaissent clairement : - *La vie spirituelle* vise comme lecteur le prêtre en pastorale ; par contre, la *Revue d'ascétique et de mystique* s'adresse à un public à la fois catholique et non-catholique. - Tandis que *La vie spirituelle* adopte une démarche pratique et cherche à exercer une influence directe sur la direction spirituelle, la *Revue d'ascétique et de mystique* a pour objectif de cultiver, par une démarche spéculative, un terrain fécond dont peuvent se nourrir tout à la fois incroyants, croyants et professeurs de théologie. - En ce qui concerne l'objectif et la méthode de *La vie spirituelle* et de la *Revue d'ascétique et de mystique*, ils sont en rapport réciproque : la première veut être pastorale et tend à souligner l'élément déductif de la méthode unitive ; en revanche, la seconde veut être théologique et tend à souligner l'élément inductif de la méthode unitive. Dans les tendances contraires incarnées par ces deux revues se manifeste un aiguillage différencié qui, dans le débat sur la mystique, provoqua la division en deux camps. Nous ne ferons ici que suggérer brièvement les directions où menaient ces chemins différenciés. Les adeptes de la revue dominicaine tendaient à faire ressortir dans la mystique l'élément cognitif, l'objet de la connaissance étant le Dieu qui se

---

[101] Ibid. 18.
[102] P. Dudon, *Le procès de Molinos (1685-1687)*, dans la *Revue d'ascétique et de mystique* 1 (1920) 20-35.

révèle à l'âme. Comme l'attention portait sur la question de savoir de quelle façon Dieu se fait connaître à l'homme, la méthode déductive prenait ici plus d'importance, tandis que les adeptes de la revue des Jésuites mettaient plutôt l'accent sur l'élément « expérientiel » de la mystique. L'homme fait l'expérience de Dieu, ce qui soulève la question suivante : à quelle condition une telle expérience est-elle possible ? C'est pourquoi la priorité devait être donnée à la démarche inductive.

2.3.1.3. Position et objectif du travail de Blondel

L'écrit le plus important que Blondel ait composé sur le thème de la mystique, n'a pas été intitulé *La mystique* ou *Qu'est-ce que la mystique ?* (Cahiers de la nouvelle Journée 3) ou *Traité de la mystique* (A. Farges), mais *Le problème de la mystique*[103]. Sans faire à notre tour un problème de cette notion de *problème*, remarquons que les nuances du terme diffèrent du français à l'allemand. Le mot français signifie d'abord en allemand le fait de poser la question, et renvoie seulement ensuite au sens d'une difficulté qu'il s'agit de résoudre. Par conséquent, *Le problème de la mystique* devrait se traduire en allemand par *Zur Frage der Mystik*.

Blondel avait 63 ans quand l'article parut chez Bloud. D'après H. Bouillard, il composa cet écrit au temps de la « transition »[104]. *L'Action* et les textes qui en découlaient avaient déjà été publiés, au contraire de la *Trilogie* et de *L'esprit du christianisme*. D'après Bouillard, *Le problème de la mystique* (1925) doit se comprendre comme la « suite »[105] du *Procès de l'intelligence*(1921).[106] - [107] Blondel y avait traité du rapport entre la « connaissance notionnelle » et la « connaissance réelle » en considération de leur unité et de leur diversité.

---

[103] Mis en exergue par l'auteur de ce livre.

[104] H. Bouillard, *Blondel und das Christentum*, 53-61.

[105] Ibid. 57.

[106] M. Blondel, *Le procès de l'intelligence*, dans *La nouvelle journée*, NS 19 (1921) 409-419, 30-39, 113-133, maintenant dans *P.Archambault, Le procès de l'intelligence*, Paris, Bloud et Gay 1922, 217-306.

[107] Dans les *Ephemerides theologicae Lovaniensis*, 61 (1985), 100-122, G.S. Worgul, par son article *M. Blondel and the problem of mysticism*, présente une introduction d'ensemble à deux articles de Blondel : *Le procès de l'intelligence* (1922) et *Le problème de la mystique* (1925).

L'article sur la mystique comme faisant suite au *Procès de l'intelligence* se comprend non seulement dans la ligne du développement de la pensée, mais aussi sur le plan du conflit entre Blondel et ses adversaires. A la critique virulente de   J. Maritain[108] visant l'article sur l'intelligence, Blondel voulut fournir une réponse. Dans une lettre datée du 30 Juin 1924, il écrivit à A. Valensin qu'il s'attelait à un travail sur la mystique et la pensée : « *La Pensée* avance avec une lenteur désespérante. Et par surcroît, Archambault m'arrache quelques pages sur *Le problème de la mystique*, en tant qu'il est visible du côté philosophique. Bien délicat sujet, où je voudrais, sans nommer Maritain, répondre à sa fausse critique du *Procès de l'intelligence* »[109].

Certes, Blondel visait particulièrement Maritain, mais d'autres aussi sans toutefois citer leurs noms dans le texte. Une remarque non datée, longtemps inédite[110], identifie avec précision les cibles de Blondel : « Dans mon article (sur la mystique), je ne nomme pas. Cela paraîtrait un jeu de massacre. Je vise : Henri Delacroix, le p. Poulain, Mgr Farges, le p. Gardeil, J. Maritain, le p. Garrigou-Lagrange. Puis je montre les déficiences de W. James, Joseph Segond, Maurice Barrès… voire Bremond et Laberthonnière ».

Comment Blondel précise-t-il son intention ? Ce à quoi le lecteur est confronté, il l'apprend du sous-titre, qui équivaut à une signature : « Par quelle méthode, dans quelle mesure [le problème de la mystique] est-il accessible à l'examen de la raison, et quelle peut être

---

[108] J. Maritain, *L'intelligence d'après M. Maurice Blondel*, dans la *Revue de philosophie*, 30 (1923) 333-364, 484-511.

[109] M. Blondel/A. Valensin, *Correspondance* III (1912-1947). Avec des notes de H. de Lubac, Paris, Aubier 1965, 106..-La querelle entre Blondel et Maritain se poursuivit. Après la parution de l'article de Blondel sur la mystique, Maritain donna le 12 Mars 1926 une conférence sur la mystique, qui avait pour cible Blondel. Cette conférence de Maritain fut imprimée sous le titre *Expérience mystique et philosophie* dans la *Revue de philosophie* 33 (1926) 571-618, ici 600-604 : en une longue note, Maritain prend directement position contre Blondel. Voir aussi *M. Blondel/A. Valensin, Correspondance* III, 131 : « Maritain fera le 11 mai une conférence sur la Mystique et il m'avertit qu'il m'y contredira en m'invitant à y assister. Mais je n'aurai pas le courage de m'offrir en spectacle comme victime sourde-muette-aveugle de son hyperthomisme ».

[110] E. Poulat, *Critique et mystique autour de Loisy*, 296-297.

en ce domaine la contribution de la philosophie »[111] ? Il faut d'abord préciser en quoi consiste la « vraie mystique ». A cet égard Blondel veut dévoiler la contradiction entre la fausse et la seule vraie, en recherchant « ce qu'on peut appeler le rôle non seulement extrinsèque, mais aussi intrinsèque de la raison, et un rôle qui intéresse non seulement la science de la mystique, mais encore (paradoxe plus fort) la réalité mystique elle-même »[112]. Dans celle-ci, que quelques-uns assimileraient à l'irrationnel, d'autres à des épisodes purement surnaturels sans que l'homme intervienne ou participe, Blondel veut, quant à lui, « chercher un élément raisonnable et même rationnel »[113].

Par ailleurs, Blondel est convaincu que sur le terrain de la mystique, la philosophie doit non pas se taire, mais fournir une contribution importante. A ce sujet, il précise : « Et cependant, sans empiéter le moins du monde sur les initiatives de la grâce opérante, bien mieux, afin de réserver plus complètement le caractère transcendant des 'secrets du Roi', il sera utile de porter les regards jusqu'à l'extrême bout de ce que la philosophie peut viser, ne fût-ce que pour éviter de confondre des hauteurs encore humaines avec les véritables élévations divines, celles qui sont non point même seulement surnaturelles, mais spécifiquement mystiques »[114]. Comme philosophe, Blondel désire donc insister sur la participation de l'homme dans l'expérience mystique, afin qu'apparaisse plus en lumière le don immérité de la grâce.

2.3.2. Poser les limites : critique constructive

2.3.2.1. La mystique : Ténèbre impénétrable ou expérience accessible à la science ?

Blondel poursuit en fait un double objectif : - il lui faut d'abord se demander dans quelle mesure et par quelle méthode la mystique est accessible à la raison ; en même temps, il lui faut explorer les limites extrêmes du domaine de la philosophie ; - en second lieu, il lui faut

---

[111] M. Blondel, *Le problème de la mystique*, 2.
[112] Ibid. 4.
[113] Ibid.
[114] Ibid. 4-5, M. Blondel, *L'itinéraire philosophique de M. Blondel*. Propos recueillis par Frédéric Lefèvre, Paris, Spes 1928, 105-106.

soulever la question de la spécificité de la mystique. Si Blondel demande comment la mystique est accessible à la raison, c'est qu'il suppose l'opération possible. Comme il ne veut à aucun prix trahir l'exigence d'honnêteté scientifique, il doit parvenir à montrer que la mystique peut être en principe objet de science. Avant de se con-sacrer à cette question fondamentale, il insère une remarque brève mais importante, dans laquelle il explique son rôle. Ce qui l'intéresse comme philosophe, ce n'est ni un inventaire de la vie mystique, ni une description de ses phases. Il ne s'estime pas compétent pour aborder le fond du problème, mais se borne à la question « formelle » de la méthode[115].

C'est en ce sens qu'il demande maintenant si la raison possède quelque emprise sur les états proprement mystiques[116], capacité que seraient portés à nier en effet certains critiques. Selon eux, raison et faits mystiques resteraient incompatibles, car les faits mystiques constitueraient un mélange bizarre d'illusions subjectives et de phénomènes extraordinaires, rebelles à toute élucidation scientifique. Blondel ne précise pas l'identité de ces critiques. Mais en nous appuyant sur une de ses remarques[117] publiée par E. Poulat, nous pouvons supposer que figurent au rang des critiques, des écrivains tels que M. Barrès, ou d'autres partageant peu ou prou la conception de ce dernier, concernant la mystique[118]. En rapport avec *L'Action*, A. Raffelt a fait remarquer que le « culte du moi » barréen[119] dessine d'une certaine manière l'image opposée à l'attitude intellectuelle de Blondel[120]. Isoler et cultiver le moi représenterait pour Barrès une

---

[115] M. Blondel, *Le problème de la mystique*, 6.

[116] Voir J. Ladrière, *Approche philosophique de la mystique*, dans J.M. van Cangh (entre autres) *Mystique*, 81-105 : Quel est le rôle de la philosophie dans la mystique ? Plus précisément : à quelles conditions un langage philosophique commun est-il possible en ce qui concerne la mystique ? Pour répondre à cette question, J. Ladrière se tourne vers M. Blondel, ibid.92-95.

[117] E. Poulat, *Critique et mystique*, 297.

[118] M. Barrès jouissait d'une influence énorme. Il était si actif au Quartier latin qu'on lui donnait le titre de « prince de la jeunesse ». Y. Chiron, *Maurice Barrès. Le prince de la jeunesse*, préface par J. Laurent, Paris, Perrin, 1986, 111.

[119] M. Barrès, *Le culte du Moi*, Paris, Plon, 1966 (= Le livre de poche, 1964).

[120] A. Raffelt, *Spiritualität und Philosophie*, 91.

décision déterminante : « Or la tradition ascétique offre dans ce sens des méthodes qui ne sont assurément que des *moyens* de parvenir à la communion avec Dieu. La mise en pratique de ces moyens en négligeant le but transforme les moyens en but. Le culte du moi passe du culte proprement dit du "moi" à l'adoration du moi »[121]. Tandis que Barrès se considère comme un mystique[122]. Blondel ne se juge pas du tout comme tel. L'auteur de *La colline inspirée* relie la mystique à l'irrationnel, au sentiment, surtout à la mélancolie et à l'exaltation. C'est pourquoi Blondel n'est pas étonné de constater que plusieurs critiques situent la mystique hors du champ de la raison[124]. Pour le philosophe d'Aix, la mystique se tient éloignée du subjectivisme, de l'obscurité et de l'irrationalité. Pour le cas où la mystique se rapporterait à l'illusoire, on pourrait quand même pratiquer une science des illusions, comme faisant toujours partie des réalités subjectives. Blondel apporte une réponse au problème de l'accessibilité de la mystique aux sciences en établissant, sur un plan plus profond, que rien ne se trouve hors du champ de la raison. Une réalité inaccessible à la raison ne saurait pour autant être exclue du champ du discours ou de l'analyse[125].

Après avoir montré que la mystique ne saurait se dérober à la recherche scientifique, Blondel émet la thèse suivante, qu'il s'agira plus tard de justifier : la mystique n'a rien à voir avec l'obscurité ou avec un jeu de perspectives subjectives, mais elle porte « sur un mode très positivement déterminé et très méthodiquement détermina- nable de la vie spirituelle et de la lumière intérieure ; c'est-à-dire qu'elle implique l'emploi préalable et concomitant de dispositions intellectuelles et intelligentes, un vouloir très conscient et très personnel, une ascèse morale[126] ». Ici, Blondel semble se diriger à tâtons vers une définition. Il ne s'agit pourtant pas d'une définition,

---

[121] Ibid. 92.

[122] M. Barrès, *Mes Cahiers*, 14 vol, Paris, Plon 1929-1938, vol. IV, 141-142 : « J'écris en poète, en mystique, je me raconte toujours. Est-ce la pure raison qui parle par ma bouche ? Non, c'est un homme conditionné qui vous parle. Avec toutes mes études, je n'ai trouvé que ce que je possédais déjà et je n'ai été lu, compris, accepté que de ceux qui déjà pensaient comme moi ».

[124] M. Blondel, *Le problème de la mystique*, 7.

[125] « On peut parler d'illogisme, non d'alogisme », Ibid. 8.

[126] Ibid. 9.

puisque les déterminations restent encore incomplètes. L'élément inconnu est le « mode » de la vie spirituelle et de la lumière intérieure. Sont néanmoins présentées quatre caractéristiques, dont deux localisent l'espace de la mystique : celle-ci se produit et dans la vie et dans la connaissance. En quoi consiste l'événement mystique, on n'en sait rien, mais on sait qu'il a lieu dans le cadre de l'expérience humaine et demeure ouvert à la recherche scientifique.

2.3.2.2. Méthodes positivistes (contre Delacroix, Poulain, Farges)

Il est donc clair que la mystique peut faire l'objet de recherche scientifique. Mais sous quelle forme est-ce possible ? La question reste ouverte. Blondel propose diverses méthodes dont le propre est d'étudier de l'extérieur la mystique. Elles se divisent en méthodes positivistes et en méthodes spéculatives. Le point de départ des premières consiste dans l'observation, leur conception de base étant que seule la connaissance des phénomènes mystiques (phénomènes mystiques/faits mystiques)[127] se montrerait fructueuse. La certitude propre à celle-ci ne saurait se trouver ailleurs que dans le lien direct avec l'expérience. En revanche, le point de départ des secondes réside dans la raison. Leurs adhérents prétendent qu'il serait impossible de connaître l'objet directement. On ne saurait le faire qu'en le déduisant de certains principes.

Les penseurs qui partent de l'observation se divisent en deux groupes. Ceux du premier pensent que les faits mystiques s'expliquent *naturellement*, ceux du deuxième estiment qu'on ne saurait les rapporter qu'à une origine *surnaturelle.*

Blondel se tourne d'abord vers les tenants de la thèse naturaliste. Ils voulaient, certes, en toute neutralité, décrire et classer les faits mystiques. Pourtant, selon notre auteur, ils n'y parviennent pas, car secrètement - sans qu'ils s'en aperçoivent eux-mêmes - ils ont bâti leur argumentation sur des préjugés qui non seulement limitaient l'aspect scientifique, mais mutilaient la réalité qu'ils prétendaient étudier de manière impartiale[128]. En écrivant ces lignes, Blondel

---

[127] Entre « faits mystiques » et « phénomènes mystiques », Blondel ne fait pas de distinction claire. Il emploie souvent l'expression « faits mystiques » quand il s'agit de phénomènes mystiques comme des auditions, des élévations, des visions, des stigmates, des phénomènes de clairvoyance, etc.
[128] M. Blondel, *Le problème de la mystique*, 11.

pense à Delacroix, dont il avait déjà, vingt ans auparavant, dans une lettre de 1905, critiqué la conception. Ni l'opinion de Delacroix, ni l'objection de Blondel selon laquelle ce penseur, sous une impartialité apparente, prenait a priori position pour la thèse antimétaphysique, n'ont évolué à cette époque.

Aux tenants du deuxième groupe, qui abordent les faits mystiques à partir de l'observation mais les rapportent à une origine surnaturelle, Blondel reproche de passer d'un extrême à l'autre : pour eux, les phénomènes mystiques constitueraient une exception et un privilège. A ses yeux, les partisans de cette thèse dresseraient un rempart autour du mystère divin, et cela de deux manières. Déjà le christianisme, ainsi que les « grâces communes », seraient un « placage surajouté à la nature », ou comme une transcendance première dépourvue d'immanence. Ils concevraient la vie mystique, qui ne se laisse pas mesurer aux grâces communes ni à l'ordinaire de la vie chrétienne[129], comme une transcendance seconde et donc comme un supplément ajouté de l'extérieur à la nature, sans le concours des dispositions intérieures. Ici, Blondel songe au jésuite Auguste Poulain (1836-1919) et au sulpicien Albert Farges (1848-1926), dont il esquisse brièvement la conception. Mais pour savoir exactement à quoi notre auteur se réfère et par conséquent à l'égard de quoi il prend ses distances, nous voudrions brièvement présenter ici la préoccupation de Poulain et de Farges dans le domaine de la mystique. Ce faisant, nous n'accorderons pas toutefois à leurs pensées respectives la juste mesure d'attention qu'elles méritent, désirant seulement situer leur position par rapport à la critique que leur oppose Blondel et dont la teneur ne saurait surprendre.

On ne peut évaluer correctement le développement et l'orientation des œuvres de Poulain et Farges qu'à la condition de ne pas négliger leur premier critique : l'Abbé Auguste Saudreau (1859-1946). Le point de départ du débat est l'œuvre principale de Poulain : *Des grâces d'oraison* (1901). Cet auteur, que l'on désigne comme l'un des « pionniers »[130] du renouveau des études sur la mystique, connut un succès appréciable avec la première édition de son œuvre, dont le

---

[129] Ibid. 17-18.
[130] Voir Olphe-Gaillard, *La contemplation dans l'école ignatienne,* dans le *Dictionnaire de spiritualité ascétique et mystique II*, Paris, Beauchesne 1953, 2012-2119, ici 2103.

but essentiel était de décrire les phénomènes de la vie mystique et de donner des conseils pratiques aux directeurs spirituels. Quiconque jette un regard sur la méthode employée, reconnaît dans la description de Poulain un maître des « sciences positives » : il était professeur de mathématiques[131]. Les faits mystiques constituent l'unique point de départ de ses thèses. Il ne s'y trouve pas une phrase qui ne s'appuie sur les comptes rendus d'expériences vécues par les intéressés. L'union mystique, l' « unio mystica », comporte, selon Poulain, deux caractères fondamentaux. Tout d'abord, l'expérience directe de la présence de Dieu (« La présence de Dieu sentie »). Dans l'oraison ordinaire, par contre, cette présence ne saurait être vécue qu'indirectement : on pense à Dieu, on se souvient de lui[132]. Deuxième caractère : dans l'union, le mystique prend possession de Dieu intérieurement (« la possession intérieure de Dieu »)[133]. Ce qui est commun à toutes les étapes mystiques, c'est que la perception spirituelle par laquelle Dieu révèle sa présence, le fait ressentir comme une réalité intérieure dont l'âme est pénétrée : « la sensation d'un toucher intérieur[134] ». Poulain explique les étapes de l'union mystique à l'aide d'une image : - aux premières étapes de l'union, nous serions semblables à un homme qui, en un lieu sombre, serait assis sans mot dire à côté de son ami. Il ne l'entend pas, ne le voit pas, mais sent qu'il est là, car il le touche en lui tenant la main. Aux étapes supérieures se développeraient, à partir de ce contact, une étreinte et un embrassement[135] ; - tandis que dans l'état ascétique on se rend Dieu présent, on pense à Dieu ; dans la vision mystique de Dieu, les saints, comme les anges, « verraient » Dieu réellement, et non pas simplement une image de lui. Ils le percevraient d'une manière aussi réelle que lorsqu'on dit : je vois un arbre. Toutefois, à la différence de l'arbre, on ne saurait voir la nature de Dieu, mais seulement son effet dans l'âme. Dans tous les cas, la vision mystique de Dieu serait une connaissance expérimen-

---

[131] J. de Guibert, *La spiritualité de la Compagnie de Jésus : Esquisse historique*. Ouvrage posthume, Roma : Institutum Historicum S.J., 1953 ; ici : 559.
[132] A. Poulain, *Les grâces d'oraison*, 69.
[133] Ibid. 93.
[134] Ibid. 96.
[135] Ibid. 101.

tale[136]. D'après Poulain, il existe entre la mystique et l'ascèse non seulement une différence progressive (Saudreau), mais une différence de nature, car ce n'est que dans l'état mystique qu'on se rend compte de la présence de Dieu.

Aux yeux de Poulain, l'expérience mystique est une grâce exceptionnelle qui ne suppose pas forcément la sainteté. Les grâces mystiques seraient des moyens que Dieu, dans sa générosité, utiliserait habituellement pour conduire quelqu'un à la sainteté, mais il pourrait recourir à d'autres procédés[137].

Le débat fut relancé par l'ouvrage de Saudreau *Les faits extraordinaires de la vie spirituelle*[138], qui s'en prenait directement à Poulain. Saudreau lui reproche de ne pas avoir établi de distinction entre l'état mystique et l'état des anges, de considérer tout état mystique comme un état extraordinaire et de parler dans cette situation d'une perception directe de l'Etre divin. Tout d'abord, Saudreau distingue l'état mystique de l'état ascétique. Il est vrai que l'un et l'autre viseraient le même objet, à savoir Dieu, mais se distingueraient en ceci que dans le second, l'âme se porterait vers Dieu, tandis que dans le premier l'Esprit Saint remplacerait l'activité humaine : l'âme serait mise par Lui en mouvement[139]. La nature de l'état mystique ou de la « contemplation infuse » comporterait d'une part une plus haute connaissance de Dieu dont ce dernier Lui-même doterait, par les dons du Saint Esprit, les âmes détachées ; et d'autre part un amour parfait entre Dieu et les âmes qui Lui seraient unies[140]. Face à Poulain, il représente l'opinion selon laquelle le chemin de la « contemplation infuse » serait ouvert à tous et nécessaire pour

---

[136] Ibid. 604-605.

[137] Ibid. 552-553.

[138] A. Saudreau , *Les faits extraordinaires de la vie spirituelle*, Paris, Vic et Amat, 1908 ; à ce sujet, voir le même, *La vie d'union à Dieu et les moyens d'y arriver, d'après les grands maîtres de la spiritualité*, Paris, Amat, 1900 ; le même : *La voie qui mène à Dieu. Conseils pratiques pour ceux qui aspirent à une solide piété*, Paris, Amat, 1904.

[139] A. Saudreau, *Les faits extraordinaires*, 17-18.

[140] A. Saudreau, *La contemplation selon Mgr Saudreau*, dans le *Dictionnaire de spiritualité ascétique et mystique*, II Paris ; Beauchesne 1953, 2159-2171, ici 2160. Dans cet article, Saudreau présente lui-même sa pensée.

parvenir à la perfection[141]. Quant à l'éventualité de la « contemplation acquise », Saudreau croit qu'elle est très rare, car sans la grâce de Dieu, on se perd facilement dans ses propres activités[142].

Dans la foulée, Saudreau différencie les faits mystiques d'avec les phénomènes issus de l'ordre des anges. Les faits mystiques seraient des grâces éminentes, alors que les phénomènes, qui ressortissent à l'ordre des anges, se rapporteraient à des faveurs exceptionnelles et vraiment extraordinaires. Si certains hommes bénéficiaient de telles faveurs, leur condition de créatures humaines s'en trouverait pour un instant suspendue[143].

Le chapitre IV prétend établir que l'état mystique ne concerne en aucune manière la perception de l'Etre divin[144], et précise la critique à l'encontre de Poulain[145]. Selon Saudreau, tant dans l'état ascétique que dans l'état mystique, l'âme possèderait des notions de Dieu, grâce auxquelles elle pourrait penser à Dieu, mais sans percevoir Dieu. Ces notions seraient des « espèces intelligibles » et non des « espèces impresses » [146].

La controverse rebondit par la réaction de Farges aux affirmations de Saudreau. Après son activité d'enseignant au séminaire d'Issy comme professeur de philosophie, Farges donna, de 1899 à 1905, une série de cours d'ascétique et de mystique au séminaire universitaire d'Angers, le premier en France à comporter une chaire d'ascétique et de mystique[147]. Au cours de son professorat, il ne

---

[141] A. Farges s'y réfère plus tard dans *Autour de notre livre « Les phénomènes mystiques ». Réponses aux controverses de la presse*, Paris 1921.

[142] A. Saudreau, *La contemplation*, 215.

[143] A. Saudreau, *Les faits extraordinaires*, 79.

[144] Ibid. 101-168.

[145] A. Poulain revient à Saudreau dans *A. Poulain, Chronique du mysticisme* dans la *Revue du clergé français* 14 (1908), 694-707.Poulain débute sa critique de Saudreau par ces mots : « M. l'Abbé Saudreau, mon rival –et mon ami… ». Ibid. 699.

[146] A. Saudreau, *Les faits extraordinaires*, 105.

[147] A. Farges, *Les phénomènes mystiques distingués de leurs contrefaçons humaines et diaboliques. Traité de théologie mystique*. Paris, Féron-Vrau 1920, 5 : Remarque des éditeurs. Les éditeurs observent que les cours donnés par Farges à la demande des évêques, étaient alors une nouveauté, mais qu'en 1920, ces études de mystique et d'ascétique, destinées à la

publia aucune étude au sujet de la mystique. Ce n'est qu'après les
discussions violentes déclenchées par les écrits de Saudreau, et sous
la pression insistante de ses anciens étudiants, qu'il publia en 1920
ses cours d'autrefois sous le titre *Les phénomènes mystiques
distingués de leurs contrefaçons humaines et diaboliques.* La clef
pour comprendre son approche nous est livrée par un petit article[148]
paru un peu plus tard, concernant la façon dont devait être abordé,
selon lui, le problème de la mystique. Selon son jugement, le
problème le plus important au sein de la Mystique ne consisterait pas
à savoir s'il y a des états contemplatifs qui, à diverses étapes, seraient
caractérisés par la prédominance des dons du Saint Esprit. L'âme se
comporterait alors d'une manière plus passive qu'active. Non, la
question essentielle consistait à savoir si, à côté de ces états
contemplatifs, il existerait d'autres états contemplatifs dans lesquels
Dieu serait celui qui fait tout (Thérèse), où en un mot la grâce sans
aucune coopération agirait seule. Une réponse à cette question ne
saurait être possible que par l'observation psychologique et non par
une réflexion a priori sur la nature des vertus et des dons du St
Esprit[149]. Ce préjugé théologique, Farges le sous-entend aussi bien
chez Saudreau que chez Garrigou-Lagrange[150]. Ainsi il n'hésitera pas
à déclarer que la véritable mystique commençait là où cessait celle de
Saudreau[151]. Le point de départ correct se reconnaît en ce que la
« contemplation infuse » se distingue par un « mode extraordinaire »
et non par une différenciation progressive (« soit une prédominance
de Dieu » opposée à une évolution par degrés).

Dans le livre *Les phénomènes mystiques distingués de leurs
contrefaçons humaines et diaboliques* se reflète cette problématique
qui hantait l'auteur à la fin du XIXe siècle. Le titre souligne déjà que
Farges entre en conflit avec le naturalisme des médecins et des

---

formation supérieure du clergé et des apologètes chrétiens, étaient
généralement admises. C'est ainsi qu'à Rome, tant à la Grégorienne qu'à
l'Angelicum, furent bientôt instituées des chaires semblables.
[148] A. Farges, *La manière de poser la question mystique*, dans la *Revue
d'ascétique et de mystique* 3 (1922) 273-282. Cette contribution fut insérée
deux ans plus tard dans l'appendice II du texte *Autour de notre livre*, 94-
100. Nous citons le nouveau texte imprimé de 1924.
[149] Ibid. 96.
[150] Ibid. 98.
[151] Ibid. 99.

psychologues, qui avaient réduit les phénomènes mystiques à des états névrotiques et pathologiques[152]. Au total, le livre paraît construit selon un système bien charpenté, à la limite de l'exagération. A la différence de Poulain, il ne cite pas directement les expériences concrètes des mystiques, pourtant présentes en second plan. Reste commun à l'un et à l'autre le passage d'une approche a priori à une procédure a posteriori.

Comme Poulain, Farges fait aussi la distinction entre la contemplation acquise et la contemplation infuse. Selon lui, la contemplation infuse existerait sans notre coopération par la grâce extraordinaire ou mystique du Tout-Puissant en nous[153]. Elle serait comparable à la contemplation des anges. Par elle, Dieu serait touché et vu d'une manière inexprimable (« toucher ineffable ou vision obscure »), sans que toutefois soit perçu son être mais seulement son agir en notre âme (voir aussi Poulain sur ce point)[154]. En contraste avec la contemplation infuse, nous produirions la contemplation acquise par nos propres efforts avec l'aide de la grâce ordinaire[155]. La contemplation infuse et la contemplation acquise incarneraient deux manières différentes de parvenir au même but : la sainteté ou l'union à Dieu.

---

[152] C'est à cela que Blondel fait allusion quand il affirme qu'ici le contraste ne va pas au-delà du revers de la même médaille : « Mais ici, comme toujours, les contraires ne sont encore que des espèces d'un même genre. Et nous n'avons pas soustrait la mystique à « l'hôpital de la Salpêtrière ou aux fantaisies des romanciers, pour la ramener à *la cour des miracles*. Le pur naturalisme est intenable ; le pur surnaturalisme ne l'est pas moins ». *Le problème de la mystique*, 17.

[153] A. Farges, *Les phénomènes mystiques*, 78.

[154] A. Farges, *Autour de notre livre*, 92. Dans le conflit entre Poulain et Saudreau, Farges prend parti pour Poulain. Contre Saudreau, il affirme que la «perception immédiate de Dieu » est possible. De plus, dit-il, il ne s'agit pas « de comprendre Dieu, mais seulement de percevoir sa présence » (ibid. 46-47). C'est pourquoi, à cause de la « sensation immédiate de Dieu, non dans son essence, mais dans sa présence et ses opérations en nos âmes » (ibid. 57), cette présence de Dieu est perçue par les cinq sens spirituels et non par des idées abstraites ni l'activité rationnelle. Avec Poulain, il se réfère à Thomas d'Aquin quand il dit que l'intelligence se rapporte à l'universel, mais que les sens se rapportent au singulier (Somme théol.1a, q.86,a.1, etc.). Voir *Les phénomènes mystiques*, 86 et séq., et *Autour de notre livre*, 57 et suiv.

[155] A. Farges, *Les phénomènes*, 78.

Avec Thérèse d'Avila, Farges constate que la contemplation acquise est le chemin habituel (« à pied »), tandis que la contemplation infuse représente le raccourci (« avec des ailes »)[156].

Tous les hommes sont-ils appelés à l'union mystique ? Autrement dit : la contemplation infuse est-elle accessible à tous ? Pour Farges, les notions de contemplation infuse et d'accessibilité sont contradictoires, car on ne saurait réduire la mystique au sens strict à quelque chose d'acquis : c'est réellement un don gratuit de Dieu. Il serait complètement erroné d'affirmer comme Saudreau que tout le monde est appelé à la contemplation infuse en imaginant, à titre de comparaison, un gland qui aurait déjà en soi la « puissance active » de devenir un chêne. Nous partageons plutôt la condition du bloc de marbre qui ne possèderait que l'« aptitude passive » à devenir dieu, table ou cuvette. L'état mystique, selon Farges, se caractériserait précisément par le fait que nous serions essentiellement passifs entre les mains de Dieu ; et il conclut : Saudreau confond l'appel avec la possibilité d'appel[157].

C'est à ce malentendu que pense Blondel quand il reproche à Poulain et à Farges de faire grief aux tenants du naturalisme de s'être échoués dans l'écueil du simplisme positiviste sans remarquer qu'eux-mêmes y avaient également sombré. Car ils s'opposaient aux médecins et aux psychologues étudiant les phénomènes mystiques dans le laboratoire hospitalier de neurologie[158], pour aboutir ensuite à la conclusion que ces phénomènes tenaient de l'étrange et du merveilleux. Mais eux-mêmes croyaient faire davantage droit à l'objet de la recherche en dressant autour de la réserve du « secret du roi » une double barrière qui ne devait être franchie d'aucune manière par le philosophe. Blondel ajoute avec ironie : « Il s'agit pour le théologien même, de se subordonner aux faits, avec la docilité d'un savant positiviste en son laboratoire qui est ici l'oratoire ou la salle des exorcismes »[159].

Blondel pousse jusqu'à l'absurde ces deux extrêmes, fondés sur la méthode empiriste, en en dénonçant le ridicule. Les tenants de la thèse naturaliste ressemblent « à ces cochers qui ne connaissent

---

[156] Ibid.
[157] A. Farges, *Autour de notre livre*, 78-80
[158] Ici, Blondel fait allusion à l'hôpital psychiatrique de La Salpêtrière.
[159] M. Blondel, *Le problème de la mystique*, 18.

d'une ville et de ses palais que les portes et les façades, mais qui croient cependant connaître le grand monde ». Par contre, ceux qui expliquent les états mystiques à l'aide d'une thèse surnaturelle ressemblent à des « valets de chambre qui, en allumant la lampe ou lisant des brouillons déchirés, présumeraient de pénétrer ainsi le secret du génie »[160]. En réalité ils ne discerneraient rien du tout.

Que les uns comprennent les phénomènes mystiques comme une expérience qui défigure la nature humaine dans le flux de la vie, les autres comme une réalité plaquée de l'extérieur ; pour Blondel, les deux conceptions aboutissent à la même conclusion : la mystique n'a rien à faire avec la véritable nature humaine.

Pour lui, le problème se situe au point de départ. Si d'un côté l'on part de l'affirmation que la mystique est un additif ajouté ensuite à la nature, et si d'autre part on se borne à l'étudier par la méthode empirique, on se condamne logiquement à se cramponner aux faits et par conséquent au merveilleux. Mais c'est là précisément que manquerait un principe de discernement qui serait en mesure de séparer le bizarre et le pathologique du normal et du sacré. Faute de ce principe de discernement s'imposerait la fatale conséquence : voir le surnaturel dans les phénomènes préternaturels, et prendre l'accidentel pour l'essentiel.

A la fin de sa critique, Blondel ne laisse entrevoir que brièvement une possibilité infime de poser la question de la mystique sans tomber, une fois de plus, dans les contradictions déjà décrites. Les controverses concernant ce thème auraient produit un résultat que Blondel définit finalement comme un « gain précieux » : « La vie d'union contemplative n'est pas en dehors ou à côté de la voie normale, elle en est un prolongement… Cette union est l'épanouissement suprême en ce monde de la grâce première et le prélude de l'union future, le *salut* commencé et les arrhes de la bienheureuse éternité »[161]. Les faits préternaturels ne seraient pas constitutifs de cette vie supérieure. C'est pourquoi une méthode partant de ces faits se révèlerait erronée et dangereuse.

En ce qui concerne notre auteur, quel résultat, pour sa propre conception de la mystique, découle du conflit engagé avec les adhérents des méthodes positivistes d'observation ? Dans quelle

---

[160] Ibid. 20.
[161] Ibid. 19.

mesure se dessinent ainsi les premières formes de sa pensée ? Dans l'ensemble, disons que trois traits caractéristiques semblent se dégager : - tout d'abord, Blondel affirme que l'union mystique n'agit pas comme une greffe étrangère implantée dans la nature humaine, mais se présente comme un prolongement du chemin normal de la foi. Reconnaissons que ce point de vue reste encore redevable d'une explication rationnelle à fournir au lecteur ; - secondement : il se révèle tout à fait inapproprié de commencer par les faits préter-naturels, car ils ne sont pas essentiels à la vie mystique ; néanmoins, cela ne signifie pas que les faits ne sauraient par principe constituer un point de départ, mais il faudrait plutôt opérer une distinction entre faits naturels, faits préternaturels et faits surnaturels ; - c'est pourquoi s'impose en troisième lieu un principe de discernement que seule la raison pourrait fournir[162].

2.3.2.3. La méthode spéculative (contre Maritain)

Blondel distingue clairement la méthode positiviste et la méthode spéculative. Tandis que la première découle de l'expérience et peut être désignée comme « a posteriori », la seconde s'élabore à partir de l'a priori. Notre auteur fixe son attention sur ces méthodes spéculatives qui se subordonnent à une affirmation dogmatique et refusent à la raison un accès direct à la mystique. Ceux qui adoptent cette démarche tiennent que la raison n'aurait à se soumettre exclusivement qu'aux enseignements fondés sur un ordre surnaturel. On voudrait ainsi empêcher l'intrusion de la philosophie et de la raison dans un domaine qui devrait demeurer entièrement un don gratuit relevant de l'initiative de Dieu. Pour soustraire ce domaine d'action divine à une intrusion indue de la part des hommes, on serait alors conduit à dresser des barrières. Mais Blondel tient celles-ci pour artificielles et incongrues. Toutefois on ne saurait parvenir à abattre maintenant cette forteresse injustifiée, en se permettant par ailleurs de blesser les droits d'excellence du domaine de l'action divine. Notre philosophe entend préserver ce domaine d'une

---

[162] Ibid. 20. « Pour qu'on sache mettre une signification sous le nom de mystique, il faut inévitablement une interprétation de la raison, un discernement intrinsèque. »

profanation humaine encore plus complètement qu'il ne l'a été jusque là[163].

Dans quelle mesure la raison doit-elle se subordonner aux thèses surnaturelles ? Blondel subdivise cette question en trois interrogations : -1- En ce qui concerne la mystique, la raison doit-elle se borner à des déductions abstraites en se fondant sur des thèses issues de la théologie spéculative ?[164] ; -2- Si la mystique doit rester une réalité humaine - sous réserve de sauvegarder son principe divin - son point de départ ne consiste-t-il alors que dans une connaturalité dont les qualités distinctives restent son caractère affectif et son origine exclusivement surnaturelle[165]? -3- Est-ce que la préparation naturelle et le regard de la raison ne s'appliquent qu'au domaine des « vertus acquises », mais non à celui de la grâce coopérante ni à celui des « dons infus »? Cela ne voudrait-il pas dire qu'en ce qui regarde le discernement des états mystiques la philosophie ne saurait fournir aucun apport ?[166]. L'objet de cette question en trois points se montre donc à la portée de la raison humaine. Quand Blondel annonce qu'à cette occasion il va requérir contre « divers auteurs »[167] notant quelque part[168], lors de la rédaction du texte, qu'il visait Maritain, Garrigou-Lagrange et Gardeil, cela peut produire une impression quelque peu illusoire. En réalité sur cette question, Blondel réagit surtout à la critique de Maritain[169]. En 1922, notamment, dans un

---

[163] M. Blondel, *Le problème de la mystique*, 21.

[164] Ibid. 21-27.

[165] Ibid. 27-29.

[166] Ibid. 39-43.

[167] Ibid. 21.

[168] Voir E. Poulat, *Critique et mystique*, 297-298.

[169] Le 30 Juin 1924, Blondel écrivait à A. Valensin : « *Le problème de la mystique*...délicat sujet, où je voudrais, sans nommer Maritain, répondre à sa fausse critique du *Procès de l'Intelligence* », M. Blondel/A. Valensin, Correspondance III, 106. Maritain se sait redevable à Garrigou-Lagrange et à Gardeil, voir J. Maritain, *Distinguer pour unir ou les degrés du savoir*, 3e édition révisée et augmentée, Paris, Desclée de Brouwer 1932, trad. allem. : *Die Stufen des Wissens, oder Durch Unterscheiden zur Einung*. Trad. par H. Broemser, *préface de K. Holzamer*, Mainz 1954,489-573/282-329. Chapitre VI : *Expérience mystique et philosophie*. Ce chapitre est consacré à Garrigou-Lagrange. Voir aussi ibid., annexe V : *Sur un ouvrage du Père Gardeil*. Dans l'annexe sur Gardeil, Maritain exprime son estime pour le

article sur « le procès de l'intelligence »[170], Blondel avait insisté sur les faiblesses de la connaissance conceptuelle, par laquelle nous nous créons, selon lui, un monde de représentations où nous ne sommes en contact qu'avec les produits artificiels de l'industrie, comme dans une cage de verre dépoli. La connaissance conceptuelle ne nous procurerait donc aucune connaissance directe des choses, mais uniquement celle de leurs copies. Par contre, nous trouverions dans la « connaissance réelle » ce que nous cherchons : non pas des représentations, des images ou des symboles de la réalité, mais la présence vivante de la réalité elle-même[171]. C'est pourquoi on aurait donné à tort à la « connaissance notionnelle » le nom d' « intelligence ». L'intelligence est essentiellement et avant tout une « connaissance réelle »[172].

Peu après, Maritain prend position dans sa contribution intitulée : *L'intelligence d'après M. Maurice Blondel*[173]. La conception de ce dernier, selon Maritain, non seulement montre des faiblesses, mais « l'enseignement qu'il nous présente est extrêmement trompeur »[174]. Car, selon lui, ce que l'on saisirait dans le concept ne serait pas un analogue de l'objet, mais l'objet lui-même . « Ce n'est donc pas à une effigie que nous avons affaire, c'est à la nature même qui est dans la chose ; ce n'est pas à une représentation, c'est à une présence ; ce n'est pas à une copie, c'est à un original. La connaissance conceptuelle n'a pas à rejoindre l'être, elle le touche du premier coup »[175]. Les concepts ne seraient ni un substitut de la réalité, ni une prison de verre dépoli, mais nous feraient connaître réellement les

---

dominicain décédé en 1931 et se réfère à son œuvre principale : A. Gardeil, *La structure de l'âme et l'expérience mystique*, 2 vol. Paris, Lecoffre 1927.

[170] M. Blondel, *Le procès de l'intelligence*, dans *La nouvelle journée*, NS. 19 (1921), 409-419 ; 30-39, 115-133, maintenant dans : P. Archambault, *Le procès de l'intelligence*, Paris, Bloud et Gay 1922, 217-306. Nous citons la nouvelle édition.

[171] Ibid. 237.

[172] Ibid. 242-243.

[173] J. Maritain, *L'intelligence d'après M. Maurice Blondel*, dans la *Revue de philosophie*, 30 (1923) 333-364, 484-511. Primitivement, il s'agit ici d'une conférence que Maritain a donnée à Paris le 25 Avril 1923 à l'Institut Catholique.

[174] Ibid. 347.

[175] Ibid. 355.

objets du monde qui, finalement, sont autant de miroirs nous permettant de connaître Dieu par analogie[176].

La critique à l'égard de Maritain[177] constitue d'emblée la toile de fond des vingt-quatre pages du traité, dans lesquelles Blondel pose la question de la portée de la raison humaine. Un peu à la manière d'un fourré impénétrable les séparant à tout jamais, le conflit entre les deux hommes, parfois d'une extrême virulence, grève la lecture de l'article *Le problème de la mystique*, et Blondel est au courant de cette difficulté. Le lecteur doit ici s'en souvenir et ainsi s'étonnera moins de la résolution de notre auteur de mettre pour l'instant de côté cette partie du débat[178]. Les deux citations que Maritain place comme préalable à sa contribution caractérisent sa critique de Blondel. La

---

[176] Ibid. 357.

[177] Le conflit entre Blondel et Maritain ne se termine pas là-dessus. Certes, dans *Le problème de la mystique*, Blondel ne cite jamais Maritain nommément ; en outre, il insiste sur le fait qu'on ne saurait rapporter à des auteurs précis les passages utilisés car, affirme-t-il, « leur pensée est sans doute plus compréhensive que je ne le dis et peut-être plus inconséquente qu'ils ne le soupçonnent » (*Le problème de la mystique*, 21, note 1) ; il n'empêche que Maritain se sent directement visé par ces phrases, voir J. Maritain, *Expérience mystique et philosophie*, dans la *Revue de philosophie*, 33 (1926), 571-618, ici 600, note 24. Cette note comporte un long commentaire sur l'article de Blondel : *Le problème de la mystique*. Maritain objecte à Blondel que son système « tend à intégrer dans les besoins essentiels de la philosophie des éléments qui postulent de soi le surnaturel », ibid. 602-603. - A l'exception de la note sur Blondel, la plus grande partie de cet article est reprise mot à mot dans : J. Maritain, *Distinguer pour unir ou les degrés du savoir*, chap.VI 489-573. S'ajoute à la fin de l'article primitif (= maintenant chap.VI) une longue note sur Bergson, *Les deux sources de la morale et de la religion*, Paris P.U.F., 1932. Trad. allem. par E. Lerch, Olten/Freiburg, 1980: *Die beiden Quellen der Moral und der Religion*. Maritain objecte à Bergson de ramener le spirituel au biologique, J. Maritain : *Die Stufen des Wissens*, 535, note 60. Selon Maritain, Bergson aurait laissé de côté le fait que l'expérience mystique présuppose la réalité – connue de manière naturelle et surnaturelle - de son objet, et qu'elle n'est rien sinon assentiment à la vérité subsistante ; tout cela, poursuit-il, pousse la théologie de M. Blondel vers une sorte de pélagianisme souterrain, dans lequel les distinctions les plus importantes sont négligées, ibid., 537, note 60.

[178] M. Blondel, *Le problème de la mystique*, 21, note 2.

première remonte à Victor Delbos et fut introduite par Blondel lui-même[179]. Selon Delbos, on devrait s'approprier sans cesse comme une nouveauté le sens traditionnel des expressions « intelligence » et « sagesse ». La deuxième citation remonte à l'encyclique *Studiorum ducem* (1923)[180] de Pie XI : quiconque désire accéder à la vérité, doit se tourner vers Thomas d'Aquin. En opposant Delbos et le magistère de l'Eglise, Maritain suggère que Blondel prend carrément un chemin qui l'éloigne de l'enseignement de l'Eglise. Notre auteur avait mis en effet en question la capacité du concept qui, selon lui, n'atteignait pas la réalité elle-même, mais sa copie. Le concept ne serait donc rien de plus qu'un substitut[181] « représentant » l'objet, ce que conteste Maritain de deux manières. D'abord avec une minutie quasi inquisitoriale, il questionne Blondel sur l'orthodoxie de sa foi à l'égard du premier Concile du Vatican, spécialement sur la possibilité même des preuves de l'existence de Dieu. Car si l'on admet celles-ci comme possibles, la connaissance conceptuelle ne présenterait pas la faiblesse que Blondel lui suppose. Mais si ce dernier nie la possibilité des preuves de Dieu, que pense-t-il alors de la déclaration de l'Eglise selon laquelle on pourrait connaître Dieu avec certitude par la lumière de la raison à partir des créatures[182] ? En conséquence, il reproche à Blondel d'être trop imprégné de l'erreur fondamentale liée à la pensée moderne à travers Descartes[183]. Ecartant une étude métaphysique de la connaissance, celui-ci aurait matérialisé et chosifié les idées, lesquelles désormais nous déconnecteraient des réalités à la manière d'un écran interposé, au lieu de nous les faire connaître. Il ne serait donc pas étonnant d'entendre Blondel poser la question : ces reproductions ressembleraient-elles vraiment à l'original ? Selon Maritain, il s'agirait là de considérations fausses, parce que le concept ne se confondrait pas avec « la chose vue, mais [serait] le moyen de le voir ». Le concept constituerait un signe « formel », donc par

---

[179] M.Blondel, *Le procès de l'intelligence*, 219.
[180] Pie XI, *Studiorum ducem, Acta apostolicae sedis* 15 (1923) 309-326, ici 323.
[181] M. Blondel, *Le procès de l'intelligence*, 228.
[182] J. Maritain, *L'intelligence d'après M. Maurice Blondel*, 350. Voir DS 3004. « Eadem sancta mater Ecclesia tenet et docet, Deum, rerum omnium principium et finem, naturali humanae rationis lumine e rebus creatis certo cognosci posse. »
[183] J. Maritain, *L'intelligence d'après M. Maurice Blondel*, 353.

nature une détermination ; une médiation, mais non pas l'objet proprement dit[184].

A cette double attaque, Blondel oppose une double réplique. Dans la mesure d'abord où la dite doctrine (de Maritain) conclurait que notre vie préternaturelle, dans sa forme actuelle, devrait passer par la médiation des représentations idéelles, et dans la mesure aussi où les vertus théologales ne pourraient entrer en contact avec Dieu que par la médiation de ces idées issues de l'apport extérieur de la Révélation, cela voudrait dire qu'on ne saurait accéder à la vie contemplative que par la médiation de la science. Il s'ensuivrait, concernant la vie mystique et le réel, que la science nous enfermerait dans la prison des métaphores, où il n'y aurait que des conclusions, des généralisations et des analogies, mais rien de l'intuition portant sur l'Etre concret. Selon Blondel, cet enseignement tente certes de sauver la transcendance. Mais puisqu'en même temps, toujours selon notre auteur, ce même enseignement redoute de tomber dans l'agnosticisme et le rationalisme (entre autres), il tente ainsi de rogner l'envergure de l'esprit humain qu'en principe pourtant il ne nie pas. Par conséquent, l'esprit de l'homme doit refréner son élan. Ce n'est pas lui qui jouirait d'un accès direct au tréfonds de tout être ni au mystère de Dieu, dont seule la doctrine autorisée possède la clé[185]. Blondel reproche ici à Maritain d'une part d'attribuer à l'esprit la possibilité de couvrir un champ immense, mais simultanément de l'emprisonner par peur de cette possibilité.

Le deuxième argument met encore à nu l'inconséquence de Maritain. Blondel redoute le danger que la conscience de la vie mystique, se prétendant elle-même « irrésistible, immédiate, foncière, toute personnelle, incommunicable, et éminemment métaphysique »[186], s'attarde à recourir constamment à l'autorité visible du magistère[187]. On basculerait ainsi d'un rationalisme extrinséciste dans un intrinsécisme radical.

---

[184] Ibid. 353-354.

[185] M. Blondel, *Le problème de la mystique*, 22.

[186] Ibid. 25.

[187] Concernant le magistère, Blondel est d'une part convaincu de la nécessité d'un contrôle ecclésial ; d'autre part, le magistère a besoin de critères de discernement. « Il importe d'ailleurs au plus haut point de faire ressortir mais autrement – et davantage et mieux, - la nécessité du contrôle de

Un autre point de désaccord, en étroite cohérence avec ce qui vient d'être dit, concerne l'analogie. Selon Maritain, on peut reconnaître l'Etre subsistant au moyen de l'analogie, c'est-à-dire dans le miroir des créatures. Une certaine intrusion dans la Vérité Première ne serait due ni aux concepts ni à la connaissance abstraite, - c'est l'objet même de la critique de Blondel - mais se produirait grâce à l'analogie par la médiation de ces concepts et de cette connaissance abstraite. Le rapport de dissemblance que comporte la connaissance par analogie ne concernerait que notre manière de connaître, mais non la vérité elle-même à connaître[188].

Blondel part en guerre contre cette position : il en saisit la thèse fondamentale, la développe logiquement et accule l'argumentation adverse, en vertu même de sa dynamique interne, à l'impasse, à la contradiction insoluble. En effet, à s'en tenir, suivant une logique rigoureuse, à la thèse selon laquelle présentement il n'y aurait de connaissance possible pour nous que dans la mesure où l'on emprunte le chemin de l'abstraction à partir des choses matérielles, on ne pourrait alors pas comprendre comment serait même possible une telle connaissance, ni non plus comment les analogies elles-mêmes se révéleraient possibles : « Pour que ce qui est à croire ne soit pas X, il faut qu'il y ait, dans la "crédibilité" même, quelque "connaissabilité", si faible que soit la vue de *ce que* c'est dans l'affirmation *que* c'est »[189]. Blondel se place lui-même dans la mouvance de J.B. Bossuet qui, dans son discours sur la mort, avait mis en évidence d'une manière admirable, à ses yeux, le petit savoir positif qu'implique le non-savoir ou la négation et qui suscite l'effort de la pensée en

---

l'Eglise et le caractère de passivité des expériences mystiques. Au reste pour éclairer son contrôle le Magistère lui-même, (assisté et non inspiré) a besoin de critères de discernement ; il use de raison », ibid. 27, note 1.

[188] J. Maritain, *L'intelligence d'après M. Maurice Blondel*, 356-357. Il reprend plus tard le thème de l'analogie dans *Expérience mystique et philosophie*, 611-612, note 29.

[189] M. Blondel, *Le problème de la mystique*, 23. Voir J.B. Bossuet, *Sermon sur la mort*, dans J.B. Bossuet, *Œuvres de Bossuet, évêque de Meaux, revues sur les manuscrits originaux, et les éditions les plus correctes*, 43 vol., Versailles, Lebel 1816, vol XII, 682-706. Voir à ce sujet Testis, (= M.Blondel), *La semaine sociale de Bordeaux et le monophorisme*, dans les *Annales de philosophie chrétienne* 159 (1909/10), 5-21, 163-184, 245-278, 372-392, 449-471, 561-592 ; 160 (1910), 127-162, ici 59 (1909) 265.

abandonnant, face à l'inconnu, ses faibles représentations conceptuelles.

Cela veut dire que la foi repose sur une connaissance au moins rudimentaire de la nature de l'objet concerné. Mais l'acte de connaître ne consiste pas simplement en un savoir affirmatif visant l'existence d'un objet : il pose aussi, dans l'affirmation, en visant un objet, une question implicite sur la nature de cet objet. La condition qui permet de répondre à cette interrogation particulière réside dans le lien intérieur et direct qui permet au connaissant et à l'objet connu de se rejoindre. Ainsi donc, Blondel, d'une part, a mis en lumière, par l'analogie, la problématique centrale de la connaissance ; d'autre part, il trace le chemin de la connaissance par connaturalité.

La conclusion provisoire de ce qui précède pourrait être formulée ainsi : la question tripartite sur la portée de la raison humaine, traite en première partie du problème de savoir si la raison, dans le domaine de la mystique, doit se subordonner à la théologie spéculative. Même si Maritain reconnaît en principe l'ample capacité de la raison humaine, l'homme se voit quand même refuser un accès direct au mystère divin. Et pourtant ce philosophe tient en haute estime la connaissance conceptuelle, car elle permet, selon lui, de connaître les choses du monde. Dans la mesure, poursuit-il, où la création est le reflet du Créateur, on peut parvenir, par l'analogie, à une certaine connaissance indirecte de Dieu. Selon Blondel, Maritain surestime la connaissance conceptuelle et sous-estime la connaissance par les choses. Car il considère quant à lui comme un non-sens le fait de scruter la profonde réalité de Dieu par la connaissance conceptuelle, comme si nous pouvions parvenir, d'une manière spéculative, métaphysique, à la contemplation unitive, infuse, et ainsi saisir l'Etre divin. C'est là le point central de la critique blondélienne. En d'autres termes : notre auteur suppose que Maritain craindrait de blesser la transcendance de la réalité divine. En dépit de cette crainte, ou plus exactement en raison de celle-ci, il tomberait alors dans une sorte de crispation spéculative qui lui procurerait un accès à la réalité divine - d'une manière indue[190] - par la « connaissance notionnelle », blessant justement ainsi l'intangible transcendance. L'on comprend ici pourquoi Blondel veut abattre les barrières dressées autour du mystère divin, non pour blesser celui-ci, mais pour le protéger d'une

---

[190] M. Blondel, *Le problème de la mystique*, 26.

manière appropriée de l'intrusion des hommes, car pour lui, l'esprit de l'homme n'a pas vocation « à capter l'être et à agir », mais au contraire « à être capté et actué ». En procédant autrement, on méconnaîtrait les approches de la connaissance réelle pour la réserver à l'ordre futur. Pourtant, toujours selon Blondel, la connaissance réelle ne contribue pas seulement à la préparation normale à la vie spirituelle, mais constitue le véhicule principal conduisant aux grâces mystiques, sans que cette connaissance par les choses soit déjà investie d'un caractère surnaturel[191].

Le conflit entre Blondel et Maritain se révèle complexe. Certes, il forme bien la toile de fond de l'article intitulé « Le problème de la mystique », mais il ne saurait y être impliqué en permanence. Si on ne veut pas galvauder complètement la clarté du raisonnement, on présentera ici trois conceptions importantes de Maritain que Blondel ne partage pas. Cet exposé pourrait être compris comme une synthèse des idées fondamentales de Maritain et en même temps comme un survol anticipé de l'argumentation blondélienne. Relativement à la question tripartite de Blondel, les affirmations de Maritain s'énoncent donc ainsi :

1- Dans le domaine de la mystique, l'esprit de l'homme se fraie un chemin par la connaissance conceptuelle (raisonnement par analogie, preuves de Dieu).

2- L'expérience mystique est une connaissance qui naît de la connaturalité sur le fondement de l'amour et ressortit non à l'ordre naturel, mais à l'ordre préternaturel[192].

3- Quand le philosophe traite de la mystique, il doit garder sa démarche propre[193], mais il est impératif qu'il sollicite l'aide de la

---

[191] Ibid. : « On méconnaît les ébauches de connaissance réelle qui, même avant d'avoir un caractère surnaturel, peuvent du moins, comme nous le verrons bientôt, servir de préparation normale à la vie spirituelle et même de véhicule principal aux grâces mystiques ».

[192] Voir J. Maritain, *Les degrés du savoir*, 290-301, 307-317.

[193] Ibid. 534, note 60. A la question de savoir s'il existe une expérience mystique authentique non seulement dans l'ordre surnaturel mais aussi dans l'ordre naturel, Maritain donne une réponse négative en 1923. Selon lui, devenir connaturel à Dieu signifierait notamment le rencontrer en sa surnature subsistante, ce qui ne saurait être possible qu'à la condition d'être au préalable surélevé dans la surnature, ce qui n'est pas au pouvoir de l'amour naturel, mais seulement de l'amour surnaturel. Signalons à ce sujet

théologie car, poursuit-il, « les outils intellectuels de la seule philosophie et son vocabulaire sont par nature insuffisants pour saisir un
objet surnaturel[194] ». Laissée à elle-même, la philosophie ne saurait
apporter une quelconque contribution au domaine de la mystique.

2.3.3. La connaturalité : un pont entre
nature et surnature

Dans la première partie de l'article *Le problème de la mystique*,
Blondel réfléchissait à ces méthodes qui abordent la mystique en
partant de l'extérieur. Elles se divisent en méthodes positivistes et en
méthodes spéculatives. Les premières ont pour point de départ
l'observation des phénomènes mystiques, les secondes tirent leurs
déductions de certains principes et subordonnent la raison à l'ordre
préternaturel. A ces méthodes qui, de l'extérieur, étudient la mystique, Blondel en oppose une autre qui considère la mystique à partir
de l'intérieur. Son fondement repose sur une certaine connaturalité
entre Dieu et l'homme. C'est à partir du mot-clé « connaturalité »
qu'est décrit le rapport entre le Créateur et la créature. Dans les
prochains chapitres de la présente étude, il s'agira de discerner en
arrière-plan quelles structures intellectuelles ont amené Blondel à

---

que Maritain complètera plus tard la conception énoncée en 1923. Une
réflexion approfondie sur les mystiques non-chrétiens, surtout ceux de
l'Inde, l'induit à porter un regard plus ouvert sur la question de savoir s'il
existe une expérience mystique dans l'ordre naturel. L'étude des différentes
sortes de connaissance par connaturalité lui en fournit la base. En 1939,
dans sa contribution *L'expérience mystique naturelle et le vide*, il fait la
distinction suivante. Dans la mesure où il s'agit des profondeurs de Dieu -
comme dans *Les degrés du savoir* - une expérience mystique n'est pas
possible dans l'ordre naturel, mais seulement dans l'ordre surnaturel Mais
dans la mesure où il s'agit d'une expérience de Dieu en tant qu'Il habite
l'intimité des choses (expérience de Dieu in quantum infundens et
profundens esse in rebus), est possible une expérience mystique d'ordre
naturel. Voir J. Maritain, *L'expérience et le vide*, dans *Quatre essais sur
l'esprit dans sa condition charnelle*, Paris, Desclée de Brouwer, 1939, 131-
177, ici 165, note 1.
[194] J. Maritain, *Die Stufen des Wissens*, 290.

pouvoir formuler avec une telle précision ses pensées sur la mystique.

Il faut d'abord se référer à la pensée de deux hommes qui, en raison de leur divergence d'opinions, ont à plusieurs reprises conduit Blondel à prendre position : Lucien Laberthonnière et Pierre Rousselot. Tandis que Laberthonnière souligne la contradiction entre la pensée grecque et la pensée chrétienne et dans cette ligne critique âprement Thomas d'Aquin, Rousselot avance que les penseurs grecs, à commencer par Aristote, auraient stimulé la pensée chrétienne, qui atteint son sommet dans Thomas d'Aquin, ce qui peut être montré à l'aide de la notion d'« intellectualisme ». Quelle est la position de Blondel face à ces interprétations contradictoires de Thomas d'Aquin ? Qu'entend-il lui-même par intellectualisme ? Il apparaît de plus en plus évident que, de manière sous-entendue, le problème du rapport entre nature et grâce joue un rôle décisif dans ce débat. Blondel trace ainsi la voie à ses réflexions sur la connaturalité, ce mot-clé permettant le passage de sa critique constructive à une construction critique de sa conception de la mystique.

2.3.3.1. Le réalisme de Laberthonnière

Le conflit avec le modernisme, que le public perçut moins comme une réflexion approfondie à la fois philosophique et théologique que comme un orage de condamnations menaçant et foudroyant, creusa de profonds sillons non seulement dans les domaines des activités de l'Eglise et des sciences, mais aussi dans le domaine des relations humaines. On peut citer le cas exemplaire qu'en représente l'amitié entre Blondel et Laberthonnière lequel, après son ordination presbytérale en 1886, était entré à l'Oratoire[195]. C'est avec enthousiasme que Laberthonnière lut L'Action en 1893. Peu après, il entamait un contact épistolaire avec Blondel : c'était le commencement d'une profonde amitié[196].

---

[195] Voir M. Blondel/L. Laberthonnière, *Correspondance philosophique*, éd. par C. Tresmontant, Paris, Le Seuil, 1961.
[196] J. Lacroix, *Lucien Laberthonnière* (1860-1932), dans D. Huisman (éd.), *Dictionnaire des philosophes*, II, 1467-1470, ici 1467.

Avec le début de la crise moderniste, cette amitié subit le poids d'un destin pénible. Des milieux tant catholiques[197] que non catholiques[198] firent le rapprochement entre Blondel et Laberthonnière, dont les écrits ne jouissaient plus de l'assentiment du magistère. En avril 1906 furent condamnés deux livres de l'oratorien : *Essais de philosophie religieuse* (1903) et *Le réalisme chrétien et l'idéalisme grec*[199] (1904). En 1913, en outre, fut mise à l'index la revue qu'il éditait, *Annales de philosophie chrétienne*. Dès le mois de juin de la même année, il reçut une interdiction absolue de publier, à laquelle il se soumit jusqu'à sa mort en 1932.

Durant l'année 1913 la relation s'altéra entre Blondel et Laberthonnière, à l'égard duquel le philosophe prit peu à peu ses distances.

---

[197] L'orthodoxie de Blondel fut mise en doute par un groupe gravitant autour de l'évêque de Nancy. Blondel en fut déstabilisé, mais Joannès Wehrlé essaya de le rassurer. Il avait en effet reçu en 1904 une lettre de son neveu l'abbé René Wehrlé dans laquelle on pouvait lire : « J'ai eu l'occasion de déjeuner aujourd'hui même avec le chanoine Dehon, consulteur de l'index. M. Dehon revient de Rome (...) C'est lui qui, le premier, m'a parlé aujourd'hui de M. Blondel en me disant : « Il ne sera pas condamné. Il y a bien eu une campagne menée par les partisans de l'évêque de Nancy contre M. Fonsegrive, Laberthonnière et Blondel, mais la campagne a échoué » dans : *M. Blondel/J. Wehrlé, Correspon-dance* I, 244, note 99,2.

[198] Un an avant la condamnation des *Annales de philosophie chrétienne*, le pasteur protestant Th. Cremer se montre d'une part impressionné par la pensée catholique de Laberthonnière et Blondel, et il souligne d'autre part leur ouverture : « La philosophie de l'Action est une doctrine catholique. Catholiques dans leur pensée comme dans leur vie, tel est le désir expressément reconnu de M. Blondel et du P. Laberthonnière. Il faut donc s'attendre à rencontrer chez eux certaines idées qui sont propres au catholicisme. Et pourtant, nous le verrons, d'une façon très générale il nous sera possible de rester sur le terrain d'un christianisme qui ne connaît pas de barrières. Nous constaterons que nous nous trouvons en présence d'une philosophie chrétienne, dans la plus large acception de ce terme, et que nous pouvons faire un usage très étendu des résultats obtenus », Th. Cremer, *Le problème religieux dans la philosophie de l'action. M. Blondel et le P. Laberthonnière*, préface de V. Delbos, Paris, Alcan, 1912, ici 3.

[199] Cette condamnation fut étayée par le décret *Lamentabili* et l'encyclique *Pascendi*, publiés par le Pape Pie X en 1907, voir DS 3401-3466 et 3475-3500.

Cette réserve à son égard fut-elle vraiment profonde ? Entretenait-elle un rapport déterminant avec la crise moderniste ? Blondel conservait-il en son for intérieur son inclination pour Laberthonnière ? On peut laisser ces questions en suspens[200]. A tout le moins, Blondel intervint en 1922 auprès du Cardinal Mercier en faveur de l'oratorien[201]. En 1932, il écrivit pour le prêtre défunt un éloge funèbre[202] dans lequel il exprimait sa haute estime et son profond attachement à l'égard de son ami d'autrefois.

C'est dans son livre paru en mai 1905 : *Le réalisme chrétien et l'idéalisme grec*[203] que Laberthonnière élabora de la manière la plus significative le propre du christianisme et les conséquences qui en découlent. La thèse principale formule l'opposition insurmontable entre la philosophie grecque et le christianisme. Dans la primitive Eglise, écrit Laberthonnière, des hommes tels que Justin et Clément d'Alexandrie étaient conscients d'une conversion en passant de la philosophie grecque à la foi chrétienne, même s'ils affirmaient demeurer des philosophes. Bien loin d'aplanir la différence entre hellénisme et christianisme, ils relevaient leur opposition diamétrale. Il n'existait pas de conciliation possible entre les deux : seule la substitution de l'un par l'autre se révélait concevable[204].

Du Moyen Age à la Renaissance, poursuit Laberthonnière, s'était propagée une conception tout autre, puisqu'on tentait d'estomper plus ou moins consciemment, l'opposition entre christianisme et hellénisme. Le premier ne devait pas être remplacé, mais on voulait lui ajouter une philosophie que l'on considérait comme constituant l'ordre de la vie naturelle, sur laquelle il ne faisait que plaquer un autre ordre. On s'hellénisait tout en restant chrétien. Toujours selon Laberthonnière, cela ressemblait à une vie double. Mais cette combi-

---

[200] Plus tard, Blondel écrit sur Laberthonnière : « ami sans analogue avec qui, dans l'intimité confiante de terribles duels sans témoins, j'ai rompu tant de sabres », M. Blondel, *L'itinéraire philosophique*, 59.

[201] *M. Blondel/L. Laberthonnière, Correspondance*, 321-322.

[202] Anonyme (= M.Blondel), *Le P. Laberthonnière (1860-1932)*, dans la *Revue de métaphysique et de morale*, 39 (1932), suppl. 16.

[203] L. Laberthonnière, *Le réalisme chrétien et l'idéalisme grec*, Lethielleux 1904, maintenant dans : *Le réalisme chrétien*, précédé des *Essais de philosophie religieuse*, préface de C. Tresmontant, Paris, Le Seuil, 1966, 241-348. L'auteur de ce livre cite la nouvelle parution.

[204] Ibid. 245.

naison demeurait totalement artificielle. En réalité, l'hellénisme revendiquait tout l'homme, une revendication totale que formulait également le christianisme[205].

Laberthonnière identifie la raison de cette opposition irréconciliable entre les principes différents de la philosophie grecque et ceux du christianisme. Selon lui, le point de départ et les fondamentaux de la philosophie grecque pourraient s'énoncer de la manière suivante : - Pour résoudre le problème de la vie et donc de la morale, il faudrait d'abord essayer de résoudre celui du monde. - On s'approcherait du monde par la pensée, en faisant abstraction des choses. - Cet esprit d'abstraction marquerait le début de la démarche et spécifierait la pensée grecque : Laberthonnière affirme que l'abstraction est pour celle-ci à la fois l'instrument de la vérité et celui du salut[206]. - Par l'abstraction, poursuit-il, ils posent les idées à la place des choses et de l'être : ainsi aurait pris naissance une philosophie des concepts. Les idées rendaient aux philosophes le service de trouver l'unité dans la multiplicité et la stabilité dans le mouvement. Elles idéalisaient la nature et la considéraient « sub specie aeternitatis ». L'esprit pouvait ainsi s'appuyer sur la nature sans qu'elle lui échappe. Entre le monde de l'expérience et le monde des idées subsisterait un dualisme invincible. Puisque toute idée serait en soi une réalité complète et définie, l'esprit suivrait un parcours dialectique dans le monde où elles se meuvent, liées qu'elles sont entre elles par la logique. Toujours selon Laberthonnière, la plus élevée de toutes les idées est celle de Dieu qui, contenant en elles toutes les autres, constitue la pensée de la pensée. Laberthonnière en vient à la conclusion que la philosophie grecque se définit comme un rationalisme ou un intellectualisme. Dès le départ en effet, il s'agit de faire de la réalité un monde d'idées. Puisque celles-ci ne sauraient être que pensées, il en résulte que la vertu et la sagesse ne subsistent que dans la pensée des idées. Bref, poursuit-il : à l'aide de la dialectique, on entre dans un monde intelligible au sein duquel on trouve le salut[207].

Pour Laberthonnière, la spécificité du christianisme se présente d'une tout autre manière. Le christianisme ne se tourne pas vers les choses, mais vers la vie. La question initiale n'est pas « que sont les

---

[205] Ibid. 246.
[206] Ibid. 248.
[207] Ibid. 248-249.

choses ? », mais « que sommes-nous ? D'où venons-nous ? Où allons-nous ? » Que servirait-il à l'homme en effet « de gagner le monde (de le pénétrer par la pensée) au détriment de l'âme ? »[208]. La source du christianisme, c'est l'Ancien et le Nouveau Testament. Dans l'Ancien Testament, Dieu est celui qui a créé le monde et qui se tourne concrètement vers l'homme. Dans la Bible, il s'agit d'ailleurs essentiellement d'une explication de la vie dans le monde[209]. La Bible n'est pas une doctrine abstraite, mais une histoire, et comme telle, une histoire particulière, car elle ne fournit pas d'abord un récit des faits, mais en livre l'interprétation[210]. Ces faits ou ces événements sont toujours une réalité concrète et singulière, et n'ont rien de commun avec l'universalité des concepts logiques[211]. Dans l'Incarnation, le Nouveau Testament élève cette histoire à son sommet. Dieu s'incarne, il se solidarise avec les hommes afin que ceux-ci se solidarisent avec lui[212]. Selon Laberthonnière, la philosophie grecque prend son départ dans l'abstraction ; la pensée chrétienne, au contraire, le prend dans l'Incarnation[213]. Au lieu de s'abstraire de la réalité, le Dieu des chrétiens, qui est une personne et non une idée, se tourne vers la réalité et donne à l'existence sens et but[214]. Le monde n'est plus considéré « sub specie aeternitatis », mais dans sa réalité concrète, « sub specie temporis ». Au terme de cette comparaison contrastée, Laberthonnière conclut que l'idéalisme est profondément imbibé de philosophie grecque, et le réalisme profondément imprégné de christianisme. C'est pour cette raison que la philosophie grecque et le christianisme restent tous deux inconciliables[215]. L'écart entre les deux se révèle abyssal, et tout aussi énorme apparaît le

---

[208] Ibid. 259.

[209] Ibid. 260.

[210] Ibid. 261-263.

[211] Ibid. 264.

[212] Ibid. 284.

[213] Concernant la connaissance de Dieu chez Laberthonnière, voir A. Ngindu Mushete, *Le problème de la connaissance religieuse d'après Lucien Laberthonnière*, préface de R. Aubert, Kinshasa : Faculté de Théologie catholique, 1978 (= Recherches africaines de théologie, 7)

[214] L. Laberthonnière, *Le réalisme chrétien*, 274.

[215] Ibid. 279.

désastre de la scolastique, surtout chez Thomas d'Aquin,[216] qui aurait
« aristotélisé » le christianisme. L'oratorien parle même du caractère
anti-chrétien du thomisme[217].

En Blondel, Laberthonnière voyait le philosophe du concret,
tourné vers le réel. Typique apparaît le fait qu'il n'a écrit que deux
recensions, à propos des publications de Blondel, l'une et l'autre se
présentant d'ailleurs comme des contributions visant à thématiser le
caractère concret du christianisme, notamment la passion du Fils de
Dieu incarné[218].

2.3.3.2. Rousselot et l'intellectualisme de Thomas d'Aquin

Le jeune jésuite Pierre Rousselot (né à Nantes en 1878, tombé au
combat en 1915) n'était certes pas inconnu de Blondel, mais ne lui
était pas lié, comme Laberthonnière, par une étroite amitié. Quatre
années après la parution du livre de Laberthonnière *Le réalisme
chrétien et l'idéalisme grec*, le trentenaire Rousselot enregistrait un
grand succès avec sa dissertation de doctorat intitulée : *L'intellectualisme de saint Thomas* (1908)[219], qui fit date dans l'Histoire, et dont

---

[216] Concernant l'interprétation de Thomas d'Aquin chez Blondel et Laberthonnière, voir A. Fabriziani, *Tomismo e filosofia cristiana nel primo
carteggio del Blondel con Laberthonnière (1894-1907)* dans *Sudia Patavina*
25 (1978) 43-80 ; les mêmes, *Tomismo e filosofia cristiana nel carteggio
del Blondel con Laberthonnière dopo la condamna del pensiero modernista
(1907-1928)* dans *Studia Patavina* 27, (1980), 45-74.
[217] Voir J. Lacroix, *Laberthonnière Lucien*, 1468.
[218] Voir M. Blondel, *Le drame de la Passion à Oberammergau*, Paris,
Lecoffre, 1900 ; recension par L. Laberthonnière dans *Bulletin critique* 21
(1900) 493-494. – M. Blondel, *La psychologie dramatique du mystère de la
Passion à Oberammergau*, Paris, Bloud, 1910 ; recension par L. Laberthonnière dans les *Annales de philosophie chrétienne* 161 (1910), 72-74.
[219] P. Rousselot, *L'intellectualisme de saint Thomas*, Paris, Beauchesne
1908, (2ᵉ éd. 1921, 3ᵉ éd.1936). Nous citons la 3ᵉ éd., Introd. par L. de
Grandmaison. Voir concernant l'histoire du mot « intellectualisme »,
P. Rousselot *Intellectualisme*, dans le *Dictionnaire apologétique de la foi
catholique*, 4ᵉ éd. Paris, Beauchesne 1911, 1066-1081. Concernant
Rousselot, voir R. Aubert, *Le problème de l'acte de foi. Données
traditionnelles et résultats des controverses récentes*, Louvain, Warny,
1945, 451-480, 495-511. Aubert parle de l' « école de Rousselot », 511.
Pour être davantage introduit dans sa pensée, voir les travaux fondamentaux
d' E. Kunz, *Glaube, Gnade, Geschichte. Die Glaubenstheologie des Pierre*

le mérite consiste précisément dans une réévaluation de la philosophie scolastique. Comme on taxait de plus en plus la pensée scolastique de rationalisme rigide[220], Rousselot s'efforça de souligner le caractère dynamique du thomisme. L'histoire de la réception du livre, dès sa parution, explique la répercussion exceptionnelle qu'il connut.

Dès la première phrase de l'introduction, Rousselot dévoile son programme en exposant le sens du terme « intellectualisme ». Par « intellectualisme » il entend, écrit-il, une doctrine qui place dans l'acte intellectuel toute la valeur, toute l'intensité de la vie et l'essence même du Bien, lequel est identique à l'Être, de sorte que le reste ne peut être bon que par participation[221]. Cela veut dire que Rousselot adhère à la doctrine classique qui souligne le primat de l'intelligence sur la volonté. Selon Rousselot, l'intellectualisme n'a rien à voir avec la confiance naïve dans l'intelligence, et encore moins avec la confiance ingénue dans le raisonnement déductif[222]. Rousselot sait que Laberthonnière a étiqueté la philosophie grecque païenne comme étant d'essence rationaliste ou intellectualiste, en tout cas contraire au christianisme. Il est aussi au courant de la critique de Laberthonnière sur la pensée de Thomas d'Aquin. Dans son introduction, il se réfère d'une manière générale à une telle critique tout en l'interprétant comme l'expression d'antipathies profondes et instinctives. Ces critiques visaient deux grandes orientations de la philosophie thomiste : l'abstraction et l'affirmation, omettant ainsi l'importance qu'attribuait Thomas d'Aquin à la contemplation. Rousselot poursuit : c'est en partant en effet de la contemplation que l'on parvient le mieux au cœur de la méta-

Rousselot, S.J., Frankfurt a. M. 1969 (_Frankfurter theologische Studien_ 1) ; J.M. McDermott, _Love and Understanding. The relation of will and intellect in Pierre Rousselot's christological vision_, Roma, Ed.Univ.Gregoriana 1983 (_Analecta Gregoriana_ 229, Ser. facultatis theologiae B 77). On trouvera dans _M. Blondel/A. Valensin, Correspondance II 18-22_, des indications détaillées sur la relation Rousselot-Blondel.
[220] Au moment où la dissertation était composée en 1908, la philosophie de Thomas d'Aquin était non seulement mal connue à la Sorbonne, mais peu appréciée. J. Lebreton, _Rousselot_, dans le _Dictionnaire de théologie catholique XIV_, Paris, Letouzey 1939, 134-138, ici 138.
[221] P. Rousselot, _L'intellectualisme de saint Thomas_, I.
[222] Ibid. III.

physique de Thomas d'Aquin[223]. Toujours selon lui, quand Thomas d'Aquin parle d'intelligence, il ne songe pas à la raison discursive, mais à un « lieu » où philosophie et théologie se rencontrent en une synthèse indissoluble. Pour Thomas d'Aquin, l'intelligence serait essentiellement l'organe du sens[224] perceptif du réel, mais elle n'est le sens atteignant la réalité que parce qu'elle est le sens perceptif du divin[225]. Ces explications montrent déjà clairement que Rousselot ne partage pas l'opinion de Laberthonnière selon laquelle philosophie grecque et christianisme seraient aussi incompatibles que « le fer et le bois ». Au contraire, à ses yeux, l'éclatante contribution de Thomas d'Aquin, si enrichissante pour le christianisme, consiste en ce qu'il a mis en lumière la synthèse indissoluble de la philosophie grecque et de la théologie chrétienne. Cette synthèse trouve son expression la plus parlante dans son opinion sur la nature de l'intelligence. Les théologiens qui se sentaient à tous ces égards redevables à la scolastique, respirèrent. Ils disposaient enfin d'une œuvre capable de tenir tête aux attaques virulentes qui, en provenance de la philosophie moderne, déferlaient contre ce courant de la philosophie médiévale. Il ne s'écoula que peu de temps avant que cette œuvre ne fut couronnée d'un prix par l'Académie Française.

C'est sur la réaction de Blondel à *L'intellectualisme de saint Thomas* que va se pencher la prochaine section. Mais il nous faut d'abord, dans la dissertation de Rousselot, traiter deux thèmes qui se révèlent d'importance pour le prochain chapitre de cette recherche : la connaissance par connaturalité et le poids de la mystique dans l'œuvre de St Thomas. Dans le chapitre consacré aux outils conceptuels offerts à la spéculation humaine[226], Rousselot insiste sur la « connaissance par connaturalité ». Déjà la table des matières nous incite à comprendre que Rousselot n'exclut pas la connaissance par connaturalité du domaine spéculatif. Il introduit ce thème en posant la question de savoir si cette connaissance n'est pas contraire à l'intellectualisme noétique, qu'il avait étudié jusqu'alors. Avec l'indication que la « cognitio per modum naturae » n'était pas subordonnée mais plutôt coordonnée à la connaissance rationnelle, il cite

---

[223] Ibid. IV.
[224] C'est la traduction d'E. Kunz, *Glaube-Gnade-Geschichte*, 17.
[225] Ibid. V.
[226] Ibid. 53-77.

un long extrait de la *Summa theologica*, expliquant la connaturalité par l'exemple de la chasteté, cité d'ailleurs également par Blondel[227]. D'après St Thomas, on peut parvenir de deux manières à la justesse d'un jugement : d'abord par le recours sans réserve à la raison ; ensuite, par une certaine connaturalité avec les sujets sur lesquels nous devons prononcer un jugement momentané. Le Docteur angélique éclaire ces deux types de connaissance en prenant l'exemple de la chasteté. Sur cette matière, la faculté d'émettre un jugement bon et rationnel se rencontre chez celui qui connaît la morale. Dans le même domaine, la faculté d'émettre un jugement bon par connaturalité se rencontre chez celui qui mène une vie vertueuse.

Sans écarter ces explications de St Thomas, ni d'autre part les réflexions précédentes sur l'intellectualisme, Rousselot pose la question de savoir si, dans le cas présent, la notion de transparence intellectuelle n'est pas mise sous le boisseau. Cela revient à se demander si, dans le domaine de la connaissance, il existerait un type de savoir dépourvu de tout rapport avec l'intelligence. D'une manière encore plus précise, il se demande si l'on n'aurait pas affaire ici à un défaut d'intégration de la théorie au système forgé par St Thomas ou à une concession au langage vulgaire accordée par lui aux dépens de la raison. Anticipant la réponse, Rousselot affirme que la connaissance par connaturalité reste décidément intellectualiste. Il se justifie ainsi : celui qui est devenu vertueux selon les principes de St Thomas, n'a plus besoin, chaque fois qu'il pose un acte, d'un retour réflexif sur les principes. Il se montre alors prompt à jeter un regard, en son âme et conscience, sur ses tendances intimes, et saisit immédiatement leurs réactions dans des circonstances données. D'après St Thomas, cela se produirait sans inconvénient pour l'intellectualité[228]. A la connaissance intellectuelle ne s'opposerait en

---

[227] Ibid. 70. Rousselot cite la *Summa Theologica*, 2a 2ae, q.45, a2. Blondel recourt à ce passage dans :Blondel, *Le procès de l'intelligence*, dans *La nouvelle journée*, NS19 (1921), 409-419, 30-39, 115-133 maintenant dans Archambault, *Le procès de l'intelligence*, Paris, Bloud et Gay 1922, 217-306. L'auteur de ce livre cite la nouvelle édition, ici 268. L'exemple de « l'homme chaste » se trouve dans : M. Blondel, *Le problème de la mystique*, 35.
[228] P. Rousselot, *L'intellectualisme de saint Thomas*, 70-71.

aucune manière la « cognitio per modum naturae », mais subsisterait bien une différence entre la connaissance par connaturalité et la connaissance conceptuelle ou logique. Rousselot établit donc une distinction entre les trois sortes de connaissance : logique ou rationnelle, intellectuelle, et connaturelle, la seconde (intellectuelle) restant cependant la plus élevée, parce que plus personnelle et donc plus intuitive. Il clôt son argumentation par une citation de St Thomas : « est enim aliquid scientia melius, scilicet intellectus (il existe en effet quelque chose de meilleur que la science, à savoir l'intellect) »[229].

Un deuxième point concerne l'importance de la mystique dans l'œuvre de St Thomas. Rousselot aborde ce thème au chapitre consacré à l'importance de la spéculation humaine [230]. A ses yeux, St Thomas accorderait à la vie contemplative la priorité sur la vie active, parce que la vie contemplative, intensive, rejoindrait Dieu de la manière la plus efficace. Tout naturellement, la mystique constituerait le couronnement de la connaissance, de sorte qu'elle représenterait à la fois le déploiement et le fruit de l'intellect. Il ne saurait donc y avoir d'opposition entre le mysticisme authentique et la philosophie classique du christianisme. Rousselot se contenterait à peine de cette forte concentration des pensées de St Thomas. Une circonstance qui le plonge dans l'étonnement n'a pas tout à fait échappé à son esprit pénétrant. A sa surprise, il constate que St Thomas, sans désormais envisager ni étudier l'extase ou les autres aspects de la contemplation infuse, n'a plus davantage thématisé[231] l'intellectualité la plus raffinée, celle qui procure extase et contemplation à la vie de l'esprit. Rousselot ne peut pas comprendre pourquoi St Thomas n'apprécie pas plus explicitement les « intuitions infuses » celles qui, en dépassant l'opacité des images et la confusion de l'échange verbal, font participer le contemplatif à une connaissance équivalente à celle des anges. A la recherche d'une réponse, Rousselot hasarde une double explication, qui ne semble pas d'ailleurs le satisfaire lui-même. Pourquoi cette lacune dans l'enseignement de St Thomas ? Peut-être parce que le grand théologien s'en serait trop étroitement tenu aux classifications traditionnelles.

---

[229] Ibid. 72 ; *Somme théologique*, I, q.94, a4.
[230] Ibid. 172-200.
[231] Ibid. 196.

Une autre raison pourrait procéder de son désir de ne pas tolérer trop d'exceptions à l'endroit des axiomes d'Aristote[232]. Quoi qu'il en soit, Rousselot ne parvient pas à fonder sur un motif sans appel cette lacune dans la doctrine de St Thomas. Il faudrait en quelque sorte faire violence à ses écrits si l'on voulait y lire une théorie de la mystique[233].

Sans aucun doute, la dissertation de doctorat de Rousselot s'inscrivit parmi les thèses les plus brillantes présentées en Sorbonne au début du XXe siècle. Il réussit à remettre en lumière les points forts de la doctrine thomiste. Pourtant, même si les applaudissements de nombreux théologiens devaient retentir encore longtemps, ces louanges n'empêchèrent pas la mise en pleine lumière de certaines incohérences de l'œuvre thomiste. Rousselot fut celui-là même qui les reconnut le plus nettement et qui les étiqueta nommément. En expliqua-t-il d'ailleurs correctement les contradictions ? En discerna-t-il toute la portée ? C'est là une tout autre question.

2.3.3.3. La notion d'intellectualisme chez Blondel

Si l'on voulait établir la liste des concepts dont la signification et la place dans l'œuvre de Blondel soulèvent des difficultés considérables, celui d'« intellectualisme » figurerait en toute première position[234]. La principale difficulté ne consiste pas dans la diversité

---

[232] Ibid. 197.

[233] Plusieurs se seraient laissé guider par le désir de retrouver chez Thomas d'Aquin une doctrine de la mystique, au point que quelqu'un ajouta par exemple des mots au texte de Thomas d'Aquin, afin d'y « trouver » la vérité, Ibid. 197 note 2.

[234] T.J. Mersfeld a travaillé sur *The intellectualism of Blondel* dans : T.J. Mersfeld, *Person and presence. The encounter of phenomenology and ontology in the works of Maurice Blondel*, Milwaukee : Faksimile 1988, 204-210. J.T. Mersfeld distingue deux conceptions de l'intellectualisme . Selon lui, d'une part, l'intellectualisme au sens de Rousselot devrait être compris comme un acte d'activité intellectuelle (206) ; d'autre part, au sens de Blondel, comme la traduction de l'idéal dans la vie , (208). Il est vrai que Mersfeld n'a pas remarqué que Blondel lui-même emploie le terme « intellectualisme » de manière variée. Il en résulte que la situation de départ est bien plus compliquée que ne le croit Mersfeld.

de sens que l'histoire lui a successivement donnée[235], mais dans la divergence d'acception que Blondel lui-même lui accorde : tantôt il éprouve à son égard une répulsion extrême, tantôt il se bat pour ne pas être stigmatisé comme partisan d'un « anti-intellectualisme » quelconque. Dans les lignes qui vont suivre, nous ne voulons pas retracer l'historique de la notion dans l'œuvre de Blondel, mais plutôt clarifier l'utilisation qu'il en fait en des passages typiques, et recouvrant des significations parfois changeantes. Ce n'est qu'au terme de cette étude que l'on pourra esquisser les contours d'une définition.

C'est dans un sens purement négatif que Blondel conçoit l'intellectualisme dans l'article *L'illusion idéaliste*[236]. Cette illusion pourrait tout aussi bien être nommée « *métaphysique* » ou *intellectualiste*. L'illusion idéaliste, d'après Blondel, pose la dualité entre le réel et le connu. On commence par prendre, écrit-il, les représentations directes (de l'esprit) pour le réellement vrai, puis on est contraint de découvrir une réalité encore plus réelle au delà de ce qui apparaît directement à la conscience, c'est-à-dire au delà du réel. On ne saurait remédier à cette illusion que par la réintégration de la pensée vécue[237]. On pourrait d'ailleurs taxer tout aussi bien l'illusion idéaliste d'«*illusion intellectualiste*»[238]. D'après Blondel, il est tout autant nécessaire d'éviter un idéalisme intellectualiste qu'un réalisme naïf de la pensée spontanée. Au fond celui qui chercherait premièrement à savoir ce que nous pensons réellement avant de s'interroger sur la valeur de notre pensée suivrait un bon chemin. En second lieu, il faudrait distinguer l'action de l'idée de l'action. La démarche

---

[235] Voir pour l'histoire du mot : P. Rousselot, *Intellectualisme* dans le *Dictionnaire apologétique de la foi catholique*, 4e éd. Vol. II Paris, Beauchesne 1911, 1066-1081.

[236] M. Blondel, *L'illusion idéaliste*, dans la *Revue de métaphysique et de morale* 6, (1898) 726-745, maintenant dans les premiers écrits de M. Blondel 97-122 ; trad. allem. par I. u. H. Verweyen pour la *Philosophische Bibliothek* (Hamburg, Meiner) en préparation. La traduction par I. u. H. Verweyen, paraît à Hambourg vers 1991. L'auteur de ce livre cite la première publication française. Voir aussi S. Bakirdjian de Hahn, *La ilusión idealista segun Maurice Blondel*, dans *Stromata. Ciencia y Fe*, 10 (1984), 171-177.

[237] M. Blondel, *L'illusion idéaliste*, 726-727.

[238] Ibid. 734.

consistant à étudier aussi complètement que possible, sans préjugé réaliste ou idéaliste, l'enchaînement de notre acte de penser se rattacherait à la première démarche de l'esprit[239]. Quant au second, personne, théoriquement, ne nierait la différence effective entre la vie et la connaissance de la vie. Mais dans la pratique, poursuit Blondel, personne ne s'en est tenu là. Descartes s'est purement et simplement rallié à cette pratique consistant à mettre une équivalence entre l'action et l'idée de l'action[240]. Pourtant, à ses yeux, subsiste entre l'idée de l'action et l'action proprement dite une différence insurmontable. Quiconque s'orienterait ainsi se comportant à l'égard de la chose pensée comme si elle était le réel, confondrait le cadavre du père avec la vie du fils[241]. Globalement, l'erreur fondamentale de « *l'intellectualisme* » se résumerait comme suit : le fait de penser, considéré en soi, est séparé de l'acte de penser [242].

Cette conception de Blondel demeure intacte dans *Le point de départ de la recherche philosophique*[243]. Comme dans *L'illusion idéaliste*, le concept d'idéalisme demeure ici clairement négatif, et Blondel cherche d'autre part à éviter un dérapage vers un réalisme conçu comme unilatéral. L'intellectualisme le plus subtil s'anéantirait lui-même. Il ne saurait se critiquer ou se détruire que grâce à la sensation « *vivante* » de la connaissance directe, que Blondel nomme « *prospection* ». Mais l'intellectualisme extrême, toujours selon Blondel, aurait beau s'anéantir lui-même, l'intuition aurait beau se dénaturer, elle aussi, elle resterait isolée. C'est en restant coordonnées l'une à l'autre - que « *réflexion* » et « *prospection* » - dans la philosophie comme dans la vie réelle, peuvent être sauvées[244].

Dans ce contexte et portant un regard en quelque sorte négatif sur un intellectualisme qui ne différenciait pas l'action et l'idée de l'action que Blondel lut en 1908 la thèse de Rousselot : *L'intellectua-*

---

[239] Ibid. 735.

[240] M. Blondel, *L'illusion idéaliste* 739.

[241] Ibid. 741.

[242] Ibid. 744. Ce passage cite Rousselot dans *Intellectualisme, 1069*. Celui-ci compte Blondel parmi les philosophes chrétiens, qu'on pourrait qualifier d' « anti-intellectuels ».

[243] M. Blondel, *Le point de départ de la recherche philosophique*, dans les *Annales de philosophie chrétienne* 151, (1906), 337-360 ; 152, (1906), 225-249.

[244] M. Blondel, *Le point de départ* I, 353-354, note 2.

lisme de Saint Thomas. La correspondance échangée avec A. Valensin nous renseigne sur sa première réaction[245] : « Je suis frappé de la vigueur de l'auteur. Mais mon impression provisoire, c'est qu'en systématisant la pensée de saint Thomas selon les habitudes de notre esprit moderne, il perd quelque chose de sa richesse, de sa complexité, de son ouverture, de son objectivité, pour nous présenter une doctrine d'un exclusivisme dénué de bénignité, et qui fait excessivement saillir le fond de paganisme et d'anti-individualisme, d'impersonnalisme dont on ne débarrassera jamais complètement l'aristotélisme. Je préfère au *Deus-Intellectus* le *Deus-Caritas* de saint Jean. Et je crois à la Résurrection de la chair avec tout ce que cela implique de réalité pour le singulier qui ne peut être impunément considéré, du point de vue même de la connaissance comme inexistant »[246]. Blondel objecte donc à Rousselot que sa pensée effectue une dérive de la doctrine thomiste vers la philosophie d'Aristote, et critique ensuite le fait qu'il oppose non seulement la volonté à l'intelligence, mais subordonne la première à la seconde[247].

En 1909, Blondel rédigea pour le *Vocabulaire technique et critique de la philosophie* deux brefs commentaires sur le concept

---

[245] M. *Blondel/A. Valensin, Correspondance* (1899-1912), 2 vol. Paris, Aubier 1957. ; *M. Blondel/A. Valensin, Correspondance* III (1912-1947). Avec des notes de H. de Lubac, Paris, Aubier, 1965.

[246] *M.Bondel/A.Valensin, Correspondance* II, 37-38.

[247] Ibid. 44 ; voir à ce sujet A. Fabriziani, *Blondel, interprete di Tommaso.Tra rinascità del tomismo e condanna del pensiero modernista,* Padova :Antenore 1984 (= Pubblicazioni dell'Istituto di storia della filosofia e del Centro per ricerche di filosofia medievale, NS 32) des mêmes, *Il tomismo di Pierre Rousselot nelle considerazioni filosofiche di Maurice Blondel,* dans *Vetera novis augere. Studi in onore di Carlo Giacon per* il 25° Convegno degli assistenti universitari del movimento di Gallarate. Préface de C.Giacon, Rome, La Golardica 1982, 93-105. Le centre d'intérêt d'Anna Fabriziani qui, comme un fil rouge, parcourt de part en part ses publications sur Blondel, consiste à montrer comment Blondel s'est appliqué plus tard à harmoniser sa pensée avec celle de Thomas d'Aquin. Finalement, ce qui lui importe, c'est de prouver l'orthodoxie de l'œuvre blondélienne. Mais pour comprendre la philosophie de Blondel, n'aurait-il pas été plus fructueux de montrer le point où Blondel et Thomas d'Aquin se séparent ?

d'« *intellectualisme* »[248]. Sans savoir si l'expression avait déjà été employée, il l'aurait abordée, écrit-il, comme s'il s'était agi d'un néologisme. Pour Blondel, en effet, l'intellectualisme représente la doctrine selon laquelle l'« intellectus » (que St Thomas distingue clairement de la « ratio ») est le captateur véritable et unique de l'Etre : « videre est habere (voir la thèse remarquable de Rousselot sur *L'intellectualisme de St Thomas*). Que si l'on pousse cette thèse jusqu'au bout, elle pourrait mener à énoncer avec Hegel que, vue de près, l'idée est la forme la plus élevée, et la seule, sous laquelle l'Etre éternel et absolu puisse être saisi. Car l'Être, toujours selon Hegel, n'est que cette entité qui peut être vue et comme saisie de l'extérieur par la simple intuition, sans que l'on puisse appréhender l'intimité d'un seul de ces mystères qui ne se livrent qu'à une sympathie aimante[249]. Cette conception souleva des vagues parmi les lecteurs. Si les impressions qu'éprouvait Blondel à l'égard de Valensin, et qu'il confessait, demeuraient encore provisoires, il les ramène ici à l'essentiel. En se posant la question avisée de savoir où on allait si on poussait plus loin la pensée initiale de Rousselot, il affirme clairement que la thèse de l'intellectualisme, selon laquelle l'Être ne saurait être saisi que par l'intelligence, ne se distinguait nullement, au fond, de l'idéalisme. Seule l'idée serait à même de saisir l'Être. Cela voudrait dire d'abord que l'esprit de l'homme exerce une emprise sur l'Être absolu ; deuxièmement : que ce dernier est appréhendé par l'idée, non par le concret ; troisièmement : que le primat revient donc à l'idée. Cela signifierait finalement que l'intellectualisme peut se passer d'un fondement chrétien et s'appuyer en dernière analyse sur un fondement païen. Blondel prend clairement ses distances à l'égard d'une telle conception et se rapproche plutôt de celle de Laberthonnière.

Jamais jusque là notre auteur n'avait donné une telle consistance à ses idées sur l'intellectualisme, jamais il ne s'était avancé aussi loin dans sa critique de l'intellectualisme. En 1913, survint la condamnation des *Annales de philosophie chrétienne*. Dans les années suivantes, Blondel publia peu. Jusqu'à la rédaction du *Procès de*

---

[248] M. Blondel, *Intellectualisme* dans le *Bulletin de la société française de philosophie*, 9 (1909), 257-258, maintenant dans le *Vocabulaire* publié par Lalande, 523-524.
[249] Ibid. 524.

l'intelligence (1921), il travailla surtout, en association avec Lalande, au *Vocabulaire*. En 1919, il subit la critique de F. Palhoriès dans *La revue du clergé français*[250]. L'auteur s'en prenait à Blondel et Laberthonnière en citant ironiquement une pensée portant sur l'expérience de Dieu, extraite de *L'Action*[251]. Mais sa critique visait ensuite la conception blondélienne de l'intellectualisme. Selon Palhoriès, il fallait distinguer de M. Piat, « cet intellectualiste impénitent, des théoriciens du pragmatisme religieux », parmi lesquels il classait Blondel et Laberthonnière[252]. Les « philosophes de l'action » se voyaient accusés d'avoir mis en doute la valeur de la raison comme source de la connaissance et point de départ de toute vie, y compris de la vie intellectuelle. Leurs écrits témoigneraient d'une « invasion du relativisme ». De plus, Palhoriès leur reproche d'interpréter les idées métaphysiques d'abord et essentiellement comme des états d'âme ; de traiter le dogmatisme comme un « vieux reste de la pensée antique », de présenter l'Être comme n'étant ni pensé ni ressenti, et de dénier toute valeur démonstrative aux traditionnelles preuves de l'existence de Dieu. Au total, leur théorie pulvériserait ce bloc de certitude incarné, pour le penseur, par la raison humaine[253].

Quiconque se rappelle la franchise avec laquelle Blondel raisonnait dix ans plus tôt sur ces questions, s'étonne maintenant de la réaction qu'il développe dans *Le vrai et le faux intellectualisme*[254]. On a presque l'impression que son intention consisterait à affirmer

---

[250] F. Palhoriès, *L'œuvre philosophique de M. l'Abbé Piat*, dans la *Revue du clergé français* 99, (15 Juillet 1919), 98-113.

[251] (J.H. Newman, C.H. Secrétan, M. Blondel, L. Laberthonnière, E. Boutroux, W. James) « ils ont même mis merveilleusement en lumière tout un côté de l'âme humaine. Comme ils nous émeuvent quand ils disent les élans de l'être humain vers Dieu, vers ce Dieu tout proche, qui vit en nous, qui est la vie de notre vie ! Et quelles heureuses descriptions ils donnent parfois des expériences religieuses qu'ils en ont faites !... » Sans en connaître le nom et la nature (de Dieu), on peut deviner son approche et comme éprouver son contact, tout ainsi que dans le silence de la nuit l'on entend les pas, l'on touche la main d'un ami qu'on ne reconnaît pas encore" ». (*L'Action*, 340) ». Ibid. 103-104.

[252] Ibid. 105.

[253] Ibid. 106.

[254] M. Blondel, *Le vrai et le faux intellectualisme*, dans la *Revue du clergé français*, 99 (1er Sept.1919), 383-387.

clairement et à tout prix qu'il ne s'agirait que de malentendus ou d'interprétations erronées. Au fond, il se distinguerait de son contradicteur beaucoup moins qu'on ne le croit. C'est ainsi que Piat et Palhoriès paraissaient lui avoir reproché d'affaiblir l'idéologie rationnelle puisqu'il s'affirmerait, semble-t-il, moins intellectualiste qu'eux. En fait, ce serait exactement l'inverse : il se montrerait infiniment plus intellectualiste qu'eux[255]. Il n'aurait pas non plus contesté la valeur démonstrative des preuves de Dieu, mais souligné expressément le contraire. Bien qu'il ait prétendu que la raison avait besoin d'être complétée, il ne cherchait pas pour autant à s'en prendre à la force de la raison, mais seulement à empêcher que l'intelligence fût pour ainsi dire détrônée[256].

Concernant le vocable « *intellectualisme* », Blondel établit ici pour la première fois une distinction et ne se ferme pas à une signification plus large. Le concept en question serait, selon lui, ambivalent ; autrefois, il l'aurait lui-même appliqué aux « *intellectuels* » qui, oubliant les réalités concrètes, « s'éprennent d'abstractions et tranchent tout du haut de leurs théories, comme si leurs idées étaient la mesure des hommes et des choses. Je l'ai utilisé [l'intellectualisme] jadis en cette acception. Mieux vaut désormais, depuis que le P. Rousselot a contribué à lui conférer une autre signification précise et favorable, en faire usage contre le rationalisme, conformément au sens fort du mot *intellectus.* Quoi qu'il en soit de cette question de terminologie, sur le fond je n'ai jamais varié. » A titre de vérification, il mentionne quelques articles mineurs, mais néglige de citer, à l'étonnement du lecteur, les écrits importants comme *L'illusion idéaliste* (1898) et *Le point de départ*[257].

Dans *Le procès de l'intelligence* (1922), il réédite la même distinction, bien qu'il emploie le mot « *intellectualisme* » uniquement dans un sens négatif. « Ce qui pourrait être vrai d'un *intellectualisme* compris au sens le plus haut du mot intelligence, devient faux et tyrannique, si l'on couvre de ce nom un pur *rationalisme* ou un *notionalisme* incurablement partial et déficient.[258] » On aurait alors

---

[255] Ibid. 383.
[256] Ibid. 384.
[257] Ibid. 385-386, note 1.
[258] M. Blondel, *Le procès de l'intelligence*, 240.

affaire, toujours selon Blondel, à un faux intellectualisme si on attribuait à la raison discursive et à la connaissance conceptuelle une portée ontologique directe, ou bien si l'on voulait se procurer un accès à la réalité par la spéculation ; à l'inverse, on pourrait facilement tomber dans un faux mysticisme si l'on voulait se libérer du contrôle exercé par la pensée analytique[259]. Blondel identifie ici le faux intellectualisme à un rationalisme où la logique s'arrogerait le droit de se prononcer en prenant le pas sur l'ontologie. En quoi finalement pourrait consister l'intellectualisme véritable ? La réponse à cette question n'apparaît pas dans *Le procès de l'intelligence*. Tandis que, pour Blondel, le terme d'« intellectualisme » recouvre un contenu négatif, le mot « intelligence » se voit, en revanche, revêtu d'une signification positive. Selon lui, « l'intelligence [...] est compénétration et assimilation de ce qu'elle a à connaître. »[260]. Vis-à-vis de la raison discursive, elle apparaît, dans le sens traditionnel de l'expression, comme une « puissance d'intuition possédante, « *videre est habere* »[261]. Par conséquent, écrit Blondel, l'intelligence est le lecteur qui lit à l'intérieur du cœur, « intus legit », et ne se réduit pas au rôle de lien extérieur, « inter legit »[262]. L'intelligence, qui « est surtout et essentiellement *connaissance réelle* »[263] possède une double fonction : « D'une part, elle s'assimile à toute chose, elle est un principe d'adaptation universelle, *fit omnia*. D'autre part, elle s'assimile toutes choses, par une intussusception qui ramène à l'unité d'un *moi* l'universalité des êtres ; elle est "*capax universi, capax Dei*" »[264]. Sous le vocable « *intellectualisme* », Blondel comprend la forte accentuation négative de la connaissance notionnelle par opposition à la « *connaissance réelle* ». Il éclaire la différence à l'aide de l'image suivante : il en va du faux intellectualisme, qui accorde la priorité à la connaissance notionnelle, comme d'un fiancé qui ne connaîtrait d'abord de sa fiancée qu'un portrait. Mais qu'elle se montre alors : *la présence* vivante de sa fiancée ne l'empêcherait pas de continuer à voir dans le portrait *la représentation* idéale de

---

[259] Ibid. 299-300.
[260] Ibid. 223.
[261] Ibid. 236.
[262] Ibid. 244.
[263] Ibid. 243.
[264] Ibid. 290.

celle-ci. A l'original concret, il préférerait le portrait idéal. Au contraire l'intelligence, étant une connaissance réelle, préférerait la fiancée au portrait[265].

A titre de bilan intermédiaire, on pourrait résumer l'intellectualisme de Blondel de la manière suivante : quand il prétend, dans *Le vrai et le faux intellectualisme*, n'avoir jamais changé d'opinion, cette affirmation n'est pas simplement étrange, mais inexacte. Bien qu'il ait lu en 1908 la thèse de Rousselot, Blondel est pourtant resté marqué par une vision négative de « *l'intellectualisme* » qui a trouvé sa formulation la plus précise dans le *Vocabulaire* de Lalande, au commentaire de la notion « intellectualisme ». Ce n'est qu'à la suite d'une critique massive qu'il écrivit en 1919 que le concept d'intellectualisme se révélait équivoque et consécutivement à la thèse de Rousselot, qu'il fallait distinguer le faux intellectualisme du vrai. C'est d'ailleurs ce qu'il établit effectivement dans *Le vrai et le faux intellectualisme*. Dans *Le procès de l'intelligence*, sa conception de l'intellectualisme a si peu changé qu'on le remarque à peine. En théorie, la frontière entre vrai et faux intellectualisme persiste, mais ne se dévoile pas dans la pratique, puisque Blondel n'accorde au terme lui-même que la signification négative (le faux intellectualisme). Le correspondant positif en termes de vocabulaire (le vrai intellectualisme) n'existe pas : ce champ sémantique est couvert par le mot « intelligence ».

Il apparaît difficile de vouloir figer les conceptions de Blondel quant à l'intellectualisme dans une signification univoque qui persisterait au moins dans ses déclarations d'après 1919. Mais qu'est-ce qui l'a rendu si inconstant dans l'usage de cette notion? Son hésitation tient tout d'abord à la crise du modernisme et à ses conséquences. L'encyclique *Pascendi* visait aussi sans aucun doute Blondel et Laberthonnière, même s'ils n'étaient pas nommés. Blondel savait que les thèses de la lettre pontificale étaient discrètement dirigées contre lui[266]. Néanmoins, contrairement à Laberthonnière, qui continuait de reprocher à la philosophie païenne d'Aristote d'avoir corrompu l'originalité du christianisme, Blondel entreprit

---

[265] Ibid. 243. C'est l'auteur de ce livre qui souligne.
[266] R. Virgoulay, *Blondel et le modernisme*, 231-238.

d'étudier le thomisme[267], ce qui eut pour résultat d'écarter de plus en plus les deux amis l'un de l'autre. Laberthonnière paraissait suspect aux milieux catholiques depuis 1906, après à la condamnation de deux de ses livres ; mais il subit en 1913 un nouveau coup dur avec la suspension des *Annales de philosophie chrétienne*, ce qui enfonça encore plus profondément le coin entre les amis. Même après 1913, dans le débat public, on fit le rapprochement entre Laberthonnière et Blondel, qui devint l'objet des mêmes soupçons[268], et dont les certitudes ne fléchirent pas face au succès grandissant du thomisme. Rousselot manifestait à nouveau des égards envers la doctrine de St Thomas, que Maritain allait défendre avec la dernière opiniâtreté. Bien entendu, Blondel était conscient que personne n'oublierait la véhémence avec laquelle il pourfendait de part en part la thèse de Rousselot sur l'intellectualisme. Il pouvait imaginer que ses adversaires n'avaient besoin que du moindre faux pas pour le classer non seulement comme « anti-intellectualiste » mais encore comme « antithomiste ». Cet étiquetage possible restait suspendu comme une épée de Damoclès sur son œuvre. Et la menace de cette épée pesait d'autant plus lourd que Pie XI, dans l'encyclique *Studiorum Ducem*[269], affirmait que quiconque aspirait à la vérité, devait aller à St Thomas d'Aquin.

A mesure que Blondel avançait en âge, l'inquiétude viscérale d'être stigmatisé comme anti-intellectualiste et donc comme antithomiste, taraudait son esprit de plus en plus profondément. Cela explique pourquoi, jusque dans les années quarante, il réagissait comme un écorché vif dès qu'on essayait de souligner les différences entre Thomas d'Aquin et lui. Dans sa dissertation, J.B.J. Meijer instruisit une comparaison sur la première question vitale entre l'intellectualisme chez Thomas d'Aquin et le réalisme intégral chez Blondel ; sur quoi Blondel lui écrivit : « Je vous avoue, d'une part,

---

[267] *M. Blondel/L. Laberthonnière, Correspondance philosophique*, éd. par C. Tresmontant, Paris, Le Seuil 1961, 202.

[268] Voir F. Palhoriès, *L'œuvre philosophique de M. l'Abbé Piat*, 103-105.

[269] Pie XI, *Studiorum Ducem*, dans les *Acta Apostolicae Sedis* 25, (1923), ici 323 : « Quemadmodum igitur olim Aegyptiis in summa annonae caritate dictum est *Ite ad Joseph,* a quo sibi ad alendum corpus frumenti suppeditaretur copia, ita iis, quotquot nunc sunt in desiderio veritatis, *Ite ad Thomam* Nos dicimus, ut ab eo sanae doctrinae pabulum, quo affluit, in sempiternam suorum animorum vitam petant ».

que je me trouve, non seulement écrasé par le parallèle que vous instituez sur un point vital entre l'œuvre du grand Docteur, justement appelé l'Ange de l'Ecole, *Doctor angelicus*, et mon essai de caractère simplement philosophique (et qui n'est pas terminé puisque, s'il plaît à Dieu, j'achèverai deux tomes encore sur « la Philosophie et l'Esprit chrétien »), mais un peu gêné par votre méthode qui semble tendre à souligner des contrastes là où je cherche plutôt à montrer des vues complémentaires, des compatibilités, des enrichissements d'une tradition toujours perfectible et toujours plus compréhensive »[270]. Même à un an de sa mort, Blondel débuta sa préface à *La philosophie de l'action* de H. Duméry par cette phrase : « Il m'a toujours semblé étrange que l'on pût accuser l'étude de l'agir humain de compromettre le rôle et la valeur de notre intelligence de devenir ainsi un anti-intellectualiste plus ou moins déclaré »[271].

Blondel se défendit si vigoureusement contre le reproche d'être un « anti-intellectualiste » qu'il exprima son accord avec Duméry quand ce dernier définit la philosophie de *l'Action* comme un intellectualisme intégral[272]. Mais déjà quelques années auparavant, il s'était mis d'accord avec J.B.J. Meijer qui, dans la ligne d'Archambault, concevait sa philosophie comme un réalisme intégral. Comment accorder ces contraires ? Doit-on comprendre la pensée de Blondel comme un intellectualisme ou un réalisme ?

La question de savoir si on peut interpréter le projet blondélien comme un réalisme ou un intellectualisme intégral, nous ramène à la question initiale : comment définit-il la notion d'intellectualisme ? Abstraction faite de l'article *Le faux et le vrai intellectualisme*, dans lequel Blondel oppose un intellectualisme positif à un intellectualisme compris comme négatif, il a, durant sa vie, donné un sens *négatif* au mot « intellectualisme ». Assurément, dans le cadre de

---

[270] *Lettre-préface de Blondel* au livre de J.B.J. Meijer, *De eerste levensfraag in het intellectualisme van St Thomas van Aquin en het integraal-realisme van Maurice Blondel,* Roermond-Maaseik : Romen 1940, 7.

[271] H. Duméry, *La philosophie de l'action. Essai sur l'intellectualisme blondélien*, Paris, Aubier 1948, 7. Duméry se réfère directement à cette œuvre dans H. Duméry, *La tentation de faire du bien*, Paris, Le Seuil, 1957, 193-203.

[272] H. Duméry, *La philosophie de l'action*, 8.

cette interprétation, il a conféré à ce terme une signification qui, au cours du temps, a évolué. Si, tout d'abord, par « intellectualisme », il entendait une conception qui ne distinguait pas l'action de l'idée de l'action, il y incluait plus tard l'insistance excessive sur la connaissance conceptuelle par opposition à la connaissance réelle. L'«intelligence » formait la contrepartie de cet intellectualisme-là. En présentant la philosophie blondélienne comme un « intellectualisme intégral », Duméry récupérait Blondel. Si ce dernier, avancé en âge, n'y trouva rien à redire, on peut le comprendre dans la mesure où il voulait en finir avec le reproche de passer pour un « anti-intellectualiste ». Ce faisant, il consentait prématurément, dans une sorte de réaction excessive, à une interprétation de son œuvre qui la dénaturait elle-même. Il faut par contre approuver P. Archambault qui, après un travail de quinze ans[273], et sur la base d'une longue relation personnelle avec « le philosophe du concret », décrivait la philosophie de *l'Action* comme une œuvre faisant route vers un réalisme intégral[274]. Le point de départ de la philosophie blondélienne est constitué par la réalité concrète, qui confère à l'homme en sa position fondamentale de passivité active, le sentiment d'une connaissance directe et vitale qu'on appelle « prospection »[275].

2.3.3.4. Blondel présente la connaturalité dans *Le procès de l'intelligence* (1922). La réaction de Maritain

L'entreprise consistant à thématiser la connaturalité s'annonce comme novatrice dans la mesure où elle ne se présente pas sous ce jour dans *L'Action* (1893). La pensée de la connaturalité s'expose en

---

[273] P. Archambault, *Vers un réalisme intégral. L'œuvre philosophique de Maurice Blondel*, Paris, Bloud et Gay 1928 (= Cahiers de la Nouvelle Journée 12).

[274] Ce que Blondel entend par « réalisme intégral », il le formule en un autre passage de la manière suivante : « "L'action directe" n'est pas plus suffisante et n'est pas moins périlleuse que l'idée pure et que le règne des abstractions et des déductions. La vérité, en tout ordre, dans l'ordre social autant ou plus qu'ailleurs, est dans un « réalisme intégral », qui n'isole pas la pensée, qui ne substitue pas la connaissance à l'action, mais les éclaire, les corrige, les développe l'une par l'autre », Testis (= M. Blondel), *La semaine sociale de Bordeaux et le monophorisme*, dans les *Annales de philosophie chrétienne* 159 (1909) 175.

[275] M. Blondel, *Le point de départ*, 353-354, note 2.

détail pour la première fois dans *Le procès de l'intelligence* (1922). Blondel y fut incité par l'interprétation que Rousselot donnait de Thomas d'Aquin, et par l'exposé de celui-ci sur la connaturalité[276].

Le problème de la mystique se réfère aux explications concernant la connaturalité dans *Le procès de l'intelligence*, que Blondel présenta en excursus et voulut développer plus tard. D'après ses propres indications, il attirait l'attention, dans cet ouvrage, sur « l'existence, les étapes et la fonction de cette connaissance réelle par connaturalité qui fonde, alimente, recueille, complète la connaissance notionnelle en tout ordre d'activité mentale, et qui est une condition non seulement de la vie d'expérience et de science, mais encore de la vie de foi et de sagesse »[277]. Il voulait « montrer qu'avant, pendant et après les démarches de la raison discursive, pour rendre possible, pour soutenir, pour féconder cette pensée abstraite et analytique, il y a une forme normale et constante de nutrition spirituelle »[278].

En 1922, Blondel lia le thème de la connaturalité à celui de la distinction entre la connaissance conceptuelle et la connaissance réelle. Il précisa la nature de ces deux modes cognitifs en les mesurant à la réalité. Dans la connaissance conceptuelle la réalité, toujours selon lui, serait indirectement rendue présente, ou transcrite, alors que dans la connaissance réelle, elle pourrait être objet d'expérience directe. « Comprenons donc bien l'incommensurabilité de la CONNAISSANCE NOTIONNELLE et de la CONNAIS-SANCE REELLE : - par la première, nous nous fabriquons un monde de représentations, comme en une cage de verre dépoli où nous ne sommes en contact qu'avec des produits de l'industrie, "*artificiata*", ou comme en un musée scolaire où, sous prétexte de leçons de choses, nous ne connaissons le champ de blé que par une paille sèche collée sur un carton à côté d'autres échantillons morts ; - par la connaissance réelle, ce que nous cherchons ce ne sont pas des représentations, des images, des symboles, des spécimens, des

---

[276] P. Rousselot, *L'intellectualisme de saint Thomas*, 70-72; voir M. Blondel (= Testis). *La semaine sociale et le monophorisme*, dans les *Annales de philosophie chrétienne* 159 (1909), 252-253.

[277] M. Blondel, *Le problème de la mystique*, 28, note 1.

[278] Ibid. 29.

phénomènes, c'est la vive présence, l'action effective, l'intussusception, l'union assimilatrice, la réalité. »[279].

Dans le cadre de la connaissance réelle, Blondel distingue différentes méthodes, dont la dernière n'est autre que la connaissance par connaturalité. La « cognitio per affinitatem »[280] en constitue le point de départ. Puis suivent tour à tour la « cognitio per inclinationem »[281], puis « per compassionem »[282], « per passionem »[283], « per actionem et synergiam »[284], « per habitum, per synesim, per possessionem »[285], finalement, la « cognitio per connaturalitatem »[286]. Avec cette dernière, Blondel retrouve St Thomas d'Aquin, qui en traite relativement à la notion de sagesse[287]. La connaissance intrinséciste par connaturalité non seulement se tient à côté de celle qui se déploie par l'usage parfait de la raison, mais en même temps

---

[279] M. Blondel, *Le procès de l'intelligence*, 236-237.

[280] Ibid. 255.

[281] Ibid. 258.

[282] Ibid. 259.

[283] Ibid. 262.

[284] Ibid. 264.

[285] Ibid. 266.

[286] Ibid. 268.

[287] « Respondeo dicendum quod, sicut supra dictum est, sapentia importat quamdam rectitudinem judicii secundum rationes divinas. Rectitudo autem judicii potest contingere dupliciter: uno modo, secundum perfectum usum rationis; alio modo, propter connaturalitatem quandam ad ea de quibus jam est judicandum. Sicut de his quae ad castitatem pertinent per rationis inquisitionem recte judicat ille qui didicit scientiam moralem: sed per quandam connaturalitatem ad ipsa recte judicat de eis ille qui habet habitum castitatis.Sed igitur circa res divinas ex rationis inquisitione rectum judicium habere pertinet ad sapientiam quae est virtus intellectualis: sed rectum judicium habere de eis secundum quan-dam connaturalitatem ad ipsa pertinet ad sapientiam secundum quod donum est Spiritus Sancti : sicut Dionysius dicit, in 2 cap. de Divinis Nominibus, quod Hierotheus est perfectus in divinis "non solum discens, sed et patiens divina". Hujus modi autem compassio sive connaturalitas ad res divinas fit per caritatem, quae quidam unit nos Deo: secundum illud 1 ad Cor. 6: "Qui adhaeret Deo unus spiritus est"." Sic igitur sapientia quae est donum causam quidem habet in voluntate, scilicet caritatem : sed essentiam habet in intellectu, cujus actus est recte judicare, ut supra habitum est », Thomas d'Aquin, *Summa theologica* 2-2, q.45, ad 2.

au-dessus d'elle : « le *parfait usage de la raison* n'épuise donc pas la réalité à connaître, parce que l'être n'est pas rien que spectacle, définition ou affirmation ; il est unité et intériorité ; par conséquent, pour le connaître pleinement et le posséder vraiment, il faut entrer dans son secret, se mettre en son centre, le restituer en son ordre, en sa fonction normale, en sa moralité intrinsèque et constitutive, s'accorder à sa cause finale et à son devoir, le rapporter et se rapporter avec lui à la destinée commune où se réalise la hiérarchie des biens. *Ens et unum et bonum convertuntur* : voudrait-on donc connaître et posséder l'être sans adhérer au bien qu'il est, sans devenir bon et sans être dans l'ordre *circa finem* ? Mais si on est, d'intention et de fait, participant à cette unité, à cette vérité, à cette bonté, alors ne faut-il pas conclure à la présence réelle de l'être dans la connaissance même encore implicite ? *Qui adhaeret bono*[288], *unus spiritus est cum eo* »[289].

Blondel introduit sa réflexion sur la connaturalité en soulignant la constitution de l'Être comme limite de la connaissance conceptuelle. L'Être, écrit-il, ne vient pas au-devant de la connaissance par la raison, mais reste seul en soi, essentiellement « unité et intériorité ». Mais, poursuit-il, si l'Être ne sort pas de soi, s'il ne livre pas son intimité, son mystère, il ne reste plus alors, si on veut le connaître complètement, que la possibilité de le pénétrer, pour ainsi dire de se placer en son centre. Mais ce centre ne ferait qu'un avec sa destination. Dans l'étape suivante, Blondel soutient qu'une destination commune est propre à tous les êtres et qu'elle serait, toujours selon lui, identique aux transcendantaux. Chaque être aurait vocation à être un, à être bon et à être vrai. Si moi, l'être connaissant, je suis tout à fait en moi, intérieurement, alors je me trouve placé de par cet « être-en-moi », dans le système qui gravite « circa finem », et qui m'est commun avec un autre être : l'objet de ma connaissance. Mon centre, poursuit Blondel, me renvoie au centre de l'autre, notre intérieur le plus profond lui est apparenté, et en un certain sens

---

[288] On ne lit ni chez Thomas d'Aquin, ni en 1 Cor 6,17 « Qui adhaeret bono » mais « Qui adhaeret Deo ». Ainsi donc, Blondel a transformé la citation biblique en substituant un transcendantal à « Deo ».
[289] M. Blondel, *Le procès de l'intelligence*, 268-269

identique, c'est-à-dire connaturel[290]. En d'autres termes : ce mouvement centripète de la connaissance libère implicitement le mouvement centrifuge. Ceci vaut pour l'Être, mais aussi pour le Bien, l'Un, le Vrai. Si par exemple je cherche le Bien, si je mène une vie vertueuse, je me rapproche plus de la réalité, qui est toujours une, bonne et vraie, qu'un individu qui ne vit pas vertueusement. Par exemple « Le chaste, [...] a une connaissance intrinsèquement supérieure, plus conforme à la réalité, plus subtilement éclairée et plus finement tactile, épousant mieux les formes réelles de la vertu que celle du savant impudique »[291].

Au cours de la démarche suivante, Blondel expose les conditions que le sujet connaissant doit créer s'il veut saisir l'Être d'une manière connaturelle. Etant donné qu'ici notre auteur présente et fonde le rôle de l'ascèse, c'est-à-dire de l' «acquis », auquel s'ajoute plus tard l'exposé de l' « infus » qui constitue le noyau de la mystique, il faut le citer amplement : « on doit dire que pour atteindre l'être et s'unifier avec lui et en soi-même, il importe de se dégager des sens et de l'entendement, d'entrer par rapport à eux dans une sorte de nuit obscure, qui est la voie de l'illumination véritable et tout le contraire de l'illuminisme : car rien de plus raisonnable que cette préparation ascétique, puisqu'elle se justifie intellectuellement et puisqu'elle comporte pratiquement toutes les délicates clartés de la connaissance morale la plus exercée. Lorsque, dans la contemplation, le regard est porté au loin et comme par delà les sens et les idées particulières, l'on ne cesse pas pour cela de discerner encore assez les détails voisins pour conduire la machine, mais on ne cesse pas d'embrasser l'horizon infini. Et c'est une vraie connaissance, c'est la vraie connaissance, la sagesse qui voit, possède et savoure : *rectum*

---

[290] Concernant la traduction allemande de « connaturalis » : L. Schütz traduit dans son *Thomas-Lexikon* « connaturalis » : a/ « par un autre mot de même nature, situé dans l'être comme un étant ». b/ « consonant avec la nature de la chose, en harmonie avec la nature ». En toute logique, « connaturalitas » est rendu par a/ « nature identique », b/ « parenté naturelle ou en accord avec quelque chose, inclination naturelle à quelque chose, attrait à l'égard de quelque chose ». L. Schütz, *Thomas-Lexikon. Sammelung, Übersetzung und Erklärung der in sämtlichen Werken des hl. Thomas von Aquin vor Kommenden Kunstausdrücke und wissenschaftlichen Aussprüche*, 2ᵉ édition très augmentée, Paderborn 1895, 155-156.
[291] M. Blondel, *Le problème de la mystique*, 35.

judicium habere de eis secundum quamdam connaturalitatem ad ipsa pertinet ad sapientiam[292], et quoique cette connaissance ait sa cause dans une volonté pénétrée de charité, elle reste essentiellement intelligence. *Essentiam habet in intellectu, cujus actus est recte judicare*[293]. Il y a donc une connaissance *per contemplationem et unitatem*, qui est toute distincte de la méditation analytique et des démarches discursives »[294].

La connaissance connaturelle n'emprunte pas le chemin de la connaissance discursive, ouvert sur l'extérieur car partant de la perception sensorielle. Pour éviter cet itinéraire et se concentrer entièrement sur celui de la connaissance connaturelle, orienté vers l'intérieur, il est impératif de se distancier du recours aux sens. Ce faisant, je pénètre tout naturellement dans une nuit apparemment obscure, qui est en réalité le chemin de la seule connaissance vraiment éclairante. Si, libéré de toute perception sensorielle, je reste tout intérieur à moi-même, je touche, au centre de moi-même, l'horizon vers lequel s'efforce d'aller tout être. Mais cet horizon est « principium », cause finale de chacun de ces êtres. Quiconque le saisit possède en même temps les principes. Cette connaissance par connaturalité est la sagesse, qui mérite, elle seule, le nom de « vraie connaissance. »

Quels sont donc les éléments constituants de la sagesse ? Le connaissant acquiert-il finalement celle-ci ? Ou bien lui est-elle donnée à titre gracieux ? Aucune réponse claire n'apparaît dans ce texte. Déjà cinq ans auparavant, Blondel avait abordé ces questions au moment de rédiger le commentaire du mot « sagesse », dans le *Vocabulaire* de Lalande. Selon ce commentaire, la sagesse ne saurait être acquise : « c'est une forme de connaissance contemplative et

---

[292] Thomas d'Aquin, *Summa theologica* 2-2, q.45, a.2. Blondel cite un résumé de la phrase, dont voici la version complète : « sed rectum judicium habere de eis secundum quandam connaturalitatem, ad ipsa pertinet ad sapientiam secundum quod donum est Spiritus Sancti ». Juger des choses divines sur la base d'une parenté d'être, relève de la sagsse comme don du St Esprit. C'est avec cela que Blondel encaisse auprès de Maritain le principal reproche d'avoir intégré aux efforts de l'intellect la sagesse qui, en réalité, n'est que la sagesse de l'Esprit-Saint., J. Maritain, *L'intelligence d'après M. Maurice Blondel*, 495.

[293] Thomas d'Aquin, *Summa theologica*, 2-2, q. 45, a.2.

[294] M. Blondel, *Le procès de l'intelligence*, 270-271.

infuse, concrète et synthétique, amoureuse et savoureuse »[295]. Comme telle, elle se tient au-dessus de la connaissance abstraite de la raison discursive, car celle-ci, poursuit Blondel, ne saurait jamais égaler la sagesse en plénitude, en lumière, en unité, en efficience. Toujours selon lui : la sagesse acquise par inspiration suppose assurément une ascèse, mais résulte avant tout d'une imprégnation subie, « non solum discens, sed et patiens divina »[296].

Dans *Le procès de l'intelligence*, Blondel décrit la sagesse de manière incomparablement moins détaillée que dans le *Vocabulaire* ; pourtant, il semble supposer dans le second ouvrage la conception de la notion exposée dans le premier. Sans le dire, il se réfère à ses premières réflexions et décrit la connaissance par connaturalité sous-jacente à la sagesse comme une « cognitio per unionem et caritatem ». Cette connaissance, qui advient par l'union et l'amour dans la contemplation, se prépare dialectiquement, selon Blondel, par toutes les épreuves de la passion et de l'action[297]. Il est conscient que cette contemplation unitive ne saurait constituer le couronnement de nos propres efforts ; mais, poursuit-il, même pour se faire plus tard infuse et complète, elle doit répondre d'abord aux possibilités des acquisitions présentes et aux capacités réelles de l'âme[298]. Ici, notre penseur pénètre dans un « lieu théologique » traditionnellement crucial, en soulevant la question du rapport entre la nature humaine et la grâce divine. Il ne fait qu'effleurer cette thématique importante qui, dans la crise moderniste, avait atteint un degré d'intensité névralgique. Non seulement beaucoup de choses manquent de clarté faute d'avoir été correctement énoncées, mais font place à des interprétations qui contredisent l'enseignement de l'Eglise. Que l'on songe seulement au thème de la gratuité de la grâce. Il faut donc s'attendre à ce que les lacunes de la pensée de Blondel suscitent chez

---

[295] M. Blondel, *Sagesse*, dans A. Lalande (éd.), *Vocabulaire* 941-942.

[297] M. Blondel, *Le procès de l'intelligence*, 271.

[296] Thomas d'Aquin, *Summa theologica* 1, q.1 a.6. Thomas d'Aquin distingue ici deux sortes de sagesse. La première sorte ferait partie des dons du Saint Esprit, « secundum illud 1 Cor 2 : "Spiritualis homo judicat omnia" » etc. et Dionysius dicit 2. cap. de Div. Nom. quod « Hierotheus doctus est non solum discens, sed patiens divina" ». Par contre, la deuxième sorte serait acquise par l'étude. M. Blondel, *Sagesse*, dans A. Lalande (édit), 941-942.

[298] Ibid. 272.

plus d'un penseur - parmi eux Maritain, l'un des plus marquants - une vive critique. Au risque d'encourir le reproche d'effleurer à peine un point sensible de la théologie et par là même d'appeler sur soi la vigilance acérée des critiques, Blondel ne peut s'empêcher d'énoncer les lignes maîtresses de sa pensée : « Sans doute aussi, si le secret des autres êtres ne peut être violé sans eux, malgré eux, à plus forte raison le secret du Grand Roi lui appartient, et il ne le livre qu'à qui Il lui plaît. La vie parfaite de l'Intelligence ne saurait être finalement que don, grâce, révélation d'un mystère naturellement inaccessible. Mais tout le mouvement de l'intelligence, même en ses démarches élémentaires, est comme aimanté vers ce pôle »[299].

Récapitulons maintenant ce qui a été dit jusqu'à présent pour mieux comprendre la pensée de Blondel sur la question : la connaissance par connaturalité se situe dans l'ordre de la connaissance réelle, et non dans l'ordre de la connaissance conceptuelle. Elle se situe qualitativement au-dessus de la connaissance par la raison, parce qu'elle a accès au centre, au mystère de l'Être, tandis que la connaissance par la raison, qui s'appuie sur la perception sensible des phénomènes, reste « dehors, sur le seuil de la porte ». Mais le centre de l'Être se définit par sa destination à être un, bon et vrai. Sur la base de cette destination commune à tous les êtres, chacun d'eux se trouve vis-à-vis des autres en rapport de connaturalité. C'est pourquoi la connaissance fondée sur la destination ou la causalité finale des êtres, peut être appelée connaissance par connaturalité. Comme « cognitio per unionem et caritatem », elle est la vraie connaissance, la sagesse. Elle intervient non pas quand je porte le regard, par la médiation des sens, vers d'autres êtres, mais quand je me détache de mes sens et rentre en moi-même, quand je suis tout en moi, car l'Être est unité et intériorité. Mais cela ne représente qu'une sorte de propédeutique. Dans ce type de connaissance, c'est à l'élément de l'action qu'est relié l'élément de la passion. Enfin, la connaissance par connaturalité ne peut assurément pas être acquise, mais seulement donnée à titre gracieux, qu'il s'agisse de la connaissance d'un être quelconque ou tout simplement de l'Être. La thématique de la connaturalité pose en principe la question de savoir comment est constitué le centre de l'Être de sorte qu'il puisse être connu : cette problématique apparaît étroitement mêlée à la question suivante :

---

[299] Ibid. 272-273.

comment la grâce divine doit-elle être constituée pour pouvoir répondre à l'orientation qu'elle trouve dans l'Être ? Blondel travaille cette problématique à l'aide de l'expression « transnaturel », qu'il a créée lui-même. De sorte que les notions de « connaturel » et de « transnaturel » ne sauraient être traitées indépendamment l'une de l'autre.

Un an ne s'était pas écoulé que Maritain publiait sa critique intitulée *L'intelligence d'après M. Maurice Blondel* (1923). Suite à l'objection ci-dessus mentionnée, selon laquelle notre auteur inclurait l'action du St Esprit dans les efforts de l'homme[300], Maritain lui reprochait de décrire de manière insuffisante la nature humaine de la grâce, tout en déniant ainsi à la grâce sa gratuité[301].

Afin de pouvoir mieux cerner la critique du philosophe thomiste, il faut présenter brièvement la structure systématique de sa pensée concernant la connaturalité. Il opère d'abord une distinction entre la connaissance affective par connaturalité et la connaissance ration-nelle par connaturalité. Il ne parle de cette dernière que comme située dans l'ordre naturel, tandis qu'il subdivise la connaissance affective par connaturalité en deux catégories : celle qui ressortit à l'ordre naturel, et celle qui ressortit à l'ordre surnaturel. Cette connaissance affective par connaturalité appartenant à l'ordre naturel, il la différencie à nouveau en connaissance pratique et en connaissance spéculative. Or, selon Maritain, cette connaissance de Dieu par connaturalité affective, aussi bien dans sa variante pratique que dans sa variante spéculative, se révèle impossible. En revanche, toujours selon lui, Blondel tiendrait pour possible d'atteindre Dieu par le biais de la connaissance de l'individuel. D'une part, il laisse entendre que notre auteur confondrait le domaine pratique de l'individuel et le domaine spéculatif de la philosophie. L'exemple de l'homme

---

[300] J. Maritain, *L'intelligence d'après M. Maurice Blondel*, 495 : Maritain reproche à Blondel de défigurer au cœur même la doctrine de Thomas d'Aquin : « l'on blesse saint Thomas à la prunelle de l'œil, en supprimant les distinctions essentielles par lesquelles il assure à la fois et la surnaturalité de la sagesse des saints, et la vraie nature de l'intelligence humaine, et la valeur de la connaissance intellectuelle ». Et ibid., 500 : La chose la plus précieuse que l'Eglise a reçue de Thomas d'Aquin est « la distinction de l'ordre naturel et de l'ordre surnaturel, distinction infrangible, plus chère à la foi catholique que la prunelle de l'œil ».
[301] Ibid. 505.

vertueux cité par Blondel ressortirait à la connaturalité affective dans l'ordre naturel, où il s'agirait d'accomplir une action, mais non de connaître une chose, un peu comme seraient à appréhender, en philosophie, les vérités spéculatives. De même, on ne pourrait plus distinguer Dieu d'une nature immanente aux choses[302]. Mais d'autre part, il serait impossible de connaître Dieu par la spéculation à l'intérieur de l'ordre naturel affectif. De toute façon, d'après Maritain, Dieu ne saurait être connu par connaturalité affective dans l'ordre naturel. Car Dieu étant le « surnaturel substantiel », il serait par définition impossible d'être « connaturalisé » avec Lui et donc de le connaître ainsi. Ceci ne serait possible que dans l'ordre surnaturel et par le don de la grâce. En raisonnant autrement, on verserait inévitablement dans le panthéisme[303].

Connaître Dieu dans l'ordre surnaturel et mystique au sens propre par connaturalité affective, poursuit Maritain[304], non seulement cela est possible, mais cette connaissance, qui est, de manière éminente, une activité de l'intelligence, nous conduit au plus loin dans les choses de Dieu. Une connaissance de son Etre qui n'est possible qu'en raison de la vertu théologale de charité et non par l'analogie, présuppose nécessairement, avec la charité, la foi infuse et la grâce sanctifiante. Comme type de connaissance, toujours selon Maritain, elle est obscure, sombre pour l'intelligence et donc imparfaite et inférieure. Aussi des âmes simples y parvinrent-elles mieux que des philosophes[305]. Mais Blondel n'a pas compris, poursuit Maritain, que ce genre de connaissance ne s'acquiert pas par l'étude : elle est essentiellement sagesse du Saint-Esprit.

En revanche, une manière de connaissance *parfaite* qui, certes, ne nous introduirait pas dans les choses de Dieu avec une telle profondeur, reste possible par une connaturalité rationnelle dans l'ordre naturel. Elle jaillirait du désir naturel de voir Dieu ; assurément, toujours selon Maritain, il s'agirait d'un désir inefficace et soumis à certaines conditions. Cette connaissance de Dieu,

---

[302] Ibid. 489-490.

[303] Ibid. 490.

[304] Maritain indique qu'en empiétant sur le terrain de la théologie, il suit Blondel : « qu'on me permette d'empiéter sur le terrain de la théologie, il faut bien que j'y suive M. Blondel », ibid., 493.

[305] Ibid. 493-495.

accessible seulement à l'intelligence d'une manière naturelle, et qui serait en même temps parfaite, se produirait par analogie, « in speculo »[306].

En somme, le philosophe thomiste taxe Blondel d'insuffisance métaphysique. Par crainte de la séparation, Blondel menacerait la distinction entre ordre naturel et l'ordre surnaturel. Maritain, qui se réfère à Thomas d'Aquin, se fonde sur les principes fondamentaux suivants. Nature humaine et grâce divine sont réellement différentes. La vie divine est greffée sur la nature par la grâce. Or, ce n'est que dans l'homme concret qu'existe cette nature, d'ailleurs séparée des élévations de la grâce. L'association des deux doit être pensée comme si les conditions concrètes de l'état de grâce étaient plaquées sur l'homme de la nature pure (*natura pura*) placé, lui, dans les conditions concrètes de cet état de nature. (En réalité, selon Blondel, l'homme de la nature pure n'existe pas). A cette critique de Maritain Blondel va répondre avec *Le problème de la mystique (1925)*[307].

2.3.3.5. La nature de l'homme (transnaturel) et le surnaturel chez Blondel

Le problème de la connaissance par connaturalité apparaît de manière plus ou moins consciente lié au rapport entre surnature et nature[308]. C'est pourquoi il importe de clarifier les modalités de ce rapport, telles que Blondel les envisage.

Dans *L'Action*, il avait désigné, à travers la notion de surnaturel, ce qui est à la fois absolument impossible et absolument nécessaire à l'homme[309].Dans cette notion, en effet, se dévoile la nécessité

---

[306] Ibid. 503-504.

[307] Ibid. 507-508 : « la nature humaine…la grâce *y greffe* une vie divine » ; « comme si, ce qui est impensable, il existait actuellement un « homo philosophicus », un homme de la *pure nature,* un homme placé dans les conditions concrètes de l'état de nature pure, et y achevant son développement, et *sur* lequel seraient cependant *plaquées* les conditions concrètes de l'état de grâce ». Les trois expressions mises en exergue par l'auteur de ce livre sont reprises en leur teneur afin de réfuter Maritain.

[308] M. Blondel, *Le problème de la mystique*, 29-30.

[309] M. Blondel, *L'Action*, 388/412. Concernant la notion blondélienne du surnaturel, A.Raffelt s'en prend en termes critiques à l'interprétation de H. Bouillard, qui parle du « Surnaturel indéterminé ». A.Raffelt, *Spiritua-*

subjective d'une ouverture face à l'action de Dieu, la soif de l'Absolu ; cet Absolu qui, pourtant, dans le renoncement, est reconnu comme un Être souverainement libre, selon notre auteur[310]. Notre auteur identifie en ce passage la destination formelle de l'initiative de Dieu au terme chrétien du surnaturel. Mais la question qui demeure sans réponse est la suivante : à quel point l'initiative de Dieu correspond-elle à la mesure de la soif d'absolu ? On peut formuler la problématique autrement : la nature de l'homme se structure comme une question qui attend une réponse venant de l'extérieur. Une difficulté surgit alors : la réponse se présente-t-elle seulement comme réponse à la question, ou bien ne recouvre-t-elle finalement pas plus que la question posée ? Si tel est le cas, la nature de l'homme ne se trouve-t-elle pas alors submergée en amont et débordée par « la trop vaste réponse » ?

Pour préciser davantage le rapport entre « naturel » et « surnaturel » dans la pensée de Blondel, la double notion de « fait intérieur » et de « fait extérieur » peut servir de clé[311]. Un texte capable d'éclairer le contenu de ces notions se trouve dans une lettre de

---

lität und Philosophie, 186-191. Voir aussi Virgoulay, *Blondel et le modernisme*, 523-539.

[310] H. Bouillard,, *Blondel und das Christentum*, 105.

[311] Au couple de notions « fait intérieur »/ « fait extérieur » correspondent directement les notions d'« efférence » / « afférence ». Voir Blondel, *Le problème de la mystique*, 14-15 ; mais surtout la lettre de Blondel à Archambault (1927) dans P. Archambault, *Vers un réalisme intégral*, 96-98, ici 99. Quant aux expressions « efférence »/ « afférence », Blondel les emprunte à la médecine. En anatomie sont « efférents » ces nerfs qui partent du cerveau vers la périphérie, tandis qu' « afférents » désignent non pas la direction centrifuge, mais la direction centripète, c'est- à-dire les voies nerveuses qui, à partir d'un organe des sens, aboutissent au centre du système nerveux. Considérant l'homme qui s'efforce vers l'absolu et la réponse divine, Blondel entend par « efférence » ce qui provient du sujet humain ; par contre, selon Blondel, par « afférence », il s'agit de la réponse de Dieu qui se communique à l'homme. Le doublement respectif du fait intérieur et du fait extérieur se retrouve ici. Blondel parle de deux « efférences » et de deux « afférences ». C'est pourquoi les deux paires de notions peuvent chez Blondel signifier la même chose, abstraction faite de ce que par « fait intérieur »/ « fait extérieur » est accentué davantage le fait, tandis que par « efférence »/ « afférence » est accentué davantage le mouvement.

Blondel datée de 1927[312]. D'après ce document, le « fait intérieur » remonterait à la double origine de l'inquiétude et de la vocation. Dans l'inquiétude inhérente à l'homme s'exprime, écrit Blondel, la capacité de la raison de connaître Dieu d'une manière naturelle comme le Bien infini. L'esprit de l'homme cherche à voir Dieu et à s'adapter à lui. Cette inquiétude jaillit d'une vocation grâce à laquelle l'aspiration naturelle (rationnelle) vers Dieu se renforce infiniment plus. Dans ce contexte, notre philosophe distingue entre l'état de l'homme avant et l'état de l'homme après la chute originelle. Selon la Révélation, l'homme d'avant la chute originelle aurait été non seulement constitué dans un état de nature raisonnable, mais il aurait été vraiment surnaturel. Après la faute primitive, « l'état surnaturel » d'avant la chute continuerait d'exister désormais comme un « état transnaturel »[313].

L'adjectif « transnaturel » est un néologisme au moyen duquel Blondel essaie de décrire, d'un point de vue philosophique, l'état actuel de l'homme quant au salut. Après avoir précisé la notion en l'an 1909[314], il écrit en 1921 dans le *Vocabulaire* de Lalande : « Ce terme a été proposé pour traduire en langage rationnel la thèse philosophique qui, seule, correspond précisément et sans équivoque à la conception chrétienne de l'homme et de sa destinée. Selon cette conception "l'état de nature" reste une pure abstraction qui n'existe pas et qui n'a jamais existé… »[315].

Voici, selon notre auteur, le fondement de cette thèse même : si nous scrutions notre nature humaine effective sur les plans historique et psychologique, nous ne pourrions jamais reconnaître en nous l'état hypothétique de nature pure (natura pura). Depuis toujours, il nous est impossible d'échapper à ce qui nous pénètre d'une manière

---

[312] P. Archambault, *Vers un réalisme intégral*, 96-99.

[313] Ibid. 97.

[314] Concernant l'« état transnaturel » : « C'est que de cet état qui n'est ni l'état de nature, ni l'état de grâce et que pour abréger nous appellerons un état *transnaturel,* afin de marquer le déséquilibre d'une destinée traversée par une déchéance et travaillée par un intime rappel, il ne se traduit rien à la conscience », dans « Testis » (= M. Blondel), *La semaine sociale de Bordeaux et le monophorisme*, dans les *Annales de philosophie chrétienne*, 159 (1909), 268.

[315] M. Blondel, *Transnaturel,* dans A. Lalande (édit.), *Vocabulaire*, 1151-1152.

profonde et universelle et qui nous empêche constamment de trouver, en tant qu'hommes, notre équilibre dans l'ordre humain. Dans cette perspective, le mot « transnaturel » exprime donc le caractère instable d'un être qui ne possède plus ou pas encore la vie surnaturelle à laquelle il est appelé ou rappelé à nouveau ; cet être est traversé de stimulations autonomes en lien avec l'appel. C'est pourquoi, poursuit-il, l'être d'après la perte du don originel ne retombe pas dans une nature qui, comme sur une mer étale, résisterait au déchaînement furieux des vagues écumantes, mais conserve la marque et l'ébauche d'un nouveau départ, comme une aptitude à préserver la restauration de l'état primitif. Sans cette aptitude, l'être resterait en-deçà de sa destination réelle et impérative.

Il n'y a pas non plus, d'après Blondel, d'état naturel, mais un état transnaturel et un état surnaturel. Nous vivons dans le premier, qui se distingue par la trace surnaturelle demeurée après la chute originelle, trace qui se manifeste comme soif de l'Absolu. Malgré la différence qualitative qui les sépare, leur relation commune consiste en ce que le surnaturel est présent dans le transnaturel, et tous deux, globalement, sont ordonnés l'un à l'autre. Voilà ce que l'on peut dire du point de vue du fait intérieur.

Maintenant, comment le transnaturel et le surnaturel se comportent-ils l'un à l'égard de l'autre du point de vue du fait extérieur, par lequel on désigne, selon Deschamps, l'enseignement du Christ et de l'Eglise, et qui représente la réponse au fait intérieur ?[316] Correspondant au « fait intérieur », selon Blondel, le « fait extérieur » possède un double caractère : d'une part, il procure à notre expérience et à notre réflexion une sécurité et une solidité que nous ne saurions atteindre de nous-mêmes, par suite du péché. D'autre part, l'enseignement explicite de la Bonne Nouvelle nous procure, toujours selon notre auteur, un accès à cet ordre supérieur constitué par la révélation et la grâce, et que les théologiens qualifient de « déiforme ». Sans cet enseignement de la Bonne Nouvelle, nous n'aurions même pas idée de cet ordre supérieur. Le mystère de grâce de cet ordre supérieur consiste « dans l'intime participation de la vie propre et inaliénable de la Trinité cohabitant en nous », conclut Blondel [317].

---

[316] P. Archambault, *Vers un réalisme intégral*, 97.
[317] Ibid. 98.

Faisant allusion à Maritain, il estime qu'en ce qui concerne la relation entre « fait intérieur » et « fait extérieur », on n'a nul besoin de craindre que la raison puisse à tort influencer le mystère de la grâce. Cette crainte provient seulement de l'opinion fausse selon laquelle par le « surnaturel », on entendrait une vérité métaphysique qu'il s'agirait de reconnaître. En revanche, toujours d'après Blondel, il se révèle exact de considérer le surnaturel non comme objet de notre connaissance, mais comme but de notre union. Selon Blondel, il nous faut devenir "consortes divinae naturae"[318].

Mais quelle forme prend la relation de la nature humaine avec l'effet surnaturel de la grâce qui l'envahit[319] ? Maritain avait reproché à Blondel de partir du principe que la grâce serait un besoin essentiel de notre nature coupable, en ce sens que cette dernière recélerait des abîmes que seule la grâce pouvait combler. En d'autres termes, Maritain reproche à Blondel de faire correspondre exactement la structure de la grâce à la nature de l'âme, comme la fiche à la prise de courant. C'est en ce sens qu'il réplique à Blondel que la grâce « donne infiniment plus qu'il n'était demandé » et pose finalement à notre auteur la question formelle : « Et la grâce serait-elle grâce, si elle était nécessaire à la nature ? »[320].

Face à cette critique globale, on peut se demander si Blondel a effectivement commis l'erreur intellectuelle de nier la contradiction entre les notions de grâce et de nécessité, ou bien si Maritain n'a pas donné de Blondel une interprétation hâtive. La contextualité de l'ensemble nous impose plutôt d'accueillir la deuxième hypothèse. Dans sa lettre à Archambault, Blondel écrivait en effet : « Vous me demandez si le raccord des deux faits s'opère soit par une juxtaposition, soit par une compénétration. Je dis : ni par l'une ni par l'autre isolément, et par les deux à la fois, mais en dégageant ces métaphores d'un sens purement matériel ou même simplement intellectuel. Car l'apport surnaturel ne fait pas que combler les aspirations réelles de notre sensibilité native ou de notre intelligence raisonnable : elle [on devrait avoir normalement « il », puisque cette

---

[318] Ibid.
[319] Voir J.D. Dengerink, *Een eigen gewaad voor een oud en steeds actueel probleem. Maurice Blondel over natuur en genade, rede en geloof*, dans *Philosophia reformata*, 50, (1985), 21-46.
[320] J. Maritain, *L'intelligence d'après M. Maurice Blondel*, 505.

phrase se rapporte à « l'apport surnaturel »] les satisfait sans doute, mais en y apportant un complément imprévisible, inespéré et, pour parler comme les livres saints, déraisonnable, insensé et effrayant au regard de l'esprit timoré »[321].

Dans ce contexte, Blondel souligne l'impossibilité de pouvoir connaître quelque chose de l'ordre surnaturel par analogie, car « la merveille de la charité, c'est que Dieu communique par grâce et amour ce qui reste incommunicable dans l'ordre ontologique et que l'adoption déifique nous fait participer au mystère de l'union hypostatique, par extension de l'Incarnation du Verbe éternel en chacun des membres de l'humanité »[322].

En somme, il résulte que par « état transnaturel », Blondel désigne l'état de perdition de l'homme. Dans l'état transnaturel, le double fait intérieur de l'inquiétude et de la vocation rejoint le double fait extérieur : - de la sécurité pour notre acte de penser, - et de l'accès à l'ordre supérieur.

S'agissant de la conception blondélienne de la mystique, il convient de maintenir que face au surnaturel, la nature humaine n'est pas une nature étale en soi, mais porte en elle-même un point de jonction avec le surnaturel. Ce point de jonction est ce qui reste de l'état surnaturel qui distinguait l'homme au paradis. Il existe par conséquent en l'homme quelque chose qui possède une connaturalité avec le surnaturel et qui est donc en situation de préparer l'accueil de la grâce surnaturelle. La grâce se joint à la nature de l'homme, c'est-à-dire à son état transnaturel, comme une réponse à une question. D'ailleurs, - il faut souligner ce trait à l'encontre de Maritain - la grâce donne infiniment plus que ce que la nature nécessite. La réponse, qui existe déjà dans la question comme adéquation préalable, dépasse infiniment la requête. Blondel préserve ainsi la gratuité de la grâce comme la liberté de la nature humaine. La liberté de l'homme s'exprime dans sa décision de suivre ou non sa vocation. L'homme est appelé non seulement à la connaissance de la vérité divine, mais aussi « à devenir effectivement *consors naturae divinae*, à changer son rôle normal de créature et de témoin extérieur en un rôle adoptif de fils, de coopérateur, d'héritier, ou même plus encore

---

[321] P. Archambault, *Vers un réalisme intégral*, 98.
[322] Ibid. 98-99.

d'époux, de conjoint uni, sans confusion cependant, dans la plus étroite étreinte »[323].

2.3.3.6. La connaturalité comme point d'appui à la mystique

D'après Blondel, les méthodes spéculative et positiviste n'ont réussi à donner à la mystique, ni définition, ni consistance. Il propose maintenant de joindre les deux méthodes, afin de trouver un moyen d'allier la science abstraite de la théologie mystique et les expériences concrètes des vrais mystiques. Il tient cet itinéraire pour viable avec l'aide de la théorie de la connaturalité, qui établit un pont entre la grâce divine et la conscience ou l'action de l'homme. Dans le titre de la cinquième section de la première partie du *Problème de la mystique*[324], Blondel laisse apparaître les grandes lignes de sa conception de la connaturalité. Selon lui, la connaturalité serait « le point d'insertion et d'appui, dont la mystique a besoin pour qu'elle soit quelque chose d'humain sans préjudice pour son principe divin. » Il suggère ainsi déjà comment la mystique se comporte par rapport à l'ordre naturel et à l'ordre surnaturel. En même temps, il prend position contre Maritain en spécifiant clairement la question de la connaturalité : celle-ci, dans son rôle de support, est-elle d'origine surnaturelle affectivement et exclusivement ?

Voici en quel termes Blondel décrit sa thèse sur la connaturalité : « il y a normalement une connaissance réelle par connaturalité : [on peut dire] qu'elle est vraiment une connaissance ; qu'elle a une fonction normale dans l'ordre naturel, un caractère rationnel, une valeur à la fois pratique et contemplative, une portée objective ; qu'il y a solidarité et hétérogénéité entre son rôle dans l'ordre naturel et son rôle, indispensable en effet, dans l'ordre surnaturel et plus encore dans cet ordre proprement mystique dont elle contribue à frayer les voies et à permettre la spécification exacte »[325].

---

[323] P. Archambault, *Vers un réalisme intégral*, 98.

[324] M. Blondel, *Le problème de la mystique*, 27.

[325] Ibid. 30. Blondel distingue donc trois ordres : l'ordre naturel, l'ordre surnaturel et l'ordre mystique. Il laisse sans réponse la question de savoir où l'ordre mystique trouve sa place. L'auteur de ce livre voit la réponse en ceci, que l'ordre mystique se comporte avec l'ordre naturel et l'ordre surnaturel comme l'ordre transnaturel avec l'ordre naturel et l'ordre surnaturel. C'est-à-dire : nous ne vivons qu'apparemment dans un ordre naturel. L'ordre purement naturel est une fiction, car en fait, on ne saurait

Au sein de la connaturalité, les éléments individuels ne devraient pas être séparés les uns des autres, parce qu'ils se conditionnent les uns les autres. Blondel défend « la thèse d'une "connaturalité intégralisante", où peu à peu les éléments intellectuels et moraux éclairent et élèvent les éléments affectifs »[326]. De quelle manière parvient-il à postuler cet état, et que couvre l'expression de « connaturalité intégralisante » ?

Comme il l'a déjà fait dans *Le procès de l'intelligence*, Blondel critique une fois de plus la place habituelle attribuée à la pensée discursive. A la différence de l'article précédent, la critique acerbe à l'égard de Maritain passe maintenant au second plan, ce qui amène notre auteur à des formulations plus précises. Selon lui, la pensée abstraite et discursive, qui siège en nous, est « un abstrait de cette pensée concrète, en communion originelle et constante avec la réalité intégrale, s'y alimentant, s'y réajustant sans cesse, ne s'en passant pas, ne l'épuisant jamais, la visant sans cesse »[327]. Cette « connaissance notionnelle », toujours selon Blondel, est un éveil et un progrès de l'esprit[328], une victoire sur l'éparpillement sablonneux des sensations. Après cet hommage, il replace la connaissance conceptuelle dans ses bornes naturelles. Les concepts, écrit-il, ne sont pas un

---

nous détacher de l'ordre surnaturel. De même que l'état de transnature de l'homme est introduit par le « reste » de ce qui fut autrefois l'état de surnature, ainsi la connaturalité, c'est-à-dire le point d'attache commun entre Dieu et l'homme, rend possible l'ordre mystique. En fait, nous vivons dans l'ordre mystique. Il a un caractère provisoire, il est comme une avance sur l'éternité. Il est pour nous l'ordre réel. Ne pas être conscient de cet ordre et tout miser sur la fiction de l'ordre naturel, cela s'appelle vivre hors du réel. Il en résulte la justesse de la sentence : les mystiques sont les plus réalistes de tous les hommes.

[326] Ibid. 34, note 1.

[327] Ibid. 30.

[328] Comment l'acte de penser, qui ne se pense pas encore soi-même, naît à la pensée pensante, Blondel veut l'examiner dans une autre étude.Ibid.31, note 1. Blondel s'occupera en détail de l'éveil de l'esprit dans *La Pensée I. La genèse de la pensée et les paliers de son ascension spontanée*, Paris, Alcan, 1934, 4e éd. P.U.F. 1948 ; trad. allem.: *Das Denken I. Die Genesis des Denkens und die Stufen seiner spontan aufsteigenden Bewegung*. Introd. et trad. de R. Scherer, Freiburg i. Br./München 1953.

substitut de la réalité[329], qui serait totalement coupé d'elle, mais proviennent d'une pensée immergée dans la nature, c'est-à-dire en lien avec elle. Mais malgré cette relation intérieure, il y a dans les concepts quelque chose d'inadéquat et de provisoire, et qui réclame une connaissance plus complète et plus réaliste[330].

Dans la même perspective, la connaissance plus complète selon notre auteur, doit être trouvée dans une sagesse qui ne vit pas de faits ni d'abstractions. Il a déjà exposé dans le dictionnaire de Lalande ce qu'il entend par sagesse. Pour lui, elle est une connaissance contemplative, infuse, concrète et synthétique, inaccessible à la pensée discursive. La sagesse en possession des principes procède par intuition du réel singulier, « per modum connaturalitatis et unionis ». Si elle présuppose aussi l'ascèse, elle résulte pourtant, avant tout, d'une imprégnation subie, « non solum discens, sed et patiens divina ». Elle est l'union de l' « *intellectus* » avec son objet essentiel, mais par l'activité principale de l'objet lui-même. La « connaturalité intégralisante » et la sagesse se montrent donc ainsi en cohésion très étroite. Dans la sagesse, l'élément intellectuel est mis en lumière par la connaturalité, elle-même intégralisante, parce qu'elle est à la fois affective, intellectuelle et morale.

Dans ce contexte, en passant de la connaissance discursive à la connaissance concrète, Blondel introduit aussi la personne du Christ. D'après lui, il se peut qu'il n'y ait de vérité pour la science discursive qu'à partir de la généralisation ; pour Dieu en revanche, il n'y aurait de vérité qu'à partir du singulier. A ce qui est général, Dieu préférerait la connaissance du concret, du singulier, de l'homme de chair et de sang, ce que révélerait éminemment l'incarnation de Dieu[331]. A l'inverse, la même chose vaudrait pour notre orientation vers Dieu. Dans l'effort de conformer notre cœur et notre esprit au cœur et à l'esprit de Dieu, nous ne nous adressons pas « au Bien mais au Bon »[332].

---

[329] Telle avait été encore la formulation de Blondel dans *Le procès de l'intelligence*, 228. Maritain réagit par sa critique dans *L'intelligence d'après M. Maurice Blondel*, 341 et suiv.

[330] M. Blondel, *Le problème de la mystique*, 31.

[331] Ibid. 31-32.

[332] Ibid. 35. Voir à ce sujet A. Gardeil, *La structure de l'âme et l'expérience mystique*, 2 vol. Paris, Lecoffre 1927, (= Bibliothèque théologique), ici vol.

Contre Maritain, Blondel tient que la connaturalité n'est pas seulement affective, subjective et pratique, comme le montre déjà l'étymologie du mot. A ses yeux, la connaturalité ne cherche pas à nous ramener à l'affectivité ou aux instincts, mais tente de « dépasser les cadres étroits de nos notions abréviatives et si souvent arbitraires, pour participer à la nature des êtres tels qu'ils sont, pour nous y adapter et nous les adapter. » Toujours selon lui, la connaissance par connaturalité mobilise aussi les forces intellectuelles, lesquelles se verraient ensuite dépassées (comme dans la sagesse). Pour Blondel, la connaissance par connaturalité se révèle qualitative et non quantitative, ou comme s'ajoutant aux autres ; elle est « sui generis ». On ne saurait l'obtenir ni par analyse, ni par synthèse, mais par vision unitive, à l'instar par exemple d'un génie comme Mozart, capable, paraît-il, d'entendre simultanément tous les mouvements d'une symphonie[333].

Les raisons pour lesquelles la connaturalité est également affective et non purement intellectuelle, Blondel ne les détaille pas davantage dans le texte même. Peut-être ne veut-il pas apporter de l'eau au moulin de Maritain. Dans une annotation[334], il soulève pourtant la question : dans l'acte de connaître, comment peut-on imaginer le rapport entre le sujet et l'objet, et comment s'expliquer la possibilité, de la part du sujet, d'une emprise non pas immédiate mais progressive alors qu'il n'entre aucun élément affectif dans la connaturalité ? Notre auteur suggère par là qu'au contraire de l'élément intellectuel, c'est l'élément affectif de ce type de connaissance qui est l'objectif visé en premier. Quant aux développements plus précis qu'on attendrait sur l'affectivité, il en reste là dans ce passage.

Blondel expose en revanche plus clairement ce problème dans sa correspondance avec A. Valensin[335]. En référence à J. de Tonquédec, il distingue ici la connaissance « per notionem » de la connaissance « per connaturalitatem et habitum ». A la première, il attribue la « science objective », à l'autre la « science intégrante ». Selon lui, de Tonquédec méconnaît complètement la connaissance par connatura-

---

I, 391-392. A. Gardeil se réfère à la conception de la connaturalité chez Jean de St Thomas.

[333] *Le problème de la mystique*, 32-33/35.

[334] Ibid. 33-34 note 1.

[335] *M. Blondel/A. Valensin, Correspondance* III, 50-53.

lité, parce qu'il n'est pas au clair sur le sens des mots « subjectif » et
« objectif ». La connaissance se révèlerait subjective de deux manières : par son aspect psychologique et son aspect final. L'aspect
subjectif de la connaissance, fruit de l'abstraction et donc exclusivement affaire du sujet, serait purement psychologique ou simplement
idéal au sens péjoratif du mot « subjectif ». Mais à côté de cela,
poursuit Blondel, il existe un aspect final de la connaissance, qui unit
si étroitement et même assimile le sujet et l'objet au point que ce qui
n'est que représentation objective est encore bien moindre que la
présence effective de l'Être dans notre être[336]. On ne saurait suffisamment souligner ici la signification de ce bref passage selon lequel
l'Être est d'abord présent en nous. Ensuite : il est présent en nous
réellement, et non d'une façon purement notionnelle. On peut dès
lors comprendre que la notion que nous pouvons avoir d'un objet
perde sa densité face à la vie de cet objet en nous. Le discours sur sa
présence réelle en nous sera décisif pour la conception blondélienne
de la mystique, et pour décrire la rencontre avec Dieu. En troisième
lieu, la connaissance en question est intégrante. Elle unit sujet et
objet.

Afin que dans l'acte de connaître l'objet devienne réellement
présent en nous, il importe que l'objet et le sujet soient actifs. Mais le
plus souvent, c'est l'objet même de la connaissance qui se révèle
actif, comme l'a montré la conception de Blondel à propos de la
notion de sagesse. D'après lui, la passivité du sujet ne doit pas être
comprise comme synonyme de paresse, mais le mot, dans le sens que
lui donnent les mystiques, s'applique « à ce qui n'a pas en soi le
principe de son mouvement »[337]. C'est aussi dans ce sens qu'il faut
entendre la contemplation, laquelle est l'Action la plus pure. C'est
ainsi qu'en sa passivité même, le sujet reste actif.

Dans la foulée, Blondel introduit la notion d'ascèse ou de contemplation acquise par opposition à celle de la contemplation infuse.
Pour lui, la connaissance par connaturalité présuppose l'intégration
dans l'ordre universel, « cette vision une et totale, "*tanquam per
oculos et per voluntatem Dei*", cette ascèse qui est la condition de la
vie contemplative et comme le préambule de la mystique »[338]. Les

---

[336] Ibid. 52.
[337] M. Blondel, *Le problème de la mystique*, 38, note 1.
[338] Ibid. 36.

exemples de connaissance par connaturalité (comme l'homme chaste cité plus haut), qui prennent tous leur origine dans l'ordre naturel et non dans l'ordre surnaturel, se rapporteraient, toujours selon Blondel, à un ordre de vérités « où l'effort méthodique et le discernement critique acquièrent une promptitude et une sûreté, un "coup d'œil" qui unit le caractère immédiat de la spontanéité naturelle et géniale à celui de la réflexion laborieusement, intelligemment, méritoirement transformé en *habitus*. C'est là tout le secret de la "contemplation acquise"[339]. » Celle-ci, ascèse spécifique, se déploie ainsi selon ce qu'on pourrait appeler une marche à trois pas qu'il faudrait concevoir non pas posés l'un derrière l'autre, mais comme formant un tout unique. Au mouvement de la spontanéité, qui vise l'objet, se joint le mouvement de la réflexion visant le sujet. Spontanéité et réflexion s'unissent et se résolvent dans l'habitus. Les trois notions de spontanéité, de réflexion et d'habitus que Blondel utilise dans sa lettre de 1913, couvrent le même contenu que les notions employées en 1925 : celles de l'élément affectif, de l'élément intellectuel et de l'élément moral de la connaturalité. Se clarifie également ici l'imbrication mutuelle de l'« apprehensio » et de l'« habitus », dont le fondement est la phrase que Blondel reprend sans cesse : « Non solum discens sed et patiens divina ». La contemplation acquise implique, selon Blondel, la réalité de la connaturalité de caractère intellectuel, « comportant une coopération humaine appropriée et constituant une vraie connaissance "*sui generis*". [340] » Par ces lignes, Blondel va au-devant de la critique de Maritain selon lequel, concernant les choses divines, il n'y avait de place pour la connaissance par connaturalité que dans l'ordre surnaturel[341].

---

[339] Ibid. 36-37.
[340] Ibid. 37.
[341] Au reproche de Maritain, selon lequel Blondel blesserait St Thomas à la prunelle de l'œil en levant les différences essentielles entre nature et surnature (J. Maritain, *L'intelligence d'après M. Maurice Blondel*, 495), Blondel répond qu'il craint beaucoup plus que « l'on frappe le Christ au cœur, et qu'on éloigne de lui l'humanité dans la mesure où ces conceptions prévalent en se donnant comme l'expression de son esprit », (M. Blondel, *Le problème de la mystique*, 39). Blondel compare ses propres exposés aux restaurations de Viollet-le-Duc. L'architecte et restaurateur français E. Viollet-le-Duc (1814-1879) devint célèbre par sa façon de restaurer églises et châteaux. Quand par exemple il restaurait une église gothique,

Quelles conclusions tirer de toutes ces considérations ? Dans quelle mesure la connaissance par connaturalité apparaît-elle comme point d'appui pour la mystique ? La connaturalité constitue dans la mystique le pont entre l'homme et Dieu. Grâce à la connaturalité, l'expérience de Dieu dans la mystique n'apparaît ni rapportée à la seule conscience de l'homme, ni greffée de l'extérieur sur l'homme comme une réalité étrangère. Par la connaturalité, l'expérience mystique trouve son principe en Dieu tout en restant cependant quelque chose d'humain. Entendez : Dieu, objet de l'expérience mystique, qui est une connaissance, pose le fondement de cette expérience en faisant mouvement actif vers l'homme passivement disposé. Il peut réaliser cette approche vers l'homme parce qu'il lui est d'une certaine façon connaturel. Ce mouvement ne vise pas des essences ni quelque chose de général, mais l'homme concret et singulier. Son expression la plus profonde, qui est en même temps réalité suprême, c'est l'Incarnation. L'homme en revanche « subit » l'objet de cette connaissance : Dieu. Cet objet l'interroge. En lui est alors interpellée une réalité qui est en situation de répondre à la question reçue, autrement dit de s'actualiser : le poids affectif de la connaturalité. Tandis que l'objet de la connaissance humaine (Dieu) se dirige activement vers l'homme, en celui-ci la disposition affective de cette connaturalité qui, par nature, est toujours à la recherche de quelque chose, fait soudainement l'expérience d'une directive visant un but. Si cette directive est garantie, en ce que le but

---

mais que celle-ci montrait des « impuretés » dans son style gothique, il les laissait de côté ou ajoutait d'autres éléments caractéristiques de l'art gothique. De sorte qu'après la restauration, l'église était d'un style plus primitif qu'auparavant. Quand Blondel rapporte à lui-même cette façon de restaurer, cela signifie en clair qu'il a la prétention d'être plus fidèle au dessein du Christ que la doctrine que l'on met en relation avec Thomas d'Aquin. Cette doctrine n'aurait en effet, selon Blondel, rien de commun avec le caractère vivant du christianisme, mais serait morte et comme un animal empaillé, avec des yeux de verre. « Aussi lorsqu'on m'accuse de crever la prunelle de la doctrine en ouvrant trop le regard de la raison, je me rassure en me disant qu'il s'agit d'une doctrine vidée de son contenu comme un bel animal empaillé, et que cet œil est un œil de verre, un œil qu'on peut heurter ou briser sans nuire à aucun être vivant et voyant », M. Blondel, *Le problème de la mystique*, 39, note 1.

est vraiment présent, la disposition affective momentanée se déploie dans la conscience humaine comme aimantée par cette finalité. Alors s'amorce un mouvement inverse : le sujet (homme), qui se présente d'abord comme passif parce qu'il ne peut pas être l'auteur du mouvement attendu, se meut spontanément vers l'objet (Dieu). Et ce mouvement même, en raison de sa directive réelle, ne vise pas une représentation spéculative de Dieu, mais le Dieu concret. Ce n'est pas le Bien en soi qui est visé, mais le Dieu bon. En même temps se produit un retour sur soi dans la réflexion qui est rendu possible par l'élément intellectuel de la connaturalité. A son tour l'élément moral transforme en habitus les éléments précédents, unis dans la spontanéité et la réflexion sans qu'il faille envisager les démarches dans une quelconque succession chronologique. C'est en cela que consiste le «labeur » de l'homme, plus précisément sa collaboration, car Dieu a déjà et préalablement commencé le labeur. La connaturalité s'affirme donc comme la condition rendant possible la collaboration de l'homme. Entre son rôle dans l'ordre naturel et son rôle dans l'ordre surnaturel se manifestent à la fois la solidarité et l'hétérogénéité. La solidarité dans la mesure où chaque ordre trouve dans l'autre un point d'attache. L'hétérogénéité dans la mesure où ce qui est découvert apparaît chaque fois différent. Ainsi l'homme trouve-t-il en Dieu son principe et son but. Par contre, Dieu trouve dans l'homme les dispositions qu'Il y a créées et qui rendent celui-ci capable pour sa part de percevoir l'appel de Dieu. Il trouve également en lui un but pour son action. La « contemplation acquise », possible en vertu de son principe divin et de la « connaturalité intégralisante », attend maintenant en retour la venue prévenante de Dieu, la « contemplation infuse ».

2.3.4. Ébauche d'une construction critique

Après avoir critiqué différents essais et préparé le terrain pour un développement personnel à partir de la critique et par la théorie de la connaturalité, Blondel édifie sa conception de la mystique en maintenant ses propres pensées en tension constante face aux positions adverses. La contemplation, chère aux mystiques et qui seule au sens propre mérite l'appellation de « contemplation », ne représente pas, selon Blondel, la « contemplation acquise » mais la

« contemplation infuse ». C'est dans le dernier tiers de son livre *Le problème de la mystique* qu'il pose la question de la correspondance naturelle à la « contemplation infuse » et la question du lieu philosophique propre à ce degré de contemplation. Ce livre pose aussi la question de la différence spécifique entre la « contemplation acquise » et la « contemplation infuse »[342]. A la base de ce complexe de questions se rencontre également la question déjà traitée : comment la contemplation infuse, malgré son principe divin, demeure un état humain.

Le questionnement en suspens doit être abordé en trois étapes successives : - en premier lieu, Blondel veut montrer que tous les types de connaissance énumérés : sensible et notionnelle, réelle et connaturelle, tout comme la contemplation acquise, seraient incapables en tant que telles de saisir la réalité et donc aussi Dieu. Toutes ces façons de connaître échoueraient, ne laissant place qu'à un « vide final ». Blondel utilise en un double sens l'adjectif « final » se rapportant à « vide » dans le composé « vide final » : - une seule fois, le mot « final » est employé dans le sens de « définitif » ; la capacité humaine de connaître se heurte d'une manière irrémissible à sa limite. Puis le mot signifie aussi « se rapportant à un terme » ; le vide n'existe pas pour soi, mais possède en propre le sens d'être ordonné à un accomplissement.

En fin de compte seule la « contemplation infuse » est en situation de remplir le vide d'une manière réelle et positive. Ceci constitue la deuxième démarche.

La troisième démarche met en lumière l'incommensurabilité entre ce qui vient de l'homme (coopération avec Dieu et avec la grâce ordinaire) et ce qui vient de Dieu (dons infus). L'incommensurabilité se définit d'abord comme une relation. En soi elle se montre impénétrable, mais n'est pourtant pas totalement inintelligible. Malgré son contenu supra-rationnel, elle se montre rationnelle dans son cadre spécifique. C'est ici qu'on trouvera le lieu véritable de la raison, c'est-à dire de la philosophie.

2.3.4.1. L'échec

Comment apprécier en général la portée de la connaissance humaine ? Réussit-elle à saisir un « étant », un individu ? A l'aide de

---

[342] M. Blondel, *Le problème de la mystique*, 43.

ce critère, Blondel parcourt encore une fois rapidement le domaine spécifique des différentes modalités de la connaissance exposées jusqu'à présent. Il se tourne d'abord vers les sciences positives fondées sur l'expérience des sens, et vers la connaissance notionnelle. La science inductive et la science déductive se révèleraient inadéquates à la réalité, car constamment en retrait par rapport à l'objet qu'elles ont à saisir et donc à jamais incapables de le saisir entièrement. La raison de cet échec se trouverait dans l'être individuel lui-même, car il présente en son intimité un secret ineffable (*individuum ineffabile*). Alors que nous est interdite toute tentative visant à atteindre son centre secret, la connaissance la plus abstraite, et même déjà la démarche la plus élémentaire de l'esprit, impliquent l'aspiration vers le réel concret[343].

En un second essai, Blondel dirige son regard vers la connaissance réelle, dont celle par connaturalité représente l'expression la plus haute. En dépit de sa manifestation confuse, cette dernière non seulement précéderait le mode de connaître qui sert de fondement aux sciences inductive et déductive, mais, en fait, le nourrit et le complète. Pourtant, elle non plus ne réussirait jamais à saisir complètement l'unité intuitive[344].

Si l'étant, poursuit Blondel, devait être saisi en son individualité, cela signifierait l'échec de ces manières de connaître. Trois raisons expliquent, à ses yeux, cette énigme, dont la résolution resterait à trouver dans la mystique.

La première raison peut s'énoncer ainsi : « Il est impossible que la connaissance sensible boucle tout »[345]. Trop étroite pour embrasser

---

[343] Ibid. 47.

[344] Ibid. 48.

[345] « La première, c'est qu'il est impossible que la connaissance sensible *boucle*, selon l'expression de Secrétan », ibid. Le verbe imagé « boucler » est assez fréquemment employé par Blondel pour formuler d'une manière plus claire des difficultés épistémologiques Comme cette image en allemand produit un effet plus étrange qu'éclairant, il convient de s'y attarder brièvement. La « boucle » se dit en allemand « die Schnalle », et « boucler » signifie fondamentalement « fermer à l'aide d'une boucle », en allemand « zuschnallen », comme dans les expressions « boucler sa ceinture, boucler sa valise ». Quand Blondel rapporte ce verbe à la connaissance sensible, il déclare cette connaissance incapable de saisir la réalité dans son ensemble.

tout ce qui est compris dans un individu, notamment son indépendance par rapport au Créateur, la voie directe se révélerait être dans ce cas, selon Blondel, une impasse. On ferait mieux, conclut-il, de prendre le chemin qui passe par le Créateur. Il incomberait alors à la réflexion savante et à la raison métaphysique de nous détourner de la voie directe, de « montrer qu'en droit, on n'atteint à fond aucun être sans passer par Dieu, parce que pour connaître, ce qui s'appelle connaître un être, il faut le voir dans sa dépendance à l'égard de son auteur, dans sa relation avec tous les autres, selon le destin original et total de sa destinée, *sub sepcie unius et totius* »[346]. Cela veut dire que personne ne peut avoir une connaissance directe et complète d'un objet. Quiconque veut connaître complètement un homme, un cheval, un iris d'eau ou un débris de roche, doit voir ces objets de connaissance dans leur dépendance ontologique à l'égard de Dieu. En énonçant cette condition de vérité intégrale pour tous les types de connaissance et donc aussi pour la connaissance mystique, Blondel commence positivement par la création. Il ne commence pas par les désordres du monde qui voileraient à l'esprit la claire vision du réel et qu'il faut commencer par écarter : car cela aurait constitué un point de départ négatif.

On peut ainsi formuler la deuxième raison : la connaissance spéculative et ascétique entrerait encore moins dans la compréhension « in singulis » que la connaissance sensible. A ce propos, Blondel mentionne les preuves de Dieu et leur valeur.[347] Bien qu'il soit impossible d'explorer Dieu, on pourrait et on devrait théoriquement prouver l'existence de la cause première au moyen de la spéculation métaphysique. Pourtant, ces vérités abstraites fonctionneraient comme le cran et le guidon, à l'aide desquels on discerne la cible dans un exercice de tir. La connaissance sur laquelle les preuves de Dieu s'édifieraient formerait « comme un squelette de connaissance ; ce n'est pas l'organisme vivant capable de percevoir la vive présence

---

A la place de « boucler », Blondel emploie parfois les verbes « étreindre », « épuiser » et « embrasser ».

[346] Ibid. 49.

[347] Blondel répond indirectement au reproche adressé à lui par Maritain de compter pour rien les preuves de Dieu. J. Maritain, *L'intelligence d'après M. Maurice Blondel*, 350.

de l'universel dans le singulier et de l'un en tout. » La métaphysique la plus réaliste ne constituerait au mieux qu'un réceptacle, une des formes du réalisme. Seule la mystique, conclut Blondel, pourrait introduire le réalisme authentique et véritable[348].

La troisième raison, et la plus importante : « Dieu n'est pas un objet que l'on capte ou que l'on traverse. Et si déjà l'homme a son secret inviolable qu'il ne livre qu'à son gré, Dieu a son mystère, il est le mystère même : "*Ignotum quid, absconditus Deus*" ». Dieu, poursuit Blondel, se tient au-dessus de tout ce qu'on pourrait imaginer de Lui, c'est-à-dire qu'il se trouve au-delà de l'imaginable. La science négative mais vraie mettrait en évidence, en l'homme, un vide qui ne saurait être comblé par l'humain mais seulement par le divin. Ce vide, selon Blondel, est accompagné du désir naturel de Dieu, de sa possession et de sa béatitude. A une distance infinie se tiendrait, face à ce désir, ce que l'amour divin dispense : l'adoption, l'assimilation, l'assomption, la déification, c'est-à-dire l'invitation au banquet des noces célestes. A la raison échoirait le rôle de manifester le surnaturel en son caractère insaisissable, inaccessible et non réductible à la nature. Et puisque l'invitation au banquet divin n'est pas opposée à la raison, celle-ci pourrait, toujours selon Blondel, en dépit de son échec à pénétrer elle-même dans le mystère, justifier ce que les intentions miséricordieuses de l'amour divin exigent de l'homme[349].

A ce thème de la destination du vide ou de l'espace vide dans l'âme humaine, Blondel avait déjà autrefois consacré plusieurs écrits. En 1909, il avait mis cette situation en relation avec le mot de Tertullien : « anima naturaliter christiana » qui, selon Blondel, n'avait rien de commun avec un christianisme naturel. L'affirmation selon laquelle l'âme serait chrétienne par nature ne pouvait pourtant pas être abordée sous l'angle purement rationnel comme si elle était le lien entre l'âme et Dieu, il s'agirait plutôt d'un sentiment.

Selon notre auteur, ce qui est la pierre d'attente du christianisme dans l'âme est au contraire ce sentiment d'un vide creusé au plus profond d'elle-même, la confession d'un esprit qui, loin de douter de l'objet divin de son aspiration, doute humblement de soi-même aussitôt qu'il reconnaît son incapacité d'atteindre l'objet divin

---

[348] M. Blondel, *Le problème de la mystique*, 49-50.
[349] Ibid. 50-51.

comme il est[350]. Dans l'âme de tout homme se trouve donc ce vide qui, par nature, est orienté ver l'objet du christianisme. Blondel est convaincu que toute l'humanité est traversée par une grâce qui pourrait conduire chaque homme vers le don dispensé d'en haut, et qui serait apportée par la révélation puis présentée par l'Eglise. Cette grâce pourrait même être anonyme[351].

En résumé : Blondel commence par l'événement fondateur de la création. Puisque Dieu a créé le monde, l'homme et en général tout être, et puisque, en aspirant à la connaissance plénière d'un objet, on ne peut le séparer de son origine, quiconque veut connaître en plénitude un objet, doit choisir le chemin de la connaissance de Dieu, le Créateur. La connaissance directe se révèle finalement impossible. C'est pourquoi la connaissance issue des sens, ainsi que la connaissance réelle, ou plutôt connaturelle, ne réussissent jamais à saisir complètement leur objet. Cet échec de la capacité humaine de connaître est renforcé par ce fait que malgré le désir naturel de connaître Dieu, elle échoue à pénétrer son mystère. Il en résulte qu'il est également impossible d'approcher le mystère individuel de ses créatures. Etant donné que le désir naturel de l'âme doit rester inaccompli, il se crée, en elle, un vide. Ce vide qui l'habite n'est pas du « rien » mais est gravé dans une plénitude traversée par la grâce divine. De par sa nature, le vide est toujours orienté vers le Dieu chrétien, même si les hommes ne savent rien de cette ordination intérieure déjà pleine de grâce. Cette grâce-ci peut donc ainsi rester inconnue, anonyme. Entre désir et accomplissement subsiste une distance infinie. Le vide ne peut être rempli que par Dieu dès lors qu'Il fait connaître à l'homme qu'il est adopté par Lui, qu'il est pris dans l'assimilation, l'assomption et la déification. Si l'homme est par la grâce élevé jusqu'à Dieu, le rôle de la raison n'en est nullement effacé. Il incombe à celle-ci d'exercer le rôle du gardien, de veiller à

---

[350] Testis, *La semaine sociale de Bordeaux et le monophorisme* dans les *Annales de Philosophie chrétienne* 159 (1909/10) 5-21, 163-184, 245-278, 372-392, 449-471, 561-592, 160 (1910) 127-162, ici 159, (1909/10) 265.

[351] « ...la thèse selon laquelle l'humanité est travaillée et comme soulevée par une grâce qui, même encore anonyme, ou pseudonyme, peut la conduire au-devant du don d'en haut qu'apporte la Révélation et que propose l'Eglise », ibid. 266.

ce que le surnaturel ne soit pas naturalisé, que la distance infinie soit préservée. Elle peut aussi justifier ce que Dieu exige de nous en se révélant à nous. Elle est en état d'éclairer les conditions humaines de la possibilité d'une Révélation divine.

Il demeure, malgré tout, selon Blondel, que même quand le chrétien coopère avec les grâces ordinaires et parvient jusqu'à la vision de l'amour unique par la méditation et l'ascèse, il ne s'agit là que d'une esquisse, d'une hypothèse de solution, mais non de la solution elle-même. Celle-ci impliquerait notamment qu'à la place de la contemplation acquise s'installe la contemplation infuse[352].

2.3.4.2. La contemplation infuse différenciée de la contemplation acquise

Celle qui « mérite seule le nom propre de contemplation et d'union », est la contemplation infuse, et non pas la contemplation acquise[353]. Sur deux pages, Blondel expose en des termes d'une rare densité ce qu'il entend par « infus ». Par l'expression « grâce infuse » est décrit l'état mystique, car ce n'est qu'ici qu'intervient l'expression proprement dite. Celui qui fait l'expérience d'une contemplation infuse est un mystique. Celui qui veut savoir ce que signifie « contemplation infuse » est d'abord renvoyé par Blondel à la « contemplation acquise ». Sans la « contemplation acquise » poursuit-il, la « contemplation infuse » ne saurait être comprise, car elle la présuppose nécessairement. Comment Blondel décrit-il les deux types de contemplation dans leur rapport réciproque ?

Certains[354] peuvent bien nier l'existence de la « contemplation acquise », Blondel, quant à lui, affirme clairement le contraire. Se présentant selon lui, sous des formes variées, elle prépare de manière progressive la contemplation infuse : « Il y a plusieurs sortes de contemplations acquises, à partir des données de la vie sensible,

---

[352] M. Blondel, *Le problème de la mystique*, 51.

[353] Ibid. 51-52, note 1.

[354] Ibid. Blondel ne cite nommément personne. Peut-être fait-il allusion, entre autres, à A. Saudreau et J. de Guibert. Tous deux prétendent que les cas de « contemplation acquise » seraient rares. Sans la grâce de Dieu, présente sous forme de contemplation, l'homme ne ferait que se perdre dans ses occupations, A. Saudreau, *La contemplation selon Mgr Saudreau*, 2163-2165.

esthétique, scientifique, philosophique, morale, pieuse ; ainsi dans l'ordre déjà surnaturel de la foi et des vertus, mais par voie encore naturelle de coopération méditative et active, il y a une disposition progressive à vivre et à penser habituellement en catholique, à embrasser d'une vue synthétique les vérités et les fins de la vie chrétienne, à aimer intelligemment, pratiquement ce qu'on n'a plus besoin d'exposer dialectiquement pour demeurer dans une paisible et chaude lumière plutôt éclairante du tout que portant sur des détails et des objets éclairés, à dire non "plus je vois, plus j'aime", mais "plus j'aime, plus je vois : *amare est videre*"[355] ». Après cela, la « contemplation acquise » peut s'élever dans la vie de foi et de vertu de l'individu, ce qui ressortit à l'ordre naturel. La contemplation acquise se sert alors de l'intelligence et de la pratique concrète, tout en demeurant cependant moins orientée vers des objets isolés que vers une vue globale de la totalité tout, dépassant alors la pensée discursive. Par une évolution graduelle, en aimant, elle gagne en pénétration. Son agir conditionne la connaissance, non l'inverse. Elle présente une « disposition progressive » propre à tout catholique.

Dans la description blondélienne de la « contemplation acquise », quelque chose retient particulièrement le regard. La seule marque distinctive mentionnée quatre fois en deux pages est celle-ci : l'acquis prépare l'infus et l'infus réclame l'acquis[356]. Si d'aventure l' « infus » était mis à la place de l' « acquis », il présupposerait les dispositions antécédentes de l' «acquis » et la vie vertueuse. On invoque aussi souvent la nécessité de la purification de l'intelligence et de la volonté par la nuit des sens. Or cela ne signifie rien d'autre

---

[355] M. Blondel, *Le problème de la mystique*, 51-52, note 1.
[356] « Rien donc de ce qui est *acquis* ne suffit, mais tout doit servir, à titre de préparation subalterne...lorsque la grâce opérante et les dons *infus* réalisent...cette emprise divine », ibid. 51. « Mais il reste très important d'établir qu'entre le discursif et l'infus, il y a une forme d'activité spirituelle normale préparatoire et concomitante d'états encore supérieurs », Ibid.51-52 note 1. « Et cette substitution, impérieuse au point de paralyser en apparence les fonctions habituelles, s'opère avec la spontanéité de la nature et le consentement secret de la volonté, parce qu'elle suppose la disposition préalable de tout l'acquis et le concours virtuel de toutes les vertus sous-jacentes », ibid.52. (L'état de la grâce mystique) « requiert des purifications plus complètes, par la nuit des sens, de l'entendement et de la volonté », Ibid. 53.

que ceci : la grâce ne fuit pas la nature de l'homme[357] mais elle la présuppose et la prend au sérieux[358]. La grâce se rattacherait à la nature de l'homme, mais non sans suture[359], entre les deux subsisterait un abîme que seule la toute-puissance divine pourrait combler[360].

Si quelqu'un devenait un mystique, c'est-à-dire si à la place des vertus acquises (vie vertueuse, purification, acquis) intervenait le don infus, ce fait ne saurait se produire sans la spontanéité de la nature ni sans le consentement de la volonté. L'âme subirait l'agir divin dans sa « passivité active », de sorte que la liberté de l'homme ne pourrait rien faire d'autre que de consentir.

En quoi consiste la spécificité de la « contemplation infuse » ? La réponse est qu'elle se révèle comme une « assomption et non plus seulement ascension »[361] à l'instar de la « contemplation acquise ». A la place de cette dernière, qui déjà se démarquait du mode discursif, interviendrait maintenant la « contemplation infuse », qui serait une

---

[357] Par contre, Farges avait prétendu que Dieu pouvait absolument négliger la « contemplation acquise ». Selon Farges, il y a deux voies différentes pour parvenir au même but : la sainteté ou l'union à Dieu. Il se sait en accord avec Thérèse d'Avila quand il présente la « contemplation acquise » comme la voie ordinaire (« à pied ») et la « contemplation infuse » comme le « raccourci » (« avec des ailes »), A. Farges, *Les phénomènes mystiques distingués de leurs contrefaçons humaines et diaboliques*, 78. La contemplation infuse ou mystique serait à préparer négativement par la purification des sens et positivement par l'acquisition des vertus. Mais cette préparation ne serait pas absolument nécessaire, car si elle venait à manquer, Dieu pourrait instantanément y suppléer. Ibid.126-127.

[358] Dans l'abondant article « Mystique » , M. Sales cite dans sa contribution la distinction de Blondel entre « acquis » et « infus » (M. Blondel, *Le problème de la mystique*, 51-52), comme exemple de la manière dont pourrait être pensée la vie mystique chrétienne, sans la séparer de l'expérience humaine, M. Sales/P. Agaesse, *Mystique*, dans le « *Dictionnaire de spiritualité ascétique et mystique* », vol X, Paris Beauschesne, 1980, 1939-1984, ici 1954.

[359] Saudreau prétend que la mystique ne serait pas une grâce extraordinaire, mais le couronnement de l'ascèse. Entre mystique et ascèse, il n'y aurait aucune différence essentielle mais seulement une différence de degré.

[360] « Au regard humain, les transitions peuvent paraître insensibles : en réalité un pas est franchi que seule la toute-puissance divine peut accomplir », M. Blondel, *Le problème de la mystique*, 51.

[361] Ibid. 51-52, note 1, ici 52.

« union contemplative de lumière et d'amour »[362]. Dans l'union réalisée par l' « infus », la Connaissance et l'Action ne devraient par conséquent pas être séparées l'une de l'autre. La « contemplation infuse » est « un mode, non pas anormal, mais supranormal ou prénormal, qui devance les formes futures de la vie spirituelle, une configuration partiellement consommée avec le Christ, une incarnation par extension réelle : libéré des partialités de nos connaissances présentes, le mystique est élevé, (parfois jusqu'en sa vie organique, sensible, intellectuelle), en un état d'unité et de conformité divine »[363]. La contemplation infuse ne serait donc pas contraire à la normalité, elle s'inscrirait dans la ligne de notre vie humaine normale. Elle ne se montrerait ni comme une réalité extraordinaire, ni comme une réalité banale, mais comme un état se rattachant d'une manière inhabituelle à ce qui hante l'homme habituellement. En cet état, la tension prendrait un tour caractéristique entre le déjà-là et le pas-encore. Car le mystique possèderait d'une part une conformité divine (Blondel emploie l'adjectif « divine » et non le substantif « Dieu ») et d'autre part, cette conformité conserverait une certaine incomplétude. Elle s'orienterait tout entière vers la conformité réalisée, accomplie. La relation de conformité ne se produirait pas exclusivement entre la sphère humaine et la sphère divine, mais inclurait aussi la personne du Christ. Avec Lui, le mystique constituerait, selon Blondel, la conformité divine accomplie partiellement. L'état mystique pourrait agir sur le corps, la perception des sens et l'intelligence de l'homme, mais il n'y conduirait pas fatalement. A l'inverse, le Christ s'incarnerait dans le mystique. Blondel pense-t-il encore ici au chrétien ou bien à tous les hommes ? La réponse à ce stade demeure incertaine. Si, au fil de ses commentaires, notre auteur finissait par inclure tous les hommes, cela voudrait dire que personne, sans passer par le Christ, ne peut devenir un mystique. Ce dernier en serait-il conscient ou non? Ceci soulève encore une autre question.

Toujours selon Blondel, dans la tension vécue par le mystique entre le déjà-là et le pas-encore, la grâce mystique « réalise déjà quelque chose de ce qui, dans la voie commune, n'est qu'en promesse, en attente, en germe caché. C'est comme une avance

---

[362] Ibid. 51.
[363] Ibid. 52.

d'hoirie, mais sans entrer en possession plénière, sans jouissance viagère de cette nue-propriété, malgré des illuminations et des fruitions partielles et intermittentes. Un tel état n'est sans doute ni de la terre ni du ciel »[364]. Blondel nous fait comprendre, que contrairement à la grâce ordinaire qui doit être ordonnée à l'état de la « contemplation acquise » agissant d'après le chemin tracé d'avance par la nature, et qui d'ailleurs laisse dans l'inachevé l'homme disposé à l'achèvement, la grâce mystique réalise déjà quelque chose de cette disposition. Mais elle n'accomplit pas tout ce que réserve l'accomplissement. Si dans le mystique la vie bienheureuse est schématiquement visible, la plénitude future de celle-ci demeure en attente.

Finalement, selon Blondel, l'état mystique, ou plutôt l'état de « contemplation infuse » sur le chemin de la vie bienheureuse ne constitue ni une étape, ni un détour, ni un écart hors de la route : « c'est le luxe, le "*superflu nécessaire*", le témoignage surabondant qui n'est pas une anomalie, sans cependant être *de règle* »[365]. Dans la description de l'état mystique, l'oxymore « le superflu nécessaire » revêt une haute signification. Blondel doit souligner la pensée de la gratuité de la grâce, qui est le fondement de cette expression, puisque l'image du « germe caché » court le risque de faire penser à l'ébauche de l'évolution immanentiste d'un caractère surnaturel déjà présent. Par l'expression « superflu nécessaire », Blondel précise que, dans l'état mystique, l'homme a reçu quelque chose de l'héritage qu'il avait espéré dans l'état de nature. Ce « paiement partiel » dépasse déjà toute attente. Pourtant, la première partie de l'héritage donne au mystique le goût d'en éprouver davantage. Il n'aspire à rien d'autre que de pouvoir entrer en jouissance de tout l'héritage : la vie bienheureuse.

2.3.4.3. La place de la raison

La question de la place de la raison au cœur de la mystique la plus haute constitue la clé de la contribution blondélienne sur le sujet. Dès le début de sa recherche, notre auteur nourrit le projet de montrer la nécessité d'aborder sous l'angle rationnel l'étude des états mystiques[366]. Plus tard, il pose cette question purement formelle : la

---

[364] Ibid. 53.
[365] Ibid.
[366] Ibid. 6.

philosophie n'aurait-elle vraiment aucune possibilité d'apporter une contribution quelconque à la description précise des états mystiques[367] ? A la fin de l'article *Le problème de la mystique*, qu'il considère lui-même comme représentant un ensemble « de prolégomènes philosophiques ou de propédeutique rationnelle de la mystique »[368], il met en lumière comment « la raison survit et s'exerce encore dans les formes les plus hautes de l'union mystique »[369]. En permanence restent présentes à sa pensée, en quête de réponse, les positions adverses, qu'il classe en deux points extrêmes, comme on l'a montré plus haut. Le premier groupe prétendrait que la philosophie n'a pas à s'occuper de mystique, puisque seule la grâce divine serait active et que la mystique s'appuierait exclusivement sur le surnaturel. Contre cette conception tendant à détacher l'état mystique de l'homme et même du chrétien, on devrait montrer qu'il existe une continuité « per gradus debitos », « il y a, dès les plus humbles opérations de la vie intérieure fût-elle enfantine, les germes dont la vie mystique est l'épanouissement terrestre »[370]. Le deuxième groupe croirait pouvoir découvrir des formes de mystique dans la poésie, dans l'art, dans chaque élan moral et religieux. Ce groupe court le risque, toujours selon Blondel, d'exagérer la continuité entre les éléments, unis effectivement mais qui demeurent pourtant par essence distincts et rebelles à l'entremêlement. Blondel souligne par contre que ces éléments resteraient rebelles à toute mesure, car ne pouvant être séparés clairement par une ligne de démarcation[371].

Comment décrire la position de Blondel face à cette problématique ? La solution qu'il propose ressemble à un cheminement sur un sentier de crête situé entre deux abîmes. Le seul capable de respecter le caractère propre de la mystique est celui qui, entre l'humain et le divin, entre les dons infus et les capacités de la nature, accepte à la fois l'hétérogénéité et la continuité[372]. Blondel ne peut énoncer cette affirmation que parce qu'il construit déjà sa réflexion sur une con-

---

[367] Ibid. 39.
[368] Ibid. 57.
[369] Ibid. 53.
[370] Ibid. 41-42.
[371] Ibid. 42.
[372] Ibid. 45.

ception solidement esquissée de la mystique. Il formule à nouveau sous la forme de thèse la manière dont il comprend celle-ci : « la contemplation mystique, quoique naturellement inaccessible, n'est pourtant pas quelque chose de postiche : elle est en prolongement de la ligne de visée de notre connaissance et de notre action qui, dans l'ordre historique et concret où nous sommes, ne sauraient atteindre leur but ni parfaire leur destinée sans avouer et creuser le vide qu'elle seule peut en partie combler, en attendant la plénitude qui n'est pas de ce monde [...] la contemplation mystique n'est pas simplement un luxe anormal ; elle n'est pas seulement *en prolongement*, elle est, à certains égards, le prolongement et l'épanouissement suprême en ce monde de la vie de foi, et comme une avance d'hoirie, comme une anticipation fruitive de la vie éternelle »[373].

A quiconque par conséquent veut observer la vie mystique, Blondel souffle le mot-clé de toute analyse : le « prolongement ». Elle n'est donc pas, selon lui, quelque chose qui serait ajouté de l'extérieur à la lumière de la raison et de l'amour[374] voire de l'action, mais une réalité dont la poursuite représente un accroissement. De ces pensées blondéliennes se laissent tirer trois conclusions : premièrement, l'activité de la raison au plus haut degré de la mystique n'est pas à considérer comme suspendue, elle y atteint au contraire son sommet. C'est seulement sur cette base que peut se comprendre la citation de Jean de la Croix selon laquelle le mystique est « le plus raisonnable des hommes »[375]. Deuxièmement, se réalise dans la vie mystique la forme la plus haute de l'action qui puisse s'accomplir au cœur d'une vie humaine. A cet égard, le mystique incarne le plus actif de tous les hommes. Dans cet état, notre amour parvient à son plus haut degré. Le mystique est le plus sensible, le plus tendre et le plus amoureux de tous les hommes. Mais ce faisceau de qualités ne

---

[373] Ibid. 44.

[374] Blondel n'est pas toujours clair dans l'usage qu'il fait de ses notions. Ici il parle de « prolongement de la ligne de visée de notre *connaissance* et de notre *action* », ibid.44. En revanche, il emploie plus tard l'expression « union contemplative de *lumière* et *d'amour* », ibid. 51. Mais il n'y a objectivement pas de différence, car dans les deux cas il explicite la manière dont notre connaissance et notre action parviennent à leur sommet dans l'union mystique. Dans l'action il inclut l'amour qui signifie ici plus l'agir que le subir. Les italiques sont de l'auteur.

[375] Ibid. 63.

signifie rien d'autre que ceci : la vie du mystique est la vie la plus humaine qui soit. Toutefois si le mystique est celui qui devient complètement homme, il est alors celui qui se fait le plus proche de l'incarnation de Dieu. On comprend mieux maintenant pourquoi la contemplation mystique peut être appelée « une incarnation par extension réelle »[376].

Troisièmement : au plus haut degré de la mystique, le royaume de la connaissance ne se laisse pas séparer du royaume de l'action. Celui qui connaît agit ; celui qui agit connaît. Car dans l'union mystique, l'homme parvient à une sorte de plénitude. Celui qui agit autrement qu'il ne connaît, n'incarne pas encore le vrai mystique. Savoir différencier connaissance et action et en même temps rester un mystique cela passe d'ordinaire pour contradictoire. D'autre part, dans cet état, les éléments humains et les éléments divins ne se mélangent pas : « acquis » et « infus » demeurent distincts.

Dans l'union mystique, le domaine de la connaissance coïncide avec celui de l'action. Blondel, il est vrai, aborde les deux aspects, mais souligne ensuite le rôle de la raison, la dimension de l'action demeurant secondaire. Il ne paraît pas évident de déterminer, au premier regard, les raisons pour lesquelles il néglige cette dernière. L'hypothèse selon laquelle un philosophe peut d'abord se trouver en conflit avec la raison, puis peut-être avec l'action, peut trouver quelque consistance chez certains philosophes, mais non pas chez l'auteur de *L'Action*. Ce n'est que dans le cadre du conflit avec Maritain que le motif pour lequel Blondel seul n'explicite pas davantage le rôle de la raison devient clair. Maritain avait prétendu en effet que dans le domaine de la mystique la raison ne pouvait procéder en toute indépendance, et qu'elle devait sans cesse recourir à la théologie[377].

En soulignant la place qu'y occupait cette faculté intellectuelle, Blondel se sait d'emblée en accord avec d'autres penseurs. Tous acquiesceraient sans hésiter à l'idée que la vie mystique pouvait très bien convenir à un individu épris de rationalité et le rendre même, dans l'existence quotidienne, parfaitement raisonnable. Mais d'autres exprimeraient leur désaccord avec la conception selon laquelle la raison voit « dans la mystique une réponse seule satisfaisante à des

---

[376] Ibid. 52.
[377] J. Maritain, *Die Stufen des Wissens*, 290.

questions que la raison peut et doit entrevoir et poser, qu'elle ne peut et ne doit pas résoudre »[378]. Blondel veut dire par là que ce que la raison peut et doit demander ne peut finalement obtenir de réponse que de la part de la mystique. A la question de la raison correspondrait en un certain sens la réponse de la mystique. Cette relation est-elle susceptible de s'inverser ? Ne peut-on donner de réponse qu'à une question préalable ? Sans interrogation préliminaire peut-il même exister une réplique ? En tenant compte du contexte global une réponse positive s'impose clairement puisque la mystique rejoint un ensemble de dispositions humaines dont fait partie aussi l'activité rationnelle. Elle ne les contourne pas, mais les élève.

La place de la raison dans la mystique se voit confortée par l'affirmation selon laquelle on ne constaterait en cet état aucune absorption de l'être humain, mais une relation d'amour qui mettrait en évidence le caractère gracieux de l'ordre surnaturel[379]. Bien que l'efficacité de la grâce demeure toujours voilée et imperceptible à la conscience, la raison peut cependant, selon Blondel, jeter un regard sur le sommet de l'union contemplative et sur ses effets. Cette opération se révélerait possible du fait que « la vie surnaturelle n'est pas une création *ex nihilo ;* elle renouvelle et élève, elle est transformante, elle n'est pas destructrice ; et même la chair sanctifiée participe, comme la raison, à la naissance éternelle, "*Denuo nasci non tollit naturam*" »[380].

Toujours selon notre auteur : dans l'état mystique, la raison occupe une position éminente, puisque toute la nature humaine s'y trouve valorisée : « quoique venant toute d'en haut, [elle] est enracinée en tout l'être humain et élève tout l'être humain »[381]. Concernant cette élévation, le discours sur la place de la raison au sein de la mystique la plus haute ne représenterait qu'une « pars pro toto ». Alors que la nature humaine tout entière connaîtrait une élévation c'est non seulement la philosophie, mais toutes les sciences

---

[378] M. Blondel, *Le problème de la mystique*, 45.
[379] « Ce serait méconnaître le contenu d'amour du message mystique que d'y voir une absorption d'essence dans l'extase alexandrine, non une relation de charité qui donne à l'ordre surnaturel toute signification de *grâce*, Ibid. 54.
[380] Ibid.
[381] Ibid. 56.

qui trouveraient leur place dans la mystique. Il en résulterait un optimisme fondamental par rapport à la vie en général ; car si l'on supposait, à l'inverse, la nature humaine foncièrement mauvaise, surgirait à son sujet la question suivante : ne mériterait-elle pas d'être détruite au regard de l'ordre surnaturel ? On pourrait la comparer au tronc d'un cerisier sauvage destiné à être abattu afin de laisser place au greffon d'un rejeton noble. Mais notre nature, parce que créature de Dieu, présenterait déjà un tel degré de bonté que dans l'union mystique elle se verrait « seulement » transformée[382]. L'ascèse elle-même y retrouverait, selon Blondel, un rôle non point négatif, mais positif et il en profite pour récuser strictement un pessimisme foncier « qui, voyant chez l'homme plutôt le mal que le bien, interprète l'ascèse détachante et mortifiante (voie indispensable de la haute vie spirituelle), comme un mépris ou une pure pénitence, non comme un moyen d'union et un viatique d'amour, comme un pur rattachement à Dieu seul, - à Dieu, et par Lui et pour Lui, à tout. Il doit y avoir assomption de la nature, de la raison, de la foi en "*la vie d'union*" »[383].

En conclusion, Blondel compare le rôle de la raison face au surnaturel dans l'état mystique au rôle de Jean-Baptiste face à la mission du Christ. Comme le Précurseur, la raison humaine, au regard du surnaturel, aurait un rôle apparemment insignifiant ou superflu. Pourtant, le surnaturel ne renoncerait, en aucun des deux cas, à l'activité de précurseur, quitte à paraître absurde aux représentations humaines. Comme le Précurseur, la raison serait invitée à porter témoignage et à coopérer à l'action du catalyseur divin. En outre, il serait judicieux que « ces vérités concrètes de fait trouvent

---

[382] Blondel explique l'image du greffon dans *M. Blondel, Carnets intimes I*, 269-270/288 : « La philosophie de la Greffe : quelle étrange puissance que celle de cette cellule vivante qui transforme la sève du sauvageon et lui fait produire des fruits nouveaux. Il y a comme une douane intérieure dans le corps de la plante ; et brusquement, par une magie naturelle, par une révolution physiologique, la fécondité remplace la stérilité : image des coups de la grâce et des tressaillements maternels de la charité. La sève humaine est l'aliment de la vie divine qui transfigure notre pauvre nature. Le Christ est entré en nous : c'est le Fils de l'Homme mais s'il ne pousse pas en nous comme nous poussons en lui, il n'y a plus que sarment desséché, que branche morte, que vie inutile et méprisable. »

[383] M. Blondel, *Le problème de la mystique*, 46 ; voir 56.

dans les interprétations abstraites de la philosophie leur traduction »[384]. C'est sur ces remarques que Blondel termine son propos, se demandant si la philosophie peut se prononcer en toute indépendance dans le domaine de la mystique, ou si elle parvient encore à projeter sa lumière sur le sommet de cette expérience religieuse. Comme il a posé son argumentation philosophique sur une base très large, il en résulte aussi certains aperçus sur le contenu de la mystique en particulier, c'est-à-dire sur son « cadre » qui en définit le contenu, ainsi que sur la théologie en général. Notre auteur se montre pleinement conscient de ces implications, que nous allons présenter dans les prochains paragraphes - les derniers - sur « Le problème de la mystique ».

2.3.5. Les implications rationnelles de la théologie

Blondel revient deux fois avec insistance sur le point suivant : il veut sur tous ces sujets procéder strictement en philosophe. La description du contenu des états mystiques, de leurs degrés et de leurs faits, n'entre pas dans son propos. Il exclut toute intrusion dans le domaine de la théologie[385]. Cette décision ne signifierait pourtant pas que le discours philosophique portant sur la mystique apparût dénué d'importance pour la théologie. Au contraire, le « résultat » de la recherche philosophique se révèlerait tel qu'il ne saurait être simplement éludé par une recherche théologique, car celle-ci appliquée à la mystique possède aussi des prémisses philosophiques. Blondel présente ces implications à la fin de l'article, non d'une manière systématique, mais plutôt au moyen d'allègres associations d'idées. Tandis qu'il rattache à la réflexion théologique le regard du philosophe sur la mystique, ses pensées tournent avant tout autour des thèmes suivants : la passivité de l'homme, la relation entre nature et surnature, la notion d'Eglise, la relation entre autorité et liberté, la notion de Dieu. Ses réflexions sont enchâssées dans une vue globale de la mystique qui, sous sa forme méditative, rappelle les pensées de Pascal. L'originalité du contenu et de la forme dans la composition impose des citations abondantes.

---

[384] Ibid. 57.
[385] Ibid. 6 et 54-55, note 1.

Voici en quels termes Blondel décrit le mystique, le pur contemplatif : « Au spectateur étranger, il peut apparaître comme un exalté ou un insensible, dans la fournaise du zèle, ou dans les glaces de l'abnégation : en réalité il est le plus calme et le plus tendre, le plus humain des humains. A le considérer dans l'ampleur de son développement total et quels que soient les dons variés, parfois singuliers, qui caractérisent sa forte personnalité et son original génie, il participe à une vision sereine, il garde un équilibre, une paix que les tempêtes de surface n'atteignent pas plus que les grandes vagues n'agitent les profondeurs de l'océan. Dans l'impuissance heureuse et douloureuse où elle est de traduire par des mots la plénitude insatiable des dons et des clartés reçues, il peut recourir, lui aussi, à des métaphores et des images, et n'en est pas dupe. Docile à l'Eglise visible comme à l'Esprit-Saint, et d'autant plus libre intérieurement que sa soumission est une conformité complète à ce qu'il veut d'une volonté totale, fût-ce contraire à ses volontés particulières, il souffre activement et agit passivement ; et cette mort continuelle n'est pas seulement pénitence, elle est charité, transformation, génération divine, en lui. Plante déracinée et non encore transplantée, il sait et il ne sait pas, il vit et il ne vit pas, dans "cet état indescriptible où l'âme est soutenue par Dieu pour pouvoir porter Dieu accablant et broyant". Et c'est quand il est tout à Dieu seul qu'il se rattache purement, plus efficacement à tous les autres êtres, parce qu'il les retrouve, chacun à son rang, dans la volonté aimante de leur Auteur et Sauveur. Il ne se compare à personne, si ce n'est pour se mettre au-dessous de tous, n'ayant de lui que les négligences, les obstacles, les retardements, et persuadé que tout autre eût mieux que lui profité des dons reçus : il a d'autant plus l'humble sentiment de sa bassesse qu'il sait que les grâces les plus hautes sont pures condescendances de Celui qui seul est absolument bon, et sa soumission parfaite à l'autorité visible est la mesure même de son intime élan. Il ne souffre pas de ses peines et il ne jouit pas de ses joies, comme s'il était occupé de soi, non de l'Unique Ami ; et, en Lui seul, il rayonne d'une compassion active avec toute l'humanité agonisante jusqu'à la fin des temps »[386].

La passivité du mystique se manifeste donc toujours comme une passivité active. Mais la possibilité de vivre dans une passivité

---

[386] Ibid. 61-62.

passive n'est pas exclue pour autant. D'ailleurs selon Blondel, un tel état ne peut plus être qualifié de mystique, le véritable état mystique étant toujours caractérisé par la passivité (active) ; le mystique éprouve une telle transformation qu'il vit en soi-même la naissance de Dieu. Ailleurs, Blondel fait remarquer que l'effet d'un « autre » en nous se révèle plus intensément dans la souffrance que dans la possession[387]. Tandis qu'il fait ressortir l'essentielle passivité du mystique, il souligne l'impossibilité de naturaliser le surnaturel, lequel surgit d'une libre condescendance de Dieu[388] ; ou bien, pour exprimer la même idée en termes théologiques, disons qu'il affirme l'impossibilité de dépouiller le surnaturel de son caractère gracieux. Il s'agirait, en l'occurrence, d'une passivité qui, loin de rester passive, se montre au contraire très active. Dans son argumentation, Blondel parvient à cette conception sur la base d'une perspective qui accorde quelque confiance à la nature humaine. Il en résulte une impression globale inclinant non au pessimisme mais à l'optimisme. Cette vision optimiste des capacités de la nature ne trouve au sens strict aucun fondement théorique dans ses exposés. Mais implicitement, Blondel part de ce principe que non seulement Dieu a créé la nature, mais il l'a créée « bonne », à un point tel que même la chute du paradis ne put effacer complètement le sceau de la qualité divine. Bref : l'idée du « transnaturel » forme la toile de fond de son optimisme foncier. Il s'ensuit de là qu'il semblerait incompréhensible, à ses yeux, que dans l'union mystique le Créateur néglige la qualité inhérente à la créature, issue de lui-même, et qui implique l'homme activement dans l'avènement de l'union. Mais comme l'homme, en raison de son état (transnaturel) n'est pas assimilable à un bloc de marbre exposé au burin de Dieu, mais un collaborateur de celui-ci, la notion de miracle en théologie ne saurait être ni intrinséciste ni extrinséciste[389].

La notion d'Eglise chez Blondel se déduit de sa réflexion sur la personne du Christ. Sans participation aux grâces de ce dernier, il ne

---

[387] M. Blondel, *L'Action*, 382/406.
[388] M. Blondel, *Surnaturel*, dans A.Lalande (éditeur), *Vocabulaire*, 1075-1076.
[389] M. Blondel, *Miracle*, ibid. 630-632 ; Bernard de Sailly (= M.Blondel), *La notion et le rôle du miracle*, dans les *Annales de philosophie chrétienne*, 154 (1907) 337-361.

saurait exister de personnalité mystique. Si l'on comprend l'adjectif
« chrétien » non comme désignant l'appartenance à une religion mais
comme un lien rattachant au Christ, il ne saurait alors exister de
mystiques non-chrétiens, mais seulement des mystiques chrétiens.
Dans la mesure où l'ensemble de l'Eglise se maintiendrait en liaison
directe avec le Christ, l'existence de mystiques hors de l'Eglise se
verrait donc exclue. Blondel poursuit : « il peut donc y avoir des
mystiques hors du corps visible, anonymement et pseudonymement,
il ne peut pas y en avoir sans l'âme de l'Eglise, sans participation
réelle à des grâces du Christ »[390]. Blondel laisse cependant ouverte la
question de savoir si la frontière de « l'âme de l' Eglise » exclut des
hommes ou si finalement tous ne font pas partie de celle-ci : aucune
autre possibilité ne pourrait, par conséquent, être envisagée. A ce
propos, notre auteur regrette qu'on n'ait pas réussi à accueillir dans
le même cahier de la *Nouvelle Journée* un article de Paul Méhémet
Ali Mulla-Zadé sur le développement de la mystique musulmane.
Mulla-Zadé aurait en effet montré de quelle manière opérait la grâce
du Christ chez les mystiques musulmans[391]. Il en résulte la question
suivante : comment le corps de l'Eglise se comporte-t-il par rapport à
l'« âme de l'Eglise », en ce qui regarde par exemple la canonisation
d'un « chrétien anonyme » par le corps visible de l'Eglise ?

---

[390] M. Blondel, *Le problème de la mystique*, 59 ; *M. Blondel/J. Wehrlé,
Correspondance II*, 600-602. Directement à ce sujet, c.-à-d. à propos de
l'idée selon laquelle d'après Blondel il ne saurait y avoir aucun athée et à
propos du théologoumenon du « chrétien anonyme » chez K. Rahner, voir
A. Raffelt : *Sur la question de Dieu. Une méditation de Maurice Blondel
dans Geist und Leben* 63 (1990) 31-38, ici 33 ; voir aussi F. Pisarello, *Il
concetto di « ecclesia »* dans *A. Sabatier et Blondel e il metodo d'immanenza*, dans R. Crippa (éditeur), *Attualità del pensiero di Maurice Blondel*,
146-154.
[391] M. Blondel, *Le problème de la mystique*, 59-60, note 1. Méhémet-Ali
Mulla-Zadé (1881-1959), Turc musulman, fit la connaissance de Blondel à
Aix-en-Provence, où il fut baptisé en 1905. Plus tard, il enseigna
l'Islamologie à l'Institut Oriental de Rome. Concernant la relation de Mulla-
Zadé avec Blondel, voir Ch. Molette : *Mulla-Zadé. Une conscience
d'homme dans la lumière de Maurice Blondel*, préface de H. de Lubac,
Paris, Téqui 1988. Voir aussi J. Maréchal, *Le problème de la grâce
mystique en Islam*, dans *Recherches de science religieuse* 13 (1923) 244-
292 ; le même, *Etudes sur la psychologie des mystiques* II, 487-531.

Quand Blondel parle de l'autorité de l'Eglise, il désigne exclusivement le corps visible de celle-ci. Selon lui, le mystique fait l'expérience de l'autorité et de la liberté non comme d'un couple d'éléments antithétiques, mais en tant qu'incarnant lui-même « la vivante et féconde conciliation de la liberté et de l'autorité »[392]. Sur le chemin de l'union mystique, l'homme se rend d'autant plus libre qu'il fait abstraction de sa propre volonté pour se subordonner à la volonté totale. Pour Blondel, la liberté consiste justement dans la soumission à l'autorité. Celui qui soumet sa volonté à celle d'un autre « subit d'activité et agit de passivité ». Selon son opinion, celui qui souhaite que Dieu naisse en lui doit faire mourir sa propre volonté en faveur de cette naissance de Dieu dans l'âme. La force de l'élan animant celui qui veut laisser le passage à Dieu est reconnaissable alors à sa soumission parfaite à l'autorité visible de l'Eglise. Le but de cette mort est la relation à Dieu qui présuppose le détachement de soi-même. Ce n'est qu'en Dieu, poursuit Blondel, que le mystique peut compatir activement à l'humanité souffrante. Nous pensons ici que Blondel considère l'autorité de l'Eglise comme une aide sur le chemin de l'union mystique, parce qu'elle ouvre à l'homme centré sur lui-même la possibilité de se libérer et de se re-centrer sur Dieu. Si d'une part ce rôle important revient à l'Eglise officielle, mais si d'autre part les mystiques faisant partie de l' « âme de l'Eglise » ne reconnaissent pas l'autorité du corps visible de celle-ci, se pose alors la question de savoir de quelle autorité supérieure ces mystiques de l' « âme de l'Eglise » puisent la force de se délivrer de leur vie égocentrique ? Cette question en implique d'ailleurs une autre : comment un chrétien doit-il se comporter face aux autorités de l'« âme de l'Eglise » et aux instances institutionnelles censées les exprimer ?

Dans sa réflexion sur la notion de Dieu, Blondel relie deux étapes : un moment centripète et un moment centrifuge. D'une part, Dieu, à ses yeux, est l'aimé céleste qui attire l'homme comme « le fer doux »[393], et qui d'autre part dans l'union avec Lui le laisserait redécouvrir les autres et donc le renverrait à eux[394]. Ce qui est impliqué ici peut s'exprimer comme suit : en sa Personne même, le

---

[392] M. Blondel, *Le problème de la mystique*, 61.
[393] Ibid. 57.
[394] Ibid. 62.

Créateur accorde au mystique la possibilité de redécouvrir la créature. Mais ce faisant, la Véracité divine, ne se constitue pas en vérité
statique, mais en communication vivante. L'union mystique comme
toute la création est un reflet de cette communication primitive. Le
signe distinctif de celle-ci ne consiste pas dans une relation à deux,
mais une relation à trois. Dans l'union mystique, il ne s'agit jamais à
vrai dire du mystique et de Dieu, mais du mystique, de Dieu et de la
création redécouverte en Dieu. Cette communication caractérisée par
la relation à trois se rapporte aussi, selon Blondel, à la foi, car selon
lui la mystique est « le prolongement et l'épanouissement suprême
en ce monde de la vie de foi »[395]. Dieu, la réalité la plus réelle de
toutes, est fondamentalement communication. Nous n'approchons
cette réalité que d'une manière indirecte. Mais au cours de notre vie
d'ici-bas, nous l'abordons au plus près dans l'union mystique. C'est
pourquoi « il faut des saints, il faut des mystiques »[396], afin que nous
ne perdions pas la qualité de notre propre réalité, qui est d'essence
communicative, et pour éviter qu'à l'issue de la greffe nous ne
retournions au plant sauvageon.

2.4. Confrontation avec Baruzi (1925)

Vingt ans à peine après la discussion sur le développement des
états mystiques chez Sainte Thérèse (1905), la Société française de
philosophie se réunit à nouveau pour réfléchir au thème de la
mystique. Une fois de plus, la mystique espagnole se trouva au centre
des échanges, avec notamment l'exemple de Jean de la Croix. La
séance de travail eut lieu le 2 Mai 1925, dirigée par Jean Baruzi sur
le sujet suivant : « Saint Jean de la Croix et le problème de la valeur
noétique de la mystique »[397]. Y participaient H. Delacroix, L.
Laberthonnière, E. Le Roy et R. Lenoir. La thèse de doctorat
fraîchement publiée de J. Baruzi sur Jean de la Croix, ainsi que le

---

[395] Ibid. 44.
[396] Ibid. 60.
[397] J. Baruzi, *Saint Jean de la Croix et le problème de la valeur noétique de
l'expérience mystique* (Séance du 2 Mai 1925) dans le *Bulletin de la société
française de philosophie* 25 (1925) 25-28. A la séance fut présentée une
lettre de Blondel, qui fut publiée en appendice, ibid. 85-88.

problème de l'expérience mystique, constituaient la base des discussions[398].

H. Bremond, un des premiers à avoir lu la dissertation de Baruzi, attira l'attention de Blondel sur cet ouvrage. Chez l'auteur de *L'Histoire littéraire du sentiment religieux en France*, le scepticisme[399] initial avait culminé après lecture en véritable aversion. Il reprochait à la thèse de Baruzi un aristocratisme exécrable qui aboutissait à mettre en pièces la méditation proprement dite[400]. Dans sa critique, Blondel acquiesce aux recensions parues dans la *Revue d'ascétique et de mystique* et *La vie spirituelle*. Dans la première, F. Cavallera se livre à une critique acerbe[401]. L'écrit de Baruzi présenterait selon lui une sorte de « reconstitution subjective » de l'œuvre de Jean de la Croix. Son reproche principal réside dans le fait que l'auteur aurait donné une coloration idéaliste à l'œuvre du mystique espagnol : « Le chantre passionné de l'Amour divin et de l'Epoux, du Dieu un et trin, devient le protagoniste déficient d'un idéalisme intellectualiste vide et froid »[402]. De même que Barrès aurait récupéré les exercices d'Ignace de Loyola pour alimenter son égotisme exaspéré, ainsi Baruzi aurait entrepris de tranformer Jean de la Croix en initiateur ou précurseur d'un idéalisme stérile[403]. La recension de Ch. Chevallier dans *La vie spirituelle* ne se montrait pas moins critique[404].

---

[398] J. Baruzi, *Saint Jean de la Croix et le problème de l'expérience mystique*, Paris, Alcan.1924. La deuxième édition, révisée et augmentée d'une préface, parut en 1931.

[399] Le 29 août 1924, H. Bremond écrivait à Blondel : « Vous savez que nous aurons en novembre la thèse de Jean Baruzi sur Jean de la Croix. Je voudrais bien qu'on vous invitât à argumenter, ainsi que moi. Il sera tendu, effervescent, un peu esthète, j'imagine, mais il ne piétinera pas », dans *H. Bremond,/M. Blondel, Correspondance III. Combats pour la prière et la poésie* (1921-1933), Paris, Aubier 1971, 173.

[400] Ibid. 192.

[401] F. Cavallera, recension J. Baruzi, *Saint Jean de la Croix et le problème de l'expérience mystique*, dans la *Revue d'ascétique et de mystique* 6 (1925), 307-320.

[402] Ibid. 319.

[403] Ibid. 320.

[404] Ch. Chevallier, *Saint Jean de la Croix en Sorbonne*, dans *La vie spirituelle* 7, (1925) Suppl.188-212.

Blondel émit en 1925 le jugement selon lequel *La vie spirituelle* a été dure avec raison ». En même temps, il informa Bremond qu'il avait énoncé ses objections contre la thèse de Baruzi dans une lettre envoyée à la Société française de philosophie à l'occasion de la séance consacrée à la valeur noétique de l'expérience mystique[405].

Lors de la séance du 2 mai 1925 de la dite société, Baruzi en personne lut la lettre de Blondel[406]. On peut au minimum supposer[407] qu'il avait pris connaissance de l'article *Le problème de la mystique* fraîchement publié. En effet il en citait les passages concernant le corps visible et le corps invisible de l'Eglise, et établissant que si la mystique n'avait aucune commune mesure avec l'ordre philoso-phique, cela n'empêchait nullement la philosophie d'avoir quelque chose à dire dans le domaine de la mystique[408].

A quelles affirmations de Baruzi Blondel s'oppose-t-il exactement dans sa lettre ? Nous voudrions avant tout étudier ici comment se clarifie peu à peu la genèse de la conception blondélienne de la mystique, et se manifeste l'émergence d'accentuations nouvelles. Dans le contexte général de la question, notre auteur souligne ici pour la première fois l'imbrication intime dans l'union mystique du moment singulier et du moment universel. Même si les expériences spirituelles se révèlent totalement différentes, selon les personnes, il ne s'agit jamais pour chacune d'elles d'un cas isolé sans comparai-son avec les autres. Dans tous les cas individuels subsisterait quelque chose d'universel, d'analogue, s'incarnant diversement dans la pluralité des êtres. C'est pourquoi on ne saurait parler, comme Baru-zi, de signes distinctifs radicalement différents, voire antagonistes, correspondant à des expériences mystiques variées[409].

Quant à la connaissance, elle ne consisterait jamais, pour Jean de la Croix, en une vue théorique où elle s'accomplirait d'elle-même. Contre Baruzi, Blondel affirme que le processus logique et méthodo-

---

[405] H. Bremond/M. Blondel, *Correspondance* III, 212-213.

[406] Voir la contribution de H. Delacroix dans l'appendice à la conférence de J. Baruzi, *Saint Jean de la Croix et le problème de la valeur noétique*, 33.

[407] Voir la remarque de Baruzi après sa conférence, ibid. 32.

[408] Ibid., voir M. Blondel, *Le problème de la mystique*, 6.

[409] M. Blondel, *Lettre* (concernant le rapport de) J. Baruzi, *Saint Jean de la Croix et le problème de la valeur noétique*, ibid. 85.

logique propre à Jean de la Croix n'est pas porté par une intention pratique, mais lui est expressément subordonné. La connaissance aurait constamment pour objet la *nescience* vécue qui, toujours selon notre philosophe, serait concrète et réelle[410]. De même ne saurait-on prétendre, avec Baruzi, que les expériences spirituelles, dépassant l'ordre des phénomènes, transcenderaient ceux-ci et ne ressortiraient plus au domaine de la conscience claire. Pour Blondel, au contraire, « le mystique, avec toute sa "nescience", n'est pas dans le néant de la conscience : il sait et sent qu'il ne faut pas sentir et penser comme il faisait »[411]. Il nierait seulement les représentations suggérant l'intervention d'un dualisme là où ne règnerait en réalité qu'une union sans confusion. Ce que Blondel a mis en valeur ici rappelle ses développements dans *Le procès de l'intelligence* sur la connaissance par connaturalité. De même que celle-ci représente vraiment une connaissance, de même la conscience du mystique ne se définit pas comme vide.

Blondel contredit également la conception de Baruzi quant à la relation établie entre la purification de l'être humain et l'union mystique qui le transforme. D'après Baruzi, cette purification passive ne nous introduit pas dans un monde nouveau remplaçant l'ancien, mais nous renvoie dans le monde qui continue d'exister, le monde essentiel, libéré des obstacles qui se dressent entre nous et Dieu. Ce dernier serait ainsi la vérité intérieure retrouvée. Après la purification passive, Il ne se manifesterait pas librement à l'âme croyante mais nécessairement[412]. C'est ici que s'élèvent les plus grandes réserves de Blondel. Pour lui, l'union mystique n'est ni un retour de l'étant vers l'être divin, ni une absorption, mais une ascension et une assomption : « Elle ne résulte point automatiquement d'un principe qu'il n'y aurait qu'à affranchir de contingences mauvaises ou de barrières factices ; elle implique une œuvre spirituelle de purification et de croissance. ». Notre acte de penser ne saurait atteindre cet ordre « hyperphysique », puisqu'il s'agit d'un ordre de la grâce et de la liberté. Face à cette charité divine exceptionnellement prévenante et gracieuse, qui réédite l'enfantement des personnes de la Trinité et le mystère du Verbe Incarné dans l'âme humaine, correspondrait de la

---

[410] Ibid. 86. C'est l'auteur qui souligne.
[411] Ibid.
[412] Voir ibid. 26.

part de cette dernière une attitude personnelle et méritoire, empreinte d'une confiance d'enfant : « Etreinte plus que gnose. Mais, enfin, n'est-ce point parce que Dieu est Charité qu'il n'est pas Inintelligibilité[413]? » Blondel souligne donc deux aspects : d'une part, il insiste encore une fois sur la gratuité de la vie mystique. Malgré la coopération humaine, malgré l'effort de purification et la tentative de délivrance vis-à-vis des obstacles dressés sur la route, l'union mystique reste un don de la générosité de Dieu, qui ne s'installe pas simplement de manière « automatique ». D'autre part Blondel, eu égard à sa conception de Dieu, relève que celui-ci est d'abord une charité qui se donne, et par conséquent d'abord intelligible. Dieu est l'Amour même. Par conséquent, il est la vérité, laquelle peut être alors connue, mais elle ne l'est pas si l'on suit le procédé inverse.

La contemplation métaphysique peut-elle, d'une certaine manière, conduire à l'union mystique ? demande Baruzi. Non, répond sans ambages notre philosophe. Pour lui, la contemplation métaphysique se situe deux degrés plus bas. Non seulement elle demeurerait à tout jamais spéculative, idéelle et représentative et ne saurait donc constituer une véritable ascèse, mais même si nous faisions preuve d'une ascèse qui intégrerait nos capacités naturelles, nous ne ferions qu'effleurer les frontières d'une « contemplation acquise » Cet état, que Baruzi qualifie de théopathique[414], exigerait plutôt l'intervention de Dieu. Or, ce qui est spécifiquement mystique, ce n'est pas l'acquis, mais l'infus[415].

Avant de déterminer le rapport entre mystique et religion, Blondel souligne avec insistance que le Dieu du mystique n'est pas équivoque, mais univoque. Selon son point de vue, le mystique identifierait spontanément le Dieu intérieur à celui de la Révélation, comme aussi le Dieu de l'Eglise à celui de la raison : « Sans ombre de doute et de difficulté, [il] accorde en une unité qui n'est pas de l'ordre dialectique, les trois sortes de monde divin : le Dieu de la raison, le Dieu de la foi, le Dieu vivant et présent, dont il est l'hôte et le captif »[416].

---

[413] Ibid. 86-87.
[414] Voir ibid. 27, 31-32.
[415] Ibid. 87.
[416] Ibid. 88.

Baruzi prétend que la mystique fusionne avec la religion essentielle et pure par la destruction progressive des états préternaturels,[417] ce que Blondel conteste. Si par la religion essentielle et pure, avance-t-il, on entend une indétermination des croyances et des actes, ou l'accomplissement de la vie religieuse, alors l'état mystique, que Baruzi appelle aussi « état théandrique », ne mène pas à la religion pure, car même la plus haute union mystique n'accorde, toujours selon Blondel, qu'une participation voilée, de nature terrestre, à l'union céleste ; l'état mystique « ne se confond, dit-il, ni avec la pure vie surnaturelle de la foi, ni avec la Religion essentielle, ni non plus avec la vision béatifique »[418]. C'est ainsi qu'il souligne encore une fois la spécificité de la mystique, en pointant ce par quoi elle se distingue de la foi, de la religion et de la vision de Dieu.

En résumé: Blondel affirme une fois de plus la gratuité de la mystique. L'union spirituelle, même après la nécessaire purification, ne se produit pas d'elle-même puisque en cet état théopathique ce n'est pas l'homme mais Dieu qui garde l'initiative. C'est pourquoi la contemplation mystique ne saurait parvenir à ce même but. C'est sur cette dimension que Blondel insiste lourdement : la mystique ne saurait fusionner avec la foi, la religion, la vision de Dieu. Il prend même une orientation nouvelle en refusant de décrire le mystique individuel comme un bloc erratique. En chaque mystique est incarné un élément commun, dans le singulier rayonne l'universel. Cette réflexion se rattache à la pensée extraite du *Problème de la mystique*[419], qui présente le mystique comme une extension réelle de l'incarnation du Christ. Concernant la relation entre singulier et universel, il serait intéressant de se demander si et dans quelle mesure la pensée d'une incarnation élargie se laisserait étendre à toute la création. Blondel apporte une clarté nouvelle à l'analyse du non-savoir du mystique présenté non comme une réalité théorique mais comme une réalité vécue, et en outre évite de le réduire à une conscience vide. Il apporte enfin une clarté nouvelle à la personne de Dieu présenté d'abord comme amour et non comme intelligibilité.

---

[417] Voir ibid. 27, 31, 36-37.
[418] Ibid. **88**.
[419] M. Blondel, *Le problème de la mystique*, 52.

C'est seulement sur la base de son amour que Dieu est intelligible, et non l'inverse.

2.5. Relations éclairantes entre Blondel et Bremond

Parmi les quelques penseurs avec lesquels Blondel entretenait une correspondance abondante, H. Bremond était le seul à s'intéresser au thème de la mystique. Bremond a inspiré Blondel dans ses conceptions sur la question comme personne d'autre dans le cercle de ses amis et familiers. Ils firent connaissance à Aix-en-Provence. Le jésuite Bremond, âgé de 31 ans et originaire d'Aix lui-même, y rencontra, dans le cadre de sa formation, le professeur Blondel, âgé de 35 ans, qui donnait des cours à la Faculté des lettres. Bientôt se développa entre eux une amitié durable. Leur correspondance[420] dura 36 ans. Ils se devaient beaucoup l'un à l'autre et le savaient : Bremond dédia à son ancien professeur *Prière et Poésie*[421], la dédicace de Blondel dans *L'itinéraire philosophique*[422] s'adresse à Bremond. Mais leur estime et leur inspiration mutuelles n'impliquent

---

[420] H. Bremond/M.Blondel, *Correspondance I . Les commencements d'une amitié* (1897-1904), publié et annoté par A. Blanchet, Paris, Aubier 1970 ; les mêmes, *Correspondance II. Le grand dessein d'Henri Bremond* (1905-1920) édité et annoté par A. Blanchet, Paris, Aubier 1971 ; les mêmes, *Correspondance III. Combats pour la prière et pour la poésie* (1921-1933), Paris : Aubier 1971.
[421] H. Bremond, *Prière et Poésie*, Paris : Grasset 1926 ; trad. allem: *Mystik und Poesie*. Traduit par E.F. Neufforge, Freiburg 1929. La traduction est précédée d'une remarque préliminaire du traducteur et du discours de Bremond du 24 octobre 1925 devant les cinq académies sur « La poésie pure », 12-24. Ce discours, accompagné de commentaires et d'une discussion avec Robert de Souza, un contradicteur de Bremond, fut publié dans : H. Bremond, *La poésie pure. Avec Un débat sur la poésie* par Robert de Souza, Paris, Grasset 1926. Sauf indication contraire, la citation dans les deux cas est faite d'après la traduction allemande de Neufforge. Nous nous réservons le droit d'y apporter des modifications.
[422] M. Blondel, *L'itinéraire philosophique de Maurice Blondel*, Paris : Spes 1928 (=La Nef 5).

pas entre eux une similitude totale[423]. Une image développée dans le journal de Blondel montre clairement l'antagonisme de leur position initiale : « Henri Bremond.- Son avion survole mes brousses. Mais il regarde en bas, et je porte les yeux au ciel, me guidant aux constellations et au soleil vers le but lointain, réel et invisible, que la vue même d'un vaste horizon ne permet pas plus d'apercevoir qu'on ne discerne de la carlingue le détail des sentiers frayés dans les hautes herbes ou sous le dôme de la forêt tropicale.- Il faut au philosophe le contact des plus infimes réalités comme la hantise du terme infini qui transcende les connaissabilités et visibilités présentes »[424].

Concernant la conception de la mystique, Blondel et Bremond se sont mutuellement influencés. Entre eux subsistent des accords et des différences. Il ne s'agit pas ici d'analyser l'influence du premier sur le second, mais simplement de mettre Blondel au centre du débat. Jusqu'à quel point partage-t-il l'opinion de Bremond et sur quels points s'en écarte-t-il ? On ne peut mieux s'en rendre compte qu'en mettant Blondel en rapport avec l'ouvrage intitulé : *Prière et Poésie*, parce qu'il a précisément révisé et retravaillé cet écrit[425].

On ne saurait évaluer le contenu de cette œuvre sans la relier à la conférence prononcée par Bremond sur *La poésie pure* et dont le premier jet fut retravaillé par Blondel[426]. En France, la conférence déchaîna une véritable tempête et contribua à de nombreux débats sur ce concept de « poésie pure » (1925-1930). Comment en est-on arrivé là, et au fond de quoi s'agit-il ? L'Abbé Bremond, qui avait quitté la Compagnie de Jésus en 1904 et qui était membre de

---

[423] Dans son introduction à la correspondance, A. Blanchet signale les différences entre les personnalités, *H. Bremond/M. Blondel, Correspondance* I, 7-18.
[424] M. Blondel, *Carnets intimes II*, 321 ; voir *H. Bremond/M. Blondel, Correspondance III*, 249.
[425] Au vu de la correspondance, on discerne quels passages remontent à Blondel. Voir les lettres à Bremond du 10 Sept.1926, *H. Bremond/Blondel, Correspondance III*, 247-251 et du 5 Oct.1926, ibid. 256-257. Les passages suivants remontent entièrement à Blondel : dans l'édition française, 6, note 1 ; 139, note 1 ; 221, note 1- dans l'édition allemande, 228-229, note 3 ; 247-248, note 29 ; 261-262, note 9.
[426] Les observations de Blondel sont publiées dans *H. Bremond/ M. Blondel, Correspondance III*, appendice II, 478-483.

l'Académie Française depuis 1923, fut invité à donner une conférence lors d'une séance officielle des cinq Académies le 24 octobre 1924. On lui laissa le choix du thème. C'était là la première et la meilleure occasion pour lui[427] de se présenter au grand public et de lui faire connaître le résultat d'un long travail. Son œuvre principale : l'*Histoire littéraire du sentiment religieux en France depuis la fin des guerres de religion jusqu'à nos jours* représentait plus de dix ans de labeur[428]. Dans ce livre, il dépeint la renaissance, la montée et le déclin de la vie mystique dans le catholicisme français. Indépendamment de toute influence historique, l'auteur met à la base de son travail la doctrine théologique du pur amour. A cette forme suprême de l'amour divin correspond, selon lui, la prière pure, par laquelle l'homme s'abandonne complètement à la volonté de Dieu. Lorsque Bremond fut invité à la séance des Cinq Académies, il opta pour l'exposé du thème de la poésie pure. L'idée maîtresse de sa conférence consiste à dire que chaque poème doit son caractère spécifiquement poétique à la présence, au rayonnement, à la puissance transformante et unifiante d'une réalité mystérieuse que nous pouvons appeler « poésie pure »[429]. En poésie, en effet, les mots produiraient leur effet non d'abord en vertu de leur beauté mais grâce à une réalité mystérieuse. Ainsi nous nous offrons ces vibrations fugitives, si délicieuses, semblables à des caresses, non pour goûter

---

[427] E.F. Neufforge, remarque préliminaire du traducteur dans H. Bremond, *Mystik und Poesie*, 11.

[428] H. Bremond, *Histoire littéraire du sentiment religieux en France depuis la fin des guerres de religion jusqu'à nos jours*, 6 volumes, Paris : Bloud et Gay 1916-1922.

[429] H. Bremond, *Mystique et Poésie*, 13. D'après Blondel, l'intérêt secret d'une recherche sur la poésie pure consiste en ceci : « a) de faire comprendre qu'il y a un mode d'intelligence et de sensibilité supra-rationnelle et supra-sensible ; b) de nous faire vivre déjà ces réalités supra-sensibles et infinies dans le sensible et le fini ; c) de nous en faire éprouver les déficiences et l'inachevé, et, puisque c'est déjà délicieux, mais douloureux aussi (Tonnellé et Platon), de nous orienter vers le pur religieux; d) donc de manifester l'apparentement de tout cela avec la vie contemplative et la connaissance mystique qui, elle surtout, est à la fois ascèse purifiante et mortifiante et vivification unifiante », *H. Bremond/M. Blondel, Correspondance III*, 481.

au plaisir qu'elles nous donnent, mais pour recevoir le fluide mystérieux qu'elles transmettent[430].

Ce fluide irradie comme un magnétisme ; Ch. Baudelaire parlerait, lui, de « magie suggestive ». Ces radiations produiraient, toujours selon l'écrivain, une transformation magique, par laquelle nous ne recevrions pas d'abord les idées ou les sensations du poète, mais l'état d'âme qui a fait de lui un poète : une expérience confuse et difficile, inaccessible à la conscience claire[431].

Bremond distingue soigneusement la poésie de la prose. Tandis que cette dernière s'apparenterait à une sorte de fluorescence vivante et vacillante nous tirant loin de nous-même, la poésie constituerait au contraire, un appel provenant de l'intérieur. Un peu comme si pesait sur notre cœur le poids de l'immortalité. Celui-ci nous tirerait vers une solitude où une présence plus qu'humaine nous appelle et nous attend[432]. Ici, Bremond compare la mystique à la poésie. Bien qu'il ne mentionne pas Blondel, il est entièrement d'accord avec sa conception de la mystique quand, à la fin de sa conférence, il entreprend de comparer la séquence intérieure et l'harmonie dans la poésie au « déroulement » de l'union spirituelle : sorte de magie recueillante, comme disent les mystiques, qui nous invite à un repos où nous n'avons plus d'autre agir que de nous abandonner à quelqu'un de plus grand et de meilleur, mais d'une manière active.[433] Selon Bremond, la plus grande expérience de l'homme consiste à s'en remettre à la mystérieuse présence. Il ne s'ensuivrait pas que tous les arts dussent s'efforcer de converger à nouveau vers l'unité avec la musique : cette convergence se ferait avec la prière.

L'œuvre intitulée *Prière et Poésie* se rattache directement à ces réflexions. Dans la mesure où Bremond en quête d'un appui s'y réfère à quelques penseurs, Blondel lui apparaît comme le plus

---

[430] H. Bremond, *Mystk und Poesie*, 23.
[431] Ibid. 23-24.
[432] Ibid. 24.
[433] Ibid. D'après Blondel, l'art est « une orientation marquée, un élan d'une ébauche d'Union, comme toute prière véritable qui rallie en nous nos puissances obscures et nos exigences secrètes pour les réconcilier, les pacifier, les bercer d'un sommeil mystique, dans la quiétude, les stimuler aussi comme par les arrhes de la béatitude, *beata pacis visio :* la poésie est quelque chose de cela », *H. Bremond/M. Blondel III*, 483.

distingué de ses complices[434]. Comme ce dernier, Bremond réfute l'opinion de J. Maréchal et L. de Grandmaison selon laquelle le poète devrait pouvoir expliquer le mystique. Bremond soutient l'opinion contraire, avec l'obstination du leitmotiv : tandis que ces auteurs, s'il les comprend bien[435], veulent éclairer l'expérience mystique par l'expérience poétique, il réclame, lui, de la première qu'elle lui dévoile la vraie nature de la seconde. De son point de vue, c'est le mystique qui doit nous rendre le poète compréhensible[436]. Bremond partage l'opinion de Blondel quand celui-ci part en guerre dans ses écrits contre les fanatiques du rationalisme et qu'il déclare que l'expérience poétique est analogue à l'expérience mystique[437]. En raison de cette analogie, il est possible, pense-t-il, de comparer les deux. De même que l'expérience mystique est précédée d'une attente de Dieu, le regard en quelque sorte braqué sur lui, ainsi l'expérience poétique est-elle précédée d'une tension et d'une nostalgie visant un but déterminé : l'absolu. La raison aspire à Dieu avant même qu'elle ne l'ait connu, elle le saisit déjà d'une certaine manière avant même qu'elle ne l'ait nommé, bref : elle ne saurait se comporter avec indifférence à l'égard des mystiques sans se renier elle-même, du reste heureuse de rencontrer, entre les mystiques et nous, des médiateurs moins inaccessibles : les poètes[438].

Bremond a des mots sévères contre le rationalisme, trop souvent pénétré d'autosatisfaction et qui refuse sa confiance à l'entreprise d'une poésie visant à transcender la raison. A ses yeux, la poésie se voit bannie chez Platon et Socrate parce que ces derniers lui reprochaient de ne pas se fonder sur la raison. L'écrivain alors de poursuivre : comme la Sophia posait la question fondamentale du pourquoi, elle se cabrait contre le mystère qui sous-tend la poésie. On reculait ainsi craignant d'effectuer un « bond dangereux » en direction de la présence de Dieu[439]. C'est sur ce point que pour la première fois Blondel est introduit par une longue note[440], sans que

---

[434] H. Bremond, *Mystik und Poesie*, *Vorbemerkung des Übersetzers*, 10.
[435] Ibid. 108.
[436] Ibid. 110.
[437] Ibid. 106.
[438] Ibid. 112.
[439] Ibid. 35-36.
[440] Ibid. 228-229, note 3.

son nom ne soit cité. D'une manière surprenante, Bremond le présente comme « un théologien » auquel il a fait parvenir une épreuve du livre, et qui a quelques observations à formuler. Dans l'ensemble, notre auteur souligne ce qui a déjà été dit. Platon aurait confisqué les noms de la Sagesse, tout comme la réalité de l'Anima, de la Psyché et du Noûs au profit d'une Raison-*Science* et d'une dialectique d'idées pures assimilées indûment à l'être véritable. Rien d'étonnant que Nietzsche ait reproché à cette philosophie d'avoir dégénéré, construisant des châteaux en Espagne, à base d'abstrac.-tions, d'idées générales et de notions universelles. D'après Blondel, il apparaît nécessaire de rendre aux expressions « intelligence » et « sagesse » la portée qu'elles ont toujours gardée dans la langue du peuple comme dans celle de la théologie, malgré les excès de la réflexion philosophique de l'entendement et du discours. Sur ces points, Bremond et Blondel partagent la même opinion.

Au total, le lecteur de *Prière et Poésie* a l'impression que le « théologien » cité est entièrement d'accord avec le texte. Cette impression est parfaitement justifiée, même si en un passage de la correspondance on remarque chez Blondel un certain malaise qui, seulement plus tard, se transformera en refus. Cela touche les développements importants de Bremond sur la parabole de Paul Claudel : Animus et Anima. Au chapitre XII l'abbé reproduit presque mot à mot le texte de P. Claudel, dans lequel se joue ce qui suit : le poète compare Animus et Anima, Esprit et Âme, à un couple marié. Animus se montre prétentieux, autoritaire, savant. Anima au contraire apparaît comme une ignorante, une idiote, qui dirige le ménage. Animus, qui est en réalité un mendiant, a oublié qu'Anima lui a apporté sa fortune en dot. Un jour il rentre à la maison par surprise et entend sa compagne chanter un chant merveilleux. Mais chaque fois qu'Animus (l'esprit) s'approche d'Anima (l'âme) et la regarde, elle se tait. Et pourtant quand elle se croit seule, elle ouvre la porte à l'Aimé céleste. Voilà pour la parabole.

D'après Bremond, Claudel doit cette parabole non pas aux poètes mais aux mystiques. En la citant, lui-même ne vise pas d'autre but que celui d'éclairer l'expérience poétique par l'expérience mystique. C'est dans ce sens qu'on pourrait aussi comprendre l'esthétique pure, laquelle aurait dessiné d'après les mystiques la carte géographique de l'âme.[441] L'important résidait dans la distinction entre Animus et Anima. Animus représenterait le « Je » superficiel, doté de la connaissance rationnelle, Anima incarnerait par contre le « Je » des profondeurs, doté de la connaissance poétique ou mystique[442]. Animus serait un menteur, ne figurant certainement pas le « Je » de la poésie classique mais plutôt celui du classicisme. Son « Je » est l'équivalent du néant, celui qu'on appelle l'homme. Face à lui se tiendrait Anima, le « Je » permanent, image et temple de Dieu, le « Je » de toutes les inspirations, le foyer de toute poésie authentique, de tout héroïsme. Elle serait le « Je » qui pense véritablement, mais qui se montre incapable d'exprimer ses pensées dans des mots. Ce « Je » vise l'amour, et pourtant, les mots ne sauraient combler ses propres passions, il resterait inassouvi, un désert total comme Animus. Il s'agirait d'ailleurs en l'occurrence d'un désert vivant, qui exprimerait un vrai tourment et une prière authentique. Ce « Je » jailli du tréfonds humain serait « une capacité divine » qu'on nomme « cœur » dans la Bible, chez Augustin et Pascal ; «fine pointe » ou « centre » ou « sommet de l'âme » chez les mystiques et « Anima » chez Claudel[443]. Dans la mesure où cette dernière, en une saisie confuse, touche la présence mystérieuse, cette prise de possession du réel qu'elle effectue présuppose qu'elle se soit préalablement purifiée (Catharsis). Par suite de cette saisie obscure de la réalité, Anima implore l'assistance d'Animus, qui explique la présence mystérieuse, la nomme et la range en concepts. L'assistance d'Animus se manifesterait, toujours selon Bremond, comme intervention de la volonté et de la raison, celle-ci étant alors plus proche du centre de l'âme en tant que raison raisonnante ; pour certains mystiques, la volonté elle-même se confondrait avec le centre de l'âme[444].

Bremond attribue la connaissance poétique et mystique aux profondeurs du « Je », à l'Anima. Il existerait cependant entre mystiques et poètes une différence nécessaire. D'où provient-elle ? Tout d'abord, les uns et les autres, mystiques et poètes, sont à la recherche de la réalité. Quiconque veut connaître celle-ci et s'unir à

---

[441] Ibid. 139.
[442] Ibid. 131.
[443] Ibid. 147.
[444] Ibid. 215-216.

elle, doit d'abord se purifier. Ce n'est que lorsque Anima entre en Catharsis et refoule Animus pour un certain temps, que l'union s'opère. Bremond poursuit : mais Dieu, la réalité suprême, ne se donne directement qu'au mystique, pas au poète[445]. Secondement, ce dernier est par définition tourmenté par le besoin de partager l'expérience de la prise de possession de la réalité. Chez le mystique, c'est l'inverse. Plus il escalade les degrés de la vie mystique, moins il ressent ce besoin de partage. Tous deux, il est vrai, le mystique comme le poète, se sont mis en quête de la réalité et hissés jusqu'à ce niveau, mais chez le second, la prise de possession s'opérerait, toujours selon Bremond, d'une manière plus superficielle, parce qu'une nécessité le contraint, en quelque sorte, à parler. Son intelligence se détournerait de la réalité à peine saisie pour se livrer à d'autres activités se rapportant au discours et à l'agencement harmonieux de ses émotions. Chez le mystique, c'est l'inverse : il s'appesantirait sur la réalité, mais balbutierait dans les comptes rendus qu'il pourrait en livrer[446]. Le poète ne serait donc, toujours selon Bremond, que l'ombre d'un mystique, ou un mystique raté[447].

Avant de résumer son propos, Bremond insère encore une remarque sur les philosophes et en particulier sur Blondel. C'est ici le seul passage où ce dernier est cité directement. L'abbé ne regarde certes pas comme inédites les idées présentées dans *Prière et Poésie*, mais selon lui, elles n'auraient même pas été prises en considération par les philosophes, à l'unique exception de Blondel. Sur quoi il précise encore davantage le résultat de sa recherche : dans chaque expérience mystique, Animus et Anima travailleraient de concert à un acte de parfait amour. En revanche, dans l'expérience poétique, le poète s'arracherait aussitôt à la réalité et son Animus s'adonnerait à des activités sans rapport et sans convergence avec cette union[448]. Mais la différence essentielle entre le mystique et le poète consisterait en ce que la grâce mystique reviendrait en tant que telle au mystique. C'est en vertu de cette grâce que le mystique, poursuit Bremond, peut s'unir à la Réalité de toutes les réalités, qu'il nomme

---

[445] Ibid. 203-204.
[446] Ibid. 213-214.
[447] Ibid. 213.
[448] Ibid. 219.

« Dieu ». En revanche, l'Animus du poète ne saurait apposer des noms sur cette Réalité. Comment d'ailleurs y parviendrait-il, puisque la moindre réalité ne peut être atteinte que par la médiation de Dieu ? Mais on ne saurait atteindre Dieu qu'avec l'aide de Dieu. Seule cette aide nous permet d'entrer dans l'ordre mystique et d'assumer le renoncement, la nuit des sens et de l'intelligence ainsi que l'union de notre volonté avec la divine volonté[449]. Bremond décrit finalement comme un paradoxe la relation entre poésie et mystique. Telle une esquisse picturale, l'expérience poétique aspirerait à disposer d'un pinceau qui l'achèverait en tableau. Mais d'autre part, et précisément, elle-même rejetterait le pinceau[450] parce que le poète se détourne de la réalité qu'il vient de vivre. Le poète parfait, toujours d'après Bremond, aspire à conclure son expérience en prière, sans pourtant y parvenir. En revanche, rien ne nous empêcherait, nous, « poètes » d'un rang inférieur, d'achever l'esquisse en image, parce que nous n'aurions pas à nous libérer, à nous arracher à la réalité sous la contrainte de la parole. Grâce aux poètes parfaits, nous parvenons sans peine à unir la prière à l'expérience. Ils contribueraient, toujours selon Bremond, par un coup porté au plus profond de notre âme, à déclencher un mécanisme dont l'énergie n'a besoin que d'une aide surnaturelle afin de s'adapter aux activités propres de la prière authentique[451]. A partir de là, Bremond définit la poésie dans un style digne des gros titres de la presse en décrivant son étrange et paradoxale nature de prière qui ne prie pas, mais fait prier[452].

Blondel se déclara charmé par ces dernières lignes du livre, que nous venons de présenter, en trouvant le sommaire final très précis et très exact et jugeant non seulement très spirituelle mais profondément vraie l'analyse du paradoxe selon lequel le poète commencerait quelque chose sans pouvoir le porter à son achèvement.

Ici, Blondel voit en Bremond un allié contre Maritain, bien que parfois il se réclame lui-même de l'autorité du philosophe thomiste comme s'il se trouvait en accord avec ses positions[453].

---

[449] Ibid. 220.
[450] Ibid. 221.
[451] Ibid. 223.
[452] Ibid. 222.
[453] En peu de mots, Blondel décrit la position de Maritain, qu'il ne peut pas accepter ; sur ce point, il se croit en accord avec Bremond : « Or, si j'ai bien

Malgré sa grande estime pour l'analyse de Bremond, Blondel ne peut pas néanmoins cacher un certain malaise dû au commentaire qui est fait de la parabole de Claudel « Animus et Anima ». Par lettre, il fait comprendre à l'abbé que la distinction et la solidarité de ces deux dimensions de l'âme que celui-ci oppose et compare ne sont pas suffisamment précisées. A la lecture, il aurait éprouvé l'impression que la connaissance réelle aurait un rôle à jouer seulement dans deux cas. Notre auteur part du principe que les deux modes de penser (« connaissance réelle » et « connaissance notionnelle ») n'existent qu'en liaison constante, aussi bien dans le domaine scientifique que dans le domaine poétique et mystique. De même, les deux modes de penser pourraient intervenir dans d'autres cas que ceux de la connaissance mystique et poétique. La liaison intime des modes de penser discernables et coopérants rendrait possible, selon Blondel, toute notre activité humaine comme l'apparition de la vie sensorielle, de la conscience réfléchie, de la saine intelligence humaine, etc. Dans toutes ces activités se manifesterait en même temps l'action de l'univers comme aussi la réaction spécifique et singulière de toute âme : « Ceci n'est point nié ni méconnu par vous ; mais une étude méthodique de ces phrases hiérarchisées me permettra, j'espère, d'éclairer encore davantage tout ce que vous dites de si lumineux, de si divinatoire, dans le commentaire original donné au texte vraiment merveilleux de Claudel ! »[454]

Grâce à cette lettre, nous pouvons déjà tabler sur ce fait que Blondel, dès l'époque de l'interprétation de la parabole, de la composition de *Prière et Poésie*, n'était pas d'accord avec le contenu de cet ouvrage. Ne voulait-il pas ou ne pouvait-il pas encore exprimer son insatisfaction ? Laissons momentanément cette question de côté. Mais ce qui est sûr, c'est que peu après, dans

---

compris ce qu'il (Maritain) m'a dit à Aix, en juin dernier, et ce qu'il soutient dans ses dernières publications, il exclut de la mystique toute préparation rationnelle, morale, ascétique, pour n'y voir qu'une affectivité pure, qu'une passivité totale, qu'une connaturalité d'autant plus surnaturelle qu'elle est absolument inhumaine : je ne pense pas que vous reniiez ni votre « Humanisme dévot », ni ce que vous venez de dire sur les services réciproques d'*animus* et d'*anima*, » *H. Bremond/M. Blondel, Correspondance III*, 250.

[454] Ibid. 248.

L'itinéraire philosophique[455] il critiquait largement le commentaire de Bremond et réinterprétait la parabole à nouveaux frais. Plus tard, cette interprétation se retrouva dans *La Pensée II* [456]. Puisque ce nouveau commentaire se trouve en relation directe avec l'écrit de Bremond revu et corrigé par Blondel et intitulé *Prière et Poésie*, qu'il nous soit permis d'anticiper ici sur *L'itinéraire philosophique* et *La Pensée II*, afin qu'apparaisse clairement la spécificité de la pensée blondélienne.

Dans *L'itinéraire philosophique*, en 1928, notre auteur montre l'inadéquation de l'allégorie d'Animus et Anima. Claudel mariait Animus, la raison raisonnante, avec Anima, l'âme. Mais l'assimilation d'Animus et Anima à deux époux semblerait, au jugement de Blondel, imparfaite et inexacte. Cette assimilation se révélerait imparfaite parce qu'il ne suffirait pas d'identifier les deux modes de penser ou de les décrire comme deux personnes distinctes l'une de l'autre, quoique reliées pourtant entre elles. La nécessité s'imposerait plutôt d'expliquer leur cohabitation et leur symbiose, et la préoccupation de Blondel était d'abord celle-là. De plus, cette assimilation se révélait inexacte en regard des deux formes de connaissance, qui existeraient d'abord séparées, et à cet égard non comparables à des époux. Pour toutes ces raisons, la métaphore du mariage aurait besoin d'être retravaillée[457] en profondeur.

Pour Blondel, l'être qui doit être connu précède, certes, l'acte de connaître, mais ne se réduit jamais complètement à la connaissance achevée. Avec Bossuet, il déclare que nos analyses n'épuiseront jamais ni nos idées, ni les êtres concrets. Ainsi donc, dans les conditions actuelles de notre intelligence, les deux modes de penser qui cohabitent en nous ne s'uniraient jamais dans un lit commun ou dans une sorte de spectacle regardé par un œil unique. Car Animus, toujours selon Blondel, n'est pas un époux ; il n'est pas davantage appelé au baiser suprême, il n'est qu'un messager, représentant de

---

[455] M. Blondel, *L'itinéraire philosophique*, 178-184.

[456] M. Blondel, *La Pensée II. La responsabilité de la pensée et la possibilité de son achèvement*, Paris, Alcan 1934, 2ᵉ éd. P.U.F.1954; trad. allem.: *Das Denken II. Die Verantwortung des Denkens und die Möglichkeit seiner Vollendung*. Trad. par R. Scherer, Freiburg i. Br./München 1956, 273/ 302-303. *Excursus 59.*

457 M. Blondel, *L'itinéraire philosophique*, 179-181.

l'époux invisible et royal. Anima, la reine, est destinée à l'union avec le roi, l'amant mystérieux. Cet amant serait poursuivi par les poètes, sans qu'ils l'atteignent. Mais les mystiques l'atteindraient constamment, sans pourtant le voir. Quand Blondel, dans sa réinterprétation de la parabole, précipite Animus de la royale monture, il déclare, ce faisant, que son office n'est pas dénué d'importance. Au contraire, en lieu et place du roi, Animus veille sur la fiancée royale et la défend contre des persécuteurs. Il assurerait à la reine la fidélité de l'Absent. Il ferait tout ce qui est raisonnable pour tourner vers le roi l'impatiente Anima dans le temps de l' attente et des tentations. Même si Animus brûle d'envie de réaliser l'union entre la pensée et l'être, cela n'entre pas dans ses attributions. Son amour se devrait plutôt de demeurer chaste et réservé[458].

Blondel trouve ensuite des expressions plus claires dans *La pensée II*. L'allégorie aurait été victime d'une grave erreur[459], car on ne saurait accepter impunément que les deux modes de penser se comportent comme des êtres séparés. Blondel parle même d'inceste si l'on suppose dans notre acte de penser un lit nuptial dans lequel les deux mariés seraient dépouillés de leur propre substance spirituelle. La parabole évangélique des vierges sages (Mt 25,1-13), attendant le fiancé mystérieux apparaîtrait, en ce cas, plus appropriée que le mythe d'Animus et d'Anima. En somme, notre auteur s'élève d'une part contre la tentative de personnification des deux modes de penser agissant, comme si on pouvait les séparer l'un de l'autre. D'autre part, il tient pour impossible leur union, puisque, de chaque côté, il s'agit de remplir un vide. Selon Blondel, nous serions façonnés de telle manière que, pour relier notre point de départ à notre point d'arrivée idéal, il nous faudrait expérimenter Dieu ou plutôt le reconnaître comme « interior intimo meo. » Autrement, nous resterions morcelés et serions devenus des étrangers face à notre aspiration la plus profonde. Mais d'où vient cette fissure qui s'ouvre dans notre pensée et quel sens lui accorder ? D'après Blondel, Dieu nous a séparés de nous-mêmes parce que, « pour réaliser notre pleine

---

[458] Ibid. 184.
[459] M. Blondel, *La Pensée II*, 273/302-303.

aspiration personnelle, nous devons nous centrer en lui, en l'installant de plein gré en nous »[460].

Que résulte-t-il de tout cela ? Finalement, qu'est-ce que Blondel a retenu de Bremond ? En quoi se différencie-t-il de lui et comment évaluer leurs dissemblances ?

Stimulé par le contact avec Bremond, Blondel se confronte au rapport entre mystique et poésie. Les deux cultivent l'analogie de la mystique et de la poésie. Semblable au mystique, le poète entend aussi un appel intérieur. L'un et l'autre se sentiraient attirés par un mystère au rayonnement magnétique. Ils ne peuvent consentir à cette présence mystérieuse qu'après une purification préalable. La connaissance de la réalité par une union intime avec elle se produirait aussi bien dans le domaine poétique que dans le domaine mystique. Tandis que le poète demeurerait à la surface de la réalité à percevoir, le mystique en pénétrerait la profondeur. C'est pourquoi ce n'est pas le poète mais le mystique seul qui serait capable de nommer cette réalité : Dieu. Le mystique se distinguerait essentiellement du poète par la grâce qui lui échoirait. Toujours selon Blondel : elle seule lui permettrait de pénétrer dans la profondeur de la réalité divine et d'appréhender à travers elle toutes les autres réalités. Comme le poète ne ferait qu'effleurer cette réalité suprême pour se détourner d'elle ensuite, il lui incomberait d'exercer le rôle d'intermédiaire entre les hommes et les récits mystiques les plus accessibles. C'est pourquoi on peut dire que la poésie serait une prière conduisant d'autres personnes à la prière, mais qu'elle-même ne prie pas. Blondel souligne clairement l'appréciation de Bremond, selon laquelle l'expérience poétique ne remplace pas l'expérience mystique[461]. C'est seulement dans cette dernière que le vide en nous se remplit. Si l'expérience poétique joue le rôle de passeur entre nous et l'expérience mystique, finalement, poursuit notre auteur, seul le mystique peut rendre le poète compréhensible, et non l'inverse, puisque le mystique se trouverait de soi plus proche de la réalité. De même que le mystique se situe au-dessus du poète, ainsi tous les arts aspireraient à ne faire qu'un avec la prière.

---

[460] Ibid. *Excursus 59*, 394/444. Nous respectons ici la citation (« interior intimo meo ») telle que la fait M. Blondel.

[461] Voir H. Bremond, *Mystik und Poesie*, 261-262, note 9 ; *H. Bremond/M. Blondel, Correspondance III*, 256-257.

Jusque là, Blondel soutient la même position que Bremond. Il refuse cependant son accord dès qu'on aborde le domaine de la purification elle-même. D'après Bremond, la connaissance réelle la plus haute dans la mystique et la poésie aurait d'abord à se libérer de la connaissance rationnelle subalterne comme on le fait d'un conjoint illégitime, empêchant par sa présence l'accueil du céleste fiancé. Une fois consommée l'union de la connaissance réelle et du fiancé royal, c'est-à-dire tout simplement avec la Réalité elle-même, la connaissance rationnelle devient nécessaire, afin d'ordonner en concepts ce qui a été confusément saisi. Blondel souligne, par contre, que les deux modes de connaissance ne se laisseraient pas séparer l'un de l'autre puisqu'ils étaient primitivement unis. A l'encontre de l'abbé, il met en exergue leur solidarité. La connaissance rationnelle pourrait se contenter de son rôle subordonné à la connaissance réelle, mais comme leur séparation reste impossible, dans l'union mystique, une place est réservée à la première et non pas seulement après coup comme chez Bremond[462]. Bref, à la différence de l'abbé, Blondel ne

---

[462] Dans la révision de *La poésie pure*, Blondel fait remarquer à Bremond que l'on ne saurait opposer le discursif à l'intuitif : « Donc, ne pas sacrifier, ne pas opposer le discursif à l'intuitif, le classique au romantique, le sensible au spirituel », *H. Bremond/M. Blondel correspondance III*, 480. De même, il le met en garde sur le danger de glorifier l'infra-rationnel au nom de la poésie pure : « Ne vous faites pas accuser (bien à tort) de glorifier, sous le nom de poésie pure, le « pathos », l'ineffable, le vague, l'obscur, l'infra-rationnel. Il y a du « contenu intellectuel » dans la plus haute vie du sentiment », ibid., 481. Cela fait partie de la structure typique de la pensée blondélienne d'examiner, au regard de son caractère oppositionnel, ce qui à première vue s'oppose . Déjà une dizaine d'années avant *Prière et Poésie*, dans la correspondance avec Bremond, Blondel aborde les contradictions apparemment exclusives entre croyants et mystiques, dogme et mystique, et nature et surnature. Il a le souci permanent de relever la solidarité interne des binômes de concepts, sans pourtant négliger leurs limites. Dans le conflit entre Poulain et Saudreau, Blondel prend le parti de Saudreau et prétend qu'entre les croyants et les mystiques il n'y aurait aucune différence essentielle mais seulement de degré, étant donné que le mystique ne découvre pas mieux que le croyant le but de sa vie : Dieu, sauf que le mystique discerne ce but dans une lumière plus éclatante. Entre croyants et mystiques, poursuit Blondel, il n'existe ni abîme ni hétérogénéité, puisqu'ils ont à marcher sur le même chemin qui mène à la vision de Dieu. Pour le mystique, le danger consisterait à prendre ses lumières pour des révélations.

souligne pas unilatéralement l'hétérogénéité des deux modes de connaissance, mais accentue plutôt leur solidarité et leur hétérogénéité simultanées. Seul, le lien qui unit ces modes de connaissance coopérants et distinguables rend possible notre action, dans laquelle se manifeste le carrefour commun de l'Universel et du Singulier.

Comment apprécier maintenant la relation de Blondel avec Bremond au regard de la conception blondélienne de la mystique ? Au sein de cette problématique autour de la poésie et de la mystique, la question concernant la connaissance occupe le point focal. Les réflexions de Bremond sur la poésie, qu'il considérait comme un pâle reflet de la mystique, ont conduit Blondel à s'affronter de plus en plus intensément au problème de la connaissance à l'intérieur de cette dernière[463].

De plus en plus il donna une expression verbale à l'unité de la pensée, qu'il préférait à la dualité prônée par Bremond. Est-ce que ces réflexions philosophiques influencèrent sa conception de la mystique ? Ou bien sa conviction *spirituelle* ou *ecclésiastique* déjà présente se révélait-elle dans ces réflexions ? En tout cas, Blondel était pénétré de l'unité de la mystique qu'il voyait comme le sommet de toutes nos activités, même artistiques.

Les vérités dogmatiques ne seraient pas contraires à l'expérience de Dieu. D'après Blondel, ce sont plutôt les dogmes qui contrôlent les mystiques dans la mesure où les formulations dogmatiques par la révélation et la pédagogie divine sont la conceptualisation communicable qui soit la moins inadéquate. Ce serait une erreur de Poulain et de la mystique jésuite, en lien avec l'extrincésisme, de considérer les états mystiques comme un second placage du surnaturel ou une promotion supplémentaire. Dans : *Une remarque non datée de Blondel sur la mystique*, à laquelle aurait répondu Bremond, entre autres dans une lettre du 16 Octobre 1914, *H. Bremond/M. Blondel, Correspondance II*, 277-278.

[463] Voir *H. Bremond/M. Blondel, Correspondance III*, 247 : « J'ajoute égoïstement que je me réjouis d'être dispensé d'une bonne partie des analyses dont un trop long chapitre de *La Pensée* devait être encombré. Je m'y référai à votre ouvrage, et je vous devrai en outre bien des suggestions dont je ne peux aujourd'hui vous exposer le détail ».

2.6. *L'itinéraire philosophique* (1928)

Avec *L'itinéraire philosophique*, Blondel présentait la meilleure introduction possible à son œuvre[464]. A part les passages traitant des théories de P. Jousse, tout le texte (questions et réponses) a été composé par lui-même[465]. La toile de fond de ces discussions est parcourue par la même tension qui se faisait sentir dans les textes déjà mentionnés. En s'en tenant à la logique interne de l'œuvre, Blondel se trouve confronté à la difficulté de savoir par quel chemin il arrive à passer de l'action à la connaissance, ou encore de l'action à la pensée. Si on examine cet écrit à partir de ces propos qui sont en rapport direct avec la mystique, on distingue deux catégories thématiques reliées l'une à l'autre. Dans la première, on traite le fait que toute réalité est concrète, qu'en elle se croisent le singulier et l'universel, et on s'interroge sur la méthode chargée de l'étudier. Dans la deuxième, on soulève la question de savoir comment connaître cette réalité. En premier lieu, Blondel tente d'éclairer la cohésion existant entre tel type de connaissance et la constitution de la réalité. Etant donné que pour lui la réalité ne saurait être comprise que dans son efficience globale, à la fin de l'« interview », il introduit le lecteur à la représentation qu'il se fait de Dieu.

2.6.1. Le concret au carrefour du singulier et de l'universel

Relatons ici un événement insignifiant mais typique de la vision blondélienne de la vie. En tant que nouveau à l'Ecole Normale Supérieure, il se fit taquiner un jour par un condisciple : « Comment un garçon qui paraît intelligent peut-il encore se dire « tala » (catholique) ? ». Prompt à la riposte, Blondel répliqua : « intelligent,

---

[464] M. Blondel, *L'itinéraire philosophique*. Comme titre, F. Lefèvre propose *La philosophie de Maurice Blondel*, ce que Blondel trouve banal. Dans une lettre à Valensin, Blondel explique qu'il préfère le titre *L'itinéraire*, parce que effectivement il s'agit d'une randonnée, d'une odyssée avec les aventures du voyage. Mais avant tout, c'est une sorte de mythologie, *M. Blondel/A. Valensin, Correspondance III* (1912-1947). Avec des notes de H. de Lubac, Paris, Aubier 1965, 141.
[465] H. Bouillard, *Blondel und das Christentum*, 23, note 8.

mais je ne tiens pas à le paraître, je tiens à l'être[466]». En effet, la validité, pour notre auteur, n'est pas dans la phrase : « *L'apparence fait la conscience* » mais plutôt dans celle-ci : « *L'être fait la conscience* ». Cette devise accompagne le cours de sa pensée comme un véritable fil rouge.

Choqué par la référence que l'on pourrait faire de sa pensée avec l'élévation de la contemplation platonicienne, Blondel voit, au contraire, que sa tâche consiste à passer du monde des abstractions et des représentations à celui des vérités présentes et des réalités substantielles. Le premier retiendrait captifs les spécialistes de la philosophie eux-mêmes, parce qu'ils confondent les notions de général et d'universel, d'individuel et de singulier[467]. D'après lui, les expressions « général » et « individuel » font partie de la langue abstraite. Il est vrai qu'Aristote s'était efforcé de chercher l'être subsistant dans le concret. Mais pour que la science ne s'émiette pas dans l'infinie diversité de l'individuel, il s'était vu contraint de prendre en considération la science du général. Bien que celui-ci n'existe pas séparé de l'individuel, Aristote l'aurait hypostasié comme être. C'est ici que Blondel fonde sa principale objection[468]. A son jugement, l'individuel est opposé au général. Comme il se présente en une sorte de système fermé, limité par ce qu'il possède en propre, un « unicum », il ne serait pas utilisable par la science. C'est pourquoi on l'aurait transformé et trahi en état général, c'est-à-dire en concept[469].

En revanche, il en va tout différemment du couple de mots « singulier » et « universel », qui ferait partie, lui, de l'ordre réel. Dans le *Vocabulaire* de Lalande, Blondel commente le mot « universel » de la manière suivante : « Il me semble que l'idée la plus vraie, la plus vivante, la plus importante de l'universel est celle que nous en donne Pascal, parlant de l'Etre universel : "Il est un en tous lieux et tout entier en chaque endroit" »[470].

Le singulier et l'universel ne se révéleraient pas antithétiques l'un à l'autre comme l'individuel et le général, mais seraient au contraire

---

[466] M. Blondel, *L'itinéraire philosophique*, 43.
[467] Ibid. 74-75.
[468] Ibid. 77.
[469] Ibid. 77-78.
[470] M. Blondel, *Universel*, dans A.Lalande (édit.), *Vocabulaire*, 1170.

imbriqués l'un dans l'autre : « Le singulier est le retentissement, en un être original, de l'ordre total, comme l'universel est présent à chaque point réel qui contribue à l'harmonie de l'ensemble. Ils s'accordent donc et s'embrassent dans le concret, le concret qui, comme le mot même l'indique, signifie à la fois une unité expressive et distincte et une multiplicité effective et synthétique »[471].

L'imbrication interne du singulier et de l'universel est un élément fondamental de la conception blondélienne de la mystique. Bien que notre auteur n'en vienne pas à en parler directement dans la trame de ce texte, la conception qu'il s'en fait est, dans les termes mêmes, directement en rapport avec ce texte, et à plusieurs égards, dans la conception blondélienne de la mystique. Jésus-Christ constitue la figure clé. Il est le « point » concret dans lequel l'universel rencontre le singulier. Si, dans le singulier, l'ordre tout entier atteint l'efficience, cette vérité rapportée à Jésus-Christ signifie qu'en lui l'universelle volonté salvifique de Dieu se lie à la figure d'un homme singulier et devient concrète, c'est-à-dire chair. Cela se produit d'une manière qualitativement éminente dans la mesure où le divin suprême se lie à l'humain en sa profondeur extrême (exinanitio). Il s'ensuit que Jésus-Christ ne doit pas être considéré en premier lieu comme le sauveur de l'humanité tombée par la faute d'Adam, mais comme le sommet de la création[472]. Si à l'inverse l'universel est présent en chaque point du réel, cela veut dire, en termes de christologie, que l'incarnation de Dieu s'étend à tout le réel[473]. Et si maintenant on reprend la compréhension blondélienne du mot « universel », qu'il hérite de Pascal, et qu'on en ramène le contenu à une formule christologique, on obtient ceci : au carrefour concret de l'Incarnation en Jésus-Christ, Dieu lui-même devient tout en tout. Par là, toute la création est d'une certaine manière adoptée et donc divine. Dans le contexte de ces réflexions se trouve ainsi exposée la

---

[471] M. Blondel, *L'itinéraire philosophique*, 79.

[472] Blondel rejoint ici l'opinion de Duns Scot, selon lequel Dieu serait devenu homme même si Adam n'avait pas péché. Concernant la personne du Christ, Blondel sympathise plutôt avec l'école franciscaine qu'avec l'école dominicaine, voir à ce sujet E. Rivera de Ventosa, *Dos pensadores cristocentricos : San Buenaventura y M. Blondel*. Estudo comparativo, dans *Estudios Franciscanos* 75 (1974) 339-378.

[473] Voir M. Blondel, *Le problème de la mystique*, 52.

conception blondélienne du « panchristisme », doctrine à laquelle X. Tilliette, R. Virgoulay et A.E. Van Hooff ont fourni les travaux de base, auxquels nous voudrions simplement renvoyer ici[474]. Mais dans la relation du Créateur avec sa créature, les différences ne sont nullement supprimées. En tout cas, Blondel s'appuie sur les déclarations du concile de Chalcédoine (451), selon lequel subsistent dans l'unique personne du Christ deux natures inconfusibles et inséparables. C'est uniquement sur cette base[475] que s'explique cette pensée toujours récurrente dans la conception blondélienne de la mystique : la mystique comme union de l'homme avec Dieu sans effacement des différences, une union sans confusion.

L'apport de la conception blondélienne de la mystique se trouve, selon nous, dans la prise au sérieux du concile de Chalcédoine. Dans

---

[474] X. Tilliette, *Maurice Blondel et la controverse christologique* dans P. Colin, *Le modernisme*, Paris, Beauchesne, 1980 (= Philosophie 5), 129-160. Plus tard, Tilliette situe le panchristisme de Blondel dans un cadre historiquement plus grand et offre une possibilité de comparaison avec Descartes, Leibniz et Rosmini, voir X. Tilliette, *Problèmes de philosophie eucharistique* I. Descartes et Leibniz, dans Gregorianum 64 (1983) 273-304. Du même : *Problèmes de philosophie eucharistique II. Rosmini et Blondel,* dans : Gregorianum 65 (1984) 605-633 ; voir le même, *Die Vielfalt der christologischen Ansätze im Frühwerk Maurice Blondels*, dans *Theologie und Philosophie* 64 (1989) 199-209; voir son dernier ouvrage, *Le Christ de la philosophie. Prolégomènes à une christologie philosophique*, Paris, Le Cerf, 1990. (= Cogitatio fidei 155). Blondel et le panchristisme sont traités au chap.VI : « Scientia Christi » ; R. Virgoulay, *Blondel et le modernisme* (1980), 407-417 ; du même, *La christologie philosophique de Maurice Blondel*, dans D. Folscheid (Edit.), *Maurice Blondel. Une dramatique de la modernité*, 201-209 ; A.E. van Hooff, *Die Vollendung des Menschen. Die Idee des Glaubensaktes und ihre philosophische Begründung im Frühwerk Maurice Blondels*, Freiburg/Basel/Wien 1983 (=Freiburger theologische Studien 124); du même, *Der Panchristismus: Innerer Bezugspunkt von Blondels L'Action*, dans: *Zeitschrift für katholische Theologie* 108 (1987) 416-430. P. Henrici se déclare opposé à une christologie philosophique ; selon lui, il s'agirait plutôt chez Blondel d'une philosophie christologique, dans P. Henrici, *Aufbrüche christlichen Denkens*, Einsiedeln 1978, 105-109, surtout 105. Concernant l'interprétation variée de la formule « panchristisme » voir la discussion entre P. Henrici et H. Verweyen dans H. Verweyen, *M. Blondel. Zur Methode der Religionsphilosophie*, 48-51.
[475] DS 301-302.

le symbole de Chalcédoine se manifeste la tension la plus spécifique du christianisme dans son refus d'être qualifié soit de panthéiste, soit de monothéiste. Dès le début, ce courant religieux éprouva une répulsion foncière à l'égard du panthéisme qui, dans sa logique moniste, identifie Dieu au monde et finalement abolit l'altérité de Dieu ainsi que l'idée de création. Mais en voulant s'en défendre, on tombe facilement dans l'autre extrême et on accentue cette tradition monothéiste qui n'arrive pas à surmonter le dualisme entre l'immédiat et l'au-delà, entre la création et le Créateur et qui nécessairement relègue l'idée trinitaire dans l'oubli. Blondel, au contraire, se meut loin de ces extrêmes en s'abstenant d'unifier créature et Créateur mais sans chasser Dieu de la nature. Le Créateur est présent en chaque point de la création sans sacrifier pour autant sa différence. Il est donc tout à fait logique que Blondel souligne le Dieu trinitaire[476], car seul celui-ci surmonte l'opposition par ailleurs insurmontable entre Créateur et créature sans effacer la différence. Sans nier la différence entre les deux partenaires, le Dieu conçu comme Trinité est tout en tout. L'Incarnation en constitue l'expression la plus éclatante, car en elle l'Universel rencontre d'une manière unique le Singulier.

En rapport avec le Singulier, l'esthétique[477] trouve sa véritable place, plus précisément elle converge avec une « science du Singulier »[478]. Pour Blondel elle n'a rien à voir avec une métaphysique conceptuelle, elle délivre plutôt l'esprit des abstractions. L'art

---

[476] Sur la pensée de la Trinité chez Blondel, *Carnets intimes II*, 151-153 ; J. Flamand, « *Le rôle du philosophe en face du dogme trinitaire* » *selon Maurice Blondel*, dans *Eglise et théologie* 2 (1971) 197-206 ; J. Splett, *Dialektik des Tuns – Dialogik – Person-Sein in trinitarischer Analogie : L'Action (Blondel) als condilectio* (Richard v. St Victor) ? dans *Theologie und Philosophie* 61 (1986) 161-175.

[477] Sur la place de l'esthétique dans la philosophie de Blondel, voir les recherches de S. Babolin, *L'estetica di Maurice Blondel. Una scienza normativa della sensibilità con estrati dei manoscritti sull'estetica di M. Blondel*, Roma, Univ.Gregoriana Ed 1974 (=Analecta Gregoriana 195, Ser.Facultatis philosophicae B 17) ; du même : *L'estetica di Maurice Blondel* dans R. Crippa (édit.), *Attualità del pensiero di Maurice Blondel* (1976), 109-117.

[478] M. Blondel, *L'itinéraire philosophique*, 121.

aurait toujours besoin « de retoucher la terre »[479]. A son propos il est intéressant de voir Blondel employer le même vocabulaire et les mêmes images que ceux et celles qu'il a utilisés pour la mystique dans *Le problème de la mystique*. Ainsi donc l'art serait une sorte de « divination anticipatrice »[480], « la hausse qui nous fait viser au loin ». En même temps il anticiperait quelque peu « la petite avance d'hoirie », les « arrhes déjà précieuses », qu'il est bon de savourer : « Et la philosophie, comme la vie, reste exsangue et mécanique si le sens littéraire et esthétique, si l'esprit de finesse et de poésie ne viennent assouplir et élargir les cadres rigides d'une pensée qui, faute d'arrhes, resterait artificielle et sans intériorité, sans plénitude, sans *sursum* »[481].

Quiconque voudrait, dans ces lignes, remplacer les mots *art, esthétique* (substantif et adjectif) par le mot *mystique* (substantif et adjectif), pourrait être encore assuré du consentement de Blondel. Certes, nous ne voulons pas soutenir ici que l'art et l'esthétique ont une signification identique à celle de la mystique, mais du moins leurs structures s'harmonisent-elles. Les deux domaines sont concernés par l'approche la plus étroite possible non de l'abstrait, mais du concret ; ils s'efforcent d'atteindre à la rencontre de l'universel et du singulier. Il s'ensuit que l'art et l'esthétique se situent sur la même ligne que la mystique. Leur différence consiste d'ailleurs en ce qu'ils ne représentent que des paliers préliminaires à la mystique, dans laquelle ils se subliment un jour. Comme nous l'avons déjà vu, Blondel admet avec Bremond que l'art conduit à la prière et donc à la mystique, mais que l'art lui-même ne prie pas.

Mais comment la réalité concrète se présente-t-elle pour nous maintenant ? Pour tenter de donner une réponse à cette question, Blondel recourt à une image. Nous nous tiendrions devant cette réalité comme devant « un écheveau terriblement complexe[482]. » A ses yeux, ceux qui procèdent spéculativement et ceux qui procèdent

---

[479] Ibid. 164.
[480] D'une manière erronée on lit dans l'original « divination anticipatrice ». Mais d'après le contexte, il ne peut s'agir que de « divinisation anticipatrice » dès lors qu'il n'est pas question ici de prédiction mais d'accès à l'Eden et donc de la proximité par rapport à Dieu, Ibid. 166.
[481] Ibid. 166-167.
[482] Ibid. 128.

pratiquement tirent sur un fil jusqu'à ce que celui-ci ne cède plus. Mais comme il cède toujours un peu, chacun croit avoir raison à sa manière. En continuant de développer l'image, Blondel cherche à faire saisir à ceux qui procèdent d'une façon purement spéculative, que le sol sur lequel ils croient tenir fermement est une base qui n'a rien de solide. Quand les penseurs spéculatifs, toujours selon lui, tirent sur un fil, ils prendraient à tort pour une solution ou un point d'appui, les nœuds résistant à la traction. Ils trouveraient dans cette résistance le prétexte de tenir bon et croiraient avoir trouvé un appui sous forme de concepts. Mais leur ténacité ici serait une erreur[483]. En procédant de cette manière, prétend notre auteur, on s'égare sans espoir dans une impasse, ce qui finalement conduit d'autres penseurs à soutenir l'existence d'un conflit entre le réel et l'intelligible. Quant à lui, il insiste au contraire pour que soit respectée la pleine et entière unité de la pelote autant que son caractère continu. Tout ce qui est nœuds de concepts et généralisations hâtives devrait être dénoué. Ce n'est qu'avec lenteur que la flexible et minuscule filière[484] doit nous amener à égaliser tous les fils. Seule cette méthode, toujours selon Blondel, a du sens, car ce n'est qu'avec elle que l'on aurait la garantie de ne pas déraper dans l'abstrait et donc de ne jamais perdre le contact avec le concret[485]. Il s'agit toujours de revenir de l'abstrait au concret et d'y demeurer[486].

2.6.2. Connaissance de la réalité concrète

Si la réalité est concrète, quels sont, à son égard, nos moyens de connaissance et quelles conclusions vont-elles en résulter pour la conception de la mystique ? La réponse de Blondel se déploie à partir de sa critique de l'idéalisme. Celui-ci nie tout être qui se trouverait hors de notre esprit ou qui le transcenderait. Le fondement de cette thèse réside dans le postulat qu' « être » se confond essentiellement avec « faire ». L'idéalisme en déduirait que l'être ne saurait être

---

[483] Ibid. 129.
[484] La filière est dans la filature un instrument au moyen duquel on tire le fil de la laine.
[485] M. Blondel, *L'itinéraire philosophique*, 130.
[486] Ibid. 131.

connu que par une pensée agissante. L'erreur, selon Blondel, consiste en ce qu'on ajoute l'idée que nous ne connaîtrions réellement le réel que comme un « faire » subjectif, comme une création immanente. Il pousse cette pensée idéaliste « ad absurdum » en la développant encore plus loin : s'il en était ainsi, à savoir s'il n'y avait de pensée qu'agissante, alors ni la pensée ni l'être ne seraient possibles là où l'on ne trouverait que du passif. De sorte qu'en dehors de notre faire pensant et créateur, il n'existerait aucune réalité. Mais nous serions alors confrontés à l'incompréhensible suivant : comment et où notre pensée agissante elle-même prendrait-elle naissance et origine[487] ?

Face à tous ces problèmes, Blondel va faire appel à l'élément de passivité présent dans l'acte de penser. Par passivité, Il entend non pas l'inertie, mais « seulement une puissance qui a besoin d'être mise en branle par une réalité déjà en acte. Mais de cette connaissance initiale, qu'on peut en effet appeler donnée ou passive, c'est un besoin normal, c'est un devoir intellectuel et moral de susciter une initiative disciplinée qui, loin de subir ou de pâtir, accueille, et, si l'on peut dire, vive et agisse les êtres et Celui surtout en qui toute réalité a son principe, sa loi et sa fin »[488].

A partir de là, Blondel insiste sur la connaissance réelle. C'est cette sorte de connaissance en effet qui pourrait admettre un Transcendant à la fois immanent et à la fois plus qu'immanent. Pour cette connaissance, ce Transcendant ne consisterait ni dans une simple projection de notre vie immanente, ni dans une pseudo-création subjective« ad modum recipientis » : « Au contraire, c'est notre vie intelligente et active qui peu à peu restitue en elle, "*ad modum recepti entis*", la réalité à laquelle sa fonction est de communier et de s'assimiler »[489]. En bref : pour Blondel, l'élément de passivité, d'accueil, fait nécessairement partie de l'être et donc aussi de la pensée et de la connaissance.

Fait également partie de la connaissance de la réalité concrète la tension entre la pensée pensante et la pensée pensée. Blondel explique l'effet produit par la tension entre ces deux manières de penser et la valeur qu'il accorde à ce rapport, de la manière suivante : il en va, dit-il, de ces façons de connaître comme de la vie d'un

---

[487] Ibid. 219-220.
[488] Ibid. 221.
[489] Ibid. 222.

grillon[490]. De même que la coquille et la larve sont nécessaires à la vie de l'insecte, ainsi en est-il de la pensée pensée et de la pensée pensante pour la vie de l'esprit. Mais de même que ni la coquille ni la larve n'ont constitué la vie de l'insecte, mais ont donné naissance à l'insecte lui-même, donc à un tiers, de même en va-t-il pour les modes de connaissance. A ce point, Blondel cite la philosophie scolastique, qui assume en chaque être la distinction réelle entre essence et existence. Cette dualité rapportée à l'analyse de la pensée voudrait dire que la connaissance conceptuelle, celle qui vise l'essence, présuppose toujours quelque chose de concret, de réel, et ne trouve son achèvement ni en elle-même ni dans la connaissance réelle. A l'inverse, il est vrai que la connaissance réelle, qui vise l'existence, a toujours besoin d'une connaissance conceptuelle, dans la mesure où elle veut être une connaissance personnelle. Les deux modes de connaissance « ne suppriment donc pas le besoin d'une science originale répondant à l'originalité toujours sauvegardée de l'être ; elles contribuent même à mieux manifester la nécessité et l'irréductibilité de ce fondement de la pensée, comme les deux flancs de l'ogive appellent la clef de voûte qu'ils soutiennent, mais qui les soutiendra davantage encore. Ainsi sont éliminées les suprêmes prétentions de l'idéalisme et de l'immanentisme »[491].

Blondel accorde à la connaissance réelle comme aussi à la connaissance conceptuelle une validité absolue. Elles se font face comme des jumelles, solidaires et pourtant incomparables. Elles ne sauraient cependant épuiser l'être, ni seules ni ensemble, mais réclament, - aussi paradoxal que cela paraisse d'emblée - un fondement venu d'en-haut, elles font appel à une connaissance primitive dans laquelle elles s'effacent. Blondel se tient ici au seuil de la connaissance mystique.

Le thème de sa dissertation latine de doctorat qui constitue la toile de fond intellectuelle de ces réflexions consiste dans l'idée du « vinculum substantiale »[492]. Ce qu'il entend par là, il l'explique dans

---

[490] Ibid. 228.

[491] Ibid. 230-231.

[492] M. Blondel, *De vinculo substantiali et de substantia composita apud Leibnitzium, Lutetiae Parisiorum* : Alcan 1893, nouvelle édition avec trad. franç. : *Le lien substantiel et la substance composée d'après Leibniz, introd.et trad. par C. Troisfontaines*, Louvain/Paris : Béatrice Nauwelaerts

une lettre à A. Valensin[493], en comparant le rôle du vinculum substantiale au toit de sa petite maison de campagne (le bastidon[494]), acquise à Aix en 1906. Un jour, Blondel constate que le « bastidon » menace de plus en plus de tomber en ruines : les murs s'écartaient l'un de l'autre, les plafonds semblaient vouloir s'écrouler et la toiture se désagréger. Le danger d'éboulement provenait de ce qu'une bande de fer au-dessus de la charpente avait subi une déchirure. Les quatre surfaces de la charpente se rassemblaient en haut en une construction particulière, où les poutres porteuses se rejoignaient au sommet de la charpente en un point culminant formant saillie. Pour empêcher les murs de se disjoindre, le sommet de cette maisonnette était entouré d'une garniture de fer qui maintenait le tout à la manière d'une tenaille. Quand cette déchirure invisible de l'extérieur fut finalement découverte, le bastidon put être restauré à neuf à partir du bas et pour terminer une nouvelle bande de fer posée sur la charpente rendit à la maisonnette sa stabilité. Cette image compte parmi les plus impressionnantes qui soit pour expliquer l'idée du Vinculum. Toute la stabilité du bastidon dépendait d'un détail à première vue secondaire, qui en plus se dérobait à l'œil de l'observateur. Mais de

---

1972 (= Centre d'Archives Maurice Blondel 1). Blondel désigne le « vinculum substantiale » comme « une des cellules-mères de ma pensée », *L'itinéraire*, 57 Blondel livre une nouvelle version de sa thèse latine avec : *Une énigme historique. Le « Vinculum substantiale » d'après Leibniz et l'ébauche d'un réalisme supérieur*, Paris, Beauchesne 1930. Y. de Montcheuil, *Mélanges théologiques*, Paris, Aubier, 1946. (=Théologie 9), 289-295. *Les problèmes du vinculum leibnizien d'après M. Blondel*. Voir à ce sujet J.C. Scannone, *Sein und Inkarnation : Zum ontologischen Hintergrund der Frühschriften Maurice Blondels*, Freiburg i. Br / München, 1968 (Symposium 27) ; P. Henrici, recension J.C. Scannone, *Sein und Inkarnation*, dans : *Theologische Revue* 67 (1971) 127-129 ; P. Henrici, *Maurice Blondel als Leibniz Schüler*, dans : *Studia Leibnitziana* 5 Suppl. 156-168.

[493] La partie de la lettre à laquelle nous nous référons est publiée dans M. Blondel, *Une énigme historique*, 143-145 ; un extrait raccourci se trouve dans : M. Blondel, *Carnets intimes* II, 189-190.

[494] Pour comprendre l'image du *bastidon*, voir J. Brun, le « *Vinculum* » Leibnizien et « *L'Action* » dans D. Folscheid (édit.), *Maurice Blondel, Une dramatique de la modernité*, 125-131, ici 125-126 ; A. Léonard, *La méthode d'immanence et la problématique de « L'Action »*, dans D. Folscheid (édit.), *Maurice Blondel, Une dramatique de la modernité*, 103-111, ici 108-109.

même que cette maisonnette de campagne reposait dans une certaine mesure sur son sommet, de même notre être reçoit-il, de manière invisible, son assise d'en haut. C'est pourquoi, poursuit Blondel, notre statut social, nos arts, nos sciences et nos activités « se comportent en parasites ». Ils dépendraient de la profonde substance de l'esprit, d'un intellect plus élevé, plus développé que le nôtre, celui que nous mettons en œuvre. Nous serions dépendants d'un « sursum », ou d'un « supremum » constituant la clé de voûte de tout l'édifice. Sans cette fondation venant d'en haut, tout serait voué à la ruine[495].

A partir des réflexions sur les différents types de connaissance, et de plusieurs allégories présentées, il s'ensuit forcément qu'on ne saurait s'empêcher de poser des questions sur le « vinculum » qui, d'en haut, assure les fondations de toute chose. Ainsi donc, rien d'étonnant à ce que Blondel, à la fin de ses « entretiens » avec Lefèvre, présente son idée de Dieu. Dans l'histoire du christianisme, on pourrait repérer trois conceptions différentes de Dieu. D'après la première, Dieu serait une transcendance mystérieuse, une volonté de puissance, un sujet absolu, rebelle à tout anthropomorphisme. Cette conception serait très apparentée à la conception sémitique. La deuxième conception, souvent mise en relation avec la première, nous présenterait Dieu comme « le parfait Intelligible, le Principe des essences et des existences, l'Océan de vérité et d'être d'où toute source tire son eau et qui y retourne »[496]. Ce Dieu doit être craint et servi. Une troisième conception consisterait en « la joyeuse nouvelle » elle-même qui n'aurait cessé de s'élever ni de croître dans la conscience chrétienne sans épuiser toute sa signification : c'est elle qui aurait suscité la parole de St Jean : « Deus caritas est »[497] Ces différents aspects - chacun d'eux restant absolu - auraient toujours été plus ou moins présents dans la pensée chrétienne, certes avec des

---

[495] M. Blondel, *Le procès de l'intelligence*, 284-285. Suite à l'image de la clé de voûte, Blondel présente, suivant le modèle d'un navire, la solidarité et l'hétérogénéité des différents modes de connaissance de l'intellect. Ainsi la passerelle qui se trouve accolée à la coque du navire ne tire pas sa stabilité - comme on le croirait à première vue - d'en bas sur le dos des vagues, mais d'en haut. Néanmoins, la première apparence n'en est pas moins exacte, puisque finalement tout le navire est porté par les vagues, ibid. 285-287.
[496] M. Blondel, *L'itinéraire philosophique*, 249-250.
[497] Ibid. 250 ; 1 Jo 4, 8.

nuances différentes. Or précisément la représentation de Dieu comme amour aurait été négligée. La raison doit en être cherchée chez Aristote, qui dénonçait le caractère absurde de la relation d'amour entre l'homme et Dieu[498]. Par contre, selon Blondel, Dieu n'est devenu homme que par amour, pour nous diviniser. Notre divinisation n'est pas à prendre dans un sens métaphorique, mais en termes de folie, du fait qu'étaient franchis les abîmes métaphysiques, et que d'une manière paradoxale, par la grâce et dans l'ordre du mystère de la personne et de l'infrangible volonté divine, était communiqué ce qui, par nature, reste incommunicable[499].

Pour notre auteur, l'idée que Dieu est amour se révèle une idée centrale ; il en découle comme allant de soi qu'il y a un lieu pour la mortification, ou bien, pour désigner par concept dominant - tiré du vocabulaire de la mystique - ce que nous voulons dire, un lieu pour la « contemplation acquise ». La mortification ne fait pas que recevoir un rôle : elle s'impose aussi comme une nécessité. Ce faisant, la générosité du Dieu bon ne se restreindrait d'aucune manière, mais se manifesterait plutôt dans ce désir de vouloir un homme qui non seulement ne lui devrait rien, mais aurait aussi la possibilité d'accomplir quelque chose pour Lui. « ce que Dieu a fait onéreusement pour l'homme, l'homme a en quelque façon, à le faire onéreusement pour Dieu : "*se ipsum exinanivit*" (il s'est vidé lui-même) ».C'est par là que l'homme ouvrirait son cœur à l'union nuptiale[500].

On pourrait certes imaginer en théorie que, dès le commencement, Dieu aurait gratifié l'homme d'un don unique et complet. Mais il n'en serait rien pour une raison précise. A cause du poids et de l'importance de cette motivation pour la conception blondélienne de la mystique, nous citons largement cet extrait : « Si notre vœu, si notre dignité, c'est de ressembler à l'Acte pur et à l'infinie Charité, nous ne pouvons nous borner à recevoir et à subir, même les plus

---

[498] M. Blondel, *L'itinéraire philosophique*, 251-252 ; voir aussi 247-248. On aurait trop lié une expression d'origine aristotélicienne à une expression chrétienne. Par là serait soulevée la question de l'équilibre de ces éléments, qui se sacrifièrent ensuite l'un à l'autre. Blondel recourt ici à « la pensée de l'éloquent Oratorien », c'est-à-dire L. Laberthonnière.
[499] Ibid. 252-253.
[500] Ibid. 253-254.

belles largesses : il faut que nous ayons à agir et à donner. Mais quoi ? ne pouvant rien avoir à donner qu'un premier don qui est notre être natif, c'est cet être original que, pour coopérer activement à notre divine genèse, nous avons à offrir en holocauste au feu du ciel, à un amour et pour un amour plus fort que la mort, plus fort que le monde, plus fort que le néant dont nous avons à surgir, plus fort que le péché qui est pire que tout, *de profundis* : négation apparente qui est en réalité l'affirmation la plus radicale, qui seule rend possible le *denuo nasci*, qui suscite un nouvel être dont ce trépas naturel et consenti prépare et permet le surnaturel avènement. Le premier don est donc nécessaire pour qu'il puisse y en avoir un second infiniment supérieur ; car ce don second, qui ne saurait être mis en nous comme nature, ne paraît refoulant que pour être promouvant ; il ne paraît réclamer de nous une passivité que pour faire de nous une activité pure et victorieuse de toute réceptivité inférieure. Si nous nous contentions du premier don, si nous voulions exercer directement notre pouvoir initial de concevoir et de vouloir Dieu à notre manière humaine, nous ne fabriquerions qu'une copie anthropomorphique, une contrefaçon au rabais, un simili-Dieu, par quoi nous ne saurions atteindre qu'à une simili-unité et à une simili-béatitude »[501].

Que tirer de ces réflexions sur la conception de la mystique ? Eu égard à la connaissance de la réalité concrète, la connaissance mystique fournit à la connaissance réelle et à la connaissance conceptuelle leur fondement. Seules ou même ensemble, ces deux dernières resteraient suspendues dans le vide comme les deux pans d'un arc brisé auquel manquerait la clé de voûte, et ne pourraient pas appréhender l'être. Toutes deux sont ordonnées à la troisième, la modalité mystique, dans laquelle elles se fondent et celle-ci leur fournit une assise issue d'en haut. Cependant, la connaissance mystique ne se comporte pas réellement comme une troisième manière de connaître à l'égard des deux premières, pas plus qu'elle ne leur fait face, mais elle les accueille et les incorpore à elle.

La connaissance de la réalité concrète trouve son vrai fondement dans la connaissance mystique, laquelle naît de l'union à Dieu et permet de contempler le monde et la création en empruntant le regard divin. Celui qui par conséquent cherche à connaître la création dans son authentique réalité doit s'élever effectivement vers Dieu

---

[501] Ibid. 256-257.

(sursum) et naître à nouveau d'en haut (denuo nasci). Comment se présente cet en-haut ? Quel genre de clé de voûte tient ensemble tout l'édifice ? La réponse tient dans la formule johannique : Dieu, est amour. Il faut même qu'il le soit vraiment, puisque seul l'amour tient compte de l'élément de passivité inhérent à l'acte de penser et de connaître. Le commencement de l'acte de penser en effet est d'essence passive.. La passivité ne signifie pas la paresse, mais se réfère à la capacité de recevoir une impulsion extérieure ou d'être mis en mouvement par une réalité extrinsèque. Cette passivité même vise une activité supérieure. Par rapport à notre relation à Dieu, elle signifie ceci : par amour pour nous et pour couronner sa création, Il a donné ce qu'il avait de plus précieux, son fils (exinanitio). Ainsi il devient homme et gratifie de ses dons les bénéficiaires passifs que nous sommes. Mais dans cette relation d'amour, qui vise notre divinisation, Dieu ne veut pas que nous soyons accablés ou démunis face à l'abondance de ses dons. Pour cette seconde naissance, il réclame notre collaboration. S'il renonçait à notre participation, à notre capacité spécifique de réponse à sa prévenance aimante, il restreindrait lui-même la grandeur de sa créature et agirait ainsi contre lui-même. Au contraire, puisque le monde a été créé par lui, il a été rendu capable de répondre librement à son appel. La réponse se résume en termes simples : parce que Dieu a donné pour nous ce qu'il a de plus précieux, sa vie, cette preuve d'amour nous invite à l'imiter (voir l'hymne aux Philippiens) et à donner, nous aussi, ce que nous avons de plus précieux, notre vie. C'est précisément en cela que consiste notre liberté : nous donner, afin que grâce à nous il puisse advenir. En mourant à nous-mêmes, en nous mortifiant (mortification/contemplation acquise), nous créons un espace favorisant sa naissance en nous. Ainsi se manifeste la naissance d'en haut (denuo nasci/contemplation infuse). En d'autres termes notre coopération consiste à laisser Dieu naître en nous. Nous devons lui ménager un lieu vide afin qu'il y trouve un espace pour sa naissance en nous. Le vide ainsi créé doit être le plus vaste possible puisque nous y recevons la Magnitude suprême. C'est à travers cela que la mortification trouve son véritable sens et que se dévoile le but de la « contemplation acquise ». Il ne s'agit pas d'un « mourir à soi-même » qui serait moral, ou physique, ou métaphysique, mais d'une mort qui se comprend comme l'expression la plus haute de la réponse d'un amour à un amour.

2.7. *Exigences philosophiques du christianisme* (1930)

Quand, à la fin des années quarante, Blondel travaillait sur le troisième volume de *La philosophie et l'esprit chrétien*[502], il se rendit compte que ses forces déclinaient de plus en plus et décida de publier un texte composé quelque vingt ans plus tôt. Cet écrit fut imprimé peu après sa mort sous le titre *Exigences philosophiques du christianisme*[503]. Le livre contient deux recherches : *Le sens chrétien* et *De l'assimilation*. Dans le préambule, que Blondel n'avait dicté que quelques jours avant sa mort, il déclare avoir présenté cet écrit seulement au terme de son activité créatrice parce que ces recherches contenaient ces thèmes qui l'avaient, dès le début, subjugué et inspiré[504]. *Le sens chrétien* et *De l'assimilation* sont conçus comme *L'itinéraire philosophique*. Les deux écrits veulent présenter le centre d'intérêt de Blondel dans une perspective ample et universelle, afin d'en dégager quelques orientations fondamentales. *Le sens chrétien* et *De l'assimilation* sont les dernières œuvres dans lesquelles Blondel présente explicitement les fondements de sa conception de la mystique.

« Le problème religieux » constitue le cœur et la source de son œuvre entière. Dans *Le sens chrétien*, notre auteur pose donc la question : « Est-il possible, est-il légitime, est-il bon d'étudier d'un point de vue philosophique l'esprit chrétien[505] ? » Cette interrogation porte particulièrement sur le catholicisme : à considérer l'histoire, comment ce courant religieux peut-il se manifester comme universel, alors que tant d'hommes l'ont ignoré ou méconnu[506] ? Selon Blondel, l'unité de l'esprit chrétien menace d'éclater si on oppose l'une à

---

[502] M. Blondel, *La philosophie et l'esprit chrétien I. Autonomie essentielle et connexion indéclinable*, Paris, PUF 1944 ; du même : *La philosophie et l'esprit chrétien II. Conditions de la symbiose seule normale et salutaire*, Paris, PUF 1946.

[503] M. Blondel, *Exigences philosophiques du christianisme*, Pais, PUF, 1950. Trad. allem. : *Philosophische Ansprüche des Christentums*, trad. par R. Scherer, München/Wien 1954. Voir la recension par J. Trouillard, *Exigences philosophiques du christianisme*, dans *Les Etudes philosophiques* 6 (1951) 369-371.

[504] M. Blondel, *Exigences philosophiques*, 2/15.

[505] Ibid. 3/17.

[506] Ibid. 32-46.

l'autre : l'histoire et le dogme. La tradition reste, à ses yeux, l'élément qui joint ces deux ordres[507]. Elle « a pris possession de ce qui domine tous les âges, tous les détails variables ; elle est la voix de l'éternité dans le temps même »[508]. Ainsi donc, poursuit Blondel, la tradition peut être considérée comme un principe unifiant et tenace. La tradition s'accompagne de la déclaration de Tertullien : « homo naturaliter christianus »[509]. En dépit de la diversité éclatante des hommes et de leur histoire se maintient l'orientation naturelle de l'homme vers ce qui est d'essence chrétienne. Il s'ensuit, toujours selon Blondel, que l'esprit chrétien, qui advient toujours à un individu et peut se répandre comme un parfum[510], ne saurait être réductible à ses composants[511] réellement séparables et indépendants.

Qu'est-ce qui constitue la spécificité de l'esprit chrétien ? En quoi consiste sa nature ? L'unité qui le définit se ramène à un principe qui, jusqu'à présent, est resté en tant que tel inconnu[512]. Or ce principe, qui domine et unifie dans sa simplicité même l'esprit chrétien c'est, selon Blondel, la charité[513]. Cette unité profonde ne se réfère pas en effet au Dieu de la puissance (tradition hébraïque), ni au Dieu de la vérité (spéculation hellénistique), mais uniquement au Dieu d'Amour[514]. L'incarnation de ce Dieu en Jésus-Christ constituerait, toujours selon notre auteur, l'expression la plus haute de ce principe.

Se pose alors la question suivante : comment se forme ma relation à ce principe ? De quel accès puis-je disposer à ce lieu où se vit l'unité de l'esprit chrétien ?

Pour répondre à cette question, Blondel prend comme point de départ le destin de l'homme. Celui-ci ne saurait se forger pour lui-

---

[507] Ibid. 37-51.

[508] Ibid. 31/45. Voir M. Blondel, *Histoire et dogme*, chap. III. Voir aussi G. Larcher, *Modernismus als theologischer Historismus*, 126-132, surtout 128 : « La Tradition comme vécu intermédiaire entre dogme et histoire est aussi un *principe synthétique* intégral d'une ultime portée herméneutique. »

[509] M. Blondel, *Exigences philosophiques*, 67/81.

[510] Ibid. 75/88.

[511] Ibid. 70/83-84.

[512] En guise d'explication, Blondel renvoie à la différence entre un talent et un génie. Au contraire du talent, le génie fait apparaître un principe jusque là ignoré, Ibid.79/92.

[513] Ibid. 85/98.

[514] Ibid. 77-78/90 –91 ; voir Ibid. 81-88/94-101.

même aucun destin, même s'il s'y efforçait. Il vit cette insuffisance comme une réalité qui le pénètre d'une façon radicale et irrémédiable, il la ressent comme un manque, comme un vide. Cette incomplétude, poursuit Blondel, n'est pas fictive, puisqu'on peut l'expérimenter concrètement[515]. C'est à partir de là que se détermine la tâche de la philosophie. Elle doit décrire dans toute son ampleur le champ des aspirations et des efforts naturels de l'homme, mais aussi en baliser les limites. La frontière la plus marquante, qu'on pourrait qualifier de « centrale », dès que l'homme chercherait à donner un sens à sa vie même, serait constituée par l'expérience humaine de l'échec. La description de ce vide intérieur tel qu'il se manifeste, implique en même temps la mise en évidence des conditions essentielles d'une « solution ». Face à l'expérience de l'échec, se présenterait, toujours selon Blondel, l'offre du message chrétien : le comblement de ce vide. Puisque celui-ci a été vécu comme réel, la véritable « solution » devrait aussi impliquer des éléments réels destinés à remplir ce vide. Conformément à cette exigence, il faut, d'après Blondel, déposer dans le vide les éléments précis de l'histoire et de la Révélation, mais rien de ce qui pourrait évacuer l'humanité du Christ. L'esprit chrétien disparaîtrait dans la mesure où il confinerait à une gnose et à un idéalisme coupé des réalités incarnées[516]. C'est le christianisme seul qui nous ouvre la possibilité de devenir enfants de Dieu et d'entrer en contact avec la Parole éternelle, qui s'est unie à notre nature. D'une manière mystérieuse, le Dieu incarné prendrait possession du centre de notre âme. Sans lui, ce centre resterait vide et obscur. Tout, d'après Blondel, et donc non seulement ce centre de l'homme, mais toute la création est en attente, guettant la divine prise de possession, car une continuité se fait jour du monde inorganique jusqu'au sommet de la contemplation[517] : « Toute la pensée des créatures est en effet orientée vers le désir d'une telle solution »[518]. C'est ici qu'entre en jeu l'option totale. Face à notre liberté, nous nous

---

[515] Ibid. 93-94/106.

[516] Ibid. 94-95/107.

[517] C'est ce que montre Blondel dans *La Pensée*. Le but de cette recherche est de montrer l'ensemble des conditions nécessaires à l'apparition de la conscience et de la vie spirituelle, mais aussi les inévitables limites qui s'imposent à tout intellect fini.

[518] Ibid. 103/114.

trouverions devant le dilemme : « participer à l'initiative divine en identifiant notre vouloir au vouloir même de la cause première, ou bien chercher dans une autonomie égoïste à nous constituer nous-mêmes dans le *non serviam*. Dès lors la philosophie aboutit à poser, d'en bas, le problème dans les termes mêmes où le christianisme le présente d'en haut »[519].

De par sa nature, la question que pose l'homme en soi réclame donc une réponse correspondante de la part de Dieu. Il revient ensuite à la philosophie de réfléchir aux conditions de possibilité d'une convergence entre la question et la réponse.

Si la « charité » représente le principe du christianisme, cela veut dire que du point de vue chrétien, tout doit être pénétré d'amour. Blondel tombe ici d'accord avec Dante, pour qui même l'enfer est « l'œuvre du premier Amour »[520]. Le destin de l'homme en personne ne saurait être compris indépendamment de ce principe. De toute manière, tout ce qui touche à l'homme doit être compris dans la perspective globale de l'amour. Il s'ensuit, d'après notre auteur, que la conception du rachat (redemptio) et de l'achat (emptio) doit être rectifiée. Il ne suffit pas, selon lui, de dire, à l'aide d'une image empruntée à la langue des marchands, que le salut et la perle précieuse auraient été donnés à l'homme au prix de son renoncement. Ce commerce dessinerait une image inexacte de la générosité divine et de la faiblesse humaine. On devrait bien plutôt constater que Dieu ne veut pas nous racheter pour son profit, mais qu'il veut faire de nous, à notre bénéfice, des participants à son règne : « propter nos homines et propter nostram salutem » ; « non dixi vos servos sed amicos »[521]. Cette parabole marchande, analogue au pari de Pascal[522], court le risque, dit Blondel, de suggérer un calcul astucieux plutôt que l'idée d'une aimante générosité. De plus, poursuit-il, elle ferait

---

[519] Ibid. 106/117.

[520] Ibid. 117/129 ; M. Blondel, *La philosophie de l'esprit chrétien* II, 353-363 ; A. Dante, *La divina commedia*, introd. et comment. par E. Camerini, Milano : Sonzogno 1938, Canto terzo 35 : « Per me si va nella città dolente, Per me si va nell'eterno dolore, Per me si va tra la perduta gente. Giustizia mosse il mio alto fattore : Fecemi la divina potestate, La somma sapienza e il primo amore. »Voir à ce sujet H.U. v. Balthasar, *Was dürfen wir hoffen ?* Einsiedeln 1989 (= Kriterien 85), 93-101.

[521] M. Blondel, *Exigences philosophiques*, 122/134.

[522] Voir à ce sujet A. Raffelt, *Spiritualität und Philosophie*, 243-252.

croire que l'union entre Dieu et l'homme s'identifierait à une simple relation d'amitié comme elle peut exister entre deux hommes, lesquels resteraient néanmoins extérieurs l'un à l'autre[523], alors que la vie chrétienne vise pour ainsi dire une union substantielle et charnelle entre Dieu et l'homme. L'allégorie négligerait notamment l'élément essentiel, que Blondel appelle « l'intrusion de Dieu en l'homme » : « Il s'agit de faire comprendre, du point de vue même de la charité une ingérence qui nous enlève à nous-mêmes bon gré mal gré et qui ne permet aucun équilibre uniquement et purement humain. Il ne suffit pas en effet de présenter le christianisme comme une offre de pure bonté ; car il est bien plus que cela ; il s'agit de faire comprendre comment cette bonté même impose une apparente exigence qu'au premier abord on pourrait dire paradoxale, tyrannique, voire injuste et révoltante. J'ai reçu une nature et je n'ai pas le droit de rester simplement fidèle à cette nature raisonnable en me passant d'une offre ultérieure qu'on me dit gratuite et qui, de plus, ne peut être acceptée, utilisée et justifiée qu'à la condition pour moi de dépasser, de renier, de sacrifier cette nature humaine dont j'étais mis en possession : comment rendre raison de cette ingérence »[524] ?

La nouveauté ici, par rapport aux développements de *L'itinéraire philosophique*, réside dans l'insistance expresse sur le fait que, par rapport au deuxième don, l'homme se cabre d'abord parce que celui-ci lui semble opprimer sa nature. Mais comme cette intrusion divine se fait sous le signe de l'amour et que Dieu n'est devenu homme que pour nous diviniser, il ne nous est réclamé aucune obéissance passive et aveugle. En ce sens, les épreuves auxquelles nous sommes soumis ne cherchent d'abord rien d'autre qu'à nous accorder profondément à la vie divine. Or, ceci ne se produit pas par l'abolition de nos limites humaines, mais par leur élargissement. Epreuves et souffrances ne s'expliquent donc pas comme une expiation pénitentielle, mais illustrent la phrase « oportuit pati et ita intrare in gloriam»[525]. L'union ne conduit pas à une absorption mais à une transformation de la nature humaine. Selon Blondel, le but de la souffrance est double : tout d'abord, elle empêcherait que l'union de l'homme à Dieu apparaisse comme un simple échange de bonne volonté laissant à chacun

---

[523] M. Blondel, *Exigences philosophiques*, 123/135.
[524] Ibid. 124-125/136-137.
[525] Ibid. 126/138.

sa propre nature. Deuxièmement, elle prohiberait une assimilation plus intime qui confinerait à une absorption. Par conséquent, la souffrance et les épreuves ne devraient pas, en premier lieu, être comprises comme une expiation pénitentielle préalable mais comme une sorte de péage ouvrant à une transformation et à une élévation de l'homme par rapport à lui-même. Dans le processus de divinisation, certes, ce dernier reste un être humain, mais il serait uni à l'Homme-Dieu « par Lui, avec Lui et en Lui, à la vie intime, à la béatitude de la divinité »[526]. Bref, d'après Blondel, c'est le but de l'existence chrétienne enrichie par cette union, de laisser assurément à l'homme son humanité, mais cependant de le relier à Dieu d'une façon différente de la relation d'amitié, mais qui consisterait en une participation réelle : *duo in carne una*. C'est pourquoi d'ailleurs on pourrait décrire en termes d'adultère la séparation d'avec Dieu[527].

Les idées de création, et d'amour s'affirment en liaison étroite avec le principe du christianisme. « Vos dii eritis » c'est l'énoncé de la promesse de Dieu, mais aussi celle du Tentateur. La différence décisive entre les deux consisterait en ce que le diable, par ces paroles, induirait l'homme à se diviniser lui-même[528]. D'après Blondel, Dieu ne cherche pas à faire de nous, par une investiture gracieuse, des êtres divins analogues à lui, ce qui conduirait à interpréter le *consortium divinae naturae* comme plaçant en quelque sorte l'homme en face de Dieu. Au contraire, l'intention du Créateur viserait à augmenter le nombre de ces êtres jouissant de sa béatitude, et partageant sa propre vie. « Ainsi Dieu reste bien l'incommunicable en soi et cependant Il communique quelque chose de cet incommuni-cable même : il n'y a pas d'autre Dieu que Dieu ; […] Dieu a trouvé le moyen non pas de nous donner d'autres biens que Lui, mais de se donner Lui-même, en nous laissant comme la propriété, comme la création de cet être divin résidant en nous, puisqu'il s'agit bien en effet de l'inhabitation de la Trinité en l'âme justifiée et surnatura-lisée »[529].

Dans *L'itinéraire philosophique*, et concernant notre collaboration à l'œuvre divine, Blondel partait de l'argumentation propre à

---

[526] Ibid. 127/139.
[527] Ibid. 128/140.
[528] Ibid. 134/145.
[529] Ibid. 137/148.

l'hymne aux Philippiens comme aussi de la dynamique interne de l'amour. Il y rattache maintenant une autre idée qui ne représente ni un ajout, ni l'avers d'une pièce de monnaie, mais développe la même pensée directrice : Dieu, l'Être en soi, ne saurait se contenter d'appeler des créatures purement passives à partager son bonheur. Si elles sont vraiment créées à son image et à sa ressemblance, elles devraient aussi d'une certaine façon s'adonner à des activités créatives, comme leur auteur. Mais si, au nom de notre ressemblance divine, nous comptions uniquement sur nos propres forces, nous ne formerions que des caricatures de l'Être en soi et dériverions vers un culte idolâtrique. Le seul chemin viable se dessine ainsi devant nous : nous libérer de notre égoïsme par la mortification, afin que se substitue à notre propre volonté la volonté divine[530].

Avec la création, Blondel aborde le thème de la chute originelle. Il se demande en quoi aurait consisté l'épreuve de ne pas pouvoir, au paradis, manger les fruits de l' « arbre de la connaissance du bien et du mal ». Il trouve alors la réponse suivante : « L'épreuve semble avoir porté sur le renoncement prescrit par Dieu afin d'obtenir le sacrifice des aspirations naturelles aussi bien du côté de la chair que du côté de l'intelligence »[531]. Il est avéré ici que Blondel applique à l'état de l'Adam primitif l'argumentation déjà présentée. L'homme aurait reçu en cadeau de la part de Dieu sa nature humaine. L'accès à la vie surnaturelle, et donc à l'intimité divine, exigerait aussi de la part de l'homme une sorte de réponse-cadeau au témoignage d'amour de Dieu. C'est pourquoi il doit offrir sa nature, le don reçu, ainsi que les aspirations libres de cette nature, voire en dépit de l'interdit le désir spontané de manger du fruit de l'arbre. C'est précisément cette renonciation à la nature propre qui aurait été indispensable pour demeurer dans l'ordre divin. Blondel ne conçoit pas l'incarnation du Christ dans le monde comme motivée essentiellement par le péché des origines et destinée à l'effacer. Il n'interprète pas le « felix culpa » dans le sens restreint où, si Adam n'avait pas péché, le Christ ne serait pas venu. L'écart entre le surnaturel et la nature humaine se serait accentué consécutivement à la chute originelle, de sorte que celle-ci offrait désormais l'occasion de révéler, à l'intérieur de la vocation surnaturelle de l'homme, une

---

[530] Ibid. 138/148-149.
[531] Ibid. 140/150-151.

bonté de Dieu encore plus grande. Toujours selon notre auteur, l'homme aurait été appelé à la vie surnaturelle, avant aussi bien qu'après la chute, mais consécutivement à celle-ci, les modalités se seraient transformées. Dès lors l'incomparable beauté des inventions divines impliquait que, comme homme, j'accepte l'amour de Dieu et que je le lui rende par une soumission fidèle, ou bien que je le tue pour éviter qu'il ne renaisse en moi. Mon option se situerait alors entre la naissance de Dieu et le déicide[532].

Il est important de maintenir que Blondel ne sépare pas formellement la création l'idée d'incarnation, mais associe les deux phénomènes en ce qui concerne le contenu. C'est pourquoi il peut dire que la sagesse chrétienne, qui trouve son expression la plus profonde dans le « duc in altum », dans l'aspiration à la gloire, contredirait l'idéal de la sagesse antique, tout de mesure et résumé dans le : « ne quid nimis »[533]. De toute façon, selon Blondel, le christianisme se montre hostile à toute conception pessimiste, parce que la nature créée par Dieu reste bonne et non, comme dans la vision commune du Jansénisme, vouée à la damnation car impuissante et mauvaise[534]. C'est pourquoi l'ascèse chrétienne, à l'inverse par exemple des tenants du bouddhisme ou du stoïcisme, ne viserait pas à renchérir dans le culte de la douleur et de la mortification, mais au contraire elle « accroît la douceur, la mansuétude, la compassion, l'humilité, les tendresses profondes et secourables, l'allégresse intérieure, l'espérance fortifiante, la charité vive et cordiale »[535].

---

[532] Ibid. 142-143/152-154.

[533] Ibid. 119/131.

[534] Ibid. 149-159.

[535] Ibid. 181/188. On peut certes se demander si on peut opposer de cette façon le christianisme et le bouddhisme, et si Blondel ne succombe pas ici à un simple tableau en noir et blanc. D'après P. Massein, l'ascèse du moine bouddhiste est assurément mesurée, parce qu'elle doit le porter sur le « chemin du milieu ». Bouddha exclut aussi bien la légèreté de la vie mondaine que la mortification excessive. Le but de cette ascèse est la libération intérieure de l'homme, qui doit se dégager de toutes dépendances, et avant tout de la dépendance de soi-même : « Les fruits de cet oubli de soi sont : la non-violence et la disparition de l'agressivité, la bienveillance, la docilité ; c'est pourquoi le vrai moine bouddhiste se reconnaît à sa douceur et à l'harmonie de son comportement », P. Massein, *Moines bouddhistes*,

Les conditions destinées à réaliser l'union du Créateur et de la créature sont, de la part de Dieu, l'incarnation et l'union hypostatique, inventées par Lui pour franchir l'abîme béant qui sépare les deux univers. Dans l'union hypostatique, rendant caduc le choix entre extrinsécisme et immanentisme[536], toujours selon Blondel, Christ est le médiateur[537] grâce auquel nous sommes incorporés à la vie divine.

De la part des hommes, la condition consisterait dans les épreuves qui leur sont imposées. Si l'attention divine rencontre l'accueil humain, l'abîme béant qui sépare Dieu de l'homme est alors franchi par l'union transformatrice : « le surnaturel ne consiste pas uniquement dans la confidence d'un secret métaphysique, d'une promotion soudaine que rien ne nous ferait goûter parce qu'elle n'aurait aucune relation avec nos aspirations congénitales ; il consiste en une transformation de nos facultés, de nos espérances, de nos possibilités

---

dans P. Poupard (édit.), *Dictionnaire des religions*, Paris : PUF 1984, 1129-1132., ici 1131.

[536] M. Blondel, *Exigences philosophiques*, 171-179.

[537] Voir à ce sujet les travaux de J. Flamand, *L'idée de médiation chez Maurice Blondel*, Paris/Louvain : Béatrice Nauwelaerts, 1969 (= *Philosophes contemporains. Textes et études* 15) ; P. Favraux, *Une philosophie du médiateur :Maurice Blondel*, préambule de P. Henrici, Paris, Lethielleux/Namur : PUN 1987 (=Le sycomore. Série « Horizon » 15) ; du même : *Blondel, une philosophie du médiateur*, dans D. Folscheid (édit.), *Maurice Blondel. Une dramatique de la modernité*, 169-179.Intéressante serait une comparaison plus détaillée entre M. Blondel et Raymond Lulle. Comme Lulle, Blondel essaie de rendre compréhensibles les doctrines spécifiquement chrétiennes sur la Trinité et l'Incarnation. Pour Lulle aussi, Christ est simplement *le* médiateur par excellence : « Fedele alla concezione nell'ambito della quale aveva collocato Cristo quale mediatore assoluto situato tra la causa e i suoi effetti. Lullo definisce l'uomo come mediatore tra Dio e il mondo. », Ch.Lohr, Raimondo Lullo: *L'azione e il pensiero*, dans *Academia Tudertina, Conciliarismo. Stati nazionali. Inizi dell'umanesimo (Atti del XXV convegno storico internzionale*, Todi, 9-12 ottobre 1988), 235-243, ici 240. D'après Ch. Lohr, Lulle introduit dans la métaphysique une catégorie toute nouvelle : « Egli (Lullus) parla non soltanto di principi dell'essere ma anche di principi di azione », ibid. 236. Ainsi donc, dès avant Blondel, Lulle s'est déjà tourné, d'une manière particulière, vers la notion d'action.

naturelles ; et il confère aux rapports de l'homme et de Dieu une intimité que jamais la raison n'aurait pu prévoir, désirer, procurer ».[538]

Ici se trouve la clé qui donne accès à l'essence même de l'esprit chrétien. Cet esprit se résume en la phrase tirée de l'évangile : « jam non dicam vos servos sed amicos et filios ».

La transformation se produit par une assimilation[539], qui bannit de ce domaine la théorie de l'analogie. Par « assimilation », Blondel désigne ce processus par lequel le Créateur intègre sa créature à sa propre vie sans porter atteinte à l'autonomie de cette dernière. En utilisant ce concept, il l'entend toutefois différemment de Thomas d'Aquin[540]. Pour celui-ci, l'assimilation de Dieu et de l'homme n'est pas vraiment réciproque. Tandis que les créatures ressemblent plus ou moins au Créateur ou s'assimilent à Lui, ce dernier ne s'assimile à personne. Selon cette conception, les créatures sont constituées en elles-mêmes sans être jamais unies à Dieu en leur substance; elles restent en-dehors de la vie divine. L'homme est « imitation » de Dieu, le monde est le miroir qui reflète celui-ci et l'Etre divin lui-même est considéré comme objet de connaissance[541]. Or, notre auteur s'éloigne ici de la conception thomiste en orientant sa pensée plutôt dans la direction d'Augustin et de Bonaventure. La notion d'assimilation qu'il défend se réfère au sens biologique du terme, c'est-à-dire : « intussusception qui transforme l'être inférieur en une vie, en des fonctions, en une perfection d'être, plus hautes »[542]. L'assimilation, but suprême de tout ordre créé, serait : « l'incorporation authentique et vivifiante des êtres au divin Sujet qui se les attache comme les bourgeons au cep de la vigne et qui tend à faire de cette multiplicité éparse une réelle unité, selon le vœu qui termine le

---

[538] M. Blondel, *Exigences philosophiques*, 154/163-164.

[539] Pour commencer, le deuxième écrit *De l 'assimilation* formait le douzième chapitre dans *Le sens chrétien*. Comme ce thème, qui concerne la surnaturalisation de l'homme, se développait de plus en plus, Blondel finit par le travailler dans une section propre, voir Blondel, *Exigences philosophiques*, 219/223.

[540] Thomas d'Aquin, *Summa contra gentiles*, III, 19, 21 : « Omnia intendunt assimilari Deo ».

[541] M. Blondel, *Exigences philosophiques*, 221/225.

[542] Ibid. 222/225. Ces idées se trouvent déjà dans : M. Blondel, *Assimilation*, dans A. Lalande (édit.), *Vocabulaire*, 84 ; voir M. Blondel, *Le procès de l'intelligence*, 290.

suprême discours du Christ après la Cène rapportée par l'Evangile johannique »[543].

Dans cette conception portée par la charité se manifeste sans cesse une véritable interpénétration. Mais cette union, qui donne elle-même accès à la vie intérieure du « Deus absconditus », ne serait possible qu'en vertu de la grâce. D'après Blondel, cette conception est plus proche de l'évangile et de la tradition des Pères de l'Eglise que la première. En citant l'exemple de la greffe, il décrit le processus comme une incorporation délicate de l'homme au cep divin, l'autonomie personnelle restant sauvegardée.

Mais de quelle manière concrète se produit cette intussusception, comment l'humain est-il intégré dans les structures divines existantes ? Pour décrire la manifestation concrète de cette assimilation, Blondel s'en tient à ces quatre attributs qui, dans le Credo, restent associés à l'Eglise : une, sainte, catholique et apostolique. Sur la base de l'union hypostatique[544], la grâce nous unirait, toujours selon notre auteur, d'une manière telle que l'option entre extrinsécisme et immanentisme fût exclue. Il poursuit ainsi : tandis que Dieu s'unit à la nature humaine, nous pourrions, nous aussi, grâce au médiateur, être incorporés à la vie du « Verbum caro factum »[545]. Cette ascension serait susceptible de manifestations concrètes (duc in altum !) dans la vision positive déjà mentionnée de l'ascèse.

L'assimilation conduit à la sainteté. Mais d'après Blondel, sainteté et salut n'existent pas seulement dans l'Eglise visible, mais aussi dans l'Eglise invisible. Il en déduit la possibilité pour la première d'honorer un saint qui ne l'aurait pas connue ou même reconnue. A titre d'exemple, il cite le mystique et martyr musulman Al-Hallâj[546]. Les saints seraient là pour réveiller les âmes et

---

[543] M. Blondel, *Exigences philosophiques*, 222/226.

[544] Pour P. Henrici, l'assimilation est fondée aussi bien dans l'union hypostatique qu'avant tout dans la transsubstantiation : (conformément à la doctrine de l'assimilation), « ist das Sein der Materie und das der ganzen geschaffenen Welt letzlich darin begründet, dass Christus in der hypostatischen Union und noch universaler in der Transsubstantiation sich diese zu eigen gemacht, assimiliert hat », P. Henrici, *Glaubensleben und kritische Vernunft*, 733.

[545] M. Blondel, *Exigences philosophiques*, 171/179.

[546] Ibid. 188-189/195-196 : « ...dès à présent nous devons dire que la formule *hors de l'Eglise point de salut et point de sainteté,* contient une

empêcher l'idéal chrétien de dégénérer en une sorte de philosophie idéaliste. La vocation de la sainteté consisterait à manifester la présence du surnaturel dans le monde[547].

Pour Blondel, le mot « catholicité » ne signifie pas d'abord adhérer au magistère suprême. Notre auteur préfère se référer au sens étymologique du terme, l'universalité. Pour lui, catholicité signifie totalité. Ainsi donc, le catholique participerait non seulement à une vaste communauté humaine, mais à l'universalité des êtres, c'est-à-dire à l'ordre cosmique. Cette participation à l'universel trouverait son fondement dans la relation au Créateur. Puisque le catholique est d'abord uni à Dieu, il serait aussi uni, à travers celui-ci, à toutes ses créatures[548]. Il est intéressant de noter qu'ici Blondel peut ouvertement alterner le mot « mystique » et le mot « catholique ». Par là, il souligne que l'esprit mystique et l'esprit catholique s'accordent autant dans leur structure qu'ils se révèlent identiques quant à leur contenu. Le vrai catholique est un mystique et inversement, le vrai mystique est catholique. Par son union à Dieu, il est uni à tous les hommes, mais aussi à l'univers entier, animal et végétal, ainsi qu'au monde minéral.

Selon Blondel, l'apostolicité prend son sens dans le fait de communiquer à l'homme que le christianisme n'est pas une invention humaine, mais une révélation de Dieu. Il n'est par alors nécessaire que celle-ci revête une expression consciente, l'individu peut aussi la vivre d'une manière anonyme. Mais il en résulte des exigences précises : « S'il est vrai que l'ignorance invincible n'empêche pas

---

ambiguïté dont il faut sans retard se libérer : l'Eglise invisible, celle qu'on appelle l'âme de l'Eglise, dépasse les cadres officiels, mais ne cesse pas pour cela de participer à la grâce rédemptrice ; et rien n'empêche d'admettre qu'un jour l'Eglise visible honorera, sous une forme qu'il lui appartiendra de déterminer, un saint qui ne l'aura pas connue ou reconnue elle-même, ainsi qu'on le proposait naguère pour un mystique et un martyr musulman, Al-Hallâj ». La toile de fond de ces réflexions est la pensée de Blondel sur la sainteté de la raison, M. Blondel, *L'Action*, 442/468 : « la véritable philosophie est la sainteté de la raison ». Voir à ce sujet H. Bouillard, *Blondel und das Christentum*, 319-322 ; Ch. Molette, *Le rayonnement d'une sainteté de l'intelligence*, dans D. Folscheid (édit.), *M. Blondel. Une dramatique de la modernité*, 44-57.

[547] M. Blondel, *Exigences philosophiques*, 191/198.
[548] Ibid. 194-196/201-203.

une âme de bonne foi et de bonne volonté d'adhérer à l'âme de l'Eglise en participant à l'effusion de la grâce, cependant, dès l'instant où la connaissance de la vérité plus complète se fait jour dans un esprit averti, un devoir de probité peut rendre l'enquête absolument obligatoire ; et surtout la reconnaissance de la vérité entraîne un devoir grave et urgent d'entrer dans le corps visible, sous peine de ne plus appartenir à l'âme invisible de l'Eglise »[549].

Par conséquent, celui qui reconnaît que la vérité de l'Eglise visible est plus « complète », ne doit pas permettre que son action accuse un retard sur sa connaissance. Ainsi donc s'applique également ici le principe : connaissance et action ne font plus qu'un. Ce qui a été reconnu une fois ne peut plus être révoqué ; la connaissance elle-même s'impose sans condition. Blondel attache une grande importance à la succession apostolique : l'autorité propre à celle-ci, incarnée par le pape, est pour lui l'organe de la Tradition. Blondel poursuit : « Qui voit le Pape, voit Pierre, et qui écoute Pierre, entend le Christ, et qui entend le Christ, entend Celui qui l'a envoyé »[550]. Mais Blondel en fait découler, au nom de l'apostolicité même de l'Eglise visible, sa tâche essentiellement missionnaire ; elle ne doit, selon lui, s'enfermer ni dans une tour d'ivoire, ni dans une sacristie, ni dans un hôpital, mais elle doit proclamer partout la parole de Dieu[551].

Résumons ce que nous avons dit jusqu'à présent en revenant encore une fois sur la problématique initiale. A la question de savoir si l'esprit chrétien peut être étudié d'un point de vue philosophique, Blondel donne une réponse affirmative et sans équivoque. Il est d'accord avec Spinoza quand ce dernier décrit la tâche de la philosophie en ces termes : « Haud admirari, haud indignari, sed intelligere ». Selon Blondel, la vraie difficulté tient à l'intelligence elle-même, car elle ne présuppose pas d'abord une force de systématisation, mais requiert une disposition à la spiritualité[552]. La question décisive chez le philosophe est donc celle-ci : est-il intérieurement pétri de spiritualité ? Pour Blondel, cette question ne représente aucune démarche théologique préalable, mais la philo-

---

[549] Ibid. 201/207.
[550] Ibid. 203/209.
[551] Ibid. 203-204/209.
[552] Ibid. 207/211.

sophie ne saurait être fidèle à elle-même que si elle se saisit comme événement partiel de toute l'existence vécue, et se dépasse comme philosophie « pure », dans l'acte même de philosopher, ainsi qu'elle l'a fait de tout temps[553]. Mais toute l'existence vécue aspire à l'union mystique avec Dieu, car ce n'est qu'en lui que tout être est élevé au plus haut niveau de soi-même. En même temps, dans le Créateur, la créature est confrontée à tout le créé. C'est ici que trouve son véritable fondement la réponse à la question : comment le catholicisme peut-il se présenter comme historiquement universel ? Car la confrontation de l'homme avec la totalité du créé dans le Créateur, mieux encore : l'union de l'homme à cette totalité rendent la création elle-même une, sainte, catholique et apostolique. Il n'y a pas d'union mystique au-delà de ces quatre qualités. Mais ces qualités ne couvrent rien d'autre que l'essence de l'esprit chrétien, qui trouve son principe dans la charité. De la part de Dieu, la dynamique de cet amour se manifeste dans la création, qui atteint sa plus haute expression dans l'Incarnation. Cette preuve divine d'amour appelle une réponse identique de la part de l'individu. De même que Dieu a donné sa nature à l'homme, ainsi l'homme doit aussi donner sa nature à Dieu : au sein du paradis terrestre, il doit renoncer à ses tendances naturelles, ou bien par l'ascèse il retrouve dans l'existence sa nature première. Le processus douloureux qui consiste à refouler sa propre nature ressemble à celui qui consiste à sentir les douleurs de la naissance de Dieu en soi-même. Ou bien je laisse celui-ci naître en moi ou bien je le tue, telle est l'option fondamentale. Mais si je permets sa naissance, alors Christ devient le Médiateur qui me transforme, qui, littéralement me « déforme ». En guise d'explication complémentaire, Blondel cite l'image de l'intussusception, tirée de la biologie. Sans que ma nature soit blessée, j'ai trouvé mon repos en Dieu. Par cette union, qui est plus qu'une relation amicale, je deviens divin, c'est-à-dire élevé au plus haut degré de moi-même et accordé à mon propre destin donné par Dieu.

---

[553] P. Henrici, *Hegel und Blondel. Eine Untersuchung über Form und Sinn der Dialektik in der „Phänomenologie des Geistes" und der ersten "Action"*, Pullach 1958 (=Pullacher philosophische Forschungen 3), 185.

2.8. Madame Royer ou pourquoi Blondel garde-t-il le silence?

Francis Bacon[554], au début du « Novum Organum »[555], développe une thèse qui ouvre la voie à la Science moderne de la nature. Comme serviteur de la nature qu'il a la charge d'expliquer, résume Blondel, l'homme agit et connaît de celle-ci ce qu'il en a exactement observé[556]. La manière dont Bacon veut procéder à l'aide de cette nouvelle méthode inductive et expérimentale, notre auteur l'illustre par l'exemple du chaud. Pour observer ce phénomène dans la nature, il dresse une séparation méthodique entre la table de l'essence et de la présence (tabula essentiae et praesentiae)[557] et la table du détour ou de l'absence dans la proximité (tabula declinationis sive absentiae in proximo)[558]. Dans la première table, il énumère les cas où existe la qualité du chaud ; dans la deuxième table, les cas où manque la qualité du chaud. En dressant une troisième table, la table des degrés ou de la comparaison (tabula graduum sive tabula comparativae)[559], il précise les démarches les plus importantes qui amènent à en tirer parti.

Dans l'étude des textes qui fournissent un éclairage sur la conception blondélienne de la mystique, il ne s'agit pas, d'un point de vue objectif, d'étudier scientifiquement la nature, mais d'explorer des écrits. Cependant, la méthode de la « tabula praesentiae » et de la « tabula absentiae » se révèle également bien appropriée à l'exploitation de textes, parce que l'écrit, dans la mesure où il en est un, peut aussi être considéré méthodiquement comme un fait. Sur la toile de fond de textes étrangers, cette méthode permet de dépasser les procédures immanentes à l'œuvre et de créer les conditions qui, au moment de l'exploitation du texte, démasquent les angles morts

---

[554] Dans ses jeunes années, Blondel s'est intéressé à F. Bacon. Dans la liste de ses projets de travail se trouve « Pro Bacone » ; en fait, il ne publiera jamais rien sur Bacon. Henrici reproduit cette liste, *Il progetto filosofico di Blondel e la sua attualità*, dans R. Crippa (édit.), *Attualità del pensiero di Maurice Blondel*, 9-28, ici 10, note 4.

[555] F. Bacon, *Neues Organon*, traduit, commenté, accompagné d'une biographie de l'auteur, par J.H. von Kirchmann, Berlin 1870.

[556] Ibid. Livre I. art.1, p. 83.

[557] Ibid. Livre II art.11, p. 202.

[558] Ibid. Livre II art.12, p. 203.

[559] Ibid. Livre II art.13, p. 218.

présents dans le champ visuel d'un auteur. Pour autant que l'on applique cette méthode issue des « tabulae » au matériel textuel de la conception blondélienne de la mystique, cela signifie que sur la toile de fond d'une autre œuvre de même nature pouvant servir de référentiel, on pose la question suivante : sur quels thèmes de la mystique Blondel s'exprime-t-il ? Et sur lesquels ne se prononce-t-il pas ? C'est seulement à la fin, quand la réponse aura été donnée à la question de savoir pourquoi Blondel thématise certains domaines de la mystique mais se tait sur d'autres, que sera offerte la possibilité d'éclairer une exploitation du texte par une lumière authentique.

L'œuvre d'A. Poulain, *Des grâces d'oraison*[560], contemporaine de l'auteur et entre-temps devenue classique, semble représenter un instrument de mesure approprié. Quant à la « tabula praesentiae », elle reçoit un tribut suffisant du travail produit jusqu'ici ; ce travail a étudié, dans un ordre chronologique, le matériel textuel disponible. La priorité de Blondel sur le plan philosophique reste ici hors de propos, puisqu'il ne s'agit pas de tracer une frontière par rapport à Poulain. En revanche la « tabula absentiae » se révèle importante parce qu'elle fait ressortir clairement les contours du domaine blondélien et signale le tracé des frontières.

L'œuvre de Poulain compte plus de six cents pages et s'articule en six parties. Dans la première, c'est-à-dire l'introduction, l'auteur traite des étapes de la prière ordinaire. La deuxième partie dépeint les caractéristiques fondamentales de la mystique, notamment l'expérience de la présence de Dieu et sa possession intérieure. Les différentes étapes de l'union mystique sont traitées dans la troisième partie, qui se termine par l'évocation des noces spirituelles ou l' « union transformatrice ». Bien que chez Blondel ne se retrouvent pas tous les paragraphes de la composition de Poulain, dans l'ensemble il a cependant, lui aussi, exprimé en détail son opinion concernant les thèmes de ces trois parties. En revanche, on obtient un résultat complètement différent si l'on considère les écrits de Blondel sur la toile de fond de la quatrième partie, celle des « grâces d'oraison », à laquelle Poulain donne le titre « Révélations et visions ». Sur plus de cent pages il présente des descriptions détaillées de révélations et visions, suivies d'un traité sur les illusions

---

[560] A. Poulain, *Des grâces d'oraison. Traité de théologie mystique*, préface de J.-V. Bainvel, 11ᵉ édition, Paris, Beauchesne, 1931 (1ᵉʳᵉ édit.1901).

créées par de fausses révélations criblées d'erreurs. Il met ensuite à la disposition du lecteur une sorte de catalogue de critères visant à distinguer les révélations et visions authentiques de celles qui sont affectées de fausseté. La cinquième partie envisage les formes sous lesquelles les mystiques sont éprouvés, quand ils traversent des souffrances intérieures, des scrupules, ou quand ils connaissent des périodes de désarroi intime ou des phénomènes de possession diabolique. La sixième et dernière partie aborde des questions complémentaires, comme par exemple la fréquence des états mystiques, la terminologie de sainte Thérèse et les méthodes scientifiques dans la description de la mystique. Elle émet aussi cette interrogation : est-ce que les stigmates, les lévitations et les extases sont possibles naturellement ?

Comment Blondel se situe-t-il par rapport à ces articles ? Si on néglige les thèmes plutôt formels comme la terminologie ou les méthodes scientifiques, Blondel se tait sur tous les sujets de la deuxième moitié de l'œuvre de Poulain. Les brèves remarques critiques et répétitives qu'il émet en ordre dispersé, concernant les visions inauthentiques éprouvées dans un contexte de faux mysticisme[561], ne peuvent pas être considérées comme des prises de position sur ce thème précis. Il est, bien entendu, hors de doute que, pour Blondel comme pour Poulain, les visions et stigmates ne constituent pas l'essence de la mystique. Mais les raisons pour lesquelles Blondel se tait au sujet de la phénoménologie des visions ne paraissent pas très évidentes.

On pourrait certes arguer ici, en reprenant à notre auteur ses propres termes, qu'il a toujours prétendu rester un philosophe, refusé de se situer sur un autre terrain et n'aborder que « *formaliter* » le *problème de la mystique*. Pourtant, ses écrits montrent que cet argument ne vaut rien dans la mesure où le silence sur les phénomènes mystiques lui servirait de justification. Car même si Blondel veut rester un philosophe, il introduit par exemple une terminologie théologique dans ses traités philosophiques sur la mystique. Des notions telles que *contemplation acquise, contemplation infuse, grâce, don de Dieu, incarnation, réparation, expiation, rédemption, etc.* ne sont pas une rareté sous sa plume. Si, par le contenu, il ne se livre pas à une intrusion complète sur le terrain propre à la théologie,

---

[561] Par exemple dans M. Blondel, *Le problème de la mystique*, 4-5.

fondé sur l'Ecriture et la Tradition, par ailleurs, il surcharge des chapitres entiers de théologie de ses commentaires. S'il ne néglige pas totalement la théologie, pourquoi délaisse-t-il alors justement la phénoménologie ? Il est encore plus difficile de comprendre l'attitude propre de Blondel eu égard à l'affirmation émise par lui et selon laquelle on ne saurait déduire des contenus du discours l'idée qu'ils se situeraient à l'écart de la raison[562]. Or, tout le monde parlait alors de la phénoménologie ; visions, auditions, lévitations et stigmates constituaient des thèmes courants de la presse quotidienne. Mais Blondel se taisait. Pourquoi ?

Le silence de Blondel est en étroite relation avec un mystère de sa famille. En un autre contexte, E. Poulat[563] parlait d'un secret connu de tous, que personne n'évoquait, car protégé par un pacte unanime de silence à cet égard. Ce mystère est représenté par Madame Royer[564], née Edith Challan-Belval (1841-1924), mère de Rose, la femme de Blondel. Son intention première était d'entrer dans un cloître austère, et comme ses parents s'y opposaient, elle épousa Charles Royer[565]. Le 21 juillet 1870, deux jours après le début de la guerre franco-allemande, elle eut sa première vision pendant la sainte messe[566]. Plus tard, lors d'un pèlerinage à Paray-le-Monial, il lui fut révélé que des signes extérieurs tels que la construction de la basilique du Sacré-Cœur à Montmartre ne constituaient pas des œuvres suffisantes, et qu'elle devait donc fonder une association réparatrice[567]. Elle se heurta alors à des difficultés de la part de

---

[562] Ibid. 8.
[563] E. Poulat, *La pensée blondélienne*, 25-26.
[564] Pour la littérature disponible sur Madame Royer, voir : M.A. Despiney, *Madame Royer, Confidente du Sacré-Cœur et les origines de l'Archiconfrérie de prière et de pénitence de Montmartre*, Paris, Casterman 1930 ; M. Berthon, *Madame Royer (1841-1924). Un message du Sacré-Cœur*, préface de H. Aubé, Issoudun : Dillen 1947. Le livre parut avec la collaboration de Ch. Boissard, le petit-fils de Madame Royer, qui en poursuivit le développement sur de plus larges sources : Ch. Boissard, *La vie et le message de Madame Royer* (1841-1924), Paris Lethielleux 1960 ; L. Ruy, *Un message du Sacré-Cœur. Madame Royer et l'archiconfrérie de prière et de pénitence de Montmartre*, Paris, Lethielleux, 1962.
[565] Ch. Boissard, *Madame Royer*, 25.
[566] Ibid. 86-87.
[567] Ibid. 111.

l'autorité ecclésiastique, qui refusait d'approuver son « *Association de prière et de pénitence* ». Dissimulant alors son identité, elle continua de répandre ses idées dans un cercle restreint[568]. Elle connut à cette époque de nouvelles visions : notamment celle de Jésus Christ tenant les bras largement ouverts et le cœur visible sur la poitrine[569]. Entre-temps l'association réparatrice fut reconnue, prit désormais le nom d'« *Archiconfrérie de prière et de pénitence* » et fut élevée par le pape Léon XIII en 1894 au rang d'« Archiconfrérie universelle ». L'un des premiers membres en fut le Patriarche de Venise d'alors, le Cardinal Sarto, futur Pape Pie X[570]. Cette association exerça en France une influence énorme. Dès 1883, elle comptait plus de quatre vingt dix mille adhérents. La même année fut apportée au Pape Léon XIII une statue du Sacré-Cœur aux bras largement ouverts et au cœur visible, qui trouva sa place aussitôt dans le bureau du Pape. Cet événement déclencha dans toute la France une avalanche de statues et d'images du Sacré-Cœur, conçues d'après les visions de Madame Royer[571]. Celle-ci ne connut pas seulement que des visions, mais des lévitations et des ravissements extatiques dont plusieurs personnes furent témoins[572].

Dans les biographies concernant Madame Royer, on note avec intérêt que son gendre, Maurice Blondel, n'est jamais nommé. Le propre petit-fils, Ch. Boissard, par exemple, utilisait la périphrase : « Rose et son époux »[573]. Mais pourquoi ce gendre célèbre fut-il occulté à peu près comme on le ferait d'un bâtard ? Lui qui, dès avant le temps des biographes, aurait mérité d'être connu de tout amateur français de la philosophie ! Visiblement Blondel ne contribuait guère à alimenter la fierté d'une certaine partie de la famille. Souvent d'ailleurs, le lecteur ne peut se défendre de l'impression que dans le cocon familial, l'on évitait le contact avec Maurice Blondel comme s'il s'était agi d'une brebis galeuse.

Même si Boissard fait preuve d'une élégante discrétion, sa biographie laisse quelque peu entrevoir que la crise moderniste au

---

[568] Ibid. 127.
[569] Ibid. 130.
[570] E. Poulat, *La pensée blondélienne*, 26.
[571] Ch. Boissard, *Madame Royer*, 179-183.
[572] Ibid. 241-242.
[573] Ibid. 217 et 228.

sein de l'Eglise dut peser lourd sur le climat de la famille de Blondel lui-même et surtout sur ceux d'entre eux qui appartenaient à la ligne Royer. Fin 1907, c'est-à-dire après la parution de l'encyclique *Pascendi dominici gregis* (8 sept.1907), Madame Royer écrivait dans une lettre à une amie au sujet de son gendre Blondel, alors dans l'incapacité d'écrire en raison d'une névrite qu'elle priait : « Dieu de rendre [à celui-ci] la liberté de sa main, afin qu'il défende la vérité catholique et conduise ses amis à une merveilleuse obéissance à l'Eglise comme il [l'avait] si bien commencé dans les *Annales de philosophie* d'octobre »[574].

Il ressort de ces lignes que Madame Royer voyait la vérité catholique en danger et s'inquiétait pour son gendre : celui-ci fréquentait un cercle d'amis qui ne semblait pas se sentir complètement tenu de suivre l'enseignement de l'Eglise. Elle aurait évidemment voulu le voir assumer le rôle d'un apologète. Cette citation révèle en outre en Madame Royer une femme qui ne s'est nullement contentée d'être une mystique engagée, zélatrice infatigable de la consécration de la nation au Cœur de Jésus, du « *vœu national* » et de l'« *archiconfrérie* », mais qui faisait preuve, en outre, d'un intérêt évident pour la philosophie et la théologie, du moins dans la mesure où ces disciplines entretenaient un rapport avec la politique de l'Eglise. Ses contacts avec des prêtres et des ecclésiastiques de haut rang au sein de l'archiconfrérie avaient influencé le jugement qu'elle portait sur son gendre. Elle estimait que le véritable enjeu du moment était la vérité catholique et savait que l'époux de sa fille Rose y était impliqué. C'est pourquoi il semble presque naturel qu'en exerçant une forme de pression sur ses proches elle ait tenté de sauvegarder l'intégrité de la doctrine catholique et, bien sûr, la réputation de la famille.

Pour Boissard, la citation tirée de la lettre de Madame Royer au sujet de la situation familiale ne montre que la cime émergée d'un iceberg invisible : l'interprétation n'est pas trop forcée. Il est également évident que la crise moderniste a bouleversé la famille de Blondel et a mis directement sous pression Madame Royer, mais aussi indirectement l'écrivain lui-même par le truchement de sa fille. Notre auteur en fournit lui-même la preuve. Concernant cette crise familiale, la correspondance de Blondel dissimule en général son jeu.

---

[574] Ibid. 243.

Ici et là se rencontrent toutefois de brefs ajouts souvent dénués de signification face à la relation difficile entre la politique de l'Eglise et la situation familiale. En une seule occasion Blondel se libéra du poids qu'il avait sur le cœur et soulagea son âme de la souffrance qui l'habitait : et ce fut dans une lettre à Wehrlé. Celle-ci est datée du 29 décembre 1903, l'année même où furent condamnées les œuvres de Loisy. Pour Blondel aussi cette année semble avoir représenté une période de lourde tension. D'après la lettre, il semble que Wehrlé avait donné à son ami le conseil de s'abstenir de publier. Notre auteur voulait bien obéir à cette suggestion, mais s'il se soumettait, disait-il, ce serait devant Dieu. Ce qui ne l'empêchait pas de souffrir de la sottise qu'impliquait une telle décision. Il offrait cette souffrance à Dieu, écrivait-il, sans d'ailleurs trouver le moindre motif raisonnable à cette condamnation qui le remplissait de désespoir et lui donnait l'impression d'être enseveli sous une chape de plomb. Puis il trace le tableau de sa situation familiale : « En ce dernier mois je me suis épuisé plus qu'en des années. Quand ma femme me presse sans cesse de renoncer à mon travail, quand elle-même ou les autres membres de ma famille me détournent de toute initiative et de tout labeur, je commence à croire qu'ils ont raison, et qu'en certains cas la pusillanimité est une forme de la vertu. Il ne s'agit pas en effet aujourd'hui d'une circonstance accessoire ou d'une question d'opportunité : il s'agit d'une crise, telle qu'au cours de ce qui me reste de vie je n'en rencontrerai sans doute pas de plus dramatique. Ce que j'avais à dire contre Loisy, personne, je le crains, ne saura le dire, pour orienter ce que son œuvre a légitimement ébranlé[575]. » En appendice à ce texte, Blondel nous fait comprendre, une fois de plus, qu'il est décidé à se taire, mais se défend d'en porter la responsabilité : « Que Dieu me dégage, par vous, du devoir auquel je me sens appelé » Le texte parle un langage clair : Blondel ne saurait se faire une pire idée de la situation. On ne saura peut-être jamais clairement dans quelle mesure Madame Royer aurait, par le biais de sa fille, influencé Blondel, mais cette influence se révèle certaine, et non négligeable[576].

---

[575] R. Marlé, *Au cœur de la crise moderniste*, 177-178.
[576] Madame Royer, sa fille Rose et les petits-enfants partagent souvent leurs vacances. Rose achète même une maison de vacances à Magny près de

Par ailleurs, dans quelle mesure d'autres personnes auraient-elles influencé Madame Blondel ? On ne saurait trancher. Pas de réponse claire non plus à la question de savoir si, éventuellement, tel ou tel confesseur aurait fait comprendre à Madame Blondel que son mari courait le risque de tomber dans l'hérésie ou la désobéissance à l'autorité de l'Eglise, et qu'il lui revenait désormais de préserver son mari de ce danger, voire même de le ramener dans le droit chemin. Il est indiscutable que la famille de Blondel vivait, surtout à l'époque de la crise moderniste, une extrême tension. Les forces diverses qui s'agitaient autour de notre auteur menaçaient de le broyer complètement. A l'intérieur de la famille, Madame Royer représentait la plus puissante de ces forces. D'autre part, elle était au sein de celle-ci et parallèlement à son gendre la personnalité la plus célèbre. En outre c'était une mystique, qui jouissait de visions, de révélations, de lévitations et d'extases. C'est ce qu'il ne faut jamais perdre de vue quand on veut jeter un éclairage sur les écrits de Blondel concernant cet état. Voilà pourquoi il garde le silence sur la phénoménologie de la mystique. Son silence ne repose pas sur des considérations philosophiques. Il se tait parce qu'il ne veut pas enfoncer davantage le coin que le modernisme a déjà enfoncé entre lui et sa famille. Il se tait parce qu'il devait s'attendre à ce que Madame Royer ne partageât pas son opinion sur les phénomènes mystiques, et surtout à ce qu'elle n'acceptât pas le regard philosophique que Blondel portait sur ces états qu'elle avait vécus et qui constituaient sa vie intérieure. Mais au total, on ne saurait interpréter le silence de Blondel uniquement comme une protection personnelle ou comme un désir de conciliation, ce silence exprime en même temps son respect des limites imposées par la pudeur couvrant tout ce qui composait la vie interne de la famille.

Semur, pour ne pas s'éloigner de sa mère et de ses sœurs. Ch. Boissard, *Madame Royer*, 265.

3. LA MYSTIQUE ENTRE L'ACTION ET LA PENSEE

Par quelle voie Maurice Blondel est-il parvenu à sa conception de la mystique ? Quels effets cette conception a-t-elle produits sur le reste de son œuvre ? Puisque la genèse immédiate des idées blondéliennes sur la question a déjà été exposée, surgit maintenant l'interrogation suivante : comment situer cette conception de la mystique par rapport à toute l'œuvre de Blondel ? Celle-ci une fois analysée, ne faudra-t-il pas présenter une deuxième étude détaillée couvrant le « reste » de l'œuvre. Mais il importe, semble-t-il, de montrer comment s'en dessinent les grandes lignes et quels courants de pensée s'y sont influencés mutuellement. La philosophie de Blondel a-t-elle secrété une certaine conception de la mystique, ou bien n'est-ce pas plutôt la représentation préalable qu'il se faisait de celle-ci qui a constitué le tremplin de sa philosophie de l'action ? La série des articles et contributions sur la mystique se situe chronologiquement entre ses premières œuvres et sa trilogie. Pourrait-on y repérer quelque principe directeur qui ressemblerait à un fil rouge ? Et si fil rouge il y a, quel rapport entretient-il avec la vision blondélienne de la mystique ?

Quant à la méthode, nous posons en principe que la conception blondélienne de la mystique est à considérer comme un catalogue de critères. A l'aide de ces clés, essayons de parcourir maintenant, à grandes foulées, quelques étapes importantes de la pensée blondélienne afin de savoir dans quel contexte global se situe cette fameuse conception. L'interrogation se dédouble ainsi : qu'est-ce qui a marqué la conception blondélienne de la mystique, et en retour comment cette conception marque-t-elle la pensée de Blondel ?

Le parcours de l'œuvre blondélienne doit s'effectuer en trois étapes. *L'Action* (1893) et *La Pensée* (1934) tracent les limites du projet. Le choix de ces « piliers d'angle » se justifie ainsi : étant donné que *L'Action* représente l'œuvre principale de Blondel sans laquelle les écrits subséquents resteraient totalement incompréhensibles, toute recherche sur la mystique ne saurait négliger cet ouvrage fondamental sous prétexte que Blondel ne l'y thématise pas explicitement. S'il évite de le faire dans ce cas précis, il est donc du plus haut intérêt de rechercher l'ébauche possible de certains traits ou de savoir si l'on y rencontre quelque chose qui ressemblerait aux approches de la mystique. Il faut aussi faire droit à l'arrière-plan intellectuel et spirituel tel qu'il se dévoile dans les journaux intimes. L'autre pilier d'angle est *La Pensée*, prélude à l'œuvre tardive de Blondel : la trilogie. Avec *La Pensée* peut se conclure l'enquête sur la mystique, parce que c'est la seule œuvre tardive, dans laquelle se révèle clairement l'influence de la conception blondélienne de ce thème, et aussi parce qu'on ne relève plus dans les textes plus tardifs de nouveaux aspects en rapport avec cette enquête. Reste l'espace intermédiaire, le délai entre *L'Action* et *La Pensée*. La confrontation de Blondel avec Spinoza nous paraît déterminante à cette époque riche en outre d'information pour la relation qu'il établit entre sa conception de la mystique et l'ensemble de son œuvre intellectuelle. Sur la base de cette confrontation, Blondel effectue quelques vérifications sur ce qui dans le corps de sa pensée était resté jusque là bien vague et insuffisamment mûri. Il précise sa terminologie et crée avec la notion de « prospection » un fondement pour son investigation intellectuelle de la mystique.

3.1. *L'Action*

3.1.1. Nuances préalables de la mystique dans *L'Action*

Aucune œuvre de Blondel n'a fait autant sensation que *L'Action* (1893), aucun de ses livres n'a été autant commenté. Il n'entre pas dans notre propos de nous ajouter aux nombreux commentateurs et interprètes qui ont étudié en détail cette œuvre capitale. C'est avec une reconnaissance discrète que nous nous appuyons sur ces analyses[577]. Notre but consiste à montrer, à l'aide des résultats

---

[577] Nous nous bornerons ici à énumérer les ouvrages suivants : M. Blondel, *Logik der Tat.* Passage choisi , tiré de *L'Action* en 1893 et traduit par P. Henrici, Einsiedeln 1957 (= Sigillum 10) ; H. Verweyen, *recension M.Blondel, Logik der Tat.* Extrait de *L'Action* 1893, dans *Theologische Revue* 83 (1987) 132. -H. Bouillard, *Blondel und das Christentum* ; H. Duméry, *Raison et religion dans la philosophie de l'action*, Paris : Le Seuil, 1963 ; on trouvera les idées directrices de ce travail dans l'ouvrage du même : *La tentation de faire du bien*, Paris, Le Seuil, 1957, 218-236 ; P. Henrici, recension H. Duméry, *Raison et religion dans la philosophie de l'action*, dans *Philosophisches Jahrbuch* 72 (1965), 408-413 ; R. Saint-Jean, *Genèse de l'action : Blondel, 1882-1893,* Paris, Desclée de Brouwer

fournis par l'exploitation de l'idée blondélienne de la mystique, quels courants de pensée concernant celle-ci étaient déjà présents ou du moins esquissés dans L'Action[578], et lesquels restaient absents. Il ne s'agit donc pas ici d'accorder à ces courants présentés dans le livre toute l'attention qu'ils méritent. Il nous importe avant tout de considérer *L'Action* du simple point de vue de la mystique.

L'expression de nuances préalables à l'étude de la mystique se trouve avant tout dans la quatrième partie de « L'Action », puis dans la cinquième, ajoutée plus tard[579]. L'enquête de Blondel sur la

---

1965 (= Museum Lessianum, section philosophique 52) ; P. Henrici, *Hegel und Blondel* ; du même, *Maurice Blondel di fronte alla filosofia tedesca*, dans Gregorianum 56, (1975) 615-637 ; du même : *Au delà de la dichotomie théorie-pratique. La philosophie de l'action de Maurice Blondel* dans *Incontri culturali* 19 (1977),153-162 ; le même : *Blondels « Action » im Lichte der klassischen Philosophie,* dans *Theologie und Philosophie* 64 (1989) 161-178 ; du même : *Les structures de « L'Action » et la pensée française,* dans D.Folscheid (édit.), *Maurice Blondel, Une dramatique de la modernité,* 32-43 ;U. Hommes, *Transzendenz und Personalität. Zum Begriff der Action bei Maurice Blondel,* Frankfurt a.M. 1972 (Philosophische Abhandlungen 41); P. Hen-rici, Recension U. Hommes, *Transzendenz und Personalität,* dans *Philosophisches Jahrbuch* 81 (1974) 214-219; U. Hommes, *Das Sprechen von Gott. Zum ontologischen Argument in Blondels Philosophie der Action,* dans *Analecta Anselmiana* 4 (1975) 309-316;Chr.Mahamé, *Spiritualité et philosophie chez Maurice Blondel de 1883 à 1893*; A.Raffelt, *Spiritualität und Philosophie*; H.Verweyen, Recension A.Raffelt, *Spiritualität und Philosophie,* dans *Theologische Revue* 75 (1979) 246-248 ; A.E; van Hooff, *Die Vollendung des Menschen* ; H. Verweyen, Recension A.E. van Hooff, *Die Vollendung des Menschen,* dans *Theologische Revue* 80 (1984) 138-140. Un condensé des idées centrales de *L'Action* est présenté par H. Verweyen dans *Blondel, Zur Methode der Religionsphilosophie,* 31-35; voir le même, *„Die Logik der Tat". Ein Durchblick durch M. Blondels „L'Action"* (1893), dans *Zeitschrift für katholische Theologie* 108, (1986) 311-320.
[578] Concernant la théologie en un sens plus large voir G. Planty-Bonjour, *Les implications théologiques de « L'Action »,* dans :*Revue philosophique de la France et de l'étranger* 111 (1986) 435-448.
[579] La cinquième partie manquait lors de la défense officielle de la thèse et ne fut ajoutée qu'en cours d'impression. Un débat sur la phénoménologie de la cinquième partie de *L'Action* est présenté par C. Troisfontaines dans sa contribution : *L'approche phénoménologique de l'être selon Maurice*

phénoménologie du dilettantisme et du nihilisme aboutit à la conclusion que l'homme voulait toujours quelque chose. Il n'était donc pas donné à la volonté humaine de se réfugier au fond de soi, c'est-à-dire de se limiter, parce que cette volonté ne tirait pas son origine d'elle-même. Selon Blondel, le véritable fondement en était l'action, qui ne cesserait jamais de briser ce cercle[580]. L'homme, déclare-t-il, veut toujours quelque chose, et si rien au monde ne se montre capable d'apaiser cette soif, il se veut alors et toujours lui-même[581]. Dans les écrits suivants, notre auteur se tourne vers la phénoménologie de l'action. La phénoménologie de l'action, comprise positivement, aboutit à la conclusion que dans l'homme, l'action ne saurait parvenir au repos. Il lui serait à tout jamais impossible de satisfaire son vouloir : « [Il est] impossible de se retrouver ni en soi-même, ni dans les autres, tel qu'on veut être ; bref, impossible de s'arrêter, de reculer ou d'avancer seul. Dans mon action, il y a quelque chose que je n'ai pu encore comprendre et égaler ; quelque chose qui l'empêche de retomber au néant, et qui n'est quelque chose qu'en n'étant rien de ce que j'ai voulu jusqu'ici. Ce que j'ai volontairement posé ne peut donc ni se supprimer ni se maintenir : c'est ce conflit qui explique la présence forcée dans la conscience d'une affirmation nouvelle ; et c'est la réalité de cette présence nécessaire qui rend possible en nous la conscience de ce conflit même. Il y a un *unique nécessaire* »[582].

Blondel, dans D. Folscheid (édit.), *Maurice Blondel. Une dramatique de la modernité*, 69-80, ici 72-75.

[580] M. Blondel, *L'Action*, 327/353.

[581] Voir D. Esser, *Der doppelte Wille bei Maurice Blondel. Das Grundanliegen seines philosophischen Denkens*, Werl 1961 (= Franziskanische Studien 16); le courant de pensée de la double volonté est présenté par G. Polzer, *Kritik des Lebens. Das Menschenbild der Frühschriften Maurice Blondels* Würzburg 1965 (=*Forschungen zur neueren Philosophie und ihrer Geschichte* 16) 98-115; voir à ce sujet R. Virgoulay, „*L'Action*" *de Maurice Blondel. Une philosophie de la volonté*, dans *Revue philosophique de la France et de l'étranger* 112 (1987) 55-70; U. Hommes, *Blondels Phänomenologie im Lichte gegenwärtiger Erfahrung*, dans *Theologie und Philosophie* 64 (1989) 179-198- J.L. Marion, *La conversion de la volonté selon « L'Action »*, dans D. Folscheid (édit.), *Maurice Blondel, Une dramatique de la modernité*, 154-165.

[582] M. Blondel, *L'Action* 339/365. *Zur Unmöglichkeit, haltzu-machen*, voir M. Blondel, *La Pensée* I, 171-172/191-192.

Ce raisonnement, conduisant à l'unique nécessaire, aboutit au constat qu'une angoisse[583] innée, habite l'homme, sentiment que Blondel expliquera plus tard par la présence, de tout temps, en tout individu d'un appel de Dieu. Mais la véritable toile de fond est constituée par ce que Blondel résume plus tard sous la notion de « transnaturel ». Bien que ce terme n'apparaisse pas tel quel dans *L'Action*, ce qu'il entend par lui est déjà objectivement présent. Quand, dans l'ouvrage, Blondel constate qu'il y a dans l'agir humain quelque chose qui dépasse l'homme, de sorte qu'il ne saurait trouver en soi-même ce qu'il cherche constamment, il désigne en substance exactement ce qu'il déterminera plus tard sous la notion de « transnaturel ». L'état psychologique correspondant à ce mot se révèle comme une soif d'absolu qui marque l'individu, tel un stigmate, le caractérise et l'empêchera toujours de trouver son équilibre dans l'ordre humain[584]. En ce qui concerne *L'Action*, cette toile de fond signifie que Blondel, en concluant à « l'unique nécessaire » et en mettant l'homme devant l'option décisive de sa vie - un choix pour ou contre Dieu - choisit une notion qui, plus tard, représentera l'une des bases les plus solides pour sa recherche sur la mystique.

Lors d'une prochaine démarche, notre auteur se voit confronté au problème du caractère vivant de l'« unique nécessaire ». Pour lui, cet « unique nécessaire » n'est à sa juste place que dans la mesure où il s'agit d'un être vivant, et non simplement du résultat d'une construction logique de l'intelligence. A ses yeux, l' « unique nécessaire » est présent dans les actes de la volonté, non dans l'exercice de l'intelligence ; les maîtres de la vie intérieure remarquent que, lorsque nous pensons à cet « unique nécessaire », les actes de la volonté requièrent de notre part une plus grande concentration que lorsque nous utilisons l'intelligence réflexive[585].

---

[583] Comment Blondel peut déduire la constatation de l'angoisse innée à partir de sa propre expérience, cela est exposé dans la contribution de G.Bagnard : *L'inquiétude du chercheur sous la sérénité du croyant. Les Carnets intimes* de Blondel dans *Revue philosophique de la France et de l'étranger* 112 (1987) 21-32.

[584] M. Blondel, *Transnaturel*, dans A.Lalande (édit), *Vocabulaire* 1152.

[585] M. Blondel, *L'Action* 340/366.

Blondel recourt ici à Ignace de Loyola, auquel se référait déjà J.C. Dhotel[586].

Blondel rapporte l'expérience de l' « unique nécessaire » en ces termes : « Sans en connaître le nom et la nature, on peut deviner son approche et comme éprouver son contact, tout ainsi que dans le silence et la nuit l'on entend les pas, l'on touche la main d'un ami qu'on ne reconnaît pas encore »[587]. Au regard de cette comparaison, Blondel semble ici avoir fait preuve de quelque incertitude car, en un autre passage, concernant la libre nécessité de Dieu qui, dans son ordre, ne peut pas ne pas se vouloir, concernant aussi la nature de la volonté humaine qui ne peut pas non plus ne pas se vouloir, il cite l'image de l'union conjugale, dont il déclare que « dans l'action volontaire, il s'opère un secret hymen de la volonté humaine et de la volonté divine »[588]. Si on lit ces deux citations, en essayant de discerner la façon dont se dessine ici la conception blondélienne de la mystique, il faut insister sur ce fait que l'image du mariage correspond bien plus à l'union mystique qu'à l'amitié. Cette incertitude disparaît avec le temps. Blondel se décide clairement pour l'image du mariage dès lors qu'il s'agit du contact avec l'Autre inconnu.[589] Mais malgré cette incertitude, il est expressément dit dans *L'Action* que l' « unique nécessaire » est en moi, qu'il est présent, et que l'homme peut en faire l'expérience[590].

Quand notre auteur expose le sens de l' « unique nécessaire », il laisse transparaître l'idée que toute connaissance humaine est

---

[586]   J.Cl. Dhotel, *Action et dialectique. Les preuves de Dieu dans « L'Action » de 1893*, dans les *Archives de philosophie*, 26 (1963) 5-26, ici 8 : Dhotel démontre qu'ici Blondel cite d'une manière d'ailleurs inexacte les *Exercitia spiritualia*, note 3. Dhotel rapporte l'inexactitude non pas à un défaut de mémoire chez Blondel, mais à ce fait qu'en utilisant la citation, Blondel s'adapte au style de sa dissertation de doctorat. C'est pourquoi, selon Dhotel, Blondel ne parle pas comme Ignace de la prière, mais seulement de la présence de l'unique nécessaire. »

[587]   M. Blondel, *L'Action* 340/366.

[588]   Ibid. 371/396.

[589]   M. Blondel, *Exigences philosophiques*, 123-124/135-136.

[590]   Sur la connaissance de Dieu dans *L'Action*, voir J.M. Isai, *Maurice Blondel. Una rigurosa filosofia de la religion*, Bilbao : Univ.de Deusto 1982 (=Publicaciones de la Universidad de Deusto, Filosofia 5), 177-183 : *Carácter del conocimiento de Dios*.

incomplète. C'est uniquement quand l'homme prend le chemin qui passe par l'autre *moi* habitant son âme et se distingue de son *moi* qu'il se connaît lui-même : « Pour donner l'équation de notre action volontaire, il faut regarder en nous jusqu'où cesse ce qui est de nous. Comme la clarté d'un regard se voit dans le miroir d'un clair regard, ainsi la conscience ne se connaît que dans la lumière de la vie intérieure à sa propre vie. Il y a au fond de ma conscience un *moi* qui n'est plus *moi*, j'y reflète ma propre image. Je ne me vois qu'en lui : son mystère impénétrable est comme le tain qui réfléchit en moi la lumière »[591]. Cette citation rappelle l'idée que l'homme reçoit la vraie connaissance seulement dans l'union mystique, autrement dit : ce n'est que dans l'union à Dieu qu'il devient possible à l'homme de se connaître soi-même. En Dieu, il découvre et connaît toute la création d'une façon nouvelle et complète. Ces développements blondéliens rappellent en outre la parole souvent citée de St Paul : « Ce n'est plus moi qui vis, mais c'est Christ qui vit en moi » (Gal 2,20a).

Cet autre *moi*, perçu dans la conscience, l'homme en fait l'expérience comme d'un penser et d'un vouloir, sans qu'il y ait en lui ni penser ni vouloir, mais en même temps, ni penser ni vouloir ne sauraient saisir cet autre « penser et vouloir ». « Je n'ai de raison de l'affirmer que parce qu'il m'est à la fois nécessaire et inaccessible »[592]. C'est ainsi que Blondel désigne les deux termes solidaires qui, au bout de quarante pages à la fin de la quatrième partie, constituent sa définition du surnaturel : « Absolument impossible et absolument nécessaire à l'homme, c'est là proprement la notion du surnaturel »[593]. Avec elle, l'homme, en quelque sorte, « touche » Dieu[594], qui s'impose nécessairement à la conscience humaine. Pour

---

[591] M. Blondel, *L'Action* 347/372-373.
[592] Ibid. 347/373.
[593] Ibid. 388/412.
[594] Voir M. Jouhaud, *Le problème de l'être et l'expérience morale chez Maurice Blondel*, Paris/Louvain : Béatrice Nauwelaerts 1970 (=Publications de la faculté des lettres et sciences humaines de Paris-Sorbonne. Sér.Recherches 58). Jouhaud étudie la question de savoir dans quelle mesure on peut parler d'une présence implicite du surnaturel dans la volonté, ibid.601-623. Voir aussi X. Tilliette, *L'insertion du surnaturel dans la trame de « L'Action »* dans : *Revue philosophique de la France et de l'étranger* 111 (1986) 449-465.

donner à la vie humaine un dessin ineffaçable, il suffit que Dieu interpelle secrètement la volonté individuelle, même sous un masque et un déguisement[595]. Cette « impression ineffaçable » que laisse Dieu se manifeste comme inquiétude, comme une aspiration naturelle vers le mieux, comme recherche du sens de la vie. Blondel exprime ici le fait que l'homme possède une vocation divine. Mais il peut assurément arriver que l'homme ne reconnaisse pas l'auteur de l'appel qui lui est adressé, ou que l'appel se présente sous un nom masqué, ou encore sans aucun nom.

Cet appel laisse derrière lui une impression irrépressible qui place nécessairement l'homme devant l'alternative suivante : « Oui ou non, voudra-t-il vivre, jusqu'à en mourir si l'on peut ainsi parler, en consentant à être supplanté par Dieu ? ou bien prétendra-t-il se suffire sans lui ? »[596] Telle est l'option qui s'offre à la liberté humaine : amour de soi-même jusqu'au mépris de Dieu ou amour de Dieu jusqu'au mépris de soi-même. Face à la vie de l' « unique nécessaire » en moi, c'est-à-dire face à la vie de Dieu en moi est soulevée la question décisive : meurtre de Dieu ou naissance de Dieu. La première option signifie la mort de l'action. C'est comme si l'homme voulait tout de Dieu, hors Dieu lui-même, à l'instar de Prométhée qui déroba le feu aux dieux[597]. Mais cette action ne laisse pas l'homme libre de tout souci. Elle produit un effet si puissant qu'elle enfle comme un écho immense, secoue l'homme et le réveille. Une sentence secrète ravive à sa conscience ce qu'il sait déjà : l'utilisation des biens insuffisants comme s'ils se suffisaient à eux-mêmes, ne peut que précipiter l'homme dans l'interminable faute. « Car ce qui en use en lui est infini ; et son malheur est de mettre non le temps dans l'éternité, mais l'éternité dans le temps. »[598] « Ce n'est donc pas hors de l'homme, c'est en l'homme qu'il faut chercher le secret jugement de l'éternité[599].

Ici transparaissent également plusieurs fondamentaux de la conception blondélienne de la mystique déjà mentionnés. En substance resurgit, en arrière-plan, la notion de « transnaturel ». Elle entre cette fois-ci dans la conscience de l'homme comme voix

---

[595] M. Blondel, *L'Action* 353/378.
[596] Ibid. 354-355/380.
[597] Ibid. 360/384.
[598] Ibid. 367/392.

intérieure, laquelle ne laisse pas l'homme en repos mais l'empêche même de trouver l'équilibre à l'intérieur de son ordre propre.

D'autres nuances de la conception de la mystique se manifestent quand Blondel développe plus abondamment ces idées. Puisque l'échec révèle toujours à l'homme qu'il ne saurait se satisfaire de lui-même, il prend conscience du don que représente son existence. Ce don, que Blondel nommera le premier de tous dans ses développements ultérieurs sur la mystique, est imparti à l'individu par le Créateur de son existence de manière telle qu'il se voit également investi d'une volonté créatrice. S'il refuse ce don, il engage cette dernière contre celle de son Créateur en utilisant pour ainsi dire Dieu contre Dieu[600]. Mais ce faisant, l'homme brise le lien dont il vit ; il commet l'adultère. Sur quoi Blondel en vient à parler dans *L'Action* d'un autre don immérité, qu'il qualifiera plus tard de deuxième don. Toujours selon lui, quiconque croirait trouver en soi la vérité nécessaire à sa conscience ou la force nécessaire à son action, celui-là non seulement se priverait d'un don gratuit et facultatif, mais opposerait un démenti à son aspiration propre.[601] Blondel présente ensuite la deuxième option, la décision de faire naître Dieu dans l'homme.

Avant de retracer les lignes de la deuxième option au regard de la conception blondélienne de la mystique, nous voudrions ménager ici une pause afin d'attirer l'attention, par une sorte de digression, sur l'importance des corrections apparemment disparates que Blondel opère après avoir écrit *L'Action*. A la fin de son exposé sur la première option, il aborde le thème du lien entre la faute et l'expiation. Quand l'homme est tombé dans la faute, quand il s'est mis lui-même à la place de Dieu, quand il a cru pouvoir trouver l'apaisement plénier dans sa propre action, la puissance de Dieu ne suffit pas à créer un remède. Il y faut autre chose : « Si l'on ose dire, il faut que Dieu meure nécessairement si le crime de l'homme doit être compensé ; il faut que Dieu meure volontairement si le crime de l'homme peut être pardonné et détruit. Mais, de lui-même, l'homme n'y peut rien »[602]. La faute ne saurait donc être réparée que si Dieu

---

[599] Ibid. 369/394.
[600] Ibid. 371/396.
[601] Ibid. 372/397.

meurt. Seule la mort nécessaire de Dieu peut racheter l'homme de la fixation sur soi-même, c'est-à-dire de ce fait qu'il a essayé de trouver son équilibre seul dans l'ordre humain. Ainsi donc, la mort de Dieu est conçue comme un gage d'expiation, un tribut à payer afin de restaurer un ordre détruit. Dans un tel cas, Blondel décrit la relation entre l'homme et Dieu comme un rapport de faute à expiation. Dieu expie la faute de l'homme et si l'homme comme image de Dieu veut devenir créatif, sa coopération se comprend d'abord et en ce sens également comme expiation.

Trente cinq ans plus tard, Blondel apporte d'autres nuances dans les *Exigences philosophiques du christianisme*. La coopération de l'homme, par son épreuve[603] et sa mortification, ne se contente plus d'expier, mais trouve sa justification dans un double but : épreuve et mortification trouvent leur sens dans l'intention « [d']empêcher l'union de l'homme à Dieu d'apparaître comme un simple échange de bonne volonté qui laisserait chacun à sa propre nature, et empêcher une assimilation plus intime d'aboutir à une absorption. »[603] Ici, Blondel ne conçoit plus l'activité de l'homme coopérant avec Dieu comme étant d'abord une expiation, car à la fin des années vingt il ne décrit plus la relation entre Dieu et l'homme en lien avec l'incarnation comme étant d'abord une relation de faute et d'expiation, mais plutôt comme une relation d'amour. Entre-temps, il s'est approprié la vision théologique de Duns Scot selon laquelle Dieu n'est pas venu dans le monde pour expier la faute de l'homme. Même si Adam n'avait pas péché, Dieu se serait fait chair, afin de parachever l'œuvre de création par un acte d'amour suprême. La conception scotiste met au premier plan la relation d'amour entre Dieu et l'homme. On comprend ici aussi pourquoi Blondel compare désormais l'union mystique à l'union conjugale et rejette en revanche l'image de deux amis dont les mains se touchent dans l'obscurité de la nuit. Car dans l'union mystique, où culmine l'amour entre Dieu et l'homme, les deux partenaires ne se touchent pas de l'extérieur mais expérimentent leur intimité réciproque. Après la parution de *L'Action*, l'abandon de cette image de l'amitié destinée à décrire la

---

[602] Ibid. 371-372/396.

[603] M. Blondel, *Exigences philosophiques*, 126/138.

plus étroite relation entre Dieu et l'homme, se trouve donc en relation causale avec la conviction nouvellement acquise de Blondel : considérer la relation entre les deux partenaires, à la suite de Duns Scot, d'abord comme une relation d'amour. Il en résulte que, pour que soient appréciées certaines nuances de la pensée mystique dans *L'Action*, Blondel a fondé cet ouvrage sur une pensée mystique, ce qui par ailleurs ne l'empêche nullement non seulement d'exposer son incertitude, quant à l'introduction de considérations intellectuelles dans la vie mystique, mais aussi d'affirmer des insistances qu'il infirmera plus tard. Une fois de plus, il apparaît ici que l'élaboration intellectuelle de la mystique chez Blondel fut le résultat d'un processus couvrant plusieurs décennies, et au cours duquel les considérations les plus diverses furent constamment confrontées les unes aux autres et mises en cohérence les unes avec les autres. Voilà pour la digression.

La deuxième option vise la naissance de Dieu[604]. Au regard de notre questionnement, d'importants mots-clés surgissent dans cette argumentation : tels la mortification, la coopération de l'homme, la relation entre amour et souffrance, entre passivité et activité. Sans nommer deux autres mots-clés appartenant plutôt au vocabulaire de la théologie, Blondel aborde exactement ici le domaine qu'il décrira, dans des textes plus tardifs sur la mystique, à l'aide de la double notion de « contemplation acquise » et de « contemplation infuse ». Cette deuxième option repose sur l'homme susceptible de discerner sa totale impuissance quant à ses propres forces. C'est pourquoi il prend la décision de faire place à la cause première.

L'homme doit se retirer afin d'accorder à Dieu un espace libre. Mais comment est-il possible de soumettre sa volonté propre à celle

---

[604] Bouillard a remarqué que dans l'exposé de Blondel il ne s'agit pas de la conception de St Thomas d'Aquin sur le « desiderium naturale videndi Deum ». Selon Thomas, le désir naturel de la vision de Dieu vise directement son terme final. Chez Blondel par contre, le vouloir de l'Infini viserait à établir le vouloir de Dieu à la place du vouloir de l'homme. Mais puisque la nature humaine en même temps s'opposerait au surnaturel, et qu'en conséquence deux tendances antagonistes caractérisent l'homme, le désir du surnaturel ne pourrait faire l'expérience de son accomplissement que si l'homme apporte le sacrifice de sa nature, c'est-à-dire meurt à soi-même. H. Bouillard, *Blondel und das Christentum*, 155-156.

de « cet hôte mystérieux »[605] ? D'après Blondel, cette subordination de la volonté propre constitue un acte personnel de la conscience elle-même. Quiconque écoute la voix de sa conscience a l'impression de renoncer à sa volonté propre, de la sacrifier à un autre : « Chaque fois qu'on accomplit un devoir, il faut sentir qu'il emporte la vie, qu'il remplace la volonté propre, qu'il suscite en nous un être nouveau. Car il faudrait mourir plutôt que de ne le point accomplir ; et, en vivant pour nous en acquitter, c'est déjà un autre qui vit en nous. Tout acte est comme un testament. Il faudra bien prendre le temps de mourir : c'est comme mourant qu'il faut vivre, avec cette simplicité qui va droit à l'essentiel et au vrai »[606].

Si au fondement de l'agir ordonné par la conscience il existe un principe de renonciation, il se nomme souffrance et sacrifice. Blondel signifie par là que l'homme renonce complètement à soi-même volontairement : « faire de chaque acte une mort et de la mort même l'acte par excellence, c'est ce triomphe de la volonté qui déconcerte encore la nature et qui, en effet, engendre dans l'homme une vie nouvelle et plus qu'humaine »[607]. Dans la souffrance, l'homme découvre en soi la signature d'un Autre. Selon Blondel, le sens de la souffrance se manifeste de deux manières : comme épreuve et comme preuve de l'amour. C'est une épreuve dans la mesure où la souffrance dévoile à l'homme son égoïste vouloir, et une preuve quant à l'amour en ce que la souffrance le délivre de soi-même pour lui permettre de se donner à quelqu'un d'Autre. Mais l'influence de l'Autre ne produit son effet que si l'homme laisse entrer cette vie nouvelle en soi-même, c'est-à-dire s'il coopère[608]. A. Raffelt fait remarquer que dans ces propos élogieux, l'aspect négatif de la souffrance est sans doute passé exagérément sous silence. Blondel n'aurait donc eu en vue que le rôle de la souffrance maîtrisée, mais omettrait à tort de thématiser la blessure du mal inhérente à beaucoup

---

[605] M. Blondel, *L'Action* 374/399.
[606] Ibid.379/404.
[607] Ibid. 380/405.
[608] Voir A. Raffelt, *Opfer und Selbstbejahung : Implikationen der « Immanenzapologetik » Maurice Blondels*, dans IKaZ *Communio* 7 (1978) 323-339 ; P. Henrici, *Das Leiden – eine Aufgabe*, dans IkaZ *Communio* 17 (1988) 495-499.

de souffrances[609]. Mais d'après Raffelt, la pointe de l'argumentation apparaît dans un texte sur la relation entre souffrance et amour. Quand Blondel explique dans la citation ci-dessous la relation mutuelle entre amour et souffrance active, cela rappelle la présentation de l'union mystique comme pénétration mutuelle de Dieu et de l'homme sans niveler les différences entre les deux partenaires : « L'amour fait les mêmes effets en l'âme qu'au corps la mort : il transporte celui qui aime en ce qu'il aime, et ce qui est aimé en ce qui est aimant. Aimer, c'est donc aimer à souffrir, parce que c'est aimer la joie et l'action d'autrui en nous »[610].

Par ailleurs, Blondel place concrètement la souffrance en contre-point de la notion de « transnaturel ». Elle empêche l'homme de s'acclimater à ce monde, de s'y sentir chez soi, et produit en lui un malaise incurable : « Qu'est-ce en effet que s'acclimater, sinon trouver son équilibre dans le milieu restreint où l'on vit hors de chez soi ? […] Le pire serait de ne plus souffrir, comme si l'équilibre était trouvé et le problème déjà résolu »[611].L'état transnaturel de l'homme s'impose donc à nouveau qui, telle une mise en garde permanente, ou tel un aiguillon dans la chair, ordonne à l'homme d'abandonner son quant-à-soi, de mourir, pour ainsi permettre cette naissance de Dieu en soi-même qui seule lui ouvre l'accès à la vraie vie. La mortification, que Blondel dans ses écrits intègre à la mystique sous le titre de « contemplation acquise », constitue la contribution de l'homme à la naissance de Dieu. Concernant la valeur de la prestation humaine, Blondel recourt de nouveau à Ignace : quand nous avons fait tout ce qui était en notre pouvoir comme si nous n'avions à compter que sur nous-mêmes, nous devons être en même temps persuadés que ce que nous faisons est insuffisant, et que tout doit émaner de Dieu : « On ne peut dire que la première part de l'acte vient de l'un et que la seconde vient de l'autre : non, chacun doit agir pour le tout »[612].

La mortification reçoit sa signification de la mort, à laquelle L'Action attribue un rôle clé. Tandis que la première option entraîne la mort de l'action, la deuxième option en affirme la vitalité. L'action

---

[609] A. Raffelt, *Spiritualität und Philosophie*, 177-178.
[610] M. Blondel, *L'Action* 382/406.
[611] Ibid. 381/406.
[612] Ibid. 385/410.

est pour Blondel l'accomplissement de la vie, tout simplement. Mais fondamentalement, elle est une participation à l'œuvre de Dieu : « notre rôle c'est de faire que Dieu soit tout en nous comme il y est de soi, et de retrouver au principe même de notre consentement à son action souveraine sa présence efficace. La vraie volonté de l'homme, c'est le vouloir divin. Avouer sa foncière passivité, c'est, pour l'homme, la perfection de l'activité »[613]. Ou bien selon une autre formulation de Blondel : « La vérité ne se répand que dans les vases vides »[614]. Cela rappelle assurément les longs commentaires dans *Le problème de la mystique* sur le vide que rencontre en soi l'homme face à l'échec de ses aspirations. Quand Blondel présente la mort comme « l'acte par excellence »[615] parce qu'elle signifie la remise définitive de soi-même à Dieu et donc l'abandon parfait de soi-même, cela ne veut rien dire d'autre que ceci : l'accomplissement le plus élevé de la vie se produit dans la mort. La pâle anticipation de cet accomplissement suprême est la mortification qui, aux yeux de Blondel, représente déjà « la véritable expérimentation métaphysique »[616], atteignant son sommet dans la mort. Blondel n'explique pas en quoi consiste cette expérimentation métaphysique. La seule chose qui paraît certaine, c'est que l'homme doit mourir à soi-même et se livrer à la Cause Première, parce qu'il ne peut acquérir ce qui est nécessaire à la vie par ses propres forces. Voici maintenant le lieu où notre auteur introduit la définition du surnaturel et termine en même temps la quatrième partie de *L'Action*. Par là aussi se termine la thèse de doctorat proprement dite dans la forme où elle se trouvait lors de la séance de soutenance.

Le P. Henrici a beaucoup fait pour la cinquième partie de *L'Action*, − longtemps désignée comme « chapitre obscur »[617] − lorsqu'en 1964 il se déclara convaincu « qu'en ce texte jamais parvenu à pleine maturité, se formait le nœud de toute la pensée blondélienne »[618]. D'après Henrici, c'est dans cette partie que sont

---

[613] Ibid. 387/411.

[614] Ibid. 387/412.

[615] Ibid. 384/408.

[616] Ibid. 383/408.

[617] Ainsi encore R. Scherer dans la postface à sa traduction allemande dans *M. Blondel, Die Aktion*, 533.

[618] P. Henrici, *Glaubensleben und kritische Vernunft*, 689.

dévoilées pour la première fois les « arrière-pensées » qui ne se laissent jamais ramener à un enchaînement logique tout à fait naturel, et qui soudain apparaissent désormais en plein jour : le « vinculum substantiale » et le « panchristisme »[619]. Nous ne voudrions pas nous appesantir ici davantage sur ces deux notions, mais renvoyer à l'article d'Henrici. La découverte des nuances anticipant la conception de la mystique doit être poursuivie à l'aide du catalogue des critères déjà exposé par lui.

Tandis que la quatrième partie de *L'Action* se termine sur des pensées qui ressemblent à ce que Blondel exposera plus tard sous le titre de « contemplation acquise », la cinquième partie conduit de plus en plus à son terme, même si c'est d'une manière globalement très limitée, ce qui, dans des contributions plus tardives, est présenté comme ressortissant à la « contemplation infuse ». Blondel poursuit : c'est uniquement sur la base de la coopération que le divin trouve en l'homme une demeure, devient présent en lui, comme il l'a déjà expliqué. Mais de quelle manière s'accomplissent en nous l'œuvre humaine et l'œuvre divine ? Quel est le rapport mutuel entre le fini et l'infini ? Blondel esquisse cette relation comme suit : « Il nous faut l'infini fini ; et ce n'est pas à nous de le limiter ; sinon, nous le rabaisserions à notre taille ; c'est à lui seul de se mettre à notre portée et de condescendre à notre exiguïté pour nous exalter et nous élargir à son immensité »[620]. Ce texte suggère que l'homme se révèle certes en manque de la grâce de Dieu, mais ce dernier en sa grandeur donne infiniment plus que le premier ne demande[621].

L'infinie grandeur de Dieu s'adapte à l'infinie petitesse de l'homme, « le divin est plus qu'universel, il est particulier pour chaque point et tout entier en chacun »[622]. Dans cette phrase se

---

[619] Ibid. 691.

[620] M. Blondel, *L'Action* 418/444.

[621] Ici se trouve déjà anticipée la réponse à Maritain, qui voyait la nécessité à la base de la notion blondélienne de la grâce.

[622] M. Blondel, *L'Action*, 418/444. La terminologie n'a pas encore atteint ici sa maturité. Plus tard, Blondel n'utilisera plus dans ce contexte le mot « particulier », mais « singulier », afin de se démarquer, à l'aide de la double notion « universel » « singulier », des termes « général » « individuel » employés par la philosophie grecque. Le terme « singulier » tient davantage compte de l'événement *incarnation,* dans la mesure où

dévoile la pensée qui continuera de se développer plus tard : comment envisager l'incarnation du Christ, et comment, à travers l'imbrication intérieure de l'universel et du singulier, concevoir la participation de l'homme à une conformation au Christ, à une « incarnation par extension réelle »[623].

Dans la dernière partie de *L'Action*, Blondel aborde l'observance littérale comme une chance pour l'homme de pouvoir se reprendre. « l'âme religieuse trouve, dans la rigueur assujettissante de la lettre, un secours contre elle-même ; sous cette contrainte elle se renouvelle ; et, loin de se perdre en une vague et flottante aspiration d'infini, elle approfondit et vivifie ses sentiments qu'elle craignait de profaner ou de tuer, en les jetant au dehors dans le corps d'un acte »[624]. Dans la « rigueur assujettissante de la lettre » sont inclus des signes ou des formes fixes, par exemple la messe du dimanche. Dans ces simples exercices, l'homme trouve, d'après Blondel, plus d'infini que dans les hautes spéculations, parce que l'individu humble qui se soumet à la pratique possède dans la lettre elle-même l'esprit sans élever de prétention à son sujet.

Blondel ébauche finalement le thème de la naissance de Dieu, si central pour la mystique. A son jugement, la lettre comme réalité de l'esprit nous ouvrirait l'accès à sa vie inaccessible. Pour décrire le processus, Blondel utilise l'image déjà mentionnée de la greffe. Dieu s'établirait dans l'homme comme un greffon sur le tronc d'un arbre. Mais tandis que la greffe entée sur le sauvageon ne descend pas jusqu'aux racines mais se diffuse seule en hauteur, « la pratique littérale insinue jusqu'aux plus humbles fonctions de l'organisme le germe divin : elle associe le corps à une vie plus haute que celle de l'esprit. Et c'est de cette matière sacramentelle, sous laquelle l'infini vivant semble anéanti et comme mort, que doit ressusciter, par l'effort de la bonne volonté, cette vie divine et humaine tout ensemble. Tous, nous avons à nous enfanter, en enfantant Dieu en nous, « theotokoi ». Et, comme s'il fallait être Dieu pour être pleinement homme, l'homme, malgré son incompréhensible faiblesse, est tel qu'il a en lui assez pour que nul autre être ne puisse être plus

---

« singulier » désigne ce qui est un, ce qui est unique. Par contre, « particulier » désigne plutôt ce qui est spécial.

[623] M. Blondel, *Le problème de la mystique*, 52.

[624] M. Blondel, *L'Action*, 409/435.

grand. Le don que lui apporte l'action religieuse s'incorpore si étroitement à sa substance que la nature humaine devient capable de produire et de créer en quelque façon celui de qui elle tient tout. »[625] Blondel n'aurait pas pu décrire avec plus de densité l'événement de la naissance de Dieu. D'après cette formulation, celle-ci remonte jusqu'à la volonté humaine. L'individu décide[626] de se soumettre à la « pratique littérale »[627], c'est-à-dire de s'oublier soi-même, de se mortifier. Est ainsi créé un espace libre pour Dieu, sa naissance est volontairement accueillie, mais non insérée de force. Dieu se donne à l'homme en prenant soin de se mettre au niveau de sa nature, et s'y s'incorpore. Cette adaptation se fait d'une manière tellement souple qu'on ne peut plus distinguer finalement entre l'agir de Dieu, qui se donne à l'homme, et l'agir de l'homme, qui s'engendre en Dieu, du moins au sens où il s'agirait de deux activités différentes. L'homme ne devient vraiment homme que grâce au processus de divinisation. C'est pourquoi Blondel comprend déjà ici la naissance de Dieu en l'homme comme la démarche la plus intense de l'incarnation.

Si, à la dernière page, l'on exclut le « c'est » de la question portant sur le lieu des premières manifestations de la mystique, puisque d'après la propre déclaration de Blondel ce mot dépasse la compétence de la philosophie[628], la recherche ci-dessus se termine

---

[625] Ibid. 420-421/446-447.

[626] On trouve la clé de la relation entre Dieu et l'homme dans *L'Action* si on remplace le mot « grâce » par « liberté divine » et l'expression « libre arbitre » par « liberté humaine ». Voir la référence de Blondel à Bernard de Clairvaux, M. Blondel, *L'Action*, 403-404 /429-430. Directement à ce sujet, voir les commentaires de M. Sales, *Les marches d'approche de la foi. Dieu en quête de l'homme et l'homme en quête de Dieu*, dans la *Revue catholique internationale Communio* 12 (1988) 12-34, ici 24. Voir aussi M. Renault, *Déterminisme et liberté dans « L'Action » de Maurice Blondel*, Lyon, Vitte 1965 (= Collection *Problèmes et doctrines, 21*) ; M. Pacheco, *A Genese do problema da acção em Blondel* : (1878-1882). *Sentido de um projecto filosófico*, Paris : Centro Cultural Português 1982 (=Humanismo classico e humanismo moderno 3).

[627] Voir Y. de Montcheuil, *Maurice Blondel. Pages religieuses*, 191-213 : *La pratique littérale* ; J. Reiter, *Geist und Buchstabe. Blondels Verständnis konkret-lebendigen Erkennens*, dans *Theologie und Philosophie* 64 (1989) 222-236, ici 232-236.

[628] M. Blondel, *L'Action* 492/517.

sur la thématique de la naissance de Dieu. Rétrospectivement, nous insistons encore une fois sur le fait que Blondel n'emploie jamais les notions couvertes par les expressions « la mystique » et « le mystique » dans un sens identique à celui de ses écrits sur la mystique. Le terme « transnaturel » lui-même ne se trouve pas dans le texte. Pourtant, sa substance s'y trouve déjà largement répandue. C'est pourquoi nous allons passer en revue encore une fois sous forme de mots-clés ces idées qui anticipent la conception blondélienne de la mystique, sans accorder plus d'importance que cela au fait de devoir reproduire, ce faisant, l'argumentation d'ensemble de *L'Action* : Blondel constate la présence dans l'individu d'un vouloir indestructible. Celui-ci, revêtant la forme d'une inquiétude innée ou d'une intense soif d'absolu, n'a d'autre fondement que la vocation divine de l'homme. Cette vocation peut aussi bien se manifester à la personne d'une manière anonyme. Face au vouloir indestructible s'oppose alors la mort, expression la plus radicale de l'échec permanent du vouloir humain. La notion de « l'unique nécessaire » place l'homme devant l'alternative de se décider pour ou contre Dieu. Cet impératif entraîne la conviction que toute connaissance humaine demeure imparfaite et n'atteint sa perfection que par son union avec l'origine des choses. La décision d'opter pour Dieu revient à faire abstraction de soi-même, à se mortifier. La mortification représente le véritable agir de l'homme, par lequel il accueille en soi la naissance de Dieu. La mortification se produit entre autres quand l'individu se soumet humblement à la pratique ecclésiale afin de laisser, en réprimant toute prétention, l'Esprit divin agir en soi. Mais la mortification n'est qu'une pâle anticipation de l'activité humaine la plus élevée qui soit, à savoir la mort. Par conséquent, la signification de celle-ci apparaît radicalement transformée. Elle ne représente plus le sommet de l'échec ou de l'impuissance, mais elle devient sans plus une action. La vraie vie de l'homme est conditionnée par sa mort, mais fondée sur la naissance divine.

Finalement, au regard de la conception de la mystique, que reste-t-il à nommer et à ébaucher ? Blondel visiblement ne s'est pas appesanti sur la notion de connaturalité, sur la vie d'union elle-même, sur la transformation qui en découle ou sur le lieu et le rôle de la raison dans l'union à Dieu. Dans l'ensemble, il se borne essentiellement à la description de la coopération humaine accordée à l'agir divin. D'un bond, au sein même de l'enchaînement des idées, le lecteur bute sur la fin de *L'Action*. Blondel poursuit : c'est la tâche de la philosophie, de montrer que l'homme doit nécessairement prendre une décision, car il ne saurait échapper à l'alternative résultant du concept de « l'unique nécessaire » ; mais la frontière de la philosophie, c'est le surnaturel lui-même : autrement dit Dieu. Cet Être surnaturel existe-t-il ou non ? D'après Blondel, la philosophie n'est plus en mesure de répondre à cette question fondamentale. Il est tout à fait conscient de cette limite, mais ne s'en satisfait pas et ajoute un mot qui outrepasse le domaine de la philosophie : « c'est ». Par cette affirmation consistant à dire qu'il y a de l'être surnaturel, Blondel fait le plus grand saut qui soit, au cœur de son œuvre. Mais pourquoi ce saut ? Pourquoi abandonne-t-il le terrain de la philosophie ? Quel obstacle franchit-il, ou plutôt que présuppose-t-il par ce saut ? Celui-ci reste-t-il cohérent avec l'expression-clé d'« expérimentation métaphysique » sur laquelle l'auteur a évité de s'attarder ? Il sera nécessaire de revenir sur ce bond impressionnant. En outre, il importe de se demander si Blondel a vraiment épuisé la portée de la raison ou s'il reste en deçà afin d'éclairer les conditions dans lesquelles ce saut est possible. En d'autres termes : notre auteur aurait-il pu nous éclairer davantage sur l'appréhension intellectuelle des conditions rendant possible l'expérience métaphysique ? Son argumentation présente-t-elle, en fin de compte, des lacunes?

Puisqu'il est évident, - que l'affirmation « c'est » n'est ni le résultat d'une recherche philosophique ni un article de foi assumé, - qu'on peut par contre à bon droit supposer que cette affirmation a quelque chose à voir avec le bilan d'une expérience de foi, il faudra donc, dans la prochaine démarche, scruter les notes journalières de Blondel au regard de ces expériences qui restent en cohérence avec sa conception de la mystique.

3.1.2. La toile de fond : le parcours du croyant

« Un livre n'est bon, affirme Blondel, que si sorti de la vie même de l'homme »[629]. Quiconque se met à l'écriture éprouve du respect

---

[629] M. Blondel, *Carnets intimes* I, 457/484 (9.4.1892), voir à ce sujet le commentaire d'Henrici, *Les « Carnets intime »s de Maurice Blondel*, dans *Gregorianum 43* (1962) 769-775.

devant la difficulté presque insurmontable qui se cache derrière cette prétention. Blondel nourrissait cette exigence, comme en témoignent éloquemment ses notes journalières. Mais il n'a pas seulement exigé la cohérence interne entre la vie et la pensée : il a lui-même fait droit à cette prétention, ce qu'indiquait déjà la réaction d'E. Boutroux à l'égard de *L'Action*. Ne caractérisait-il pas la dissertation de doctorat de Blondel de « personnelle » et « vivante » ? « L'auteur, écrivait-il, aime les préparations, les accumulations, les retouches et essaie d'imiter dans son style le mouvement de la vie »[630]. Blondel conduisait la sienne à la face de Dieu. Vie et foi, travail et prières étaient joints inséparablement. A l'époque où il composait sa disser-tation, il méditait tous les matins pendant un quart d'heure, agenouillé devant son bureau[631]. Plusieurs fois par semaine, il assistait à la messe, le signalant d'une petite croix dans son journal. Et avant de remettre à son patron de thèse sa dissertation toute prête, il l'emporta à l'église afin de la confier à Dieu comme offrande[632]. En somme, c'était pour lui un besoin que de fonder sa philosophie sur son expérience, sa vie intérieure[633].

3.1.2.1. L'expérience de la mort

Quelles expériences ont marqué la vie de Blondel ? Son journal nous en informe. Il tenait beaucoup aux notes de son journal, et se montra inconsolable de la perte du premier cahier[634]. Aussi précieux qu'un dépôt secret, ces écrits devaient servir de source où il puisait la force de pouvoir un jour parler au monde[635]. Blondel considérait son journal comme une sorte de compagnon de vie, et il n'est donc pas étonnant qu'il s'adressât à lui comme à un ami intime, cherchant auprès de lui appui et consolation[636]. La quête patiente de la trace de Dieu dans sa vie donne à ses *Carnets intimes* leur véritable orientation et leur confère leur ultime signification : « Nulla dies sine

---

[630] M. Blondel, *Lettres philosophiques* 21, note 1.

[631] M. Blondel, *Carnets intimes I*, 412/436 (25.5.91).

[632] Ibid. 486/514 (11.5.1893).

[633] Voir P. Henrici, *Expérience et transcendance selon Maurice Blondel*, dans *Gregorianum 58* (1977) 557-560.

[634] M. Blondel, *Carnets intimes I*, 12/28 (19.4.1881).

[635] Ibid. 18/34 (3.12.1883).

[636] Ibid. 310/330 (17.1.1890) 419/443 (16.7.1891).

linea, nulla linea sine vita, nulla vita sine sinceritate, nulla sinceritas sine proportione ad finem, nullus finis sine Deo »[637].

Il est une expérience qui, plus que toutes les autres, a marqué la vie de Blondel, et que l'on peut, sans se répandre en platitudes superlatives et prématurées, regarder comme la plus intense qui ait traversé sa vie : celle de la mort. Dès son enfance, rien ne l'a saisi autant qu'elle. Sa première[638] expérience en ce domaine, il la fit à l'âge de quinze ans, à l'occasion du décès d'une tante qui habitait dans la maison de sa famille et l'avait initié de bonne heure à la pensée de St Paul[639]. Dans ses notes, il se rappelait souvent l'anniversaire de cette disparition et les sentiments ambivalents qu'elle avait suscités en lui. A cette époque, la mort lui répugnait, mais en même temps il se sentait poussé à l'intégrer à sa vie. Il écrira plus tard : « Anniversaire. Il faut y apprendre à mieux comprendre, à mieux préparer, à mieux aimer la mort, cette mort dont la première rencontre il y a quinze ans me fit reculer d'épouvante et dont je ne voulus pas baiser le front glacé, et il la faudra embrasser »[640]. Rétrospectivement, Blondel sentit que seule la mort de sa tante était parvenue à purifier son amour pour elle d'un accaparement égoïste. La Passion du Christ le conduisit vers cet amour plus libre : « Mais j'ai songé aussi à la générosité folle de Celui qui livre sa chair au sacrilège et qui laisse servir l'ardeur de son sang divin au feu des voluptés charnelles. Se donner pour être prostitué, pour être meurtri, crucifié, déshonoré ; se donner pour attiser la passion impure et susciter la haine, voilà ce qu'est aimer, voilà ce qu'est être bon, jusqu'au point où l'on fait encore à cette bonté la sanglante injure de lui reprocher cet excès incompréhensible.

J'avais souhaité d'aimer une âme avec une sorte de fureur et de l'accaparer tout entière : j'étais fou d'amitié. Mais voici que je sens un amour plus libre et plus large qui ne supporte rien d'exclusif, qui veut se répandre pour s'aviver et qui grandit pour chacun, à mesure qu'il s'attache à plusieurs, à tous... »[641] La contemplation de la Passion du Christ lui permit de s'ouvrir à une légitimité se déclinant

---

[637] M. Blondel, *Carnets intimes II*, 135.
[638] M. Blondel, *Carnets intimes I*, 173-191 (5.2.1889).
[639] P. Henrici, *Einleitung*, dans: *M.Blondel, Tagebuch vor Gott*, 8.
[640] M. Blondel, *Carnets intimes I*, 319-320/340 (5.2.1890).
[641] Ibid. 320/340-341 (5.2.1890).

d'une manière opposée à la vie ordinaire. Celui qui s'abandonne accueille ; celui qui meurt à soi-même reçoit une vie de plus haute qualité. En même temps, Blondel réalisait dans son propre corps une expérience qu'il élabora intellectuellement plus tard à l'aide du double concept « singulier-universel ». Plus l'homme s'éloigne d'une relation interhumaine exclusive pour en inclure beaucoup d'autres, et plus cette relation acquiert en lui d'intensité. Mais ce phénomène n'est rien d'autre que le noyau de l'amour incarné de Dieu, dont Blondel découvrit l'importance sans cesse croissante pour sa vie.

Blondel commença à intégrer peu à peu la mort dans sa vie. Il vécut de très près la mort de Nanette, une fidèle servante de la famille. Il apprit une fois de plus comment ce décès le faisait un peu mourir lui-même[642] tout en l'acceptant sereinement, aussi étrange cela paraisse, en raison de la façon dont Annette, la fille de Nanette, faisait le deuil de sa défunte mère : « Il est remarquable que la douleur est souvent belle et qu'elle s'exprime en des formes esthétiques. Sur la tombe ouverte de sa mère, Annette a été admirablement simple, grande et éloquente de geste, d'attitude, de désespoir […] La souffrance n'est vraiment belle que dans l'esthétique du christianisme »[643]. L'expérience d'abord passive de la mort fut lentement remplacée par une expérience de plus en plus active dans la vie de Blondel. Quand la mort se dévoila à ses yeux simplement comme une action, ce fut le fruit non de la réflexion, mais du vécu de la vie. Les notes des dernières pages du journal qu'il a publié montrent comment notre auteur vivait dans l'attitude du « quotidie morior » à l'occasion des décès successifs de sa mère (1901), de son père (1906) et de sa femme (1919)[644].

Discerner la vraie vie dans la mort à la vie terrestre… Blondel fait le lien entre cette intuition et le jour de sa naissance. Né un jour de Toussaint (2.11.1861), il se réfère régulièrement dans ses notes au jeu alterné de la vie et de la mort qui forme la trame de l'existence[645]. Le 2 novembre 1888, il écrit : « Ma fête, fête des Trépassés. Jour de

---

[642] Ibid. 242/261 (24.8.1889).
[643] Ibid. 244/262-263 (26.8.1889).
[644] M. Blondel, *Carnets intimes II*, 378-381.
[645] L'article de G. Glaser, *Zwischen Allerheiligen und Allerseelen* dans *Geist und Leben* 54 (1981) 365-368-revient sur les idées de Blondel à la Toussaint et au Jour des Morts.

naissance, jour de mort [...] Un an de plus et toujours moins vaillant, plus vieux. Allons, nous chrétiens, nous devons être tout autres que les autres ; les années les vieillissent, elles nous doivent rajeunir »[646]. Dans la présentation des valeurs de la vie terrestre et de la vie véritable, qui se trouvent en interaction, et sans aborder directement la question, Blondel met en place les concepts qui vont constituer le noyau de sa conception de la mystique : « La nuit s'avance et le jour de l'éternité approche. Je n'ai cherché en vous rien de sensible, rien d'intellectuel, je n'y ai goûté rien de nouveau, je n'y ai voulu rien de consolant. Je vous ai recueilli avec cette simplicité qui n'admet aucune réflexion, pas même un retour sur ma misère et ma torpeur. Laissons-nous pénétrer et emplir presque sans le savoir. Quittons d'abord tout être propre pour participer davantage à l'Etre »[647]. Ces lignes affirment que l'homme n'a aucune prise sur Dieu. Même s'il le cherche, il ne le trouve qu'à la condition d'accepter de le recevoir à titre gracieux. Mais pour que cette acceptation se produise, il faut d'abord que l'homme aménage en lui une place, qu'il offre un espace libre à la venue du Tout Autre. L'occupation de cet espace s'accomplit comme une sorte de pénétration. Il est alors possible que Dieu entre dans l'homme d'une manière qui échappe à la conscience individuelle, qui intervient pour ainsi dire incognito.

Si l'on comprend la mort comme dépouillement total de l'homme, au sens où il ne dispose activement plus de rien, on peut interpréter l'échec et la souffrance, voire l'expérience du non-sens de la vie, comme de pâles anticipations de la réalité mortelle. Ces sombres expériences n'ont pas été épargnées à Blondel au cours de sa vie. Face à la réalité du Mal, il éprouve une sorte de souffrance métaphysique : « ne se sent-on pas quelquefois comme perdu dans la nuit impénétrable, dans une nuit impalpable ; et n'est-ce pas ce vide en tout sens, ce noir profond qui est le mal même de la vie »[648] ? Sa thèse de doctorat lui laisse, une fois achevée, un goût d'absurdité et d'inutilité. Dans la mesure, dit-il, où elle cherche l'humain, elle déboucherait sur un véritable « vide »[649]. C'est en permanence que Blondel souffre de voir ses propres désirs demeurer inaccomplis. Un

---

[646] *Carnets intimes I*, 153/170-171 (2.11.1888).
[647] Ibid. 264/283 (2.11.1889).
[648] Ibid. 426/451 (19.9.1891).
[649] Ibid. 483-484/511-512 (8.4.1893).

poste dans une école lui est refusé... il est tourmenté par un choix professionnel entre la prêtrise et une carrière universitaire... Ayant atteint le fond de l'abîme, il exhale sa détresse : « Mon Dieu, mon Dieu, du fond de l'abîme, j'ai crié vers vous. Refoulé partout ! J'avais espéré être appelé à votre sacerdoce : non. J'avais souhaité passionnément d'être nommé à quelque poste d'enseignement et encore d'apostolat : non. J'avais cru possible un projet qu'on me proposait, que je parais déjà de toute mon imagination : et c'est non, toujours non, je dois m'abstenir, ne point avancer, rester toujours en suspens. Que c'est douloureux : ne pouvoir fixer ni sa vie, ni son esprit, ni son cœur ; arriver à l'âge d'homme sans être même un enfant qui a sa tâche et sa place marquée... »[650] Mais ces épreuves ne suffisaient pas. Pendant toute son activité comme professeur de philosophie à Aix-en-Provence planait sur sa tête, telle une épée de Damoclès, le soupçon de modernisme. A une époque de dénonciations et de condamnations, il se voit contraint de publier ses écrits en partie sous des pseudonymes[651]. A cela s'ajoute la perte progressive et irréversible de la vue, qui lui rend bien plus difficile le travail scientifique et l'oblige à interrompre prématurément son enseignement.

Ces expériences négatives lui rendent toujours présentes les ténèbres de l'abîme au bord duquel il se trouve. Même pour un observateur extérieur, il n'est pas difficile de mettre en lien son anniversaire avec le dicton « nomen est omen » De manière radicale, Blondel prit conscience qu'il était né pour apprendre ce que mourir veut dire.

3.1.2.2. La mort comme « action absolue »

Mais comment doit réagir un homme auquel les événements assènent de plus en plus l'amère vérité de l'absurdité apparente de la vie ? Certes, la conduite de Sisyphe ouvre un chemin d'avenir, mais celui de l'apathie, menant à la dépression et peut-être même jusqu'au

---

[650] Ibid. 496/524 (5.12.1893).

[651] Au cours des années, Blondel emploie les pseudonymes suivants : l'Alpin, Maurice de Marie, Bernard Aimant, François Mallet, Bernard de Sailly, Testis, Yves Plounéour, Marcel Breton. M. Blondel, *Carnets Intimes II*, 129, note 2.

suicide, n'apparaîtrait-il pas finalement le plus humain? En l'occurrence : comment Blondel réussit-il à surmonter les contrariétés de la vie ? Le lecteur des notes journalières se heurte toujours à des passages donnant l'impression qu'en face d'événements dévastateurs Blondel serait souvent bien proche d'un désespoir total. Or, il est ici intéressant de noter qu'en fait Blondel ne s'est jamais noyé dans cet océan sans fond. Ce qui l'empêcha de périr, c'est-à-dire ce qui le porta durant sa vie, ce fut finalement la foi. Mais sa foi n'était pas de nature intellectuelle, fondée sur l'existence de Dieu et le maintien du monde en son être infini, mais une foi qui faisait l'expérience de la réalité divine elle-même. Par son expérience personnelle, Blondel se sentait porté par le Tout Autre, et ne se contentait pas de le savoir. Sous ce rapport, on peut considérer la Passion du Christ comme offrant la clé d'accès à la vie de notre auteur. A partir de la souffrance du Sauveur, il découvrit la signification cachée que recélait sa propre vie. Dans les *Carnets intimes* reviennent constamment des considérations détaillées sur la Semaine Sainte ; il s'est rendu deux fois à Oberammergau afin d'assister au Jeu de la Passion, dont il tira aussitôt le sujet d'un opuscule[652].

---

[652] C'est en 1890 que Blondel se rendit pour la première fois à la Passion d'Oberammergau, voir M. Blondel, *Carnets Intimes I*, 366/388 (9.8.1890). Après la deuxième visite au Jeu de la Passion, qu'il entreprit 10 ans plus tard avec son frère Georges, il publia un article sur la Passion d'Oberammergau : M. Blondel, *La psychologie dramatique de la Passion à Oberammergau*, dans : *La Quinzaine*, 35 (1er juillet 1900) 1-18. Augmenté d'un avant-propos, cet écrit parut en 1910 chez Bloud et Gay : M. Blondel, *La psychologie dramatique du mystère de la passion à Oberammergau*. Depuis 1950 est disponible, avec une introduction de M. Krause-Lang, la traduction allemande, publiée avec une contribution d'H. Bremond sur les acteurs d'Oberammergau : *M. Blondel/H. Bremond, Oberammergau und das Geheimnis der Passion*, München. Freiburg 1950. Il est remarquable que Blondel, contrairement à Mgr Schröder, alors curé d'Oberammergau, défend le caractère populaire du Jeu de la Passion. Selon Blondel, ce qui est prioritaire, ce n'est pas le point de vue esthétique ou la question de savoir si on peut parler ou non d'un drame ; ce qui est impressionnant, et témoigne d'une élévation souveraine, toujours selon Blondel, c'est la fidélité, la foi intériorisée dans la rencontre avec cette œuvre, ibidem 78-83. D'après Blondel, l'art dramatique nous purifie des illusions temporelles et spatiales, ainsi que de l'égoïsme du moi, *H. Bremond/M. Blondel, Correspondance III*, 249.

Mais comment Blondel découvrit-il, sur le chemin de la Passion du Christ, le sens de sa vie ? Nous avons déjà mentionné à quel point il discernait, dans la Passion du Christ, la manière dont ce parcours exemplaire de souffrance renversait l'équilibre habituel de la vie ; nous avons également rappelé dans quelle mesure, s'appuyant sur la foi chrétienne, il pouvait extraire de la douleur une certaine beauté. Ce regard ne procédait pas seulement de considérations édifiantes, mais le chemin de croix personnel parcouru par notre auteur le conduisait à cette vision. En cela, la souffrance du Christ lui offrait pour ainsi dire un critère d'appréciation, même s'il ne la considérait pas comme comparable à celle des autres hommes, car Jésus[653] aurait, selon lui, « souffert absolument »[654]. C'est dans cette Passion que Blondel voyait par excellence le reflet de sa propre vie. Les derniers jours de la semaine sainte lui offraient régulièrement l'objet de méditations détaillées. Dans la petite église romane de Saint-Seine-sur-Vingeanne, petit village de Bourgogne au nord de Dijon où la famille Blondel possédait une maison de campagne, notre auteur aimait s'asseoir à proximité de la station de la descente de croix[655]. C'est « ma station », déclarait-il, et le Samedi Saint était appelé « notre jour »[656] dit-il. Car dans le cours de notre vie sensible, nous serions en quelque sorte morts, « consepulti ». « Notre vie ne commence qu'à la descente de la Croix, mais, pour y arriver, il faut reprendre d'abord la Passion ; c'est pour cela que la Cène est placée auparavant. Nous ne touchons qu'au Christ mourant, mort, ou blessé »[657]. Il apparaît déjà clairement, d'après ce passage, que Blondel comprend l'Eucharistie et l'adoration qui en découle non pas d'abord à partir de la résurrection, mais à partir de la mort du Seigneur. Avant d'aborder le thème de l'Eucharistie, il convient donc de s'attarder prioritairement sur les derniers jours de la Semaine Sainte.

---

[653] Dans l'emploi des noms, Blondel ne fait pas la distinction exacte entre le Jésus prépascal et le Christ postpascal. Il parle donc tantôt de la Passion de Jésus, tantôt de la Passion du Christ.

[654] M. Blondel, *Carnets intimes I*, 540/568 (6.11.1894).

[655] Ibid. 281/300 (1.12.1889).

[656] Voir aussi ibid. 353/375 (5.4.90).

[657] Ibid. 286/305 (10.12.1889).

Face au caractère inéluctable de sa propre mort, Blondel découvrit dans la Passion du Christ un élément qui devint décisif pour sa propre vie et donc aussi pour sa philosophie. Nous voudrions d'ailleurs désigner cet élément comme constituant le véritable tournant dans sa vision de la vie. Il ne perdait pas de vue le fait que Jésus a consenti volontairement à son chemin de souffrance. Dans une méditation de Vendredi Saint, tourné vers lui il écrivit : « [Avec la Passion] Vous n'avez fait qu'une chose, c'est de substituer l'ordre de l'amour et de la volonté à la loi rigoureuse de la justice et de la nécessité : ce qu'ils avaient fait contre vous et malgré vous, vous l'avez fait contre vous pour eux ; vous vous êtes condamné vous-même pour qu'ils ne fussent plus coupables de vous avoir condamné ; et de leur crime vous avez fait leur remède plein de douceur, plein de mérite, plein d'une vie nouvelle qui a fait surabonder la charité où abondait la haine »[658]. A notre avis, c'est exactement là que gît le mystère de la vie de Blondel. Et là se trouve aussi la clé permettant au témoin extérieur de comprendre pourquoi, au cours de sa vie et malgré de pesantes contrariétés, il n'a pas désespéré ; et pourquoi, dans sa représentation de l'Etre divin, il commence à parler en premier lieu d'un Dieu aimant et en second lieu seulement d'un Dieu intelligible ; et encore pourquoi il fut non un pessimiste résigné, mais au contraire un réaliste optimiste. Dans la Passion de Jésus, il pouvait discerner comment, à partir de l'obéissance au Père, la nécessité était changée en liberté ; la volonté imposée en volonté propre ; la contrainte de mourir en décision de se mortifier. Ainsi s'effectue le renversement complet de la vision de la vie[659]. La plus profonde passivité est non seulement comprise comme

---

[658]   Ibid. 458-459/485 (15.4.1892) ; concernant le renversement de la nécessité en volontariat, voir ibidem 482/510 (31.3.1893).

[659] Théologiquement, le renversement du regard sur la vie se réfère à un Dieu Père qui souffre avec son fils. La toute-puissance du Père ne s'oppose pas à l'impuissance face à la souffrance. A ce sujet, on trouve à la maison de campagne de la famille à Saint-Seine, dans une chambre du rez-de-chaussée, un tableau étrange que Blondel, d'après une enquête de son petit-fils Claude Blondel, s'est procuré dans un bazar à Aix. Dieu le Père souffrant est représenté sur le modèle de la pietà, avec la tiare sur la tête et tenant son fils sur les genoux. Attribut divin, la toute-puissance est de telle sorte qu'elle inclut la possibilité de parler de la douleur de Dieu. Qu'ici Monsieur Claude Blondel soit très cordialement remercié pour l'amicale

activité suprême, mais consciemment vécue comme telle. Les
« lacunes » de l'existence, ses nombreux vides ne sont pas considérés
comme une privation, mais comme la seule possibilité d'ouvrir un
espace à la vraie vie. Il s'ensuit que la mortification s'impose comme
tâche suprême à quiconque s'efforce d'accéder à la vie en plénitude.
Seul celui qui sait lâcher prise se montre réceptif. La phrase souvent
citée : « L'homme est né pour apprendre à mourir » revêt un sens
exactement opposé. Certes, la mort reste présente après comme
avant, mais le regard porté sur elle ne vise plus désormais sa fatalité,
mais l'option en faveur de la vie.

Dans ce renversement des perspectives, la Passion de Jésus ne
pouvait représenter un appui pour l'interprétation blondélienne que
parce que notre auteur lui-même passait par des épreuves qui, en
raison pour ainsi dire de leur structure, coïncidaient avec le parcours
de souffrance de Jésus. Blondel apprit par l'expérience comment les
contrariétés de la vie empêchaient l'homme de se suffire à soi-même.
Il apprit de sa propre souffrance ce que, plus tard, à l'aide du
néologisme « transnaturel », il rendit conceptuellement acceptable. Il
apprit comment la douleur et le deuil ouvrent l'homme à une réalité
plus haute, à Dieu. « Sous le poids de la tristesse, l'âme répand de
plus doux parfums à Dieu. Et quand on a le sentiment net d'une
défaillance ou d'une peine, c'est alors que commence à abonder la
consolation, à renaître la joie, cette joie de l'esprit intérieur qui
s'entretient dans l'ardeur des épreuves comme dans l'amertume des
larmes »[660]. Le seul sens qu'on puisse conférer à la souffrance et à la
mort, à la douleur et à l'abandon de soi-même est de les considérer
comme des signes précurseurs de l'éternelle plénitude, de la vie, de
la joie et de la nouvelle naissance. Cette dernière s'oppose alors
fondamentalement à l'issue tout humaine consistant à s'évader de
l'apparent non-sens de la vie, et qui voit dans le suicide sa meilleure
opportunité. Tandis que dans ce dernier acte l'homme se congédie
lui-même de l'existence, dans la nouvelle naissance divine, l'homme
laisse pénétrer et transformer tout son être par la divinité du Tout
Autre. Au regard de la douloureuse expérience du deuil, cette attitude
aboutit à ceci : dans le suicide, l'homme transgresse ses limites par

---

visite guidée à travers la maison de Saint-Seine et pour diverses
informations.
[660] M. Blondel, *Carnets intimes I*, 437/462 (26.12.1891).

son deuil ; en revanche quand il se prépare à la naissance de Dieu en lui, il accepte de cohabiter avec le deuil, qui se révèle alors à lui comme un moyen sûr de ne pas tomber dans l'autosuffisance, mais l'incite à se mettre en recherche de Quelqu'un de plus grand que lui. A la veille de Noël 1891, Blondel écrivait : « Au soir, dans la chère attente. Vous quittez tout pour nous ; mais vous trouvez une Mère et c'est encore pour nous la donner.

Comme en un rêve, il faut vous prendre et s'éveiller à votre lumière : à tout moment et par tous nos actes nous devons vous enfanter et vous adorer dans ce que vous nous faites faire et souffrir. Je veux être davantage à vous et croire à cette nouvelle naissance de la grâce, ô mon Jésus, faites que je sois vôtre, pour que j'aie enfin le droit de vous donner ce nom dont la familiarité m'effraie.

Au soir. La tristesse de retomber dans sa vie commune, le sentiment d'une beauté entrevue et disparue sans qu'on sache si on la possédera jamais »[661].

Une existence menée avant que se produise la nouvelle naissance divine est donc comparable à un rêve obscur, mais dont l'homme ne découvre la pleine signification qu'à l'instant de l'éveil, c'est-à-dire à l'instant où le « denuo nasci » s'accomplit en lui. Blondel thématise et développe la comparaison avec l'éveil dans *La Pensée* : nous y reviendrons dans un chapitre ultérieur.

Mais la contemplation de la Passion ne fait pas qu'exercer une influence décisive sur la vie de Blondel. Elle fait plus encore : en raison de cette influence, la « structure » de l'histoire de la Passion de Jésus paraît se tenir en relation fondamentale avec la structure de la notion blondélienne du surnaturel. La structure dialectique de ce « surnaturel » s'est révélée comme absolument impossible, c'est-à-dire inaccessible, et en même temps absolument nécessaire. Mais dans la Passion, qui représente la profondeur suprême de la vie de Jésus et le sommet de l'amour incarné de Dieu (Phil 2.6-11), se manifeste une structure dialectique inverse. Dans une formulation volontairement simplifiée, on pourrait en dire ceci : la preuve de l'amour de Dieu dans l'incarnation est de la part de ce dernier absolument volontaire, et l'ordre dans lequel il pénètre lui est absolument accessible. L'homme de son côté aspire à cet amour, qui lui est nécessaire. Mais la démesure de l'amour qui se révèle dans la

---

[661] Ibid. 436-437/461-462 (24.12.1891).

Passion ne lui est pas nécessaire. Dieu donne plus que l'homme ne réclame. En d'autres termes : la Passion représente le signe le plus clair du caractère gratuit de la grâce de Dieu[662].

Blondel comprend la victoire sur la mort acquise par la Passion de Jésus, et en conséquence la célébration de l'Eucharistie[663] comme célébration du Christ mort. De même il considère l'adoration d'abord comme une veillée funèbre, l'hostie rendant présent de manière mystique le Seigneur mort[664]. Après une visite à la chapelle de l'Adoration réparatrice au 36 de la rue d'Ulm à Paris, il écrivait dans son journal : « toute l'entrée [de la chapelle] était dans la nuit ; seuls, autour de l'hostie, en haut, brûlaient quelques cierges, comme autour d'un lit funèbre pendant qu'on vous veillait, ô mon crucifié, dans votre mort mystique [...] Vous nous apprenez que, pour être à vous, il faut être toujours avec un Mort, comme mort soi-même ; sous l'impression de dévouement, de détachement et d'amour qu'éprouve l'enfant au pied du lit où dort, dans l'attente de la résurrection, celui dont il tient tout [...] L'Eucharistie est le tout de l'esprit chrétien »[665]. L'Eglise honore le corps du chrétien, comme elle honore le Corps du Christ lui-même dans la mort mystique du tabernacle[666]. Celui qui ne lit que ces lignes pourrait croire que chez Blondel, la célébration de l'eucharistie se réduise à un culte des

---

[662] Une recherche détaillée sur la conception blondélienne de l'Incarnation et de la Passion au regard de la notion de « surnaturel » dépasserait le cadre du présent travail, mais serait intéressante.

[663] Pour comprendre l'Eucharistie chez Blondel, nous renvoyons au vaste travail de J.P. Ranga : *L'Eucharistie chez Maurice Blondel des Carnets intimes à L'Action 1882-1894*. La dissertation de doctorat bientôt prête de Mario Antonelli à la Faculté de philosophie de la Grégorienne à Rome porte également sur la conception blondélienne de l'Eucharistie comme objectif de l'Apologétique.

[664] Sur ce point, Blondel ne partage pas la conception de l'Ecole Française qui considère l'adoration d'abord comme louange de Dieu. Blondel garde ses distances vis-à-vis des mystiques espagnols, qui considéraient l'adoration d'abord comme possibilité pour l'homme déchu de se purifier.

[665] M. Blondel, *Carnets intimes I*, 41/57-58 (4.3.1884).

[666] Note du Journal du 27.3.1887, publié dans : J.P. Ranga, *L'eucharistie chez Maurice Blondel des Carnets intimes à L'Action 1882-1894*, Annexe II : Textes inédits pour compléter *L'eucharistie dans les Carnets intimes*, dans : *Annexe historique*, 3-36, ici 12.

morts. Mais il n'en est rien. L'insistance sur la mort dans le mystère eucharistique se fonde sur l'idée qu'elle est l'action par excellence. Il ne faut donc pas comprendre la mort du Christ dans la Passion comme un destin subi, mais comme l'accomplissement suprême de la vie qui, en communauté avec les hommes, c'est-à-dire dans la communion, leur communique la vraie vie. Afin d'anticiper d'une certaine manière cette mort, porte d'accès à la vie, l'homme n'a à s'imposer aucune autre tâche que celle de réaliser en lui la parole ignatienne : « agere contra »[667]. Une seule question demeure : que découvre l'homme quand il se mortifie ? Comment vit-il la mort ? Plus précisément encore : quelle sorte d'existence nouvelle reçoit-il gracieusement ? Quelles expériences personnelles a-t-il alors acquises ?

3.1.2.3. Des expériences mystiques de Blondel ?

Quand on s'interroge sur ces merveilles de vie, censées avoir marqué la conception blondélienne de la mystique, surgit l'inévitable question : Blondel était-il lui-même un mystique ? « Je ne suis pas un *mystique* »[668] déclarait-il à Boutroux pour se défendre. A la Faculté de philosophie, cette nécessaire apologie de soi-même produisit l'effet recherché : à la Sorbonne, on s'inclina. Mais le lecteur de son journal personnel doit-il sur ce sujet, partager la même conviction ?

C'est à l'âge de treize ans que Blondel fit la première communion. Plus tard, il évoque ainsi ce souvenir, il note : « 26 Avril 1874 : Première Communion, ce n'est pas ici que j'ai la place d'en redire les impressions. Si lointaines qu'elles soient du reste, elles n'en sont pas, elles n'en seront pas moins présentes et vivaces[669] [...] J'ai eu l'audace d'aller vous prendre comme à la dérobée, ô mon Dieu. Pardonnez-moi ma familiarité. Hélas c'est comme dans un rêve, que je vous entretiens et ma veille est loin de vous. C'est tout le contraire qui convient : Vous seul en réalité, tout le reste est en ombre et en songe. Ô beauté du soir de la première communion. Petite luciole qui a brillé au fond de notre jardin, pour montrer que l'éclat est au prix de l'humilité. Je ne t'oublierai pas, petit ver

---

[667] M. Blondel, *Carnets intimes I*, 428-429/453 (5.10.1891) ; 454/480 (11.3.1892).
[668] Ibid, Appendice, 554/584.
[669] 11.2.1888, cité par Chr. Mahamé, *Spiritualité*, 104.

luisant : qu'il a fait bon s'endormir ce soir-là, les bras en croix sur le cœur pour y tenir et y retenir l'amoureux trésor »[670].

Dans l'apparition du petit ver luisant, Blondel avait alors vu comme un signe de la grâce de sa première communion.[671] Il se souvint plus tard de ce jour[672], auquel il attribuait une signification particulière. La certitude absolue de la présence réelle du Christ dans l'eucharistie revêtit pour lui une valeur décisive. Dans ce sacrement, il faisait l'expérience de l'Autre, il éprouvait un contact tellement intense qu'il s'excusait ensuite de la familiarité dont il faisait preuve à l'égard du Dieu qui lui était présent.

Les lignes qui traitent de cette profonde expérience - spirituelle ou mystique - de la première communion manquent dans les notes journalières « officielles » qui ont paru en 1961 et 1966 aux éditions du Cerf à Paris. On éprouve même l'impression frustrante que ce sont justement les passages qui nous permettraient d'arrêter notre regard sur l'expérience spirituelle intime de Blondel qui échappèrent à la publication. Dans les différentes éditions des *Carnets intimes* ne se rencontrent que des textes en forme de prière, dans lesquels l'auteur s'adresse directement au Christ, voire à Dieu, tel le suivant : « Le pur abstrait n'existe pas pour moi. J'ai besoin du contact, de la matière, de la chair et du sang. Si vous ne m'aviez pas donné votre Pain, rien ne m'aurait soutenu à quelque hauteur »[673].

Pour pouvoir apprécier la dimension exacte de l'expérience spirituelle de Blondel, il faudrait parcourir encore une fois tout le fonds d'archives du Journal.

Pour satisfaire aux objectifs de la présente étude, qui ne vise pas à présenter une analyse détaillée mais tente simplement de dessiner les grandes lignes de l'expérience spirituelle de Blondel, il suffira de renvoyer ici aux notes du *Journal* éditées par J.P. Ranga. Dans l'appendice II du présent ouvrage portant sur la conception blondélienne de l'eucharistie se trouvent des textes où le discours en forme de prière s'estompe progressivement, tandis qu'accède au premier plan la conversation familière. Dans la note journalière du 16

---

[670] 22.4.1888 (chez Mahamé à tort 22.3.1888), cité chez Mahamé, *Spiritualité*, 104 ; voir également chez J.P. Ranga, *L'eucharistie*, annexe II, 15.
[671] Chr. Mahamé, *Spiritualité*, 104, note 6.
[672] Voir M. Blondel, *Carnets intimes* I, 461/488 (26.4.1892).
[673] Ibid. 71/87-88 (9.1.1896).

mai 1886, Blondel parle de la relation amoureuse avec le Christ sur le modèle de celle qui unit deux fiancés : « Je te baiserai d'un baiser de ma bouche : je vous ai donc reçu, je vous ai gardé longtemps sur mon baiser, vous touchant un peu plus sensiblement et vous devant tenir un peu davantage, et savourant nos fiançailles. Et ce n'était pas assez ; plus près, tout un. Veni Domine Jesu »[674].

Comme on le voit, le baiser mystique ne suffisait pas au jeune Blondel de vingt cinq ans, il réclamait l'union à Dieu. En même temps, il sentait que Dieu aspirait aussi à s'introduire en lui : « Vous voulez pénétrer mystérieusement en nous, dans les parties les plus ténébreuses et les plus viles, les pénétrer entièrement et faire courir dans nos veines votre bien-être »[675]. Blondel a en vue « une communion substantielle » avec le Christ, dans laquelle sa volonté est unie à la volonté de Dieu.[676]

Lors d'une retraite, Blondel a fixé dans son Journal des pensées qui laissent pressentir que le souhait d'union au Christ n'est pas resté un vœu pieux. Subjugué par la beauté de la rencontre avec le Christ, il écrivait encore : « Que c'est beau ! à vous, être à vous sans fin, sans partage, sans privation ; être tout entier à vous tout entier : « totus toti » ; être à vous, avec vous dans la joie et l'onction, "in pinguedine spiritus", à vous, sans vous dans l'aridité désolante au milieu des illusions de cette vie apparente ; parmi les frivolités et les imperfections rebutantes de vos serviteurs mêmes ; être à vous par son abjection, et se réjouir de n'être rien, rien que balayure, afin que vous soyez davantage, pour être tout en vous ; comme une propriété que vous réclamerez au dernier jour, comme l'épouse à son époux, comme la chair de votre chair, comme ce corps que vous avez ressuscité et que vous avez porté glorieux à votre Père ; être à vous comme votre âme sainte, comme votre humanité, comme votre divin Esprit, puisque vous nous l'avez donné, et qu'en nous-même il vous nomme sans cesse par d'ineffables gémissements ; être à vous comme votre divinité, comme votre gloire, comme votre charité ; être à vous, il faut le dire, être à vous, comme votre Père, puisque

---

[674] *Note du Journal* au 16.5.1886, dans J.P. Ranga, *L'eucharistie* annexe II, 10.
[675] *Note du Journal* au 27.2.1887, dans J.P. Ranga, ibid. 11.
[676] *Note du Journal* au 26.3.1887, dans J.P. Ranga, ibid. 11.

tous nous devons n'être qu'UN « Ut sint consummati in unum » Père et Fils, Dieu et Homme. A vous, être à vous »[677].

Comparable aux lignes écrites à l'occasion de la première communion, ce texte révèle aussi que Blondel a bien vécu l'union au Christ. Etait-il donc un mystique ? Il se révèle difficile de répondre à cette question par oui ou par non. Ce qui est sûr, c'est qu'il a vécu de fortes expériences spirituelles qu'on peut comparer à celles des mystiques. Si ces derniers se distinguent des autres personnes par la qualité de leur rencontre et de leur union avec le Christ, alors Blondel peut être qualifié de mystique. Mais si ce dernier se distingue d'abord des autres par la fréquence de ces rencontres hautement qualitatives avec le Christ, il est alors difficile - du moins en se fondant sur les textes parcourus - de qualifier Blondel de mystique. Mais finalement, la question de savoir s'il appartenait ou non à cette catégorie de croyants ne relève pas du présent travail. Il demeure hors de doute que notre auteur était un homme profondément spirituel et qu'il a vécu et pensé à partir de son propre enracinement dans la foi. Au reste, où se trouve exactement la ligne de partage entre un homme qu'on peut qualifier de « profondément spirituel » et un homme qu'on peut qualifier de mystique ?

De toute évidence, Blondel fondait sa pensée sur son expérience spirituelle. Son choix d'enraciner sa notion de Dieu d'abord dans l'amour et non dans l'intellectualité, ne baigne pas dans une clarté totale sur le plan rationnel. Il puise pourtant sa motivation dans une expérience qu'on ne saurait totalement élucider d'un point de vue purement intellectuel. Blondel fait l'expérience de la présence réelle de Dieu, mais il ne réussit pas à convaincre la raison humaine que cette présence soit expérimentable. C'est de ce problème précis qu'il s'agit avec le « c'est » à la fin de L'Action. On a déjà supposé que dans le bondissement vers le « c'est », il pouvait s'agir d'une conclusion issue de l'expérience de foi dans la vie de Blondel. Cette supposition évolue de plus en plus vers la certitude. Finalement, la note suivante du Journal paraît sans équivoque : « Que la mort est douce. Cette douceur, si on la comprenait, serait la mort même. Tout ce qu'on désire, ce qu'on aime, ce qu'on voudrait vouloir est là ; c'est meilleur que le meilleur rêve et c'est ; c'est plus beau et plus net que la plus belle conception ; et c'est. Dans la pleine réflexion,

---

[677] *Note du Journal* au 17.5.1888, dans J.P. Ranga, ibid.16.

dans la certitude possédée, *c'est*, *c'est*. Rien qu'un mince voile à soulever ; *c'est*. Cette douceur, si on la comprenait, serait la mort même. Chaque fois que l'on communie, on meurt »[678].

Au total, les entrées dans le *Journal* révèlent que le socle de la conception blondélienne de la mystique ne se trouve pas dans un écrit comme *L'Action*, mais uniquement dans la vie de l'auteur lui-même. Imprégné, durablement pénétré par l'expérience de la mort et ses pâles anticipations, Blondel vivait son existence à la face de Dieu. Il traversa même l'apparente fatalité qu'est l'expérience de la mort comme destin, au risque possible de s'y perdre. Il dépassa cette épreuve en comprenant la mort terrestre comme accès à la vie, refusant désormais de s'enfuir à son approche, mais au contraire accourant d'une certaine façon à sa rencontre, et l'assumant comme action par excellence. Il fut mené à cette transformation de la conception qu'il se faisait de la vie tant en contemplant la Passion de Jésus qu'en faisant l'expérience de sa présence dans l'Eucharistie. Les murs porteurs de sa construction intellectuelle reposaient directement sur son expérience. Par l'effort de la pensée, le philosophe Blondel tentait de donner à son expérience informelle une forme qui la rende intelligible au lecteur, ou plus précisément : qui ne contredise pas sa raison. Concernant le saut, à la fin de *L'Action*, du plan de la réflexion au plan de l'expérience métaphysique, on a démontré que le surprenant « c'est » était fondé sur l'expérience de foi dans la vie de Blondel. Il subsistait cependant après comme avant une lacune, c'est-à-dire une exploitation insuffisante de la capacité de la raison dans le cadre des conditions de l'expérience méta-physique. Sur la toile de fond de la vie vécue, cette lacune ne révèle rien d'autre que ceci : l'effort réflexif de Blondel n'était pas encore assez avancé pour rendre intellectuellement transparente l'expérience du « c'est ».

3.2. Entre Action et Pensée

Dans *L'Action* (1893), la terminologie de Blondel n'est pas encore assez élaborée pour pouvoir nous partager, au plan philoso-phique, quelque chose du « c'est », cette expression profonde de sa

---

[678] *Note du Journal* au 4.3.1888, dans J.P. Ranga, ibid. 14. Nous soulignons.

foi vivante. Pourtant, l'efficacité de la transmission linguistique procédant rapidement par sauts, notre auteur recourt dès lors à la notion de « prospection », afin de ravir de nouveau à la connaissance réfléchie sa position revendiquée de monopole. En même temps, il crée ainsi une base à partir de laquelle il est possible d'approcher de plus près, à l'aide de concepts précis, la connaissance impliquée dans l'expérience mystique.

3.2.1. Le rôle de la prospection pour la mystique

L'importance que l'on accorde au livre *L'Action* (1893) devient problématique quant à la réception réservée à la pensée de Blondel. Le fait que les fondamentaux de la philosophie blondélienne se trouvent dans *L'Action* semble avoir poussé certains interprètes à limiter leurs recherches à ces écrits de débutant. Se voit inclus en outre dans leur champ le reste des premières œuvres de Blondel, à commencer par sa thèse latine *De vinculo substantiali* (1893), en passant par la *Lettre* (1896) jusqu'à *Histoire et dogme* (1904). En parcourant les diverses bibliographies, on éprouve l'impression que le débutant Blondel aurait déjà tout dit, que toutes les œuvres ultérieures n'auraient fait que développer du déjà-vu sans rien apporter de nouveau. Cette approche nous semble extrêmement hasardeuse, et nullement en mesure de faire droit à l'œuvre intégrale de notre auteur. A notre avis, il est impossible de réduire la conception blondélienne de la mystique à un développement du contenu idéel de *L'Action*. Il est en outre illusoire de ramener à des idées antérieures la notion de prospection, notion importante pour l'étude de la mystique, et telle que Blondel la présente dans son article *Le point de départ de la recherche philosophique*[679] (1906).

---

[679] M. Blondel, *Le point de départ de la recherche philosophique* dans les *Annales de philosophie chrétienne*, 151, (1906), 337-360 ; 152, (1906), 225-249. A. Raffelt vient d'en faire une traduction allemande à paraître prochainement aux éditions Felix Meiner, Hamburg. Dans la citation, l'auteur de ce livre utilise une copie de cette traduction que Raffelt lui a aimablement léguée. Voir M. Blondel, *Prospection*, dans A. Lalande (édit.), *Vocabulaire* 846 ; M. Blondel, *La Pensée I*, excursus *20*, 287-290/325-328.

Il y accentue à nouveau la valeur accordée au caractère noétique de l'action. Jusqu'en l'an 1893, donc et en y incluant *L'Action*, la typologie de la connaissance n'occupait pas le premier plan des réflexions de notre penseur, bien qu'il n'en récusât jamais l'importance. Cette situation changea lorsque parut en même temps que sa thèse la dissertation de doctorat de V. Delbos (1862-1916) : *Le problème moral dans la philosophie de Spinoza et dans l'histoire du Spinozisme*[680], qui fit également sensation parmi les philosophes français. Sous le pseudonyme de Bernard Aimant, Blondel rédigea dans les *Annales de philosophie chrétienne* un commentaire intitulé : *Une des sources de la pensée moderne : l'évolution du Spinozisme*[681]. Pourquoi Blondel a-t-il consacré à cette dissertation un commentaire détaillé ? A première vue peut-être parce que Delbos avait été son condisciple à l'Ecole Normale Supérieure. Mais la vraie raison devrait résider sans doute dans l'intérêt enthousiaste, inattendu et

---

[680] V. Delbos, *Le problème moral dans la philosophie de Spinoza et dans l'histoire du Spinozisme*, Paris, Alcan, 1893.

[681] B. Aimant (= M. Blondel), *Une des sources de la pensée moderne : l'évolution du Spinozisme*, dans les *Annales de philosophie chrétienne*, 128 (1894) 260-275, 324-341, maintenant dans *Dialogues avec les philosophes*, 11-40 ;trad. allem. de I. et H. Verweyen pour la *Philosophische Bibliothek* (Hamburg, Meiner) en préparation. La recension de Blondel est très bienveillante ; pourtant, c'est Delbos lui-même qui critique sa dissertation de doctorat. En 1916, peu avant sa mort, il parlait de graves péchés de jeunesse qu'il aurait commis dans son premier livre, *M. Blondel, Victor Delbos* (1862-1916), dans *Association amicale de secours des anciens élèves de l'Ecole Normale Supérieure*, 1917, 47-69, maintenant dans M. Blondel, *Dialogues avec les philosophes*, 239-269, ici 262, note 21. Delbos avait commencé sa révision de l'interprétation de Spinoza dans une série de cours à la Sorbonne, qui fut publiée plus tard : V. Delbos, *Le Spinozisme. Cours de M. Victor Delbos professé à la Sorbonne en 1912-1913*, Paris, Vrin, 1972. Delbos et Blondel entretenaient une relation d'amitié très étroite. Cette relation s'exprime d'une manière particulièrement claire dans l'article de Blondel : *Un interprète de Spinoza : Victor Delbos 1862-1916*, dans *Chronicon Spinozianum I* (1921) 290-300, maintenant dans :M. Blondel, *Dialogues avec les philosophes*, 271-280. Dans cette contribution apparaît avec évidence la sympathie avec laquelle Blondel parle de Delbos. Voir aussi M. Blondel, *L'évolution du Spinozisme et l'accès qu'elle ouvre à la transcendance*, dans *Archivio di filosofia* 28 (1931) 1-12.

croissant pour Spinoza autour de 1890 auprès du public[682]. Stimulé par ce débat, Blondel[683] largement influencé, il est vrai, par la vision de Delbos[684], se consacra lui-même à Spinoza. A ses yeux, ce serait le défaut profond du spinozisme que de tout envisager à partir des conditions de la connaissance humaine : « en sorte que la solution spéculative prétend dominer et produire la solution morale, alors que c'est le problème éthique qui, au fond, a déterminé le problème théorique, et s'est réduit ou diminué en lui »[685]. Au commencement, il y aurait d'abord l'éthique, et celle-ci, ensuite, se transformerait en théorie. Le principal reproche que Delbos adresse à Spinoza serait d'avoir réduit la morale à la spéculation.

Selon Blondel, on ne pouvait remédier à cette réduction que par la méthode de l' « action ». C'est dans cette perspective que parut en 1896 la *Lettre*[686]. Malgré cela, Blondel n'avait pas élaboré pour lui-même de réponse satisfaisante à la question de la connaissance, qui

---

[682] Dans une note, Blondel recense les travaux parus en France sur Spinoza vers 1890. Les auteurs sont P. Malapert, F. Rauh , L. Brunschvicg, R. Worms , G. Noel, L. Lévy-Bruhl et A. Godernaux, dans B. Aimant (= M. Blondel) , *Une des sources de la pensée moderne*, 11, note 3.

[683] Voir J.J. McNeill, *The Blondelian synthesis. A study of the influence of German philosophical sources on the formation of Blondel's method and thought*, Leiden Brill 1966, 16-41 ; P. Henrici, Rec. J.J. McNeill, *The Blondelian synthesis*, dans *Theologie und Philosophie* 42 (1967) 459-460 ; J. Pegueroles, Blondel, *Spinoza y el idealismo alemán*, dans *Espíritu* 26 (1977) 5-21; P. Desmond, *Time and eternity in the early writings of Maurice Blondel*, Roma: Typ. Univ. Gregoriana 1988 19-36.

[684] Voir C. Troisfontaines, *Maurice Blondel et Victor Delbos. A propos de Spinoza*, dans la *Revue philosophique de la France et de l'étranger* 111 (1986) 467-483.

[685] M. Blondel, *Une des sources de la pensée moderne*, 30 ; voir du même : *L'évolution du Spinozisme et l'accès qu'elle ouvre à la transcendance*, dans *Archivio de filosofia* 28 (1932) 1-12.

[686] H. Duméry, *Blondel et la religion. Essai critique sur la « Lettre » de 1896*, Paris : P.U.F. 1954 ; voir H. Verweyen, *Einleitung zu M. Blondel, Zur Methode der Religionsphilosophie*, 60. Verweyen place avant la traduction de la « Lettre » une introduction fouillée où il éclaire les lignes fondamentales de la « Lettre » quant au contexte historique de la vie aussi bien que de l'œuvre. Voir aussi S. Nicolosi, *Blondel e Kant. La polemica intorno alla « Lettre sur l'apologétique »* dans *Proteus* 5 (1974) 14-15, 69-103.

ne le laissait plus en repos depuis le débat sur Spinoza. Après 1896, l'opuscule intitulé *Le point de départ de la recherche philosophique* fut le premier à tenter de projeter plus de lumière sur ce problème. Au vu de ce titre, on constate que Blondel incluait la question de la connaissance dans celle du point de départ de la réflexion philosophique.

Parmi les autres articles de notre auteur, cette contribution[687] se distingue par sa structure systématique, d'une composition rigoureuse. La « prospection » y est différenciée de la « rétrospection », laquelle se révèle essentiellement de nature réflexive. Qu'entend exactement Blondel par « prospection », un néologisme introduit par lui-même ? Cette notion, prétend-il : « reçoit sa lumière et son être même de ce vers quoi elle s'oriente »[688]. Elle désigne, poursuit-il, la connaissance directe grâce au rapport privilégié qu'elle entretient avec la sagesse, la supériorité, la « circonspection »[689]. « En fait, quand j'ai saisi un feuillet afin d'y tracer ces lignes et d'y inscrire telles et telles pensées qui m'étaient déjà présentes, je n'avais aucunement besoin d'analyser cet acte fragmentaire ou de me proposer tous les problèmes dont la nature de mon mouvement, l'histoire ou la qualité du papier peuvent devenir l'objet, pour *savoir* ce que je faisais et pour accumuler d'innombrables expériences passées dans une action vraiment clairvoyante et prévoyante, qu'on ne saurait sans inconvénient nommer spontanée ou irréfléchie, quoiqu'elle ne soit pas non plus, au sens précis du mot, une action réfléchie »[690].

Le sens étymologique du mot « prospection » ne doit pas être écarté. La connaissance par prospection regarde effectivement en avant, tandis que la réflexion prend une direction inverse et peut donc aussi être qualifiée de « rétrospection ». En référence à l'exemple du papier, la réflexion signifie que : « j'oublie ce qui constituait la raison concrète et l'originalité singulière de mon acte,

---

[687] A partir du point de vue phénoménologique de l'« Action », A.E. van Hooff présente cet article dans *Die Vollendung des Menschen*, 182-187.
[688] M. Blondel, *Le point de départ*, 342.
[689] Ibid. Blondel reprend cette définition en 1913 dans M. Blondel, *Prospection*, dans le *Vocabulaire* de Lalande (édit.) 846.
[690] M. Blondel, *Le point de départ*, 342.

pour l'étudier désormais comme un acte détaché »[691]. A ses yeux, la réflexion fait abstraction de la direction qu'avait d'abord prise l'individu, afin de pouvoir se multiplier à volonté ou se développer jusqu'aux théories complexes des sciences positives. Mais la limite de la réflexion consisterait à ne jamais plus récupérer l'intuition pratique qui en quelque sorte lui avait donné naissance et servi de matière. En somme, les différences suivantes se détachent sans équivoque : la prospection est la vision concrète. Elle porte le regard sur la vie dans la mesure où celle-ci est vraiment vivante (in fieri), et sur ce qu'il y a d'unique et d'indicible en chaque personne. Tandis que la prospection vise la connaissance synthétique, la réflexion est une vision généralisatrice, dont les constituants (in esse) représentent la véritable cible. Elle fait voler en éclats l'unité vitale et fait abstraction de l'acte d'agir afin d'analyser le phénomène, en isolant ses composants. Tandis que la prospection comme connaissance directe se rapporte à l'action et considère l'« individuum ineffabile », la réflexion comme connaissance indirecte reste orientée vers la pensée et se tourne vers l'« ens generalissimum »[692].

Les deux sortes de connaissance toutefois ne sauraient être ni totalement séparées l'une de l'autre ni réduites l'une à l'autre, puisqu'elles se conditionnent réciproquement. Le malheur de la philosophie, poursuit Blondel, fut d'accentuer unilatéralement la réflexion, au point de réduire la prospection à celle-ci. C'est pourquoi on aurait également identifié l'action à l'idée de l'action et confondu la connaissance pratique avec la conscience qu'on en a[693]. L'erreur initiale de la philosophie ne consisterait pas à s'édifier à partir de la réflexion, mais à le faire exclusivement à partir d'elle. Selon notre auteur, si la philosophie veut trouver son vrai point de départ, il lui faut se libérer de la tyrannie de la réflexion en assignant à cette dernière la place qui lui revient, pas plus, mais pas moins. Inversement, l'idée d'offrir à la philosophie comme unique point de départ la prospection disconviendrait tout autant[694].

---

[691] Ibid. 343.
[692] Ibid. 344-345.
[693] Ibid. 346 ; voir M. Blondel, *L'illusion idéaliste*, 113 : « Dire et faire, penser et vivre sont deux ».
[694] M. Blondel, *Le point de départ*, 359.

D'après Blondel, la philosophie ne saurait s'élaborer qu'à partir de ce lieu où restent liées l'une à l'autre prospection et réflexion. En ce point de jonction, les qualités respectives des deux démarches se conjuguent mutuellement comme des miroirs réfléchissants : si, du point de vue de la réflexion, on considère la philosophie comme une recherche spéculative de la vérité, elle commence là où, toujours selon notre auteur, elle subordonne sa recherche au problème soulevé en nous par le rapport entre conscience et action. C'est la tâche de la réflexion que d'éclairer la synthèse intégrale de la prospection. Le prix réclamé pour cela à la philosophie consisterait dans la renonciation à toute prétention ontologique prématurée, afin de tout considérer « summatim et sub specie unius et totius »[*] malgré le caractère analytique de la philosophie. Si à l'inverse on considère la philosophie du point de vue de la prospection comme œuvre de direction pratique, elle ne commence que si elle épelle d'abord le livre de la vie qui s'écrit en nous. Ce serait la tâche de la prospection que de réintégrer toutes les conquêtes fragmentaires de la réflexion. Le prix exigé pour cela de la philosophie consisterait dans la renonciation à toute satisfaction sentimentale, à toute conclusion morale ou religieuse prématurée, afin de considérer tout être, malgré son caractère synthétique, « singillatim et per gradus debitos »[695]. C'est seulement quand la philosophie prend son point de départ là où prospection et réflexion sont, à valeur égale, imbriquées étroitement qu'elle évite dès lors le nivellement de la connaissance et de l'existence, que cette même philosophie n'apparaît plus comme un abrégé ou une « représentation » de la vie : elle est elle-même cette vie, qui accède à la conscience.

Après avoir montré ce qu'est la « prospection », il faut maintenant porter l'attention sur les services qu'elle rend à la philosophie. Car ce n'est qu'à partir de ce contexte global qu'il sera possible de montrer la valeur de cette prospection pour le traitement blondélien de la

---

[*] « Sommairement et sous l'aspect de l'unité et de la totalité ».

[695] Ibid. 226-227. « Isolément et par degrés obligatoires ». Bien plus en détail que l'auteur de ce livre ne l'a fait ici, Blondel présente dans le texte, avec une précision mathématique, le rapport de miroir entre prospection et réflexion dans la philosophie. Par l'exact accord des syntaxes jusqu'aux conjonctions, il souligne encore une fois l'égale valeur et la complémentarité mutuelle des deux sortes de connaissance.

mystique. Dès lors que le point de départ de l'activité philosophique fait suffisamment droit à la connaissance prospective accompagnant l'action, on découvre dans l'objet d'étude la richesse de réalité obscurément mais constamment présente, au lieu de rechercher derrière le donné le fantôme toujours fuyant représenté par le concept[696]. C'est ainsi que la philosophie met en jeu la présence directe de l'objet connu. Si elle ne réservait aucune place à la présence immédiate de la réalité, le chemin qui rend accessible le discours sur la mystique serait bloqué dès le départ. C'est seulement quand on reconnaît dans l'action humaine une connaissance élaborée à partir de l'expérience vivante d'une réalité présente fût-elle cachée, que s'ouvre alors l'espace où l'expérience mystique de la présence divine est admise en son intégralité, sans qu'elle soit sacrifiée à l'analyse d'une pensée humaine livrée à elle-même dans la réflexion.

Puisque cette dernière, constamment orientée vers le statique « in esse » ne peut jamais épuiser ni récupérer la prospection visant l'« in fieri », il en résulte pour Blondel, s'appuyant sur l'importance de la vie concrète, une nouvelle définition de la vérité. Elle n'est plus « adaequatio speculativa rei et intellectus » mais « adaequatio realis mentis et vitae »[697]. La spéculation est subordonnée au réel, l'intellect est subordonné à la vie. Cette hiérarchie fournit la base indispensable pour que l'Incarnation ne soit pas « réduite » par l'Abstraction.

Le concret n'a pas à être restauré « in mente » par une réflexion aussi scientifique que l'on voudra. Mais chaque aspect que l'homme détache des choses au nom de son expérience personnelle, ouvre, selon Blondel, de nouvelles perspectives pour sa connaissance et son action. De cette manière, l'homme pense davantage le réel et réalise davantage de ce qu'il a pu penser. Blondel déclare avec Augustin : « Ab exterioribus ad interiora, ab interioribus ad superiora »[*]. De là vient qu'il veut savoir bien comprise la méthode d'immanence ; autrement dit que pour être atteinte et définie, la transparence passe uniquement par l'immanence, et l'extériorité uniquement par

---

[696] Ibid. 230.
[697] Ibid. 235. Elle n'est plus « adéquation spéculative de la chose et de l'intelligence », mais « adéquation de la réalité intellectuelle et de la vie ».
[*] « [Aller] des réalités extérieures aux réalités intérieures ».

l'intériorité[698]. Ainsi entendue, la méthode d'immanence se reflète dans la conception selon laquelle tout ce qui se trouve en dehors de l'homme ne peut être connu qu'en passant par Dieu, dont la naissance doit être accueillie en soi-même par l'homme avant qu'il ne parvienne à la plus haute connaissance possible.

Pour Blondel, la philosophie ne commence qu'à partir du moment où elle ne se satisfait pas de l'idée de l'action, mais se soumet à l'action et devient « pratiquante »[699]. L'action et l'idée de l'action ou bien – en se situant au plan de la connaissance - la prospection et la réflexion se conditionnent mutuellement. Elles avancent ensemble mais alternativement comme le ferait une roue roulant tout droit, sans que la cycloïde puisse s'achever en cercle, c'est-à-dire sans que la réflexion spéculative et la prospection pratique puissent ne faire qu'un[700]. C'est exactement ici que gît pour Blondel l'amorce de la philosophie : « La philosophie, initialement, vise non pas seulement à expliquer notre vie, mais à la faire ; non pas seulement à exprimer les êtres, mais à se les incorporer et à s'y assimiler : elle est du réel dans le réel »[701]. Dans cette réflexion, quel apport peut fournir le concept de prospection, sinon qu'il oriente dans une certaine mesure la philosophie vers l'union avec l'objet de sa connaissance ? L'accomplissement propre qu'effectue l'introduction de la notion de « prospection » blondélienne est que la philosophie et l'union mystique présentent une structure identique par rapport à leur objectif : l'une et l'autre veulent incorporer à elles-mêmes leur vis-à-vis et aussi s'incorporer à lui.

Par la revalorisation du concept de prospection, le chemin mystique et le chemin philosophique établissent encore une relation très étroite sur un autre point : en effet ce qui importe à l'un et à l'autre, c'est la vie. La philosophie est orientée vers celle-ci, elle essaie d'assumer les épreuves de l'existence humaine, afin d'assurer la réalisation de l'être humain grâce à la réalisation de l'Être en lui. L'homme agit afin de connaître, pour que finalement il connaisse afin d'agir. Mais, dans ce monde, l'homme ne peut jamais adhérer complètement à l'objet connu. La pleine lumière ne lui sera impartie

---

[698] Ibid. 237.
[699] Ibid. 239.
[700] Ibid. 241-242.
[701] Ibid. 242.

qu'à l'instant de la mort. A ce moment, il connaît parfaitement ce qu'il fait et fait ce qu'il connaît. C'est pourquoi la philosophie doit s'élaborer à partir de la mort, c'est là que prospection et réflexion se réalisent d'une manière unique. Et c'est pourquoi Blondel tombe d'accord avec l'affirmation selon laquelle la philosophie est un apprentissage de la mort, « c'est-à-dire l'anticipation de la vraie vie, de la vie qui pour nous est indivisiblement connaissance et action »[702].

Jusqu'à présent, dans le présent essai, les apparences semblent montrer que Blondel à travers la notion de prospection s'est donné un fondement à partir duquel il pourrait approcher expressément la connaissance issue des expériences mystiques. Ce point de vue, aussi juste qu'il soit, nous conduit trop facilement à oublier que déjà auparavant, cette notion blondélienne (la prospection) se fondait sur une profonde expérience spirituelle. L'omission de cette vérité nous exposerait à imaginer qu'une hache, selon l'analogie suivante, employée à l'abattage d'un arbre oublierait qu'elle a été façonnée précisément à partir d'une branche de cet arbre. Cette image rapportée à la confrontation blondélienne à la philosophie au nom de la mystique, signifie que sa terminologie (comme par exemple le mot « prospection »), au moyen de laquelle il approche cet univers afin d'y pratiquer une ouverture lexicale, est déjà irriguée par une expérience profondément spirituelle, voire mystique. Sur ce plan, on pourrait même parler chez Blondel d'une connaturalité entre langue et expérience spirituelle. Il ne fait pas partie de ceux qui, armés d'une éloquence persuasive, se mettent en marche en vue de conquérir le monde de la profonde expérience spirituelle. L'emploi du terme « prospection » éclaire plutôt la manière dont Blondel se sent déjà chez lui en ce monde, et la façon dont son langage en est déjà inondé de l'intérieur.

Or, ce langage resta marqué par l'expérience de la mort. L'épreuve du trépas inévitable et de l'échec a incité Blondel à comprendre que l'homme n'est pas habilité à « spéculer » dans les hauteurs en perdant contact avec le sol, mais qu'il est destiné à rester en relation avec le monde réel – même quand il s'élève jusqu'au « sursum » -. L'expérience de la mort placée au point de départ de sa philosophie offre l'occasion idéale de lui décerner le titre de

---

[702] Ibid. 249.

« philosophe du concret »[703]. Procurant un savoir nouveau, qualitativement supérieur, et en en rendant possible un autre fondé sur une sorte de vision, elle a conduit notre auteur, alors qu'il présentait la connaissance directe et synthétique, à opter pour le mot « prospection » qui, d'après son étymologie, signifie « vue en avant ». Se fondant sur l'expérience de la mort, Blondel se tourna vers la vie en regardant celle-ci comme un mourir permanent. Vivre signifiait pour lui élever la mort au rang d'une action pure et simple. Cette conception de la vie empreinte d'une expérience subie ne fournissait pas seulement un point de départ à sa philosophie, mais l'inspirait en permanence. La philosophie comprise comme apprentissage de la mort.

Après avoir souligné que le contenu de la notion de « prospection » se nourrissait de l'expérience spirituelle mûrie de Blondel, il convient d'esquisser encore une fois schématiquement mais de manière correcte l'importance de cette expression pour la confrontation de la philosophie et de la mystique. L'apport du terme « prospection » à cette entreprise réflexive consiste en ce qu'il rend linguistiquement communicable l'expérience d'une réalité présente. Or celle-ci atteint ce but quand, en elle, action et connaissance ne font qu'un. La notion de « prospection » permet à Blondel de rendre intellectuellement transmissible son expérience la plus forte, à savoir celle de la mort, et exprime le fait que dans cette expérience-limite s'accomplit la connaissance. La sensation d'être en présence directe de la réalité ne doit pas s'infléchir dans une représentation indirecte comme cela se produit dans le concept. Son devenir (in fieri) n'est pas transformé en être (in esse), ni son intégralité synthétique morcelée par l'analyse. Par la notion de « prospection », Blondel commençait à combler la lacune apparue à la fin de L'Action.

3.2.2. Les écrits mystiques comblent une lacune de L'Action

L'affirmation du « c'est » à la fin de l'ouvrage célèbre représente une démarche qui, dans l'enchaînement des idées présentées,

---

[703] Voir A. Guy, *La philosophie du concret chez Blondel et Unamuno*, dans les *Annales* publiées par l'Université de Toulouse-Le Mirail. Philosophie 13 (1977) 67-83.

apparaît dénuée de tout fondement. Nous l'avons décrite comme une sorte de saut par lequel Blondel passait du plan logique au plan ontologique. Ce saut factuel constitue aussi un saut juridique parce que l'expérience de l'existence du surnaturel ne saurait être déduite de l'acte de penser. Avant de prendre son élan, Blondel a étudié dans *L'Action* à quelles conditions un tel franchissement était possible. Mais, en fait, il n'a suivi ce chemin qu'en prenant un raccourci. Comme philosophe, il aurait pu en dire plus sur la médiation anthropologique de l'acte de foi à dimension mystique. Dans *L'Action*, Blondel n'a qu'insuffisamment exploité la capacité de la raison, en tant qu'elle s'affronte aux conditions de l'expérience métaphysique, ce que nous qualifierons volontiers de lacune. Etant donné que celle-ci se trouve en relation directe avec le saut vers le « c'est », il importera prochainement de rechercher ce qui se cache derrière cette expression.

Heureusement le lecteur n'est pas entièrement pris au dépourvu face à ce bondissement énigmatique il attend que se révèle ce que cache cette locution : « c'est ». Les quelques déclarations « anticipatrices » de Blondel, traitant plusieurs fois et sans autre précision à la fin de *L'Action* de l'« expérience » auraient dû lui sembler tout aussi obscures. Lorsque, dans la quatrième partie de sa dissertation, dans le contexte de l'option positive, il veut que la conception de la mort soit comprise comme action pure et simple, il détaille cette idée en considérant la mort comme sommet du renoncement volontaire. A ses yeux, sacrifice et mortification trouvent leur place sur la route qui mène à ce sommet. Quiconque accepte des sacrifices, dit-il, c'est-à-dire ne fait rien de ce qu'il aimerait faire et ouvre en soi-même l'espace à une volonté tout autre, celui-là certes, serait mort, mais seulement pour ressusciter à une vie nouvelle. A la suite de cette réflexion, Blondel introduit une nouvelle section qu'il commence paradoxalement par une sorte de conclusion : « La mortification est donc la véritable expérimentation métaphysique, celle qui porte sur l'être même. Ce qui meurt, c'est ce qui empêche de voir, de faire, de vivre ; et ce qui survit, c'est déjà ce qui renaît »[704]. Blondel laisse d'ailleurs ouverte la question de savoir ce qui, dans la métaphysique, peut être « expérimenté » ou vécu. C'est pourquoi demeure aussi dans l'ombre la nature du rapport de la mortification à « l'expérimen-

---

[704] M. Blondel, *L'Action*, 383/408.

tation métaphysique ». Pour le lecteur, cette dernière expression surgit tout à coup comme un bloc erratique isolé dans l'espace.

Le même lecteur peut se sentir également déconcerté quand, dans la cinquième partie de *L'Action*, l'auteur prétend que la connaissance de Dieu ne serait finalement possible que si l'homme portait en soi l'Esprit de Dieu, son amour et sa volonté. De même que l'Etre divin aurait donné par l'Incarnation une expression à son amour, de même l'homme ne saurait cheminer vers Dieu qu'en faisant abstraction de soi-même, en s'abaissant. « Le sacrifice est la solution du problème métaphysique par la méthode expérimentale » écrit-il[705]. Cet agir, consistant dans le renoncement, engendrerait la connaissance qui, de son côté, recèlerait en elle-même une révélation plus complète de l'être. C'est dans ce contexte que Blondel insère ensuite le célèbre passage de la « sainteté de la raison ». La toile de fond de la conception que professe Blondel au sujet de la « méthode expérimentale » reste à nouveau dans l'ombre. Certes, il apparaît clairement que le sacrifice entretient une relation directe avec l'ordre métaphysique, mais sans qu'il soit prêté attention à l'expérience qui s'y rattache.

A la dernière page de *L'Action*, Blondel développe une hypothèse sur la relation de l'ordre surnaturel à l'expérience humaine. On ne saurait administrer, écrit-il, pleinement à la raison la preuve du surnaturel, mais on ne saurait davantage le nier, sans connaissance de cause et sans en avoir fait l'expérience. Cependant une fois cette dernière réalisée, il ne se trouverait plus en elle que des arguments plaidant en faveur du surnaturel : « Voilà pourquoi l'éducation sait le communiquer, par la pratique soumise, comme une vérité expérimentale »[706]. En quoi consiste celle-ci ? Comment peut-on l'atteindre ? Ces questions restent ouvertes. Une autre interrogation demeure : que se passe-t-il dans l'éventualité d'une expérimentation de cette vérité ? Quelle place occupe ensuite la raison, qui ne parvient pas à édifier le corps d'une preuve ? Se révélera-t-elle totalement superflue parce qu'elle est remplacée par une nouvelle capacité de connaître, ou bien lui est-il ménagé un espace propre,

---

[705] Ibid. 442/468.
[706] Ibid. 492/517.

voire[707] attribué un rôle irremplaçable dans cette expérience particulière ? A côté d'autres problèmes se pose aussi la question - non dénuée d'importance - de la communicabilité de cette expérience, et aussi des limites d'expression du langage humain en ce domaine. En dépit toutefois de ces imprécisions, il paraît évident que l'effort de l'homme est tendu vers cette expérience particulière, vers ce « vécu ». L'expérience du surnaturel semble figurer le point culminant capable de délivrer la réponse définitive. Mais d'après Blondel, la philosophie ne saurait que rester en-deçà de ce sommet.

Cependant, selon son jugement, la tâche de la philosophie ne se révèle pas caduque pour autant. Au contraire, la mission lui incomberait de montrer la nécessité de l'alternative face au surnaturel, et de la déterminer : « Est-ce ou n'est-ce pas »[708] ? Existe-t-il effectivement ou non ? A son avis, la question échapperait à l'emprise de la philosophie. Ici, Blondel intervient personnellement en adressant une prière au lecteur: « Mais, s'il est permis d'ajouter un mot, un seul, qui dépasse le domaine de la science humaine et la compétence de la philosophie, l'unique mot capable, en face du christianisme, d'exprimer cette part, la meilleure, de la certitude qui ne peut être communiquée, parce qu'elle ne surgit que de l'intimité de l'action toute personnelle, un mot qui soit lui-même une action, il faut le dire : "C'est" »[709]. Cette brève affirmation, détachée de l'enchaînement déductif d'idées antécédentes, forme la dernière phrase du chef-d'œuvre blondélien. Et elle constitue la vraie réponse à la question initiale du livre : « Oui ou non, la vie humaine a-t-elle un sens, et l'homme a-t-il une destinée? »[710] Par le fait que Blondel

---

[707] A cela se rattache la question de savoir quelle valeur peut être attribuée dans l'ensemble à la nature de l'homme.

[708] M. Blondel, *L'Action*, ibid.

[709] Ibid.

[710] Ibid. VII/9. Voir à ce sujet M. Jouhaud, *Bergson et Blondel : Cosmologie et philosophie de la destinée*, dans C. Troisfontaines (édit.), *Journées d'études* (9-10 novembre 1974), 7-29 : Jouhaud décèle, tant dans les œuvres de Bergson que dans celles de Blondel, le développement d'une *philosophie de la destinée* et une *cosmologie* ; J. de Scantimburgo, *O problema do destino humano. Segundo a filosofia de Maurice Blondel*, préface de L. van Acker, São Paulo, : *Convivio 1979* ; voir du même *Dinâmica espiritual*, dans : *Revista brasileira de filosofia* 25 (1975) 479-494 ; du même : *A espiritualidade de Maurice Blondel*, dans : *Revista brasileira de filosofia* 32

doit effectuer, dans l'enchaînement de ses idées, un saut vers le
« c'est », il nous fait comprendre que la philosophie s'avoue
finalement incapable d'apporter une réponse à la question du sens,
posée par l'homme. Ce sen ne se dévoile à l'homme que dans une
expérience hors de portée de la raison humaine. Mais il incombe
nécessairement à la raison de montrer que l'individu, confronté à la
possibilité d'une telle expérience, doit s'engager. Finalement, la
raison seule détient la capacité de s'affronter aux conditions d'une
telle expérience.

C'est sur elle que retombe la tâche décisive de vérifier les conditions de possibilité d'une expérience du surnaturel. C'est là l'une des
idées sur lesquelles Blondel conclut son œuvre principale. Au vu de
cette intuition et en considération du « c'est », la question se pose de
savoir si la philosophie n'aurait pas été vraiment à même d'en dire
plus sur ces expériences que Blondel nomme, certes, mais sans
pouvoir les déduire. Nous ne prétendons pas par là que cette
déduction se fût révélée possible, ni que la philosophie pût s'étendre
davantage sur le contenu de « l'expérimentation métaphysique »,
mais nous entendons par « lacune » le fait que la philosophie aurait
pu mettre en lumière beaucoup plus clairement qu'elle ne le fait ici
les conditions qui la fondent. Une question reste en suspens : une
terminologie plus précise de la part de Blondel n'aurait-elle pas été
en mesure de saisir plus profondément les conditions de possibilité
de l'expérience surnaturelle ?

En réponse, nous voudrions soutenir ici la thèse selon laquelle les
écrits traitant de la mystique comblent la dite lacune de Blondel dans
L'Action. Avec l'affirmation du « c'est », Blondel exprime d'une
manière surprenante pour le lecteur que le surnaturel existe et qu'à
partir de lui la question du sens est résolue. La tournure « c'est »
exprime en outre quelque chose d'autre, quelque chose d'étroitement
lié à l'expérience mystique, que Blondel pose comme donnée, certes,
mais qu'il n'explicite pas davantage. Cette brève affirmation désigne
notamment une réalité mystique présente que l'homme peut

(1982) 277-285- P. Henrici appelle *L'Action* de Blondel (= l'œuvre qui
prend son départ dans la question de la destinée de l'homme =) « l'œuvre la
plus importante dans la recherche philosophique du catholicisme des cent
dernières années », dans : P. Henrici, *Die Bestimmung des Menschen*, dans :
IKaZ *Communio* 19 (1990) 193-202, ici 193.

expérimenter. A la manière dont notre auteur introduit cette réalité, on peut deviner que le langage ne l'englobe que difficilement, si toutefois il y parvient.

Comment est-il possible d'éprouver la présence de cette réalité métaphysique, c'est-à-dire : dans quelles conditions est-il possible de la vivre, et comment peut-elle être communiquée ? Les questions restées en suspens à la fin de *L'Action* trouvent réponse dans les contributions apportées par Blondel au thème de la mystique. A titre d'exemple et à l'aide de quelques notions, nous voudrions présenter la manière dont Blondel se saisit de ces questions. Dans la période postérieure à *L'Action*, il élabore des concepts permettant de clarifier les conditions dans lesquelles la réalité surnaturelle est ressentie comme présence. Rappelons d'abord cette création lexicale de Blondel : « transnaturel ». L'originalité de ce néologisme consiste à expliquer l'existence du surnaturel dans la nature humaine, se manifestant comme soif d'absolu. Ce que « transnaturel » veut dire, c'est que, concernant la grâce divine, il existe en l'homme une pierre d'attente naturelle qui fait de la mystique en dépit de son principe naturel, une réalité humaine, ce que Blondel développera plus tard en détail à travers la thèse de la connaturalité. L'état de transnature, qui caractérise tout individu, se montre identique à la pierre d'attente naturelle du christianisme, présente dans l'âme humaine. Au regard de l'imprégnation intellectuelle d'une profonde expérience spirituelle qui s'étend jusque dans le domaine mystique, l'apport de la notion de « transnaturel » consiste à souligner que dans l'homme subsiste un « résidu » de son état surnaturel passé qui le distinguait au paradis terrestre.

Le deuxième concept, celui de « prospection » - également une création lexicale de Blondel - permet, à la différence de la rétrospective qu'implique la « réflexion », de faire droit à la présence de l'objet à étudier dans l'acte de connaître. Comment la présence de l'objet connu est-elle vécue dans cet acte lui-même ? Comment le mourir permanent de la vie peut-il dispenser directement une forme de connaissance ? Et comment en somme se présente l'aspect direct et synthétique de celle-ci ? Cette révélation peut être enveloppée, d'un point de vue épistémologique, par la notion de « prospection ». Par ailleurs Blondel court le danger de déraper vers les couches souterraines des notions nouvellement créées. En confrontant réflexion et prospection, il donne l'impression qu'on aurait affaire à deux modes de connaissance, alors qu'en réalité il ne s'agit que d'un seul mais à deux faces. Ce danger se transforme en véritable problème dans l'écrit intitulé *Le procès de l'intelligence*, où l'auteur oppose la « connaissance réelle » à la « connaissance notionnelle », morcelant ainsi l'unité fondamentale de la connaissance en une représentation antithétique. H. Bouillard avait déjà attiré l'attention sur ce problème, comme aussi sur le fait que Blondel, dans *L'itinéraire philosophique*, s'efforçait de corriger ce dérapage quand il traitait des façons de penser présentes dans nos idées et non plus de deux modes de connaissance opérant en toute indépendance[711].

Citons en troisième lieu la double notion de « singulier-universel », habilitant Blondel à éclairer, par les termes choisis, l'idée de création et d'incarnation, c'est-à-dire de la présence du divin dans l'ordre cosmologique. Par opposition aux notions de « transnaturel » et de « prospection », il ne s'agit pas ici que d'un néologisme de sens mais plutôt d'une réorientation de notions plus anciennes. Car Blondel oppose consciemment le binôme « singulier-universel » aux expressions classiques « individuel-général » afin de mettre clairement en évidence dans le champ conceptuel l'élément de présence. Les termes « individuel » et « général » ressortissent à un langage qui se détourne de la réalité présente afin de la représenter au lieu de la tenir présente, de la « présenter », comme cela se passe dans les expressions « singulier » et « universel ». Comparativement à l'individuel et au général, le singulier et l'universel maintiennent une relation mutuelle plus étroite. Le singulier est le résultat d'un ordre universel et l'universel est présent dans tout singulier[712], tandis que l'individuel puisqu'il est abstrait du général n'est que représenté en lui.

Voici ce qui apparaît commun aux trois champs conceptuels : ils accentuent l'élément de présence à la différence d'une simple copie de celle-ci, et ce en divers ordres : - l'ordre transnaturel met en évidence la présence vivante du surnaturel dans l'ordre de la nature humaine, - la prospection éclaire la présence de l'objet à étudier dans l'ordre de la connaissance, - le singulier et l'universel se rapportent à

---

[711] H. Bouillard, *Blondel und das Christentum*, 57-58 ; voir M. Blondel, *L'itinéraire philosophique*, 169.
[712] Voir M. Blondel, *L'itinéraire philosophique*, 79.

tout l'ordre cosmologique et soulignent leur présence mutuelle, de sorte que l'un est constamment impliqué dans l'autre.

Les notions citées sont en relation directe avec les idées développées dans *L'Action*. Il n'est cependant pas facile de les extraire des premières œuvres de Blondel, mais elles présentent une terminologie nouvelle que Blondel ne s'approprie qu'au fil du temps. Ce champ conceptuel lui permet non seulement de mettre un nom sur l'expérience du surnaturel en effectuant un saut dans l'enchaînement des idées, mais peu à peu de rendre intellectuellement « réflexes » les conditions qui rendent possible une telle expérience. Mais cela ne se rapporte pas seulement aux notions présentées qui ont été invoquées à titre d'exemple, mais à tout le matériel textuel de Blondel qui, dans le temps compris entre la parution de *L'Action* et de *La Pensée*, traite le thème de la mystique.

C'est le mérite des écrits sur la mystique que de remédier à la lacune de *L'Action* en repréçisant au plan de la pensée les conditions de l'expérience d'une réalité présente. Cette expérience, sur laquelle repose toute l'œuvre de Blondel, se révèle profondément spirituelle, s'étendant à travers différentes étapes, jusqu'à l'état mystique, dans lequel action et connaissance ne font qu'un. Dans la perspective de cette expérience suprême de l'homme, dans laquelle tout s'intègre, Blondel au sein de son œuvre initiale éclaire la dimension de l'action. Dans son œuvre tardive, au contraire, il consacre au thème de la pensée et de la connaissance une partie non négligeable de sa recherche, et cela trouve dans *La Pensée* son expression la plus claire. Mais du point de vue de la mystique, *L'Action* et *La Pensée* ne sauraient être comprises en aucun cas comme des œuvres opposées, mais comme réciproquement complémentaires[713]. C'est pourquoi les écrits sur la mystique ne sauraient être saisis comme un simple supplément à *L'Action*, car ils occupent une fonction de charnière

---

[713] L'unité de l'œuvre blondélienne est soulignée par R. Virgoulay, *De « L'Action » à la Tétralogie. Continuité ou rupture ?* dans : D. Folscheid (édit.), *Maurice Blondel. Une dramatique de la modernité*, 112-124. D'après Virgoulay, toute l'œuvre de Blondel est pénétrée d'une intention immuable, anti-immanentiste, qui s'est pourtant exprimée de diverses manières, ibid.121.Voir à ce sujet P. Favraux, *L'unité de l'œuvre blondélienne*, dans *La Nouvelle Revue Théologique* 108 (1986) 356-373.

entre l'œuvre initiale et l'œuvre tardive de Blondel, sur le plan de la chronologie comme sur celui du contenu.

3.3. La Pensée

Pour avoir mis les dieux à l'épreuve et leur avoir offert en nourriture son fils Pélops, Tantale fut précipité par eux dans les enfers. Là, selon le récit d'Homère, il se trouvait placé devant un lac dont les eaux avaient la propriété de se retirer dès qu'il voulait y boire, et de même pendaient au-dessus de lui des fruits qui se dérobaient constamment à sa prise. C'est à de tels supplices de Tantale que Blondel compare sa propre détresse lors de la publication de *La Pensée*[714]. Trop, oui trop de temps[715] s'était écoulé avant qu'il ne fût en mesure de publier le premier livre de sa trilogie en cinq volumes[716]. Depuis 1927, il n'avait plus donné de cours en raison de sa cécité croissante. Malgré ce handicap considérable, il mobilisa sa faculté créatrice pour une œuvre qu'il avait en vue depuis plus de trente ans au total[717]. Dès 1907, il annonçait une recherche

---

[714] *M. Blondel/A. Valensin, Correspondance III*, 174-175, ici 174.

[715] Ibid. 105-107, ici 106.

[716] Parurent en une succession rapide : M. Blondel, *La Pensée I. La genèse de la pensée et les paliers de son ascension spontanée*, Paris, Alcan, 1934, 4ᵉ éd. P.U.F. 1948 ; trad. allem. : *Das Denken I. Die Genesis des Denkens und die Stufen seiner spontan aufsteigenden Bewegung*. Trad. et introd. par R. Scherer, Freiburg i.Br./München, 1953. M. Blondel, *La Pensée II. La responsabilité de la pensée et la possibilité de son achèvement*, Paris, Alcan, 1934. Dans la 2ᵉ édition (P.U.F. 1954), le sous-titre a été changé ainsi : *Les responsabilités de la pensée et la possibilité de son achèvement* ; trad.allem : *Das Denken II. Die Verantwortung des Denkens und die Möglichkeit seiner Vollendung*. Trad. par R. Scherer, Freiburg i.Br. /München 1956. M. Blondel, *L'être et les êtres. Essai d'ontologie concrète et intégrale*, Paris, Alcan, 1935, 2ᵉ éd. P.U.F. 1963. M. Blondel, *L'Action I. Le problème des causes secondes et le pur agir*, Paris, Alcan, 1936, 2ᵉ P.U.F. 1949 (avec une autre pagination et de nouvelles notes). *M.Blondel, L'Action II. L'action humaine et les conditions de son aboutissement*, Paris, Alcan, 1937, P.U.F. 1963. (reproduction inchangée).

[717] Voir *H. Bremond/M. Blondel, Correspondance III*, 247-251, ici 249 : « et c'est bien en effet ce que poursuit - disons *didactiquement* - mon pauvre livre sur *La Pensée* dont l'itinéraire secret a été parcouru je ne sais combien

sur *Les deux pensées*[718]. Mais la perte de la vue d'une part et l'ampleur du projet d'autre part le contraignirent à faire appel à des aides extérieures. D'après ses propres déclarations, le seul peut-être qui lui parût en situation « d'émonder, de polisser et de faire fructifier [ses] pauvres notes » afin de « manifester l'unité organique »[719], de l'ensemble était son ancien condisciple à l'Ecole Normale Supérieure, l'abbé Joannès Wehrlé[720]. C'est à lui que Blondel avait confié ses notes, qui remplissaient des milliers de feuilles et de petits billets : le tout pesant plus de vingt kilos[721]. Pendant environ deux ans, Wehrlé essaya de réviser et d'ordonner - pour l'éditer ensuite - l'immense matériel textuel qu'il décrivait comme « gigantesque »[722]. L'entreprise déjà bien avancée échoua pourtant en 1931: en cause, l'état de santé de Wehrlé[723].

Nonobstant l'impression de subir le supplice de Tantale, Blondel réussit en 1934 à effectuer la publication de l'œuvre, surtout grâce à la collaboration de Mademoiselle Panis. La rapidité de cette opération étonne si l'on tient compte des décennies que dura la confrontation de Blondel avec cet ouvrage, et aussi de l'échec rencontré par le spécialiste Wehrlé. Mademoiselle Panis, à qui Blondel avait dicté *La Pensée*, semble avoir été une femme déterminée et décidée à achever le livre. Sans son travail, nous ne serions sans doute pas aujourd'hui en possession de cette œuvre. L'idée de détacher et de mettre à part des enchaînements complexes de pensées, représente une innovation dans les écrits de Blondel et remonte selon toute probabilité à Mademoiselle Panis. Mais force est de constater que *La Pensée* est une œuvre qui n'a pas connu un destin conforme aux prévisions. L'histoire de cette œuvre reste

---

de fois par moi depuis trente-cinq ans, sans que personne m'ait réellement accompagné dans ces chemins de philosophie technique. »

[718] *M. Blondel/A. Valensin, Correspondance III*, 59, note 16,1.

[719] *M. Blondel/J. Wehrlé, Correspondance II*, (23.12.1928) 658, note 335,1.

[720] H. de Lubac tient la correspondance entre Wehrlé et Blondel pour la plus vaste et la plus personnelle qui soit. Au total, 1274 lettres de Blondel et 1329 lettres de Wehrlé seraient conservées dans : *M. Blondel/J. Wehrlé, Correspondance I, Avertissement*, 7.

[721] *M. Blondel/A. Valensin, Correspondance III*, (30.5.1931) 174-175, ici 174.

[722] *M. Blondel/J. Wehrlé, Correspondance II* (30.5.1933) 681-682, ici 681.

[723] *M. Blondel/J. Valensin, Correspondance III*, 174-175, ici 174.

encore à écrire, ce qui, au vu du matériel d'archives disponible à
Louvain-la-Neuve, représenterait le travail de la moitié d'une vie.

   La Pensée, comme d'ailleurs l'ensemble de l'œuvre tardive de
Blondel, ne constitue pas un texte directement sorti de sa plume : ce
fait ne doit pas être négligé par les interprètes, surtout au regard
d'une opposition éventuelle à des textes antérieurs. Blondel lui-
même invitait ses lecteurs à faire prévaloir la prudence dès qu'il
s'agirait de lui imputer certains textes[724].

3.3.1. *La Pensée* (1934) vue à travers le miroir des premières recensions

   La parution de *La Pensée* provoqua un nombre considérable de
recensions ; parmi celles-ci, les deux commentaires de Wehrlé
peuvent être considérés, selon l'auteur de ce livre, comme la
meilleure introduction à l'œuvre de Blondel[725]. La lecture, affirme-t-
il d'emblée, se révélerait difficile[726], et « il ne faut jamais se flatter de
comprendre vraiment M. Blondel à première lecture »[727]. A côté
d'une vaste présentation de l'architecture conceptuelle de *La Pensée*,
Wehrlé commente l'œuvre en connaisseur. Du fait de sa conception
de la pensée, Blondel se situerait entre matérialisme et spiritua-
lisme[728]. Tandis que Thomas d'Aquin partirait des perceptions
sensorielles, Blondel creuserait plus profondément la question. La
pensée cosmique représenterait son point de départ et il s'élèverait

---

[724] *M. Blondel, Carnets itimes II*, 333.
[725] J. Wehrlé, *Les origines et les étapes de la pensée décrites par un grand
philosophe*, dans le *Bulletin trimestriel des anciens élèves de Saint-Sulpice*
(15 février 1935) 115-135 ; du même : *Les Responsabilités de la pensée en
quête de son achèvement*, dans le *Bulletin trimestriel des anciens élèves de
Saint-Sulpice* (15 février 1936) 129-151.
[726] P. Guérin pense au contraire que la lecture serait quelque peu décevante,
parce qu'elle serait difficile et qu'on perdrait parfois le fil, de sorte qu'on
aurait l'impression de couler sans savoir à quelle branche on doit
s'accrocher, P. Guérin, *La Pensée*, dans la *Revue d'histoire et de philosophie religieuse* 16 (1936) 88-98.
[727] J. Wehrlé, *Les origines*, 118.
[728] Ibid. 129.

ensuite jusqu'aux sommets de la pensée pensante[729]. L'acte de penser ne serait ni un attribut, ni un mode, ni une apparition subjective, mais un être pourvu de substantialité. Incorporé au réel, il jouirait d'une origine transcendante : « Dans un sens large, [il représente] une incarnation dans le monde de ce Verbe qui deviendra un jour par une Incarnation proprement dite le Médiateur métaphysique et la clef de voûte de l'univers. »[730]

Wehrlé conclut avec bienveillance le commentaire de *La Pensée I* en exprimant un double souhait qu'on peut aussi concevoir comme ciblant une lacune dans l'œuvre de Blondel. Pour commencer : son vocabulaire qui manquerait de clarté. Auparavant, poursuit Wehrlé, Blondel a utilisé les notions de « pensée discursive » et de « pensée intuitive » pour les deux aspects de l'acte de penser donnés à la fois hétérogènes et à la fois solidaires. Il aurait cependant introduit par la suite à la place de ces termes les expressions « pensée entitative et représentative » et « pensée adhésive et assimilatrice». Dans le nouveau livre *La Pensée*, il emploierait par contre « pensée noétique » et « pensée pneumatique »[731]. La difficulté, toujours selon Wehrlé, réside dans l'emploi équivoque des notions, qui ne véhicule-raient pas toujours le même sens. De plus, on verrait mal ce que Blondel entend exactement par les termes « noétique » et « pneuma-tique ». Il est vrai qu'il finirait par donner une explication concernant le vocabulaire en général ; mais au vu du contenu proposé, l'une ou l'autre chose laisserait encore à désirer.

Quelle importance la recension de Wehrlé revêtait-elle aux yeux de Blondel ? Nous la mesurons au fait que ce dernier, au début de *La Pensée II*, tint à expliquer encore une fois en détail les termes « noétique » et « poétique »[732]. Le commentaire de Wehrlé fut le seul dont l'influence critique fut accueillie par Blondel immédiatement et ouvertement dans son œuvre, ce qui ne constitue pas d'abord l'indice

---

[729] Ibid. 130.

[730] Ibid. 130-131.

[731] Ibid. 132-133 ; voir aussi 133 : « Et voici la série des couples de deux termes antithétiques par lesquels on peut à volonté remplacer noétique et pneumatique : on peut dire aussi pensée cristalloïde et pensée colloïdale, - pensée notionnelle et pensée réelle, - pensée abstractive et pensée concrète,- pensée analytique et pensée unitive ».

[732] Voir le premier chapitre de *La Pensée II : L'apparent dyptique de la pensée*, 13-40/10-42.

d'une amitié partagée, mais plutôt une preuve de la compétence que Blondel reconnaissait à son commentateur. En outre, la recension de Wehrlé se révéla un précieux trésor caché, puisque à la fin du deuxième commentaire, elle reproduit le contenu de treize autres recensions de l'œuvre blondélienne parues en divers journaux et revues. Dans l'ensemble, le commentaire de Wehrlé représente le plus ample des premiers comptes rendus. L'auteur de ce commentaire essaie d'éclairer en connaisseur bienveillant et sous divers aspects l'œuvre de Blondel, dont il procure par conséquent un bon aperçu.

L'analyse minutieuse de l'œuvre de Blondel sous ses différentes facettes ne représenta pourtant pas toujours la préoccupation majeure de tous. Quelques auteurs se contentent de mesurer l'œuvre à l'aune de l'orthodoxie[733]. Dans la *Revue des sciences philosophiques et théologiques*, le dominicain G. Rabeau[734] soulignait l'orthodoxie de Blondel et son confrère M.-M. Gorce[735] disait en résumé la même chose dans la *Revue thomiste*. Le jésuite Ch. Boyer[736] confirmait en effet l'orthodoxie de Blondel dans *La Pensée*, mais lui reprochait de

---

[733] Le reproche de ne pas être orthodoxe ne s'est plus écarté de Blondel depuis 1893. Ce reproche fut la raison principale pour laquelle il a constamment refusé de rééditer *L'Action*, son premier ouvrage, vite épuisé. Les idées en devaient d'abord mûrir, et il concevait la trilogie comme une préparation : « Si j'ai refusé et si je refuse de la [L'Action] rééditer telle quelle, c'est parce que, de plus en plus conscient de la gravité et de la complexité des problèmes soulevés, plus soucieux de ma responsabilité d'auteur et des répercussions lointaines des idées, je tiens à profiter des controverses, à élucider des formules équivoques et imparfaites, à laisser mûrir, jusqu'à l'extrême durée de mes forces, une doctrine qui doit se présenter prudemment et qui ne peut être jugée équitablement que dans une perspective d'ensemble. Et c'est pourquoi, avant d'éditer de nouveau *l'Action* refondue, j'ai le dessein de publier, comme préparation, complément et contrepoids, un livre sur la Pensée, un livre sur l'Être, en attendant un livre testamentaire sur l'Esprit chrétien », *M. Blondel/ A. Valensin, Correspondance III*, 84-85, ici 85, note 31.1.
[734] G. Rabeau, M.Blondel, *La Pensée*, dans la *Revue des sciences philosophiques et théologiques* 24 (1935) 189-217.
[735] M.M. Gorce, *Le réalisme et M.Maurice Blondel*, dans la *Revue thomiste*, 39 (1934) 401-407, ici 407.
[736] Ch. Boyer, *« La Pensée » de M.Maurice Blondel et la théologie*, dans *Gregorianum* 16, (1935) 485-503.

ne pas souligner suffisamment que la « visio beatifica » restait un libre don de Dieu[737], et que l' « appétit spirituel » de l'homme pouvait seulement, mais ne devait pas être, forcément, satisfait[738]. En outre, Blondel donnait l'impression que pour être vraiment transcendant Dieu devait nécessairement être trinitaire[739]. Boyer concluait en reconnaissant que l'œuvre de Blondel rendrait service à la théologie, mais qu'il éviterait, quant à lui, de la recommander auprès de jeunes étudiants se préparant à l'ordination presbytérale et dont la fidélité aux définitions magistérielles devait se montrer absolue. La « jeunesse cléricale » avant d'étudier l'œuvre de Blondel, devrait donc attendre d'être formée par les maîtres classiques, afin de faire face au danger de distanciation à l'endroit du magistère, par suite des difficultés de forme et de fond présentées par cette œuvre[740].

D'autres auteurs en revanche faisaient l'éloge de *La Pensée* comme corrigeant et révisant *L'Action*. C'était le cas de P. Guérin par exemple. A l'opposé de Laberthonnière, Blondel aurait accompli à ses yeux une véritable conversion : « bien qu'il eût pris son point de départ dans la philosophie de l'action, [il] a corrigé celle-ci par un intellectualisme teinté de thomisme et en est arrivé à une philosophie introductrice à la religion, au lieu d'une religion introductrice à la philosophie »[741]. Par ailleurs, entre Blondel et son virulent critique Garrigou-Lagrange, qu'on pourrait qualifier de thomiste de la stricte observance, on en serait venu progressivement, selon Wehrlé, à une sorte de traité de paix[742].

A notre avis, les recensions citées ci-dessus ont une portée insuffisante. Elles n'atteignent pas l'objectif réel de l'ouvrage blondélien, parce qu'elles lisent et jugent ensuite l'écrit en chaussant d'abord les lunettes de l'orthodoxie. Il s'en dégage ce seul résultat possible : - ou bien le livre est condamné parce qu'il menace des déclarations du magistère, voire n'y adhère pas, - ou bien le livre est admis, parce qu'il ne contient rien de douteux.

---

[737] Ibid. 497.
[738] Ibid. 498.
[739] Ibid. 501.
[740] Ibid. 503.
[741] P. Guérin, Recension *M .Blondel, La Pensée*, 88.
[742] J. Wehrlé, *Les responsabilités*, 150, voir également à ce sujet Ch. Boyer, *La Pensée* 503.

Si l'on se borne à constater que la doctrine qu'il contient n'est pas nuisible, alors à quoi sert-elle ? Dans l'énorme majorité des recensions, cette question ne reçoit aucune réponse. Il faut noter ici que « les lunettes de l'orthodoxie » ont manifestement brouillé le regard de quelques auteurs, pour autant que leur attention s'est fixée sur tel ou tel aspect de l'édifice intellectuel blondélien, sans vraiment le pénétrer. Que Blondel se montrât également préoccupé de son orthodoxie, cela reste tout à fait possible mais son entreprise se résumait-elle à cela ?

A. Lalande se révèle plus perspicace quand il qualifie l'œuvre blondélienne de « grandiose et subtile exploration spirituelle », animée, selon lui, d'une « vie intense », et c'est dans l'euphorie qu'il évoque le temps où cette œuvre sera devenue classique.[743] Et pourtant, lui-même reste en deçà de la préoccupation de Blondel. Quant au spécialiste Wehrlé, qui, au terme de son commentaire, préfère parler de la « philosophie de l'option » plutôt de la « philosophie de l'action »[744], il omet de mentionner un élément qui ne nous semble pas être un point parmi d'autres. Il s'agit plutôt de l'élément par excellence, qui loin d'être caché se révèle tout simplement évident: le parallèle de la pensée et de la mystique. Il est surprenant que les premières recensions ne thématisent pas le rapport entre la pensée et la mystique. Même Wehrlé n'en souffle mot[745].

---

[743] J. Wehrlé, *Les responsabilités*, 147-148.

[744] Ibid. 150.

[745] Que de nombreux auteurs omettent de souligner la relation entre la pensée et la mystique, cela peut se fonder sur la perspective de sonder d'abord l'orthodoxie de l'œuvre blondélienne. Ce point de vue ne se vérifie certainement pas pour Wehrlé. Si cependant il ne dit rien sur la relation interne entre la pensée et la mystique, cela peut être rapporté à sa préoccupation de comprendre des oppositions apparentes entre *L'Action* (1893) et *La Pensée* (1894) non comme des oppositions, mais comme des complémentarités. Ce faisant, Wehrlé cesse de se demander comment devient intelligible, dans les écrits subséquents et plus brefs concernant la mystique, la relation déjà évoquée dans *L'Action* entre le vécu et la mystique ; cette relation apparaîtra ensuite en pleine lumière dans *La Pensée*, la première œuvre d'envergure parue après un long délai. En second lieu, on ne saurait naturellement oublier qu'en véritable ami, Wehrlé discernait bien des choses dans la personnalité de Blondel, sans avoir accès pour autant à l'univers secret de sa vie intérieure. Ce n'est que par la

Mais Blondel ne montre rien d'autre que le développement de la pensée, et comment, à partir d'une origine transcendante, elle se déploie progressivement puis tend à son achèvement en suivant un itinéraire à trois voies : la purification, l'illumination et l'union.

Nous voudrions maintenant montrer que Blondel ne fait pas que dévoiler le développement de la pensée, mais qu'il voit ce développement comme intimement lié aux degrés de la vie mystique. Ce faisant, il ne souligne pas à strictement parler les structures parallèles de la pensée et de la mystique, il les présente plutôt dans leur imbrication interne: la mystique dans la pensée et la pensée dans la mystique.

3.3.2. La mystique dans la pensée, ou bien une autre manière de comprendre *La Pensée*

3.3.2.1. Les notions de « pensée pneumatique » et de « pensée noétique »

L'Action (1893) est déterminée par la tension entre « volonté voulue » et « volonté voulante » ; par contre, *La Pensée* est parcourue par l'inégalité entre « pensée pneumatique » et « pensée noétique ». On a déjà fait remarquer que Wehrlé accordait à la thèse blondélienne des deux modalités de pensée - à la fois divergentes et unifiées - une importance fondamentale et telle que, si l'on ébranlait cette thèse, toute l'œuvre s'écroulerait[746].

Cependant, même si dans le premier volume de *La Pensée* l'importance fondatrice des expressions « pensée pneumatique » et « pensée noétique », paraît évidente, la présentation extérieure de ces idées ne s'en montre pas moins confuse et désordonnée. L'explication unique des notions de « pneumatique » et de « noétique » reçoit un commentaire articulé en trois éléments : les deux notions sont traitées d'abord dans le texte même[747], puis leur est consacrée une

---

publication des *Carnets intimes* qu'est jetée sur ce monde caché une lumière qui dévoile bien plus clairement la silhouette du philosophe d'Aix.

[746] J. Wehrlé, *Les origines*, 132.

[747] M. Blondel, *La Pensée I*, 43-46/51-54.

longue note de bas de page[748], et finalement, les deux notions sont encore traitées séparément dans un hors-cours[749].

Qu'entend Blondel par « pensée pneumatique » et par « pensée noétique » ? Par cette dernière il désigne « ce qui, dans le monde sous-jacent à la pensée consciente ou réfléchie, est irréductible à la notion commune de matérialité, au pur *physique*, si tant est qu'on puisse parler de cette pureté abstraite ». Le noétique : « rend compte de la valeur réelle de la connaissance, prépare la pensée concrète et contemplative et permet à l'esprit de communier avec la nature et l'ordre transcendant dont il est le liant »[750].

Le noétique ne consisterait pas seulement en un agir extérieur (desursum), mais signifierait un objet réel, à savoir une esquisse d'incarnation du *NOÛS*, du *LOGOS*. C'est en raison de la réalité de cette implication que Blondel a choisi le mot « noétique »[751].

Il appelle pneumatique l'autre élément, également inné, et tout autant que l'élément noétique, consubstantiel à la pensée : « Je désigne par *pneumatique...* ce qui, en un être singulier, en un point spécifié et réagissant de façon qualitative, aspire le milieu universel, puis l'assimile et l'expire ensuite : secret échange qui introduit perpétuellement dans le monde du nouveau, qui, dans le noétique en quelque sorte étalé et totalisé, constitue partout des intériorités, des singuliers, des formes caractérisées, des "indiscernables" du dehors, et des diversifications indéfiniment renouvelées du dedans »[752].

« Pensée pneumatique » et « pensée noétique » ne renvoient pas à deux catégories distinctes mais à une seule et même pensée qui se manifeste sous deux aspects à la fois divergents et solidaires[753]. Sans jamais se joindre, sans la possibilité de ne faire qu'un, ils mobilisent

---

[748] Ibid. 45/52-53. Cette note n'existait pas dans le texte primitif et ne fut intégrée qu'à la deuxième édition, signe que Blondel est devenu clairement conscient du manque.

[749] *La Pensée I, excursus 7*, 237-240/267-271.

[750] Ibid. 237/267.

[751] Ibid. 237/267.

[752] Ibid. 239/269.

[753] Voir A. de Jaer/A. Chapelle, *Le noétique et le pneumatique chez Maurice Blondel*, dans la *Revue philosophique de Louvain* 59 (1961) 609-630 ; M. Jouhaud, *Deux aspects du Blondelisme. Expérience morale et réalisme transcendantal*, dans Folscheid (édit.), *Maurice Blondel, Une dramatique de la modernité*, 81-91, ici 86-87.

et dynamisent la pensée. Tandis que le noétique est orienté vers la totalité (sub specie unius et totius), le pneumatique constituerait, selon Blondel, la diversité, la singularité, les « vincula » partiels.[754] L'important, à ses yeux, est que les deux aspects inhabitent initialement et réellement la pensée et qu'ils soient en outre présents dès le début comme pensée dans le monde, où ils ne pénètrent donc pas en surnombre, ainsi que des corps étrangers, excédentaires et accidentels[755].

Au début de *La Pensée II*, Blondel aborde plus en profondeur la dualité de la pensée. Ce qui étonne, c'est que, ce faisant, au lieu des termes « pensée pneumatique » et « pensée noétique », il emploie maintenant ceux de « pensée concrète » et de « pensée abstraite ». Extérieurement, Blondel articule son sujet en origine, nature et rôle - ou plus exactement destination - des aspects de la pensée. En dépit d'une organisation plus rigoureuse, on a l'impression qu'il s'en écarte souvent et risque de se perdre en développements secondaires et de voiler la clarté du sujet. D'après lui, l'origine de la pensée concrète se trouve dans le but qu'elle se donne et qu'elle poursuit à la manière d'un ruisseau jaillissant, afin de se précipiter plus tard comme une rivière dans l'océan. La pensée concrète surgit donc en vertu de sa finalité[756]. De par sa nature, concrète ou pneumatique, elle constituerait, selon Blondel, une création continuelle, pénétrée d'une présence dont les limites ne sauraient être constatées, ni le contenu analysé[757]. Elle se montrerait ardemment préoccupée, poursuit-il, de garder le contact avec le réel et le privilège de la présence directe. Cette présence, qui siège en toute pensée concrète, se tiendrait en relation directe avec ce qu'il y a de plus intérieur et de plus original dans l'unique destination de l'homme : l' « intentio » cachée[758].

---

[754] M. Blondel, *La Pensée I, excursus 7*, 240/270.
[755] Ibid. 238/268 ; voir 43-44/51-52.
[756] M. Blondel, *La Pensée II*, 19/17 ; ibid.18-16, note 1: Blondel renvoie à son article : *Le point de départ de la recherche philosophique* (1906) ; voir « rétrospection » et « prospection » : M. Blondel, *La Pensée I, excursu 20*, 287-290/325-328 et M. Blondel, *La Pensée II*, 34/35.
[757] M. Blondel, *La Pensée II*, 19/17.
[758] Ibid. 20/18.

La connaissance abstraite ou noétique, par contre, devrait son origine, toujours selon notre auteur, au moment précis où, à l'initiative du sujet pensant, s'élaborerait un signe substituant à la présence réelle une imitation artificielle. De par sa nature, la pensée réflexive se définirait comme un procédé engendrant une définition destinée à rendre le produit pensé plus clairement saisissable par l'intellect[759]. Ce serait en tout cas un doublet de la présence réelle, comparable à un cours de natation où l'élève, posant le ventre sur un tabouret, exécuterait à sec les mouvements correspondant aux gesticulations de la nage[760].

D'après Blondel, le rôle ou plutôt la destination de la pensée nous est suggérée dès lors que nous saisissons qu'aucune des deux façons de penser ne subsiste en soi, mais que chacune repose sur l'autre, toutes les deux se révélant pourtant incapables d'appréhender leur objet. Mais si chaque mode de pensée a besoin de l'autre, cela signifie que la pensée humaine, sous aucun de ses aspects, ne possède une nature susceptible de limites. Pour Blondel, l'acte de penser se révèle plutôt « comme un devenir, mêlé encore de non-être et d'être, comme un passage *ad ulteriora*, comme une postulation d'unité et comme l'attente d'un complément, d'une fin qui achèverait son effort ébauché et progressif »[761]. Cela signifie que l'on ne peut définir et saisir les deux modes de pensée que si on les rapporte au but vers lequel ils tendent tous deux sans jamais l'atteindre. La mission leur incombe de se préparer eux-mêmes à reconnaître ce but et à l'accueillir. Blondel compare à un triptyque cette triade résultant des deux modes de pensée et de leur but commun. Si l'on fermait les volets, on pourrait penser qu'il s'agit d'un diptyque dans lequel deux côtés sont ordonnés l'un à l'autre comme semblent l'être également la pensée pneumatique et la pensée noétique. Mais en réalité, les deux volets tendraient vers leur centre caché, à la fois fondement de l'existence et point de convergence de toutes les images secondaires[762].

---

[759] Ibid. 20-21/18-19.

[760] Ibid. 27/26.

[761] Ibid.31.

[762] Ibid. 39/41. Puisqu'en réalité il s'agirait d'une relation à trois, la parabole d'*animus* et *anima* serait aberrante. Blondel critique ici cette

Par cette image, Blondel ne fait que mettre en pleine lumière le fil rouge de son œuvre. Il centre le processus de l'acte de penser sur une Présence qui, dans son rapport aux modes de pensée orientés vers elle, présente la même caractéristique que celle qui est à l'œuvre dans l'expérience mystique et que nous avons déjà exposée plus haut. Dans cette comparaison, trois points sont à retenir : premièrement : tant dans la mystique que dans la pensée, l'homme tend vers une seule et même Présence ; deuxièmement : le penser est fondé dans l'homme dès le premier instant : il ne s'ajoute pas de l'extérieur ; de la même manière est simplement déposée en lui dès le début et en germe l'aspiration mystique à une présence ; troisièmement : la mystique et la pensée sont fondées sur deux éléments qui sont à la fois hétérogènes et solidaires. L'un est réceptif, l'autre est constructif ; ce sont, dans la mystique, les éléments de « contemplation infuse » et de « contemplation acquise » ; dans la pensée, ce sont la « pensée pneumatique » et la « pensée noétique ».

3.3.2.2. La naissance de la pensée

Comme pour le chapitre traitant des nuances préalables à la conception de la mystique dans *L'Action*, il ne s'agit pas ici de reproduire d'une manière appropriée les développements intellectuels de Blondel[763]. On veut exclusivement mettre en lumière

---

position qu'il défendait encore à propos de *Prière et Poésie* de Bremond ; voir 2.5. Relations éclairantes entre Blondel et Bremond.

[763] L'extension sémantique du terme français « la pensée » ne saurait être rendue directement en allemand, puisqu'il désigne aussi bien l'acte de penser que l'entité idéelle qui en est le produit. Blondel ne veut pas que le titre *La Pensée* soit interprété comme s'il s'agissait dans cet ouvrage de la conscience au sens le plus large ; ni comme s'il s'agissait d'un problème de connaissance et d'une épistémologie critique au sens restreint du terme. « Connaître n'est qu'un aspect du penser et la solution du problème gnoséologique ne saurait être légitimement abordé de front, ni résolu utilement, si on l'isole ou même si on commence par étudier initialement cette question qui suppose la distinction préalable de deux termes, sujet et objet - deux termes qui ne sont pas des données simples, primitives, ni même isolément déterminables. Ainsi que l'a remarqué profondément Victor Delbos, le seul fait d'avoir à poser le problème de la connaissance implique *des présupposés* qu'il faut mettre en évidence ». M. Blondel, *La Pensée I*, 125/139 (souligné par l'auteur de ce livre).

l'intrication intérieure de la mystique et de la pensée. Le point de
départ et le terme méritent en effet une attention particulière : où
commence la pensée, à quelles conditions est-elle soumise, quel
fondement la rend possible ? Y a-t-il un champ ouvert à la pensée et
débouchant sur la question suivante : où mène ce développement,
sans oublier les conditions qui le rendent possible ?

Il nous semble tout d'abord important, concernant la problématique elle-même, de ne pas perdre de vue deux choses : premièrement, la réflexion blondélienne prend son essor avant même que soit
établie la distinction entre sujet et objet. Mais une telle vision
réduirait aux yeux de notre auteur le problème de la pensée à un
problème de connaissance, ce qu'il s'agit en l'occurrence d'éviter.
Pour lui, la question de la connaissance ne livre pas la clé de la
philosophie, parce qu'elle reste subordonnée à la question concernant
la pensée. C'est pourquoi il veut prendre son point de départ avant
même la distinction entre sujet et objet et considérer la pensée en
acte[764] ; deuxièmement, Blondel critique le « cogito ergo sum » de
Descartes[765]. En effet, ce philosophe ferait de la pensée le fondement
intangible ; assertion erronée, parce que Descartes en procédant ainsi
reviendrait à un postulat qu'il prendrait pour point de départ, alors
qu'en réalité, ce postulat aurait déjà un long chemin derrière lui.
C'est que pour Blondel la pensée est « le problème des problèmes »[766]. Elle serait intelligible en son fondement même, on
pourrait en connaître et les conditions, et la vie interne, et la fonction
suprême.

La méthode choisie pour le projet peut se décrire en trois termes :
d'implication, d'intégration et de méthode concrète. Si, d'après
Blondel, toute la dynamique de l'univers se rassemble dans la
pensée, une science de la pensée devrait au contraire prendre le

---

[764] Ibid. 10/11.
[765] Voir Cl. Tresmontant, *Introduction à la métaphysique de Maurice
Blondel*, Paris, Le Seuil 1963, ici 41-48.D. Folscheid, *Vie vivante et vie
vécue. Pour une nouvelle actualité de Maurice Blondel*, dans D. Folscheid
(édit.), *Maurice Blondel. Une dramatique de la modernité*, 135-153, ici
141 ; J. Kopper, *La connaissance objective chez Maurice Blondel*, dans
D. Folscheid (édit.), *Maurice Blondel. Une dramatique de la modernité*, 92-
100, ici 92-94. P.Henrici, *Ontologie et religion. De St. Anselme à Blondel*,
dans : *Archivio di filosofia* 58 (1990) 421-434, ici 424-427.
[766] M. Blondel, *La Pensée I*, 27/31.

chemin inverse et morceler à nouveau ce qui a été unifié. Elle devrait rechercher ce qui, dans toute pensée, est inclus, implicite : c'est ce qu'effectuerait la méthode d'implication. Par ailleurs, il s'agirait de relier l'une à l'autre les conditions individuelles constituant la pensée et par conséquent le monde de la nature et de l'esprit ; cette tâche reviendrait à la méthode d'intégration. Celle-ci se montrerait finalement dirigée vers le concret, vers le réel lui-même ; et ce projet définirait la méthode du concret[767].

Où commence, selon Blondel, la genèse du penser ? La première partie de *La Pensée I* est intitulée « La pensée réelle hors de la pensée pensante ou pensée ». Au moyen de la méthode décrite, Blondel descend dans les plus grandes profondeurs de l'univers pour y lire l'esquisse des premières traces de la pensée. Sur la base de l'observation, le dernier fondement de l'univers lui semble être la pensée cos-mique[768]. Par pensée cosmique, il n'entend pas la pensée au sens traditionnel, qu'il caractérise par la notion de pensée pensante identique au cogito cartésien. Certes, poursuit-il, la pensée cosmique se trouve en relation directe et continue avec la pensée pensante, mais pourtant, selon lui, la pensée cosmique peut être considérée à part. Elle comprend le monde comme un penser qui ne se pense pas encore lui-même. L'un des états de fait expérimentaux les plus forts consisterait dans l'unité et la solidarité de l'univers. Le cosmos formerait un tout cohérent, les parties individuelles s'enchaînant les unes aux autres. A côté de l'unité du monde, on devrait souligner aussi son unicité. Notre monde, par lequel Blondel à la suite de Leibniz entend tous les êtres de tous les temps et de tous les espaces, serait unique, plusieurs mondes à son avis n'étant pas pensables. En outre, dans le monde lui-même seraient perçues simultanément l'unité et la multiplicité : l'un dans le multiple, le continu dans le morcelé. Cet état de fait contraindrait l'homme à reconnaître une liaison qui, à partir de parties isolées, réalise une totalité. Le monde dévoilerait ainsi une double affirmation qui lui resterait implicite. En effet : « Ce monde subsistant comme un *solidum quid*, nous le constatons en même temps que nous le concevons comme une véritable et effective pensée, à la fois diffuse

---

[767] Ibid. 23-31/19-27.
[768] Voir Cl. Tresmontant, *Introduction*, 49-66.

et synergique »[769]. L'acte de penser omniprésent partout et omni-coopérant partout n'est là qu'à l'état d'ébauche et apparaît comme une quête de soi-même.

Puisqu'en son intériorité il repose sur un acte de penser qui se trouve sur le chemin qui mène à soi-même, le monde, selon Blondel, n'est pas mais *devient* continûment[770]. Par conséquent il est sans cesse en train d'être constitué, en état de devenir. Les ébauches de deux intervenants se manifestent alors de plus en plus clairement : - Tout d'abord, serait à l'œuvre dans le monde une force unifiante et universalisante et par conséquent rationnelle et liante. C'est cet élément que Blondel appelle « noétique ». - Un autre élément se manifesterait ensuite qui, en sa singularité, exprimerait la multiplicité et la diversité, celui que Blondel appelle « pneumatique », qui renvoie à une sorte d'inspiration-expiration entre le tout et les parties[771]. Cette double tension façonne et construit l'univers, qui n'est pas un « étant » réalisé, mais un devenir permanent.

Le monde matériel, expression de la pensée cosmique, ne constitue pas selon Blondel une masse inerte ; le mouvement comme principe de vie est omniprésent. Ce mouvement universel ne serait pas un ajout survenant de l'extérieur : il resterait inhérent au devenir. Si l'on observe les mouvements des atomes ou des étoiles, poursuit Blondel, on constate partout que cette mobilité générale opère d'une manière à la fois organique et « organisante ». La pensée cosmique se structurerait de plus en plus et parviendrait ainsi à un nouveau degré sur le chemin menant à la pensée pensante. Ce nouveau degré deviendrait visible dans le monde des plantes. Mais il n'accéderait pas à l'être en vertu d'une force externe, mais exclusivement en vertu d'une force interne. A celle-ci qui permet l'accès à un nouveau degré, correspondrait une finalité interne, véritable principe organisa-teur, appelant l'organique à la vie[772]. Vivre et penser ne sauraient ainsi être opposés l'un à l'autre. On peut soutenir au contraire, au

---

[769] M. Blondel, *La Pensée* I, 35/41-42.

[770] Ibid. 36-42.

[771] Ibid. 43-44/51-52.

[772] Voir G. Bartolaso, *La nozione di vita organica come « pensiero implicito » in Maurice Blondel*, dans : *Il mondo della vita. Interpretazione. Contributi al XXXV Convegno del Centro di studi filosofici di Gallarate* (10, 11, 12 aprile 1980), Brescia : Morcelliana 1981.

sens où Blondel l'entend, qu'on retrouve les lois de la pensée dans l'analyse de la vie et qu'on retrouve les données de la vie dans l'analyse de la pensée[773]. La vie elle-même se présenterait comme une création incessante propulsée par une cause finale se servant des éléments noétique et pneumatique. « C'est ainsi qu'en s'épousant, l'élément noétique et l'élément pneumatique, loin de se confondre, se provoquent à rechercher des solutions ultérieures parce que leur conciliation précaire amène de nouvelles difficultés, de nouveaux risques, de nouvelles initiatives »[774].

Le degré de la pensée psychique serait atteint à la troisième étape : par là entre en jeu la vie du monde animé. A cette étape, l'initiative de l'être vivant constituerait une nouveauté, initiative déterminée par une réalité quelconque, agissant à la manière d'une idée, d'un modèle, et qui pourrait être saisie comme une pensée immergée dans le tohu-bohu des phénomènes[775]. Par là, les réflexions de Blondel atteignent déjà cette limite qui sépare l'animal de l'homme. La tendance à ne jamais dépasser l'ordre empirique s'imposerait comme la marque spécifique de l'activité créatrice de l'animal, resté fixé à l'ordre immanent. Par cette constatation, Blondel vise déjà l'étape distinctive de la vie humaine. Par l'analyse à laquelle il procède d'une animalité aux tendances figées dans l'immanence, l'homme annonce en même temps sa capacité de distinguer celle-ci de la transcendance : « On ne peut avoir *conscience* des choses, si on n'a pas conscience de soi, et on ne peut avoir conscience de soi si on n'a pas conscience d'un transcendant »[776]. Il souligne à la fois que les étapes individuelles sont intimement liées et que chaque nouvelle étape se développe à partir de la précédente. Par ailleurs la nouveauté ne se laisse pas ramener à ce qui existait déjà, mais dévoile une nouvelle création ; dans la pensée psychique, il s'agirait donc d'« une pensée déjà concentrée, une pensée qui tire, non seulement de ses origines, mais d'apports nouveaux et supérieurs, une puissance efficace dans le conflit même des forces brutes »[777].

---

[773] M. Blondel, *La Pensée I*, 51-60/59-69.
[774] Ibid. 64-65/74.
[775] Ibid. 68/78.
[776] Ibid. 69/79.
[777] Ibid. 73/84.

Par ces lignes, la réflexion de Blondel aborde le seuil de la pensée pensante, c'est-à-dire de la pensée consciente d'elle-même[778]. Quel bilan peut-on tirer de ce qui a été dit précédemment, concernant la relation entre pensée et mystique ? Il est tout simplement stupéfiant de constater : - à quel point les idées de Blondel sur la mystique imprègnent *La Pensée*, - combien est frappante la similitude des structures de la pensée et de la mystique, - comment parfois des phrases entières peuvent se révéler interchangeable pour peu qu'on remplace le mot « pensée » par celui de « mystique ».

A l'instar des germes mystiques déposés dès l'origine non seulement dans l'homme, mais dans toute la création et aspirant à l'union avec son Créateur, la pensée se montre présente, dès l'origine, dans le cosmos. Comme acte de connaître, la mystique a besoin aussi bien de la « connaissance réelle », dont le mode suprême reste la « connaissance par connaturalité », que de la « connaissance notionnelle ». Bien que ces deux derniers modes de connaissance se défient mutuellement et aspirent à se dépasser, ils ne parviennent cependant jamais à saisir entièrement leur objet. Semblables à deux colonnes levées et tendues vers la clé de voûte, ils constituent les arrhes de la connaissance mystique. Ils se mélangent en outre aussi peu que la « pensée pneumatique » et la « pensée noétique » Comme la mystique, la pensée aux premières étapes de la création est présente sans être reconnue, c'est-à-dire qu'à l'origine, au sein de l'univers, pensée et mystique se confondent dans le même anonymat. De même, à partir de leur fonds commun, elles engagent un devenir semblable « per gradus debitos ». Impossible de s'arrêter dans l'une comme dans l'autre, toutes deux naviguent sans détour vers leur but par le déploiement de leur intériorité. C'est pourquoi la voie mystique n'est pas une voie exceptionnelle qui ne serait réservée qu'à quelques élus. Chacun doit se sentir appelé à cet idéal parce que mystique et vie sont intimement entremêlées comme la pensée et la vie. Ce qui a été dit sur ces deux dernières notions vaut également pour la relation entre mystique et vie : on retrouve les lois de la vie dans l'analyse de la mystique, et on retrouve les données de la

---

[778] Sur la manière dont les pensées cosmique, organique et psychique tendent à la pensée singulière chez Blondel, M. Renault ébauche une réponse dans son livre: *Le singulier. Essai de monadologie*, Montréal : Bellarmin 1979 (= Recherches 22. Philosophie), 70-78.

mystique dans l'analyse de la vie. Quand, dans chacun des deux cas, on a gravi plusieurs marches, on n'atteint pas la suivante par la vertu de son seul effort : une source supérieure de force se révèle nécessaire. En somme, les pensées cosmique, organique et psychique figurent des anticipations de la pensée pensante comparables aux degrés préalables à la vie mystique. Il faut maintenant se demander si les structures de l'acte de penser, qui s'éveille à la conscience de soi, en sortant d'une longue nuit, se laissent comparer à celles de la vie mystique.

La deuxième partie de *La Pensée I* est intitulée « La Pensée pensante ». Comme l'évoque déjà le sous-titre « Aube, éveil, lever de la lumière intérieure du penser », ce paragraphe vise à montrer comment la conscience intervient sur la voie de la pensée. Pour approcher de plus près le fait mystérieux de l'enfantement intellectuel, en rapport avec l'acquisition de l'expérience, Blondel attire d'abord l'attention sur la différence entre l'homme et l'animal. Des expériences sur des enfants et un gibbon auraient montré qu'entre l'intelligence de l'homme et celle du singe il y a non seulement une différence de degré, mais une différence de nature. Par opposition à l'animal, l'homme se distinguerait, dans l'acquisition de l'expérience, par l'initiative particulière de pouvoir s'arrêter, de tenter diverses hypothèses et ainsi de viser et d'atteindre son but. Instinct et raison ne seraient donc pas déductibles l'un de l'autre[779].

Mais comment l'homme parvient-il à la conscience ? Blondel décrit ce nouveau degré comme l'événement d'une découverte: l'invention de la conscience. Ses conclusions s'appuient sur des expériences dont la vulgarisation, dans les premières décennies du XIXe siècle, provoqua des vagues et déclencha une série de publications et de comptes rendus de recherche : il s'agit de l'instruction des sourds-muets-aveugles. En France, tout spécialement l'histoire de Marie Heurtin[780], sourde-muette-aveugle de naissance, donna lieu à de gros titres dans la presse. La vie d'Helen

---

[779] M. Blondel, *La Pensée* I, 85-89/95-99.

[780] L'histoire de Marie Heurtin est présentée par L. Arnould : *Les âmes en prison. L'école française des sourdes-muettes-aveugles et leurs sœurs des deux mondes*, 4ᵉ édition, Paris, Oudin et Cie, 1910 (1ᵉʳᵉ édition 1903). Blondel compare sa propre détresse, son incapacité de se faire comprendre, à Marie Heurtin, M.Blondel, *Carnets intimes II*, 308.

Keller[781] représenta un cas parallèle. Blondel les a étudiées toutes les deux[782]. D'après lui, l'étude de ces cas nous interdit de restreindre la genèse de notre pensée aux sens de la vue et de l'ouïe[783]. De quoi s'agit-il exactement ? Des cinq organes des sens communs aux hommes, l'individu sourd-muet-aveugle ne dispose que du toucher, du goût et de l'odorat. Mais puisque le langage ne s'apprend pas ordinairement au moyen de ceux-ci, le handicapé de naissance se voyait condamné au bannissement dans la nuit du silence et de la solitude. L. Arnould parle des « âmes en prison »[784]. Les éducateurs découvrirent pourtant chez Marie Heurtin et Helen Keller « l'entrée » qui permit aux personnes concernées de s'évader de la prison où elles étaient tenues enfermées. Cette entrée ouvrait sur la possibilité inconnue jusque là d'apprendre le langage sur la base des sens encore disponibles. Un jour, par exemple, la sourde-muette-aveugle H. Keller, fut menée jusqu'à un puits par son éducatrice Anne Mansfield Sulivan. Auparavant, les doigts de l'éducatrice lui avaient souvent tapoté sur la main les lettres du mot « eau », (w-a-t-e-r), et du mot « poupée », (d-o-l-l). Jusqu'à la visite au puits, non seulement Hélène avait confondu aussi bien les mots que l'ordre des lettres, mais elle s'était complètement embrouillée dans ces opérations et

---

[781] H. Keller, *Die Geschichte meines Lebens* (franç.: *L'histoire de ma vie*), traduit de l'anglais par P. Seliger, préface de F. Holländer, 6ᵉ édit., Stuttgart 1918 (1ᵉʳᵉ édit.1905). Dans sa thèse sur le développement de l'âme M.T. La Vecchia cite non seulement les biographies de M. Heurtin et H. Keller concernant l'invention du signe, mais elle connaît aussi les réflexions faites à ce sujet par Blondel dans *La Pensée*, M.T. La Vecchia, *L'evoluzione delle psiche nel processo di ominazione*, Roma : Typ.Univ. Gregoriana 1983, ici 74-78.

[782] M. Blondel, *La Pensée I*, 91-103/108-115. ; voir *excursus 19*, 283-287/321-325.

[783] La pensée et le langage sont entremêlés de par leur genèse : n'ont-ils pas des sources communes ? M. Blondel, *L'itinéraire philosophique*, 150. A côté de Blondel, le psychologue et philosophe H. Delacroix travaille les mêmes thèmes presque en même temps. Suite aux études de Delacroix sur la mystique, ont paru : *Le langage et la pensée*, Paris, Alcan, 1930 ; du même, *L'enfant et le langage*, Paris, Alcan, 1934.

[784] Voir le titre du livre : L. Arnould, *Les âmes en prison*. L'enquête d'Arnould repose sur des expériences faites par la sœur Ste Marguerite à l'école de Larnay, une institution fondée en 1860 près de Poitiers pour des sourds-muets-aveugles.

semblait ne savoir que faire de tout cela. Mais lorsque l'eau fraîche du puits lui coula sur la main et que l'éducatrice lui épela de nouveau le mot « w-a-t-e-r » sur la main, elle se souvint[785]. Elle comprenait pour la première fois un signe capable de remplacer la réalité, celle de l'eau en l'occurrence. La découverte de ce signe signifia l'événement central de sa vie. Peu après fut effectué le nécessaire triple franchissement de la découverte d'un signe à l'idée de signe jusqu'à l'invention consciente d'un signe[786]. Helen s'était libérée de son obscur cachot et se trouvait placée à l'orée d'un itinéraire qui, en passant par des études universitaires, devait la conduire à une vie riche d'activités littéraires.

A la réflexion, la vie précédant la découverte du premier signe lui sembla soudain ressembler à une sombre prison apparemment sans issue. En harmonie avec le sentiment de plusieurs mystiques, décrivant leur expérience de l'union à Dieu comme une perception chaleureuse et agréable de clarté[787], de délice et de bonheur, H. Keller écrivit sur son expérience du puits : « Je savais maintenant que *water* signifiait cette merveilleuse chose fraîche qui me coulait sur la main. Ce mot vivant éveillait mon âme à la vie, lui dispensait lumière, espérance, joie, et la libérait de ses entraves »[788].

Quelles conclusions Blondel retira-t-il de l'étude de ce cas quant au développement de la pensée ? Pour parvenir à la conscience, dit-il, le signe comme tel ne suffit pas, il y faut en plus l'acte de la volonté : « même chez ceux qui sont pourvus de tous leurs sens, l'institution volontaire du signe conventionnel est, en toute rigueur, la condition universelle, nécessaire et suffisante de la conscience distincte »[789]. La pensée de la sourde-muette-aveugle prisonnière

---

[785] H. Keller, *Die Geschichte meines Lebens*, 22-23.

[786] Voir aussi M. Blondel, *La Pensée* I, 284/321.

[787] D'après Blondel, les convertis partagent aussi cette expérience : « Tous les convertis diront qu'ils n'ont pas été déterminés par un *argument,* mais par une *lumière* qui éclaire leur âme *tout entière* », M. Blondel, *Carnets intimes II*, 290. Voir Ch. Molette, *Mulla Zadé. Une conscience d'homme dans la lumière de Maurice Blondel*, préface d'H. de Lubac, Paris : Téqui, 1988.

[788] H. Keller, *Die Geschichte meines Lebens* (franç: *Histoire de ma vie*), 23.

[789] M. Blondel, *La Pensée I*, 100/112. Malheureusement, la traduction allemande de ce passage lui fait dire le contraire, puisque « même pour ceux qui sont pourvus de tous leurs sens » est faussement rendu par « selbst für

d'elle-même est concentrée par l'éducatrice sur un point, et pour ainsi dire contrainte de se fixer sur un signe[790]. Ce n'est que par un acte de la volonté qu'est accepté le signe remplaçant la réalité concrète.

Au fond, selon Blondel, la pensée possède un caractère acosmique. Ce caractère se révélerait dès que la pensée prend conscience d'elle-même et que la conscience vient à la lumière. Quand notre auteur se lance à la recherche de la qualité acosmique de la pensée comme il le fait ci-après, on est surpris d'être confronté à la même structure encore présente à la mémoire, depuis qu'a été exposée sa conception de la mystique. De même que la mystique, malgré son principe surnaturel, demeure quelque chose d'humain en raison de la connaturalité, de même la pensée, orientée vers l'infini, veut en outre rester plongée dans les choses, même si ces dernières ne sauraient la satisfaire entièrement. Blondel décrit cette apparente division binaire non comme une simple dualité, mais comme un combat. D'une part il existerait dans la pensée une sorte d'aspiration à un ordre strict dans lequel elle voudrait s'engager, mais il y aurait d'autre part en elle un élan qui la pousserait constamment vers une issue transgressive des limites. Ce combat intérieur serait subi : *oportuit pati*[791]. Doit-on faire violence à l'imagination pour saisir à travers cette argumentation une allusion à la dynamique de l'Incarnation ? Dans la pensée, le même mouvement que celui transmis par le Logos divin ne se manifeste-t-il pas, de telle sorte que, venant de Dieu, il s'engage dans le monde et que de la grandeur divine surgisse la petitesse humaine ? Le Logos n'envahit-il pas le tissu de l'ordre humain, mais sans s'y volatiliser, parce qu'il demeure finalement toujours orienté vers son origine transcendante ?

Blondel donne ensuite raison à Aristote : on ne peut pas penser sans signe. Mais les signes ne seraient que la condition de la pensée, et non son fondement. Son fondement serait à chercher sous les

---

die, die all ihrer Sinne beraubt sind ». Voir pour la signification du signe dans *L'Action* S. Babolin, *La funzione del simbolo nella dialettica dell'azione in M.Blondel*, dans : *Studia Patavina* 16 (1969) 211-241, surtout 224-230 : *La creazione del simbolo*.
[790] Voir G. Fessard, *De l'actualité historique*, 2 vol. Bruxelles : Desclée de Brouwer, 1960 (= Recherches de philosophie V et VI), ici vol I, 148.
[791] M. Blondel, *La Pensée I*, 107-108/119-120.

signes, sous les succédanés représentatifs, dans une réalité présente et cachée. Il poursuit : et cette réalité serait transcendante. Pourquoi ? Entre l'objet réel et le signe qui l'incarne existerait un lien intentionnel. La connaissance serait toujours en quête d'adaptation, et en elle la pensée voudrait devenir l'autre. C'est là que se cacherait le dessein final et total de celle-ci : s'universaliser, tout embrasser. Cette entreprise se révélerait impossible si la pensée n'impliquait pas dès sa naissance la perception de sa transcendance. Ce n'est que sur la base de cette dimension inhérente à elle-même que la pensée serait à même de créer un signe. C'est la même transcendance qui, par opposition à l'animal, transformerait les hommes en êtres à tout jamais insatisfaits au sein de ce monde[792] : « Ainsi, la possibilité et la nécessité spontanée d'adjoindre aux données empiriques, pour qu'elles deviennent conscientes, un monde auxiliaire de signes construits et de représentations distinctes, impliquent que, si notre pensée émerge de la nature tout en s'y plongeant, c'est qu'elle ne dérive pas en son fond des impressions passivement subies. Il n'y a de *données* pour elle que parce qu'il y a en elle du *donnant*, un don vraiment original, une activité nouvelle et promotrice »[793]. Ainsi donc, la pensée ne représente pas un principe originel sur lequel, à l'instar de Descartes, on pourrait s'appuyer comme sur une terre ferme, mais la pensée présuppose un « donnant ». L'origine de la pensée n'est pas explicable en s'en tenant à la seule immanence. C'est plutôt la transcendance elle-même qui est présente à la pensée. Blondel parle du « mal métaphysique » qui habite au cœur de la pensée, d'où jaillit le sens de notre existence et de notre destin.[794]

Le parallélisme de la mystique et de la pensée apparaît encore plus évident quand Blondel parle de la présence de Dieu dans la pensée. « Dieu était là, dit Jacob, et je ne le savais pas »[795]. Cela nous rappelle non seulement le mot d'Augustin : « Et ecce intus eras et ego foris »[796], mais également les propres développements de

---

[792] Ibid. 108-111/120-124.

[793] Ibid. 112/125.

[794] Ibid.

[795] Ibid. 114/127.

[796] St Augustin, *Confessions*. "Et voila que tu étais au-dedans et moi dehors", in A. Augustinus, *Confessiones*, trad. allem. : *Bekenntnisse* –

Blondel sur son néologisme « transnaturel ». La « natura pura » comme telle n'existe pas, elle intervient en lien avec le résidu surnaturel : dès lors, l'homme n'a pas besoin d'être au courant de sa nature partiellement « supranaturelle ». Si l'on se représente cette division de la pensée qui bascule constamment de ci de là entre deux mondes et ne parvient jamais au repos, il n'est alors pas surprenant que Blondel la caractérise comme ni tout à fait immanente ni tout à fait transcendante[797]. N'en va-t-il pas de même pour la mystique ?

On peut en dire autant pour l'éveil de la conscience, de la pensée pensante. Blondel décrit la manière dont se développe cette dernière dans la triple démarche suivante : « ab exterioribus ad interiora et ab interioribus ad superiora »[798]. Nous nous contenterons ici d'une brève esquisse de ces démarches. Par la première « ab exterioribus », notre auteur entend les objets tels qu'ils apparaissent face à la pensée dans la pensée même. En dehors d'elle, ils possèdent déjà une réalité noétique et pneumatique. Elle tente d'unir ces deux aspects de la réalité unique dans la pensée de l'objet[799]. Ce dernier ne peut jamais être complètement irrigué par la pensée, il reste constamment un mystère. Le monde des objets ne représente jamais le principe ni la fin pour la pensée, elle aspire à toujours plus[800]. Que si l'homme veut se percevoir soi-même comme sujet, les vérités éternelles devraient se refléter à l'intérieur du sujet pensant et du sujet pensé (ad interiora). Mais la représentation du miroir ne saurait suffire : l'aspiration à Dieu fonde le sujet. Si l'homme ne veut pas se laisser distraire par l'expérience du monde intérieur et du monde extérieur, il doit s'élever « ad superiora », « passer par Dieu ». Ce n'est que sur cette voie qu'il réussit à trouver une unité solide, qui aussi bien lui dévoile le but final de la vie et le rend capable de saisir le monde des objets[801].

Lateinisch und Deutsch, trad. introd. et commenté par J. Bernhart, 4e éd. München, 1980, 546-547.

[797] M. Blondel, *La Pensée I*, 116/129.

[798] Ibid. 128/142. « Des réalités extérieures aux intérieures et des intérieures aux supérieures ».

[799] Ibid. 137/153.

[800] Ibid. 136/152.

[801] Ibid. 150-151/167-168.

Quel est le bilan de *La Pensée I* pour la relation entre mystique et pensée ? Dans l'ensemble la similitude de structuration apparaît plus qu'évidente entre le cheminement conduisant à l'union mystique et celui menant à la pensée pensante. Au cœur du cosmos germent, dès l'origine, aussi bien la vie mystique que la pensée. Toutes deux dépendent d'en haut, toutes deux sont orientées vers un but transcendant, toutes deux se déploient « per gradus debitos », et une aspiration commune les soulève toutes deux les propulsant constamment en avant. Mystique et pensée ne se révèlent ni purement immanentes, ni purement transcendantes. Elles apparaissent certes immergées dans la finitude, mais orientées vers l'infini. Leur origine divine a pourtant besoin d'un point d'attache en l'homme. Ni l'une ni l'autre ne sont possibles sans l'agir de la nature humaine, ce qu'a vérifié pour la pensée l'exemple de la sourde-muette-aveugle. Il est au minimum nécessaire que s'exercent les sens du toucher, de l'odorat, voire du goût, pour que puissent se développer les cellules germinatives de la pensée, qui surgissent d'une réalité transcendante. Si la nature humaine ne coopère pas de cette manière, la pensée n'est pas engendrée. Sans la coopération de l'individu, sans la mortification qui le porte à s'oublier, il n'y a pas, selon Blondel, de personne mystique. Pour la pensée et pour la mystique, la nature humaine représente la condition nécessaire, bien qu'insuffisante. Car dans les deux cas le fondement propre réside dans la réalité cachée et en même temps réellement présente[802]. Cette réalité transcendante présente en nous éprouve la pensée comme quelque chose qui donne ce pourquoi les objets de connaissance sont perçus comme des données. De la même manière, le mystique, dans la contemplation infuse, ressent cette réalité comme un don. Elle nous « inhabite »,

---

[802] K.H. Menke qualifie de « déontologique » la structure d'argumentation de Blondel et de Rosmini, parce que « l'homme inexplicable à soi-même reconnaît dans l'autorévélation du Dieu trinitaire la « condition de la possibilité » de soi-même, et en même temps par cette confession d'une cohérence de la nature et de la grâce, adhère dans la foi à la réalité révélée », K.H. Menke, *Deontologische Glaubensbegründung. Antonio Rosmini (1797-1855) und Maurice Blondel (1861-1949)* dans : *Zeitschrift für katholische Theologie* 109 (1987) 153-172, ici 153; voir du même *Vernunft und Offenbarung nach Antonio Rosmini. Der apologetische Plan einer christlichen Enzyklopädie*, Innsbruck 1980 (= Innsbrucker theologische Studien, 5).

nous empêche de nous satisfaire des réalités immanentes et nous pousse aussi bien aux plus hauts degrés de la pensée qu'à l'union mystique. Que l'homme fasse l'expérience de la conscience ou de l'union mystique, dans les deux cas il peut arriver qu'il ressente et décrive les états antérieurs comme le séjour dans une zone obscure. Quoi qu'il en soit, il n'existe ni pour la pensée ni pour la mystique d'autre voie que celle de passer par Dieu.

3.3.2.3. Vers l'achèvement

Au-dessus d'Aix-en-Provence, sur la montagne Sainte Victoire, se dresse une croix dont le socle porte l'inscription citée par Blondel : « "doû mai la davaloun, doû mai mounto", plus on l'abat, plus elle monte. Ce qui est paradoxalement vrai dans l'ordre historique et moral, a besoin d'être retourné pour qu'apparaisse une vérité d'un ordre encore supérieur : plus la pensée s'élève, plus elle a conscience de son incommensurabilité avec son parfait objet et avec sa totale destinée » [803]. L'incommensurabilité de la pensée s'est déjà manifestée dans *La Pensée I* quand l'attention se portait sur la présence d'une réalité cachée, non saisissable. Le deuxième volume thématise le comportement de la pensée face à cette présence : « Les responsabilités de la pensée et la possibilité de son achèvement. ». Blondel considère *La Pensée II* comme la suite directe de *La Pensée I*, ce qui est signalé par la numérotation ultérieure des chapitres et des excursus.

Qui dit responsabilité dit liberté. Une fois de plus, notre auteur fait le lien avec la finalité de la pensée, qui n'enferme pas l'individu dans une seule direction mais lui laisse la liberté de la décision. D'ailleurs Blondel voit l'homme, comme il l'expliquait déjà dans *L'Action*, obligatoirement placé devant une alternative : et il faut qu'il se décide. Le libre choix de la responsabilité de la pensée reste entièrement à sa disposition. Ou bien la pensée oriente ses aspirations vers des buts limités, immanents, s'exposant à vouloir la finitude d'une manière infinie, ou bien elle choisit l'objet transcendant[804].

La culture scientifique elle-même ne serait pas exclue de la finalité de la pensée. Mais Blondel ne veut pas déterminer le but de

---

[803] M. Blondel, *La Pensée II*, 194/213.
[804] Ibid. 68/74.

la science[805] selon le sens moderne des sciences de la nature. Le savoir scientifique ne se définirait pas d'abord par sa visée utilitaire cherchant à mieux maîtriser la nature. Contre la conception utilitariste de Bacon il écrit : « Les sciences ne sont donc pas faites seulement et principalement pour *pouvoir*, comme on l'a trop dit depuis Bacon ; elles sont aussi et surtout, selon une tradition qui semble devenue paradoxale, faites pour *savoir* et pour *valoir*, c'est-à-dire pour manifester la vérité et accroître la dignité de l'esprit. On a justement remarqué que plus les recherches ont de désintéressement et d'ampleur, plus les applications imprévues sont d'ordinaire multipliées et importantes »[806]. On constate une fois de plus à quel point les réflexions philosophiques de Blondel restent dominées par la dynamique interne de sa conception de la mystique. C'est le regard fixé sur la structure de celle-ci qu'il procède à la critique de la science. Avant que cette dernière ne rende service à l'homme, elle existe dans le but de savoir. Quiconque voit en elle un instrument de domination ou une source de profit, la défigure. Pour la science elle-même la vérité suivante se confirme : quand elle s'oublie, quand elle se déprend d'elle-même, quand elle crée un espace afin d'aménager la place à une réalité plus grande, elle se rapproche alors, selon Blondel, de son authentique destination. Ce n'est que lorsqu'elle se mortifie pour ainsi dire elle-même qu'elle accède à sa véritable naissance. Si elle meurt à soi, c'est-à-dire évite de se laisser cultiver pour elle-même, alors elle gagne. Par ailleurs si la mystique ne s'encombre pas d'un but, la science doit aussi viser à s'en désencombrer elle-même. Dans la mystique, l'homme cherche à s'approcher de la réalité suprême et à s'unir à elle. De la même façon, la science n'a pas à travailler pour elle-même ni pour l'application intéressée de ses résultats ; la joie de découvrir la vérité devrait représenter sa première motivation.

---

[805] C. Theobald a consacré une étude détaillée à la notion blondé-lienne de la science, C. Theobald : *Maurice Blondel und das Problem der Modernität. Beitrag zu einer epistemologischen Standortbestimmung zeitgenössischer Fundamentaltheologie*, Frankfurt a. M. 1988 (=*Frankfurter theologische Studien* 35), 175-177. Theobald observe chez Blondel « la migration progressive des sciences et avant tout des sciences de l'homme hors de l'habitacle qui leur avait été préparé par Blondel et d'autres philosophes », ibid. 177.
[806] M. Blondel, *La Pensée II*, 104/112.

Blondel met ici en jeu des notions telles que la beauté, l'art et l'esthétique. L'art peut figurer une porte par laquelle l'homme s'évade de la réalité. Mais pour notre auteur, il incarne avant tout un ferment de vie spirituelle; il anticiperait même une réalité idéale à laquelle aspire la pensée. Il livrerait à l'humanité les arrhes des biens attendus, en lui l'héritage serait partiellement anticipé. Il exercerait une fonction métaphysique, en maintenant son orientation vers un but transcendant. En revanche si on en restait à la théorie de « l'art pour l'art », l'exigence intime qui le traverse en serait gravement trahie[807].

De l'art à la pensée civilisatrice, il n'y a qu'un modeste pas. Blondel pèse les termes "culture" et "civilisation", quoique d'une manière très insuffisante[808]. Mais ni la "culture", notion axée sur la mise en valeur de la nature, ni la "civilisation", concept embrassant l'ensemble de la vie sociale, ne seraient à même de procurer à l'homme la fin désirée : la pensée source d'unité. Jamais, toujours selon Blondel, la "culture" ne réussit à atteindre l'idéal de l'unité de la pensée, ni par conséquent la complète fraternisation des hommes. Il en découlerait d'une part l'expérience de l'échec, d'autre part une profonde inquiétude contraignant l'homme à avouer « que, dans notre raison même, quelque chose de positif, d'infini, subsiste réellement pour démentir les négations superficielles, pour dépasser les enceintes pseudo-rationnelles, pour exiger la place d'un ordre noétique et d'une activité pneumatique supérieures aux entités logiques et solidaires l'un de l'autre»[809]. Blondel déduit de la finalité de la pensée qui, à strictement parler, justifierait les plus hauts sacrifices[810], et de l'impossibilité de s'achever soi-même, la nécessité de ne rien résoudre à partir d'un point de vue isolé: car tout se tient[811].

---

[807] Ibid. 128-134/140-146.

[808] Dans la comparaison entre « culture » et « civilisation », Blon-del entend le mot "culture " en un sens exclusivement ergologique : l'homme cultive la nature au sens où il accomplit une tâche agricole : M.Blondel, *La Pensée II*, 152/166. Quant au *Dictionnaire philosophique* d'A. Lalande, il souligne le moment individuel de "culture", rendu en allemand par "Bildung". *Culture* dans A. Lalande (édit.), *Vocabulaire*, 199-200.

[809] M. Blondel, *La Pensée II*, 157/171.

[810] Ibid. 159/173.

[811] Ibid. 161/175-176.

C'est dans la mort qu'est vécue le plus clairement l'impossibilité pour la pensée de s'achever elle-même. Une fois de plus, notre auteur répercute ici sa propre expérience. Dans la mort se manifeste pour lui non seulement l'inachèvement terrestre "de facto" de toute pensée, mais son « inachevabilité » "de jure"[812]. Quant à la mort elle-même, le respect de l'homme à son égard, l'attention portée à la dépouille corporelle - complètement ignorées des animaux - montre comment une présence invisible envoûte l'individu[813]. « L'idée de la mort n'est possible, n'est réelle, que par la certitude implicite que nous avons de notre immortalité »[814]. L'expérience de l'inachèvement de la pensée et des espérances qu'elle suscite ferait partie de l'aspect empirique de la mort. De plus, elle comporterait manifestement une dimension métaphysique visant à introduire l'homme dans le mystère onto-logique. Que se passe-t-il après la mort ? Certaines personnes, poussées par une curiosité irrésistible, auraient cherché la solution de l'énigme en jouant avec la pensée du suicide. Ici, Blondel opère un lien intéressant. A la racine du désir insatiable de clarté méta-physique, que le suicide n'éteint pas, il règnerait la profonde conviction que les phénomènes temporaires occultent aux yeux des hommes la claire vision de ce qui est : il importerait donc de réduire la portée de ce processus. A son avis, la voie de la mortification ne conduit à rien d'autre qu'à cela : « Mais si la prudence intellectuelle et morale interdit la brusquerie de cette expérimentation méta-physique que semblerait être le suicide du corps par désir impatient de vérité, n'avons-nous pas en effet une sûre et sage méthode d'investigation par l'ascèse et la mortification? »[815]

Par conséquent quiconque veut être introduit dans le mystère ontologique, quiconque réclame « l'expérimentation métaphysique » doit d'abord se déprendre de soi-même. C'est là une intuition qui résulte de la pensée proprement dite. Mais en quoi consiste le rapport de la pensée à l'être ? Les deux sont-ils à égalité dans ce cas ? Ces

---

[812] Ibid. 175-176/192-193.
[813] Ibid. 177-178/195-196.
[814] Ibid. 178/196.
[815] Ibid. 184/203.
[816] Voir le titre des chapitres II et VI. En partie de M. Blondel, *La Pensée II : La perfection de la pensée est-elle concevable ?*

questions nous rappellent l'argumentation développée dans *L'Action* (1893)[816] lorsque l'auteur se demandait d'abord si la notion de « surnaturel » était "pensable", et empruntait ensuite la pénible voie le menant à répondre positivement à la question de son existence. Or, dans *L'Action* la tentative d'une réponse échouait irrémédiablement et il en résultait que l'homme aidé de sa seule raison ne pouvait sonder l'existence du surnaturel, mais cette faculté a le pouvoir voire la nécessaire obligation de répondre à la question des conditions de possibilité du surnaturel. C'est ce dont *L'Action* tentait déjà l'ébauche : mais au fond, la véritable réponse ne lui fut donnée que par les écrits sur la mystique. C'est là que fut mis en pleine lumière le cadre général de cette réponse : la certitude de l'existence du surnaturel n'est pas un bien dont l'homme pourrait disposer, mais un don qui lui est offert en permanence. Dans *La Pensée*, le raisonnement s'affûte en principe une fois de plus et bute sur la même difficulté : la perfection de la pensée est-elle « pensable » ? Ce qui valait pour la structure du surnaturel dans *L'Action* se vérifie maintenant pour la pensée parfaite. Pour l'homme, la pensée parfaite est à la fois nécessaire et impossible à atteindre[817]. « Puisque cette idée d'une perfection absolue de l'être pensé et pensant, que nous ne pouvons nous empêcher de concevoir comme condition d'intelligibilité et d'existence, ne peut être réalisée en nous et par nous, ce que nous en savons sert à projeter au-dessus de nous-même cette vérité subsistante sans laquelle nous ne serions et ne connaîtrions pas le peu que nous avons de lumière et de solidité. »[818]

La phase finale du raisonnement blondélien qui, dans *La Pensée*, prend pour cible l'achèvement de celle-ci, se développe selon trois démarches. La première d'entre elles vise l'unification de l'être et de la pensée : « Pour que l'Être et la Pensée subsistent dans une parfaite unité sans confusion, il faut donc qu'au lieu de subir la loi nécessaire d'un dualisme ou, si l'on aime mieux d'un égoïsme à deux, il y ait, au sein de l'Être qui se pense et de la Pensée qui se constitue en une perfection substantielle, une initiative par laquelle celui qui est déjà foncièrement Être, Esprit et Charité engendre un autre lui-même ; il faut que ce Verbe, lui aussi Être, Esprit et Amour, se restitue, comme par une immolation filiale, médiateur et pontife éternel, au Père qui

---

[817] M. Blondel, *La Pensée II*, 195/214.
[818] Ibid.

s'est donné tout à lui et à qui il se donne entièrement et éternellement lui-même ; il faut que ce double amour si personnellement divers, si substantiellement identique, soit lui-même Esprit, Vie, Charité parfaitement subsistante »[819]. Peut-on mettre en équivalence le *penser* et l'*être* ? Blondel ne répond pas dans le vide à cette question. Il recourt plutôt à l'exemple de l'homme lui-même, chez qui la pensée et l'être, bien qu'indépendants l'un de l'autre, s'unissent dans la pratique. Pour que cette rencontre se révèle simplement possible, il faut qu'existe au-dessus de l'homme un être parfait et indivisible dans lequel l'être et la pensée soient unis en une synthèse vivante et indissoluble. Pour Blondel, celle-ci demeure pensable si dans l'Absolu vivant, en Dieu, l'Intelligibilité substantielle et l'Intelligence infinie sont unies sur le socle d'un amour parfait. Cet amour, représentant le lien de l'union, peut être considéré à part de l'union elle-même ; notre auteur se situe ainsi tout à fait au cœur du modèle classique selon lequel est conçue la Trinité. Cet amour n'est pas replié sur soi-même de manière autistique, il est au contraire tourné vers l'extérieur, vers l'engendrement. Dans la Parole ainsi engendrée, Dieu transgresse les limites (c'est l'Incarnation). A partir de là, la Parole doit être considérée sous deux aspects: - d'une part, elle se situe comme Médiateur entre le Créateur et la création, - d'autre part, et précisément en raison de cette position médiatrice, il lui incombe de donner en retour cet amour surabondant. Car la poussée irrépressible consistant à assurer un retour d'amour pour celui déjà reçu fait partie de la dynamique interne de l'amour même. S'il n'en était pas ainsi, ce sentiment se défigurerait en relation dénuée de réciprocité, unilatérale, nouée entre un certain sujet et un certain objet. Ce dernier aurait alors l'impression, du fait de l'inclination du sujet à son égard, d'être emprisonné sous un couvercle dont il ne saurait plus se libérer. Une pensée parfaite s'impose donc. C'est là la première condition pour que soit rendu possible son achèvement.

La seconde démarche comporte une autre condition : la pensée absolue sombrerait, aux yeux de l'homme, dans l'incohérence, si l'accès devait lui en rester interdit. Par ailleurs, saisi par la nostalgie de l'union à la pensée parfaite, il ne peut faire valoir aucune

---

[819] Ibid. 201/221.

prétention à la réalisation de son attirance. Finalement, quel jugement porter sur le désir de l'homme ? Son aspiration retombe-t-elle dans le vide ou bien reçoit-elle une réponse ? Comment en outre lui est-il simplement possible d'en obtenir une ? A ce sujet Blondel rétorque que c'est précisément dans l'aspiration qu'elle se dévoile : « et si, de fait, l'appel vers l'inconnu que jette ardemment la pensée reçoit, malgré le silence extérieur, une vraie réponse ; si cet appel même n'est déjà, lui aussi, qu'un écho d'une prévenance secrète et d'une sollicitation positive »[820]. Ceci conduit à soutenir que c'est dans la réalité même de l'appel que l'homme peut ressentir sa vocation à l'union transformante de l'esprit créé avec l'Esprit incréé. Selon Blondel, la philosophie ne saurait transmettre sa vocation à l'homme, celle-ci reste un don gratuit.

Si l'invitation à participer à la vie divine demeure également gratuite, une simple question se pose : est-ce que l'homme n'y contribue en rien ? Notre auteur répète la question sous une autre forme : quel est le prix à payer pour l'union[821] ? Et ce disant il aborde la troisième démarche. Que la pensée humaine parvienne ou non à l'achèvement, cela dépend finalement de l'homme lui-même, Dieu ne le contraint pas à l'union. Il reviendrait plutôt à l'individu de fournir sa contribution, de devenir lui-même un créateur actif. Sa contribution, sa coopération se révéleraient nécessaires[822], ce n'est qu'ainsi qu'il deviendrait un libre partenaire de Dieu.

C'est en Dieu que la pensée humaine atteint sa plénitude, c'est dans l'union à sa Personne que le tourment continuel parvient au

---

[820] Ibid. 249/275.

[821] Ibid. 203/223 : « Mais puisqu'il faut marcher, à quel prix trouverons-nous l'accès qui conduit à la vérité salutaire de la pensée ? » et ibid. 249/275 : « Quels moyens pourraient nous la [solution] faire discerner, si elle existe de fait, et quel péage serait sans doute le prix d'une telle communion ». Dans la question du prix s'exerce l'influence de L. Ollé-Laprune ; voir L. Ollé-Laprune, *Le prix de la vie*, 9e éd. Paris, Belin 1902. Sur ses deux maîtres à l'Ecole Normale Supérieure, E. Boutroux et L. Ollé-Laprune, Blondel écrit : « Le second m'a donné quelque chose de la matière, et l'autre quelque chose de la forme de mes convictions philosophiques », M. Blondel, *Lettres philosophiques*, 73, voir à ce sujet P. Henrici, L. Ollé-Laprune (1839-1898), dans E. Coreth (édit.), Christliche Philosophie, vol. I, 535-542.

[822] M. Blondel, *La Pensée II*, 249/275.

repos désiré. L'achèvement de la pensée met un terme à son tourment congénital, mais non pas au sens où elle-même aurait cessé tout exercice. Sans équivoque, Blondel récuse toute assimilation de son système au panthéisme. Certains auraient voulu appliquer à la pensée l'image suivante : il en va d'elle comme d'un voyage. Quand le voyageur parvient au terme de son périple, quand celui-ci s'achève, il n'y a plus de voyageur. De même, quand le tourment qui l'habite débouche sur l'apaisement, la pensée n'existe plus[823]. Or, d'après Blondel, l'image se révèle fausse. On ne saurait nullement comparer la pensée à un voyage ; en effet, elle reste tendue vers un absolu et ne parcourrait donc pas un espace limité. On confondrait des idées anthropomorphiques avec la vérité divine : « On ramène Dieu à la norme humaine, laquelle l'étouffe. Ni l'acte pur n'est un arrêt, ni notre voyage en Dieu ne se termine jamais, sinon dans la joie toujours neuve d'une perpétuelle arrivée »[824].

Dans le deuxième volume de *La Pensée*, Blondel marque claire-ment les structures de sa conception de la mystique : de même que celle-ci se montre dépourvue d'objectif, la science ne doit pas se préoccuper tout d'abord de l'application utilitaire de ses résultats. Par la démarche scientifique, artistique et culturelle, la pensée humaine s'efforce d'atteindre à la réalité, dont la présence se manifesterait toujours à elle. Et elle voudrait toujours s'unir à cette réalité. Le but de la pensée consisterait finalement à vivre en unité parfaite avec l'être, sans atténuation des différences. En l'occurrence la relation du Dieu-Père au Dieu-Fils dans la Trinité représenterait le « modèle » de la relation recherchée entre pensée et être, également décrit comme équation : la relation d'amour des deux personnes, relation substan-tiellement identique et personnellement différente, subsisterait elle-même comme Esprit. Afin que cette dernière union de la pensée et de l'être devienne possible, c'est-à-dire afin que la pensée atteigne la perfection, trois conditions devraient être remplies : - la pensée parfaite devrait exister, - elle devrait appeler la pensée humaine restée imparfaite à son achèvement, c'est-à-dire à la participation à sa

---

[823] Dans *l'excursus 50*, Blondel thématise explicitement le panthé-isme sous le titre *La grande tentation*, M. Blondel, *La Pensée II*, 356-359/399-403, ici 356/399.
[824] M. Blondel, *La Pensée II*, 357/400.

propre perfection, - et la pensée imparfaite si elle voulait atteindre celle-ci, devrait elle-même apporter sa coopération.

L'influence de la conception de la mystique perce encore plus clairement à la fin de *La Pensée*. Sans rien dire d'essentiellement nouveau quant au contenu, Blondel reprend l'essentiel de ce qui a été dit en appliquant à la pensée la fameuse voie de la mystique, articulée en trois étapes : purification, illumination et union. Sur le chemin de la purification, la pensée humaine a découvert qu'elle ne s'appartenait pas à elle-même, qu'elle ne saurait, grâce à ses propres lumières, détenir les clés de la connaissance, qu'elle bénéficiait d'un prêt qu'il s'agissait de mériter[825]. Mais d'autre part, elle succomberait trop facilement à la tentation de s'ériger elle-même en centre de gravité. C'est pourquoi elle devrait aussi apprendre ce que recouvrent les notions de pardon, d'expiation et de miséricorde. Elle assumerait la responsabilité de dépasser certains comportements « légitimes » mais destructeurs, comme par exemple de ne pas répondre à la haine par la haine. Sinon, comment cette passion pourrait-elle s'éteindre ? demande Blondel en citant un sage indien. Dans le cadre de la purification, il importerait aussi de se convaincre qu'on ne saurait aimer effectivement le prochain si l'on ne passe pas par Dieu, le Créateur. Pour notre auteur, il paraît impossible d'accorder la même valeur à la charité envers des êtres humains et à la charité à l'égard de Dieu. La philanthropie doit être subordonnée à l'amour de Dieu. Quiconque va aux hommes par le Père commun, coopère à l'œuvre de Dieu qui se concrétise et s'exprime dans la patience, le dévouement, le sacrifice, la tempérance, le renoncement et la magnanimité[826].

Sur le chemin de l'illumination, l'homme reconnaîtrait, poursuit Blondel, que les deux modes différents de pensée qui l'habitent : la "pensée noétique" et la "pensée pneumatique", ne sauraient saisir leur objet mais, par l'irruption de la lumière divine, feraient, dans leur insuffisance même, l'expérience non seulement d'un secours, mais aussi d'une « conciliation ». L'union à la lumière divine exigerait l'aveu de sa propre insuffisance et la disponibilité à recevoir la grâce divine[827].

---

[825] Ibid. 259/287.

[826] Ibid. 260-261/288-289.

[827] Ibid. 262-263/291.

Quant à l'union, Blondel utilise l'image du mariage (connubium)[828]. D'après lui, les objets respectifs de la connaissance ne se révèlent pas évanescents. La pensée voit plutôt les réalités individuelles dans un plan d'ensemble. Notre auteur se meut au cœur de la mystique. C'est pourquoi il n'est nullement surprenant de lire à la fin de *La Pensée* – ouvrage axé expressément sur le processus de celle-ci - une phrase qui, certes, découle de toute l'œuvre, mais qu'on aurait pu aussi bien placer au début des développements comme thèse à exposer : « C'est pourquoi le fond de notre intelligence implique toujours un état qui, à cause de ses virtualités indistinctement connues, et des accès qu'il ouvre aux touches ou aux prises divines, mérite le nom de "mystique" »[829]. Blondel poursuit : « que ce mot dont on abuse si souvent ne fasse point méconnaître le caractère raisonnable et même rationnellement justifié d'une connaissance qui, pour sembler nocturne, n'en est pas moins une extension de la pensée jusqu'à la source souterraine d'où s'épanche son flot intarissable. Connaissance mystique, ces deux mots, qu'on accuse parfois d'être incompatibles, doivent au contraire marquer un degré supérieur de vérité, de certitude et de force propulsive. Et rien de plus faux que de ramener à des états pathologiques, à une affectivité pure, à une inertie quiétiste, à une exaltation démente ou à une indifférence aboulique, ces états de l'esprit que préparent et qu'accompagnent une ascèse méthodique, un discernement expérimental et savant, un sens supérieur de l'ordre spéculatif et pratique. Ce n'est donc pas sans justesse que Victor Delbos a dit du vrai mystique qu'il porte en sa pensée plus de réalisme que n'en contiennent toutes les spéculations métaphysiques, d'accord en cela avec Jean de la Croix déclarant que le mystique authentiquement éprouvé est le plus raisonnable des hommes »[830].

Que signifient ces propos par rapport à la philosopie blondélienne ? Notre auteur fait ici retour à l'article intitulé : *Le problème de la mystique*. Une fois de plus il récapitule, concernant cet état, les différentes voies d'explication qui, à l'époque, se répandaient jusque dans la presse quotidienne. Une fois de plus, il se défend résolument d'expliquer la mystique par la pathologie ou l'affectivité. Il l'oppose

---

[828] Ibid. 264/293.
[829] Ibid. 266/294-295.
[830] Ibid. 266/295.

également à toute forme de paresse et à toute faiblesse de volonté. Mais en quoi consiste-t-elle exactement ? Placé devant l'intelligence et donc devant la possibilité d'exercer sa capacité de connaître, l'homme se trouve engagé dans quelque chose qui fonde la possibilité de la connaissance, et dont le terme est l'union à Dieu. Mais ce qui vaut pour la connaissance en particulier se laisse maintenant étendre à l'activité rationnelle en général. Pour Blondel, une activité philosophique en corrélation avec la mystique n'est possible que dans le cadre d'une philosophie consciente de sa base mystique : cette dernière constitue d'abord la source de la philosophie, et ensuite seulement son objet. Il n'est donc pas surprenant que notre auteur explique quelques pages plus loin que « ce n'est pas seulement l'homme qui vit en tout philosophe, c'est la philosophie elle-même qui est et sera toujours naturellement, normalement, une orante »[831]. Mais ce ne sont pas seulement la mystique et l'activité rationnelle qui entretiennent une relation très étroite. La première reste intimement rattachée à la réalité. Le mystique est un réaliste et non un songe-creux, étranger au monde et se laissant subjuguer par des idées nébuleuses. Les concepts selon Blondel se révèlent interchangeables : la mystique est une connaissance de la réalité divine qui passe par l'expérience, et celle de la réalité divine qui passe par la connaissance.

Dans l'union mystique, l'être et la pensée ne font qu'un : être et action, action et pensée. Sur ce plan, tous trois s'unissent, mais sans effacer leurs différences. Sur un autre plan, la pensée elle-même laisse encore apparaître différentes facettes: parce qu'elle possède une réalité propre, elle est quelque chose qui énonce et dont quelque chose procède, - comme du Père dans la Trinité - ; comme Lui en effet, la pensée est subsistance. En même temps, elle dispense lumière et vie ; comme le Fils, elle est connaissance. En plus de quoi, elle fonde aussi l'attachement mutuel entre les deux ; comme l'Esprit, la pensée est amour. Bref : *La Pensée* dévoile précisément comment l'œuvre philosophique de Blondel est irriguée par l'expérience intellectualisée résumée elle-même par le mot-clé de « mystique». Au premier regard, Blondel semble bien aborder le thème de la mystique à partir d'une construction philosophique déjà fermement structurée. Une observation plus minutieuse permet

---

[831] Ibid. 270/300.

toutefois de constater que son édifice philosophique repose déjà sur les fondations d'une profonde expérience spirituelle qui s'élargit jusqu'au domaine mystique.

3.4. La clé pour comprendre toute l'œuvre de Blondel : sa conception de la mystique

Muni de la longue tige d'un fenouil géant, Prométhée trompa Zeus le père des dieux en s'approchant du char du soleil qui passait, et en mettant le feu à la tige. Il gagna la terre avec le feu dérobé et l'apporta aux hommes qui avaient besoin de ce dernier don. La réussite de Prométhée doit, selon Blondel, non seulement apparaître aux hommes comme de la présomption, mais comme une impossibilité radicale. Car l'homme n'a pas de pouvoir légal ou illégal d'intervention dans la sphère divine. La raison humaine peut bien tenter sans cesse de percer les nuages et de dérober le feu, elle n'y réussira jamais. L'homme ne prend pas possession du don de Dieu, il le reçoit. C'est là une affirmation centrale de la conception blondélienne de la mystique.

La conception blondélienne de la mystique résulte d'un long procès auquel ont contribué plusieurs facteurs. Notre auteur passa son enfance dans sa ville natale de Dijon en Bourgogne et la propriété familiale de Saint-Seine-sur-Vingeanne où il reçut en partage la joie de la relation à Dieu et à la nature. Des expériences précoces de rencontre avec la mort d'une part et des émotions de sa première communion d'autre part se gravèrent dans sa mémoire aux jours de leurs anniversaires respectifs et marquèrent sa profonde éducation religieuse. Il puisa la source principale de sa pensée dans le Nouveau Testament, principalement dans les thèmes centraux des écrits pauliniens. Ses lectures spirituelles le familiarisèrent avant tout avec les représentants de l'Ecole française, sans compter ses contacts avec les grands penseurs comme St Augustin, Bernard de Clairvaux et les mystiques espagnols. Mais Blondel n'écrivit sur la mystique que lorsque se déchaîna en France, au début du 20e siècle, le débat sur la question. Différents auteurs tels que H. Delacroix, A. Poulain, A. Farges, A. Gardeil, J. de Guibert, R. Garrigou-Lagrange, W. James, M. Barrès, sans oublier J. Maritain provoquèrent ses réactions. On ne saurait imaginer la genèse de la notion blondélienne de la mystique sans ce conflit tumultueux.

A son avis, la mystique se définit comme union de l'homme et de Dieu. Dans cette union humano-divine, l'homme fait l'expérience de son Créateur, le reconnaît, et par lui obtient un accès nouveau à toute la création. Les modalités de cette union nous sont présentées à travers l'union du Fils de Dieu à son Père : elles restent donc d'essence christique. La plénitude de cette union de l'homme à Dieu n'est atteinte que dans la vie après la mort, dans la "visio beatifica" : la mystique constitue donc une anticipation partielle de celle-ci dans la vision de Dieu.

De même que cette conception blondélienne résulte d'un long parcours, ainsi la mystique elle-même doit être comprise comme un processus très intense d'incarnation. Le socle ultime des théories de notre auteur sur la question est à chercher dans sa représentation de Dieu. Au sommet, il place la phrase-clé de la théologie johannique : Dieu est amour. Le philosophe d'Aix fait sienne non pas la sentence : « Dieu est amour parce qu'il est intelligible », mais : « Dieu est intelligible parce qu'il est amour ». Dans cette relation amoureuse, l'homme s'approche de Dieu « per gradus debitos » jusqu'à l'union réciproque. L'homme s'unit à Dieu dans la vie mystique comme s'unissent dans le mariage l'homme et la femme. Mais l'intrusion réciproque n'efface pas les différences entre Dieu et l'homme (fusion sans confusion). La condition qui rend possible cette union humano-divine est l'incarnation de Dieu en Jésus-Christ, que Blondel après Duns Scot regarde comme le sommet de la création. Dans l'union hypostatique, Dieu franchit l'abîme béant qui sépare Créateur et créature. Puisque Dieu se commet par le Christ dans la matière, inversement il devient possible que toute la création - non seulement l'homme – se laisse incorporer dans le Dieu créateur. Dans l'Incarnation, Dieu ne devient pas analogue mais égal à l'homme. Le point de départ de la « christianité » est l'histoire concrète, non une idée abstraite. C'est pourquoi l'union mystique se produit non dans un espace à part, sacral et intemporel, mais nécessairement dans l'histoire du monde.

Dans le processus d'union de l'homme à Dieu, Jésus-Christ apparaît tout simplement comme le médiateur. Pour Blondel, l'existence de mystiques se révèle impensable sans cette médiation. De même, il ne peut exister de mystiques hors du corps invisible de l'Eglise, que

Blondel distingue du corps visible. Un mystique musulman, par exemple, fait partie du corps de l'Eglise, même si c'est sous le masque de l'anonymat et l'emprunt d'un pseudonyme. Sur la base de la médiation unique de Jésus-Christ, il existe, certes, beaucoup de personnes mystiques différentes, mais elles s'abreuvent toutes au même courant, à savoir la mystique christique. Cela veut dire que quiconque aspire à l'union à Dieu doit emprunter le chemin tracé d'avance par Jésus-Christ qui, comme le dit l'hymne aux Philippiens, renonça à soi-même, se dépouilla afin de vaincre la mort et grâce à l'épreuve de la mortification, de gagner la vie.

Dans la mystique, l'homme et Dieu s'atteignent et tous deux coopèrent à cette jonction. La contribution première de l'homme consiste dans sa nature entière. Pour l'union mystique, elle représente la "conditio sine qua non", que Dieu ne saurait en tant que telle négliger. Si, en effet, il méconnaissait celle-ci, la grandeur de son amour s'en trouverait réduite puisqu'elle ne laisserait pas à son objet, c'est-à-dire à l'individu, la liberté d'en accueillir la preuve. Il s'ensuit que l'homme est incité à coopérer à l'union. Pour que Dieu puisse s'introduire en l'homme, celui-ci doit lui fournir un espace libre et ne pas s'accrocher à sa propre nature, mais en faire abstraction, se dépouiller jusqu'à l'abandon total de soi-même dans la mort. La mort se voit donc transformée en action pure et simple, déjà anticipée dans l'entreprise de mortification. La contribution humaine, que Blondel appelle aussi « contemplation acquise », souvent désignée comme ascèse dans la littérature, se révèle certes nécessaire mais insuffisante pour l'union.

L'acteur principal de l'union mystique reste finalement Dieu. L'homme n'a aucune prise sur le don que celui-ci lui fait, qualifié dans la terminologie blondélienne de « contemplation infuse ». C'est dans un acte gracieux que le Mystère se donne lui-même à l'homme. Celui-ci conserve la liberté totale de permettre ou de refuser la naissance de Dieu en lui-même. Malgré son principe surnaturel, la mystique demeure quelque chose d'humain, puisque Dieu laisse à l'homme sa nature, même si l'union la transforme. Il s'ensuit que la raison aussi occupe encore un espace nécessaire au plus haut degré de la mystique. La philosophie, la psychologie, la médecine, etc. sont parfaitement habilitées à fournir leur contribution à la mystique - elles y sont même incitées - dans la mesure où elles se meuvent à l'intérieur des limites de leur domaine et n'empiètent ni sur la théologie ni sur l'ordre de la grâce divine. Blondel n'oppose pas le Dieu d'Abraham au Dieu des philosophes, son entreprise vise l'unité des deux.

Selon son jugement, tout homme porte en soi les germes de la vie mystique et chacun est appelé à accéder à cet état et ce en raison de l'état transnaturel de l'homme, composé d'une « natura pura » et d'un « reliquat surnaturel » qu'il a conservé en dépit de la chute originelle et qui se manifeste comme soif d'absolu. La mystique ne constitue donc pas une voie exceptionnelle réservée à quelques rares élus auxquels Dieu confèrerait sa grâce selon son bon plaisir ; mais elle symbolise la floraison la plus élevée de la vie de foi. Elle n'est pas objet de traités théologiques mais œuvre de foi vivante, qui veut se manifester aussi bien dans la célébration sacramentelle que dans l'engagement politique.

Elle incarne l'expérience de la présence vivante de Dieu, qui transmet simultanément la connaissance. Dans cet état, action et connaissance ne font qu'un. Quiconque agit connaît, et quiconque connaît agit. Parce que la mystique concerne un processus constant que rien ne serait en mesure de stopper, les verbes substantivés « agir » et « connaître » font davantage droit à l'objet de la mystique que les substantifs d'action et de connaissance. Quiconque veut vraiment connaître, quiconque veut vraiment aimer doit, selon Blondel, choisir de passer par Dieu, parce que l'objet de la connaissance ou de l'amour ne peut être vraiment connu et vraiment aimé que s'il ne reste pas déconnecté de son origine, c'est-à-dire de son Créateur. Certes, « en passant par Dieu », dans l'union mystique, se produit l'approche la plus élevée possible sur terre de l'homme vers Dieu. Mais l'insatisfaction permanente du premier n'est comblée que dans la « visio beatifica » après la mort ; ce qui se réalise dans la mystique constitue une anticipation partielle de la vie future.

Blondel est philosophe et veut le rester, c'est pourquoi il ne veut écrire sur la mystique que « formaliter », et non « materialiter ». Ce qui ne l'empêche pas d'utiliser des termes théologiques tels que « grâce », « incarnation », « contemplation infuse », etc., dont l'emploi purement formel reste impossible sans référence à leur contenu théologique. Notre auteur s'immisce-t-il tout de même dans le domaine de la théologie ? Il est facile d'accuser la manière blondélienne de philosopher en raison d'un manque éventuel de rigueur lexicale ou à cause de l'incohérence supposée du contenu. Plus difficile assurément se présente la voie consistant à s'insinuer dans la pensée originale de Blondel, afin de contempler de l'intérieur ce qui le préoccupe. D'après lui, l'homme, confronté à sa raison, se comporte depuis toujours comme une personne en recherche de sens, hanté par un éternel tourment. La raison, à laquelle échoit la tâche d'expliquer la condition humaine, aboutit à la conclusion que l'être humain, du tréfonds de son être, figure une interrogation qui attend patiemment sa réponse. La tâche de cette faculté, incapable de répondre clairement à la question « homme », consiste à vérifier si les réponses possibles se révèlent compatibles avec la nature humaine. Il semble à Blondel que la réponse la plus appropriée, non contradictoire avec la nature de l'homme ni par conséquent avec sa raison, demeure le message évangélique. En conséquence, il ne craint pas d'employer un vocabulaire théologique sans s'appuyer, en agissant ainsi, sur des postulats théologiques préalables. En outre, le processus philosophique ne mérite vraiment sa qualification, pour Blondel, que quand il s'appréhende lui-même comme événement partiel de tout l'accomplissement existentiel, événement qui a déjà dépassé le domaine du « pur » philosopher.

Comment caractériser la relation de la conception blondélienne de la mystique avec le reste de son œuvre philosophique ? Nous rappelons ici la thèse spécifique de notre essai : les écrits sur la mystique comblent la lacune de *L'Action*. Par lacune, nous entendons ce qui suit : après avoir introduit dans *L'Action* la notion du surnaturel, Blondel pose la question de son existence. L'Être surnaturel existe-t-il ou non ? La réponse à cette question dépasse la compétence de la philosophie. Pourtant, Blondel ajoute alors la brève affirmation « c'est », résultat de sa propre « expérimentation métaphysique. » Ce n'est pas le saut de l'activité rationnelle jusqu'au résultat d'une expérience vivante de la foi que nous désignons comme lacune, mais nous repérons celle-ci dans le fait qu'à l'intérieur de *L'Action*, Blondel exploite d'une manière insuffisante le pouvoir de la raison, qui s'affronte aux conditions de possibilité de l'expérience métaphysique. Certes, la réponse à la question de l'existence du surnaturel, pas plus que la transmission de son expérience vivante ne sont à portée de cette faculté humaine. Mais elle reste habilitée à éclairer les conditions qui encadrent cette expérience : c'est ce qu'effectue notre auteur dans les écrits sur la mystique par le recours à une terminologie plus précise qu'il ne possédait pas encore au moment où il composait *L'Action*. Les créations lexicales de Blondel, "transnaturel" et "prospection", ainsi que le changement de sens des mots "singulier" et "universel" se montrent en opposition avec "individuel" et "général". L'apport de ces notions consiste à accentuer l'élément de présence, qui est attaché à l'original, à la différence d'une représentation de l'original dans la copie. Notre auteur se trouve ainsi à même de parler de la présence divine, dont on fait l'expérience dans l'union mystique, d'une manière qui en laisse subsister la densité tout en empêchant sa dérive en représentation. Le fait d'éprouver l'original vivant, la présence originelle, devient ainsi une voie de compréhension rationnelle. Certes, l'expérience de la réalité divine elle-même n'est pas transmissible – soumise en outre au renouvellement perpétuel - mais dans ses écrits sur la mystique, Blondel a réussi à forger une conception qui, au-delà de la représentation de l'original, revient à établir la présence primitive de la réalité suprême. C'est pourquoi les écrits sur la mystique comblent la lacune mentionnée ci-dessus et peuvent être désignés comme supplément à *L'Action*.

La deuxième thèse développée dans cet essai et qui parcourt toute l'œuvre de Blondel, pourrait se formuler comme suit : à première vue, notre penseur semble affronter le thème de la mystique en s'appuyant sur le socle d'une philosophie déjà bien structurée, mais en réalité, d'un point de vue chronologique en toute objectivité, le fondement de sa conception de la mystique se situe au début de sa philosophie. Par le mot fondement, il faut entendre l'expérience profondément spirituelle de Blondel, qui s'étend jusqu'au domaine mystique et marque toute sa philosophie. On peut décrire cette expérience comme un parcours de vie dans la foi et comme un parcours de foi dans la vie. Notre auteur abandonna son projet originel de devenir prêtre parce qu'il se sentait plutôt appelé à mettre la capacité et l'acuité de son intelligence au service de l'annonce de l'évangile, au sein du monde académique. Il s'efforça désormais, dans le milieu universitaire alors fortement imprégné d'agnosticisme, de garder intellectuellement présent le mystère du Dieu vivant. D'après lui, chacun doit parcourir le chemin de Dieu lui-même : venu du monde divin pour se faire chair dans un monde concret. Si l'homme se décide pour la voie concrète de l'amour en passant par Dieu, il participe, selon Blondel, à l'extension réelle de l'incarnation du Christ. Ce fut, dès le début, le souci de Blondel de faire de ce dogme la clé de voûte de l'édifice intellectuel de sa philosophie. L'incarnation, que Blondel ne cesse de thématiser explicitement ou implicitement, devient ainsi le mot de passe spirituel de sa philosophie.

Dans *L'Action* (1893), il s'engage déjà sans équivoque dans cette voie qui prend son point de départ dans le concret et non dans l'abstrait ; il s'y engage pourtant en toute discrétion, tenu à une démarche circonspecte : en effet, depuis la soutenance de sa thèse de doctorat, on lui reproche déjà sa nature mystique. Il poursuit néanmoins son cours. A propos de son expérience, qui l'amène jusque sur le terrain de la mystique, et concernant l'élaboration intellectuelle de son expérience, il ne sort qu'avec hésitation de sa réserve. Le déchaînement du débat sur la mystique le provoque et le contraint à prendre sur-le-champ position et à réagir. Ses premières contributions à ce thème, tout en se révélant modestes, le désignent comme quelqu'un qui s'exprime peut-être pour la première fois publiquement sur le thème de la mystique, mais dont tout indique qu'il a dû l'affronter depuis longtemps en son for intérieur. En même temps, il clarifie et précise un univers conceptuel qui, à l'avenir, lui permettra de mieux mesurer la portée de la raison et offrira donc la possibilité d'apporter au débat une contribution éclairée par le regard du philosophe. Blondel s'implique de plus en plus dans la discussion, et tourne progressivement vers l'extérieur la part intérieure et secrète de sa pensée.

Ce développement, qui devient manifeste dans les écrits sur la mystique, trouve son expression la plus parlante dans *La Pensée* (1934). Dans ce premier opus de sa trilogie, il montre comment la mystique et la pensée se révèlent identiques de par leur structure. L'une et l'autre sont déposées en germe dans la création, et non seulement dans l'homme. Dans l'une et l'autre se maintient par un facteur individuel et un facteur universel (à travers un moment singulier et un moment universel) une tension vivante dont le point de rencontre est le concret. Mais cette tension à elle seule ne suffit pas à développer des germes : s'y ajoute l'appel essentiel de l'extérieur. C'est alors que se déploient « per gradus debitos » la mystique et la pensée. Pourtant, la plus riche floraison possible des germes ne dissimule pas le fait que les deux notions ne sauraient trouver leur plénitude dans l'ordre d'ici-bas, mais ne parviennent à l'achèvement désiré qu'après la mort dans l'union définitive à Dieu. Dans celle-ci, dont l'anticipation partielle est l' « unio mystica », l'action, la pensée et l'être ne font qu'un. *La Pensée* ne s'entend pas comme une rectification mais comme un déploiement de la ligne déjà dessinée dans *L'Action*. Vu leur chronologie et leur contenu, la charnière de ces œuvres est constituée par les écrits mystiques. Le fondement vécu de la conception blondélienne de la mystique conditionne la continuité et l'unité de toute l'œuvre. A première vue, notre auteur a beau ébranler l'arbre de la mystique avec la hache de la philosophie, on s'aperçoit, en y regardant de plus près, que le matériau proprement dit de la hache a d'abord été lui-même extrait de l'arbre.

L'ensemble de la pensée blondélienne baigne dans la présence vécue d'une réalité suprême. Celle-ci l'incite à une recherche permanente de la vie. La philosophie a pour tâche de repérer les traces de la vie elle-même et doit se garder de pourchasser une chimère à la place de celle-ci. Le chaume desséché disposé sur la toiture du musée de l'école a beau rappeler la tige gorgée de sève du champ de blé : il ne pourra pourtant jamais la remplacer. La représentation de l'objet ne réussira jamais à traduire sa présence réelle. Il s'ensuit qu'on ne saurait éviter de se référer constamment à l'original. Malgré son travail d'abstraction, la philosophie doit rester orientée vers la présence de l'objet. Mais puisque celle-ci, comme celle de toute réalité, s'appuie sur la réalité suprême, la réalité suprême reste la cible ultime de la philosophie. Puisque tout procède de cette réalité suprême que les mystiques appellent « Dieu », et qu'en retour tout tend vers elle, Blondel en vient à parler de la sainteté de la raison, et à affirmer que ce n'est pas seulement au philosophe de prier, mais à toute la philosophie de se mettre en prière. Dans la prière, dans l'adoration, l'homme fait abstraction de soi-même et rend hommage à un Être infiniment plus grand. Cette attitude est au plus haut degré propre aux mystiques. De par leur démarche, ceux-ci s'attachent à la vérité de la réalité suprême.

A partir de cette conception de la mystique, Blondel corrige la notion moderne de science. A ses yeux, elle doit d'abord viser la vérité et non rechercher l'application utilitaire. C'est dans l'orientation gratuite de l'homme vers ce but que la poésie, l'art et la musique, valeurs qui distinguent fondamentalement l'homme de l'animal, trouvent leur lieu naturel. Mais cette orientation gratuite vers la vérité ne rend pas l'homme étranger au monde, elle le renvoie au contraire d'une manière purifiée et plus proche de la réalité, aux exigences concrètes du temps, de même que le mystique, dans l'union à Dieu, est renvoyé à l'agir concret, à la charité pour les créatures de Dieu. Le secret de la philosophie blondélienne gît dans son fondement mystique : quiconque veut s'extérioriser doit d'abord chercher le centre intérieur, c'est-à-dire divin.

Bien que la question posée sur la signification de la philosophie blondélienne déborde le terrain délimité de cet essai, nous voudrions tout de même l'aborder brièvement en conclusion. La signification d'une philosophie qui se fonde sur la mystique ne saurait être mesurée suffisamment à la hauteur de sa valeur. Tourné vers le concret, dans lequel se croisent le singulier et l'universel, Blondel s'introduit résolument dans l'histoire de la pensée occidentale. L'allégorie de la caverne de Platon[832] fut souvent interprétée d'une

---

[832] Combien fondamentale est la nouvelle orientation de Blondel et combien grave sa critique de Platon, d'Aristote et surtout de Maritain : cela apparaît dans la lettre suivante, qui résume clairement l'approche de Blondel : « J'avais reçu, enfant, le délicieux cadeau d'un bel agneau blanc, un vrai agneau, un agneau vivant, bondissant et bêlant. Il m'aimait bien ; et selon la fidélité de sa race, il me suivait partout, partout…comme notre pensée notionnelle sert d'ombre accompagnatrice à toute notre réflexion et prospection humaine. Ce cher animal grimpait avec joie le grand escalier de pierre qui conduisait à ma chambre, et d'un bond il me devançait même vers les transcendances. Mais voici que pour descendre c'était une tout autre affaire : impossible au pauvre mouton de se risquer sur les marches ; et touché de ses bêlements je n'avais d'autre ressource que de remonter pour le prendre et le rapporter en bas dans mes bras. Eh bien, puisqu'il s'agit d'agneau, la comparaison paraîtra assez évangélique pour ne point sembler trop irrespectueuse : Platon, Aristote, Maritain et tant d'autres me font songer à mon beau mouton blanc. Par sa dialectique, Platon nous élève peu à peu jusqu'au point où de la pensée discursive, il faut un bond soudain, un coup de réminiscence pour atteindre l'idée : mais ensuite ? Cruel embarras : doit-on, peut-on en redescendre, ou faut-il "envoyer promener les apparences " et tirer l'échelle derrière soi ? –Aristote (vous l'avez bien dit vous-même après Hamelin, Gomperz et les interprètes les plus objectifs), Aristote veut nous conduire à la science de l'être ; l'être n'est que concret, et la science n'est que générale : arrangez cela ! - Entraîné par l'évolution des problèmes et par la nécessité de s'adapter aux exigences contempo-raines, Maritain, plus que d'autres, essaie de mettre certains points sur les i.

manière partisane par les premiers commentateurs, parce qu'ils omettaient le geste de Platon consistant à redescendre dans la caverne après en être sorti. On rattacha désormais toute vision amoindrie à la caverne, aux entrailles de la terre. Après une étude attentive on voit bien que la philosophie blondélienne n'est plus seulement une critique de l'interprétation unilatérale de Platon par quelques commentateurs, mais de l'allégorie de la caverne elle-même. Dans sa perspective, il est impossible de séparer de la terre l'idée du Bien en soi, la réalité suprême, car par l'incarnation du Dieu chrétien, la réalité suprême est devenue pour ainsi dire « terreuse », terrestre. Si on voulait corriger l'allégorie de la caverne à l'aide du trésor intellectuel de la pensée blondélienne, on devrait dire : les entrailles de la terre, la caverne, ne font pas que réfléchir

---

Mais voyez l'étrange aventure de sa chère « intelligence » séparée ! Pour monter du sensible à l'intelligible, grâce à des présupposés qu'on n'analyse point *(cum dubitantibus de prinipiis non est dubitandum),* cela paraît aller tout seul, et nous saisissons d'emblée l'essentiel, le formel des êtres matériels, *apprehensione indivisibilium.* Nous ne pouvons partir que du sensible ; mais nous ne pouvons aboutir qu'au général, au théorique ; en sorte que nous ne pouvons faire, en sens inverse, la route de l'esprit aux choses ; d'où cette thèse, que l'action qui porte toujours sur du singulier, de l'individuel concret, échappe à la science, pour n'être qu'objet de prudence, et qu'aucune connaissance proprement vraie et savante des *réalités réelles* n'est possible que mystiquement, quand Dieu, par une grâce surnaturelle, vient prendre le pauvre mouton perché au haut de l'escalier qu'il avait pourtant gravi, pour le ramener à son pâturage naturel. Eh bien, c'est là, me semble-t-il, dénaturer à la fois la nature de l'esprit et le surnaturel authentique ; et mon effort consiste à montrer que *l'aller et retour* est normal, si l'on sait ne jamais lâcher le concret. J'ai bien habitué mon agneau à descendre autant qu'à monter ! Mais avouez qu'une doctrine qui nous laisse en de tels embarras n'est pas le dernier mot de la sagesse même philosophique, et qu'il est légitime de la perfectionner. Sans doute nous n'épuiserons jamais la science du concret ; mais celle de l'intelligible est-elle exhaustible, et si les analyses réelles vont à l'infini, les synthèses mathématiques ou métaphysiques s'achèvent-elles davantage ? Ici et là ne *connaissons*-nous solidement et véritablement, sans avoir besoin pour cela de connaître le tout de quoi que ce soit ? et la vue de ses inadéquations n'est-elle pas la plus stimulante et la plus modératrice des vérités ? ». Dans P. Archambault, *Vers un réalisme intégral,* 201-202, note 4 ; voir M. Blondel, *Carnets intimes II,* 312-313.

l'action du soleil, mais elles portent en elles pour ainsi dire un petit fragment de soleil, une étincelle divine. Bref, le soleil reste bien présent dans la terre, et non vaguement représenté, sans pourtant effacer les différences existant entre lui-même et cette dernière.

Il est conforme à la pensée de Blondel, par rapport à la philosophie et au christianisme, d'assigner entre autres à la philosophie la tâche de mettre en valeur non pas la conformité du christianisme à son époque, mais son adéquation à l'époque. D'après Blondel, ce devrait toujours être la préoccupation de la philosophie que de garder transparent à la raison le principe chrétien suivant, qui est fondamental : on ne saurait séparer sans plus Dieu et l'homme, l'au-delà et ce monde. Le troisième élément n'est pas exclu mais au contraire inclus : Dieu est présent dans l'homme, l'au-delà est déjà partiellement anticipé en ce monde. C'est dans ce contexte que la philosophie peut poser des questions sur le sens de la vie humaine et sur le destin de l'homme. La philosophie peut décrire l'homme comme question, mais il échappe au pouvoir de la philosophie de donner une réponse définitive à la question de l'homme. La destination de la philosophie consiste à guetter l'aube de cette réponse, dans la persévérance d'une attente tournée vers Dieu.

BIBLIOGRAPHIE

Le présent essai se fonde sur la vaste bibliographie de R. Virgoulay/C. Troisfontaines, Maurice Blondel. *Bibliographie analytique et critique I. Œuvres de Maurice Blondel*, (1880-1973), Louvain : Institut supérieur de philosophie / Ed. Peeters 1975 (Centre d'Archives Maurice Blondel 2). Des mêmes : *Maurice Blondel. Bibliographie analytique et critique II. Etudes sur Maurice Blondel* (1893-1975), Louvain : Institut supérieur de Philosophie / Ed. Peeters 1976 (Centre d'Archives Maurice Blondel 3). Cet opus a été recensé et complété par A. Raffelt, dans : *Theologie und Philosophie* 51 (1976) 472-473, 52 (1977) 452-455 ; repris et prolongé in : *Bibliographie de la littérature blondélienne secondaire* <www.ub. uni­freiburg.de/fileadmin/ub/referate/02/blondel/blondel5fr.html>.

Concernant l'œuvre de Blondel, on trouvera un compte rendu sur les travaux actuels *philosophiques et théologiques en langue allemande* dans A. Raffelt, *Blondel, deutsch. Übersetzungen und deutschsprachige Arbeiten zum Werk Blondels. Eine Übersicht* dans : *Theologie und Philosophie* 64 (1989) 237-251. Raffelt continue ainsi l'article de U. Hommes, dans lequel, à l'occasion du centenaire de Maurice Blondel (1861-1949), il a présenté avant tout les *Travaux philosophiques* sur l'œuvre de Maurice Blondel, U. Hommes, *Maurice Blondel und die deutsche Philosophie der Gegenwart*, dans : *Philosophisches Jahrbuch* 69 (1962) 255-281.

LITTERATURE CITÉE

Les œuvres de Blondel sont classées ci-dessous selon l'ordre chronologique, les autres par ordre alphabétique.

I. Œuvres de Maurice Blondel

Non signé, *La passion d'Oberammergau. Lettre d'un pèlerin aixois*, Aix, Makaire, 1890.

En collaboration avec G. Blondel, *Le mystère de la passion à Oberammergau*, Dijon, Union Typographique, 1891.

L'Action. Essai d'une critique de la vie et d'une science de la pratique, Paris, Alcan, 1893, 3ᵉ éd. P.U.F., 1950, *Œuvres complètes,* Vol. 1, Paris, P.U.F. 1995, 15-530, trad. allem :
1.Logik der Tat. Aus der 'Action' von 1893 ausgewählt und übertragen v. P. Henrici, Einsiedeln, 1957 (= Sigillum 10) ;
2. Die Aktion. Versuch einer Kritik des Lebens und einer Wissenschaft der Praktik. Trad. par R. Scherer, Freiburg i. Br./ München, 1965.

De Vinculo substantiali et de substantia composita apud Leibnitium, Lutetiae Parisiorum, Alcan, 1893. *Œuvres complètes,* Vol. 1, Paris, P.U.F. 1995, 531-687 (lat./franç.). - Nouvelle édit. avec trad. fr. : *Le lien substantiel et la substance composée d'après Leibniz*, introd. et trad. par C. Troisfontaines, Louvain, Paris : Béatrice-Nauwelaerts, 1972 (Centre d'Archives Maurice Blondel 1).

B. Aimant (= M. Blondel), *Une des sources de la pensée moderne : l'évolution du Spinozisme*, in : *Annales de philosophie chrétienne 128* (1894), 260-275, 324-341, maintenant in : M. Blondel, *Dialogues avec les philosophes*, Paris, Aubier, 1966, 11-40 ; trad. allem. par A. Raffelt et I. et H. Verweyen dans: *Der Ausgangspunkt des Philosophierens. Drei Aufsätze.* Hamburg, Meiner, 1992 (Philosophische Bibliothek 451), 3-39.

Lettre sur les exigences de la pensée contemporaine en matière d'apologétique et sur la méthode de la philosophie dans l'étude du problème religieux, in : *Annales de philosophie chrétienne 131*, 1896, 337-347, 467-482, 599-616 ; *132*, 1896, 131-147, 2256-267, 337-3509, maintenant dans : *Les premiers écrits de Maurice Blondel*, Paris, P.U.F., 1956,

5-95 et *Œuvres complètes,* Vol. 2, Paris, P.U.F. 1997, 61-88 ; trad. allem.: *Zur Methode der Religionsphilosophie,* introd. par H. Verweyen, trad. par. I. et H. Verweyen, Einsiedeln, 1974 (*Theologia Romanica 5*). [Ici on suit la pagination originale, alors que dans ce livre on suit celle des premiers écrits].

L'illusion idéaliste, in : *Revue de métaphysique et de morale 6,* 1898, 726-745, maintenant dans : *Les premiers écrits,* 97-122, *Œuvres complètes,* Vol. 2, Paris, P.U.F. 1997, 197-216. [Ici on suit la pagination originale, alors que dans ce livre on suit celle des premiers écrits] ; trad. allem. par I. A. Raffelt et I. et H. Verweyen dans: *Der Ausgangspunkt des Philosophierens. Drei Aufsätze.* Hamburg, Meiner, 1992 (Philosophische Bibliothek 451), 41-67.

La psychologie dramatique de la passion à Oberammergau, in : *La Quinzaine 35,* 1900, 1-18, *Œuvres complètes,* Vol. 2, Paris, P.U.F. 1997, 291-309.

(En collaboration avec G. Blondel), *Le drame de la passion à Oberammergau. Etude historique et critique,* Paris, Lecoffre – Gabalda Cie, 1900.

Histoire et dogme. Les lacunes philosophiques de l'exégèse moderne, in : *La Quinzaine 56,* 1904, 145-167, 349-373, 435-458, maintenant dans : *Les premiers écrits,* 149-228 ; *Œuvres complètes,* Vol. 2, Paris, P.U.F. 1997, 390-453. [Ici on suit la pagination originale, alors que dans ce livre on suit celle des premiers écrits] ; trad. allem. : *Geschichte und Dogma* ; introd. par J.B. Metz et R. Marlé, trad. allem. par A. Schlette, Mainz, 1963 et *Geschichte und Dogma.* éd. par A. Raffelt, trad. par H. Verweyen. Regensburg, Pustet, 2011.

Le point de départ de la recherche philosophique, in : *Annales de philosophie chrétienne 151,* 1906, 337-360, *152,* 1906, 225-249 ; *Œuvres complètes,* Vol. 2, Paris, P.U.F. 1997, 529-569.trad. allem. par A. Raffelt et I. et H. Verweyen dans: *Der Ausgangspunkt des Philosophierens. Drei Aufsätze.* Hamburg, Meiner, 1992 (Philosophische Bibliothek 451), 69-127.

Lettre (concernant le rapport de) H. Delacroix, *Le développement des états mystiques chez sainte Thérèse* (Séance du 26 octobre 1905), in : *Bulletin de la Société française de philosophie 6,* 1906, 19-23 *Œuvres complètes,* Vol. 2, Paris, P.U.F., 1997, 520-524.

Bernard de Sailly (= M. Blondel), *La notion et le rôle du miracle*, in : *Annales de philosophie chrétienne 154*, 1907, 337-361.

Immanent – Immanence, in : *Bulletin de la Société française de philosophie 8*, 1908, 325-328, maintenant dans : A. Lalande (édité par), *Vocabulaire*, 468-470. *Œuvres complètes,* Vol. 2, Paris, P.U.F., 1997, 647-651.

Intellectualisme, in : *Bulletin de la Société française de philosophie 9*, 1909, 257-258, maintenant dans A. Lalande (édité par), *Vocabulaire*, 523-524. *Œuvres complètes,* Vol. 2, Paris, P.U.F., 1997, 682.

Testis (= M. Blondel), *La semaine sociale de Bordeaux et le monophorisme*, in : *Annales de philosophie chrétienne 159*, 1909-10, 5-21, 163-184, 245-278, 372-392, 449-471, 561-592 ; *160*, 1910, 127-162. Nouv. éd. M. Blondel: *Une alliance contre nature : catholicisme et intégrisme. La Semaine sociale de Bordeaux 1910.* Bruxelles, Lessius, 2000 (= Donner raison 5).

La psychologie dramatique du mystère de la passion à Oberammergau, Paris, Bloud, 1910, *Œuvres complètes,* Vol. 2, Paris, P.U.F., 1997, 291-309. [L'édition critique réunit les deux versions].

Miracle, in : *Bulletin de la Société française de philosophie 11*, 1911, 142-144, maintenant dans : A. Lalande (édité par), *Vocabulaire*, 630-632, *Œuvres complètes,* Vol. 2, Paris, P.U.F., 1997, 711-714.

Mystique, Mysticisme, in : *Bulletin de la Société française de philosophie 11*, 1911, 169-171, maintenant dans : A. Lalande (édité par), *Vocabulaire*, 662-664, *Œuvres complètes,* Vol. 2, Paris, P.U.F., 1997, 716-717.

Prospection, in : *Bulletin de la Société française de philosophie 13*, 1913, 234, maintenant dans : A. Lalande (édité par), *Vocabulaire*, 846, *Œuvres complètes,* Vol. 2, Paris, P.U.F., 1997, 806-807.

Victor Delbos (1862-1916), in : *Association amicale de secours des anciens élèves de l'Ecole Normale Supérieure 1917*, 47-69, maintenant dans : *Dialogues avec les philosophes*, 239-269.

Le vrai et le faux intellectualisme, in : *Revue du clergé français 99*, 1er sept. 1919, 383-387.

Le procès de l'intelligence, in : *La nouvelle journée*, NS 19, 1921, 409-419, 30-39, 115-133, maintenant dans : P. Archambault, *Le procès de l'intelligence*, Paris, Bloud et Gay, 1922, 217-306.

Un interprète de Spinoza : Victor Delbos 1862-1916, in : *Chronicon Spinozanum I*, 1921, 290-300, maintenant dans : *Dialogues avec les philosophes*, 271-280.

Transnaturel, in : *Bulletin de la Société française de philosophie 21*, 1921, 49-50, maintenant dans : A. Lalande (édité par), *Vocabulaire*, 1151-1152.

Non signé : *Quand on n'a point de nuées dans l'esprit*, in : *La nouvelle journée* NS 20, 1922, 83-84.

Union. Union métaphysique, in : *Bulletin de la Société française de philosophie 22*, 1922, 32, maintenant dans : A. Lalande (édité par), *Vocabulaire*, 1160-1162.

Universel, in : *Bulletin de la Société française de philosophie 22*, 1922, 40, maintenant dans : 1170.

Acquis, in : *Bulletin de la Société française de philosophie 23*, 1923, 62, maintenant dans : A. Lalande (édité par), *Vocabulaire*, 15.

Ascétisme, in : *Bulletin de la Société française de philosophie 23*, 1921, 117, maintenant dans : A. Lalande (édité par), *Vocabulaire*, 82.

Assimilation, in : *Bulletin de la Société française de philosophie 23*, 1923, 118-119, maintenant dans : A. Lalande (édité par), *Vocabulaire*, 84.

Le problème de la mystique, in : *Cahiers de la nouvelle journée 3*, Paris, Bloud et Gay, 1925, 2-63.

Lettre (concernant le rapport de J. Baruzi), *Saint Jean de la Croix et le problème de la valeur noétique de l'expérience mystique* (Séance du 2 mai 1925), in : *Bulletin de la Société française de philosophie 25*, 1925, 85-88.

Contribution apportée à H. Bremond, *Prière et poésie*, Paris, Grasset, 1926.

L'itinéraire philosophique de M. Blondel, Propos recueillis par Frédéric Lefèvre, Paris, Spes, 1928 (= *La Nef 5*).

Une énigme historique. Le "Vinculum Substantiale" d'après Leibniz et l'ébauche d'un réalisme supérieur, Paris, Beauchesne, 1930.

Le problème de la philosophie catholique, Paris, Bloud et Gay, 1932 (= *Cahiers de la nouvelle journée 20*).

(Anonyme) *Le P. L. Laberthonnière (1860-1932)*, in : *Revue de métaphysique et de morale 39*, 1932, Suppl. 16.

L'évolution du Spinozisme et l'accès qu'elle ouvre à la transcendance, in : *Archivio di filosofia 28*, 1932, 1-12.

La Pensée I. La genèse de la pensée et les paliers de son ascension spontanée, Paris, Alcan, 1934, 4ᵉ éd. P.U.F., 1948 ; trad. allem. *Das Denken I. Die Genesis des Denkens und die Stufen seiner spontan aufsteigenden Bewegung*. Introd. et trad. par R. Scherer, Freiburg i. Br./München, 1953.

La Pensée II. La responsabilité de la pensée et la possibilité de son achèvement, Paris, Alcan, 1934, 2ᵉ éd. P.U.F., 1954 ; trad. allem. : *Das Denken II. Die Verantwortung des Denkens und die Möglichkeit seiner Vollendung* ; trad. par R. Scherer, Freiburg i. Br./München, 1956.

L'être et les êtres. Essai d'ontologie concrète et intégrale, Paris, Alcan, 1935, 2ᵉ éd. P.U.F., 1963.

L'Action I. Le problème des causes secondes et le pur agir, Paris, Alcan, 1936, 2ᵉ éd. P.U.F., 1949, (avec une nouvelle pagination et de nouvelles notes).

L'Action II. L'Action humaine et les conditions de son aboutissement, in : Paris, Alcan, 1937, 2ᵉ éd. P.U.F., 1963 (réédité à l'idenue).

J.B. Meijer, (introd. à) *De eerste levensvraag in het intellectualisme van St. Thomas van Aquin en het integraal-realisme van Maurice Blondel*, Roermond-Maaseik : Romen, 1940.

La philosophie et l'esprit chrétien I. Autonomie essentielle et connexion indéclinable, Paris, P.U.F., 1944, 2ᵉ éd. 1950.

La philosophie et l'esprit chrétien II. Conditions de la symbiose seule normale et salutaire, Paris, P.U.F., 1946.

H. Duméry, (introd. à) *La philosophie de l'action. Essai sur l'intellectualisme blondélien*, Paris, Aubier, 1948.

Exigences philosophiques du christianisme, Paris, P.U.F., 1950 ; trad. allem. : *Philosophische Ansprüche des Christentums*. Trad. par R. Scherer, Wien/München, 1954.

Etudes blondéliennes I, Paris, P.U.F., 1951.

Les premiers écrits de Maurice Blondel : Lettre sur les exigences de la pensée contemporaine en matière d'apologétique et sur la méthode de la philosophie dans l'étude du problème religieux. L'illusion idéaliste. Principe élémentaire d'une logique de la vie morale. Histoire et dogme. De la valeur historique du dogme, Paris, P.U.F., 1956.

M. Blondel/A. Valensin, Correspondance (1899-1912), 2 vol., Paris, Aubier, 1957.

R. Marlé (édité par), *Au cœur de la crise moderniste. Le dossier inédit d'une controverse*, Paris, Aubier, 1960.

Lettres philosophiques, Paris, Aubier, 1961.

M. Blondel/L. Laberthonnière, Correspondance philosophique, édité par C. Tresmontant, Paris, Seuil, 1961.

Carnets intimes I (1883-1894), Paris, Le Cerf, 1961 ; trad. allem. : *Tagebuch vor Gott 1883-1894*. Introd. par P. Henrici, trad. par H.U. v. Balthasar, Einsiedeln, 1964.

M. Blondel et le Père Teilhard de Chardin. Mémoires échangés en décembre 1919, édité par H. de Lubac, in : *Archives de philosophie 24*, 1961, 123-156, nouvelle présentation et commentaire élargi, Paris, Beauchesne, 1965 ; trad. allem. : *Maurice Blondel/Pierre Teilhard de Chardin, Briefwechsel* ; trad. par R. Scherer, Freiburg i. Br./München, 1967.

M. Blondel/A. Valensin, Correspondance III (1912-1947), Avec notes par H. de Lubac, Paris, Aubier, 1965.

Dialogues avec les philosophes. Descartes – Spinoza – Malebranche – Pascal – Saint Augustin, introd. par H. Gouhier, Paris, Aubier, 1966.

Carnets intimes II (1894-1949), Paris, Le Cerf, 1966.

M. Blondel/ J. Wehrlé, Correspondance. Commentaires et notes par H. de Lubac, 2 vol., Paris, Aubier, 1969.

H. Bremond/M. Blondel, Correspondance I. Les commencements d'une amitié (1897-1904), édité et annoté par A. Blanchet, Paris, Aubier, 1970 (= *Etudes Bremondiennes 2*).

H. Bremond/M. Blondel, Correspondance II. Le grand dessein d'Henri Brémond (1905-1920), édité et annoté par A. Blanchet, Paris, Aubier, 1971 (*Etudes Bremondiennes 2*).

H. Bremond/M. Blondel, Correspondance III. Combats pour la prière et pour la poésie (1921-1933), Paris, Aubier, 1971 (*Etudes Bremondiennes 2*).

Notes d'esthétique (1878-1900), édité et annoté par S. Babolin, Roma, Pontificia Universitas Gregoriana, 1973.

II. Autres œuvres

Ancilli, E./M. Paparozzi (édité par), *La mistica. Fenomenologia e riflessione teologica*, 2 vol., Roma, Città Nuova, 1984.

Archambault P., *Vers un réalisme intégral. L'œuvre philosophique de Maurice Blondel*, Paris, Bloud et Gay, 1928 (= *Cahiers de la nouvelle journée 12*).

Arnould, L., *Les âmes en prison. L'école française des sourdes-muettes-aveugles et leurs sœurs des deux mondes*, 4e édit. Paris-Poitiers, Oudin et Cie, 1910 (1ère édit. 1903).

Aubert R., *La position de Loisy au moment de sa controverse avec M. Blondel*, in : C. Troisfontaines, (édité par) *Journées d'études* (9-10 novembre 1974), 75-90.

Aubert R., *Le problème de l'acte de foi. Données traditionnelles et résultats des controverses récentes*, Louvain, Warny, 1945.

Augustinus A., *Confessiones*, trad. allem.: Bekenntnisse, Lateinisch – Deutsch. Trad., introd. et commenté par J. Bernhart, 4ᵉ édit. München, 1980.

Babolin S;, *L'estetica di Maurice Blondel. Una scienza normativa della sensibilità con estratti dei manoscritti sull'estetica di M. Blondel*, Roma, Univ. Gregoriana, éd. 1974 (= *Analecta Gregoriana 195*, Ser. Facultatis Philosophicae B 17).

Babolin S., *L'estetica di Maurice Blondel*, in : R. Crippa, (édité par) *Attualità del pensiero di Maurice Blondel*, 109-117.

Babolin S., *La funzione del simbolo nella dialettica dell'azione in M. Blondel*, in : *Studia Patavina 16*, 1969, 211-241.

Bacon F., *Neues Organon*, trad., commenté et accompagné d'une nouvelle biographie de l'auteur, par J. H. v. Kirchmann, Berlin, 1870.

Bagnard G. : *L'inquiétude du chercheur sous la sérénité du croyant. Les "Carnets intimes" de Blondel*, in : *Revue philosophique de la France et de l'étranger 112*, 1987, 21-32.

Bakirdjian de Hahn S., *La idea de infinito como "ethos" primordial. Levinas y Blondel*, in : *Stromata. Ciencia y fe 42*, 1986, 259-267.

Bakirdjian de Hahn S., *La ilusión idealista según Maurice Blondel*, in : *Stromata. Ciencia y fe 10*, 1984, 171-177

Balthasar, H. U. v. : *Was dürfen wir hoffen ?* Einsiedeln, 1989 (*Kriterien 85*).

Barrès M., *Mes Cahiers*, 14 vol., Paris, Plon, 1929-1938.

Baruzi J., *Saint Jean de la Croix et le problème de l'expérience mystique*, Paris, Alcan, 1924.

Baruzi J., *Saint Jean de la Croix et le problème de la valeur noétique de l'expérience mystique*, (Séance du 2 mai 1925), in : *Bulletin de la Société française de philosophie 25*, 1925, 25-28.

Bergson H., *Les deux sources de la morale et de la religion*, Paris, P.U.F., 1932 ; trad. allem. : *Die beiden Quellen der Moral und der Religion*, trad. par E. Lerch, Olten/Freiburg, 1980.

Berthon M., *Madame Royer (1841-1924). Un message du Sacré-Cœur*, Intr. par H. Aubé, Issoudun, Dillen, 1947.

Boissard Ch., *La vie et le message de Madame Royer (1841-1924)*, Paris, Lethielleux, 1960.

Bonnoit J. de : *Le miracle et ses contrefaçons*, 5e édit. Paris, Retaux, 1895.

Bortolaso G., *La nozione di vita organica come "pensiero implicito" in Maurice Blondel*, in : *Il mondo della vita. Interpretazione.* Contributi al XXXV Convegno del Centro di studi filosofici di Gallarate (10, 11, 12 aprile 1980), Brescia, Morcelliana, 1981.

Bossuet J.B., *Sermon sur la mort*, in : *J.B. Bossuet, Oeuvres de Bossuet, évêque de Meaux revues sur les manuscrits originaux et les éditions les plus correctes,* 43 vol., Versailles, Lebel, 1816, vol. XII, 682-706.

Bouillard H., *Blondel et le christianisme*, Paris, Le Seuil, 1961 ; trad. allem. : *Blondel und das Christentum* ; trad. par M. Seckler, Mainz, 1963.

Bouillard H., *Vérité du christianisme*. Edition préparée et préfacée par K.-H. Neufeld avec un témoignage du P. de Lubac, Paris, Desclée de Brouwer, 1989.

Bouyer L., *Mystique. Essai sur l'histoire d'un mot*, in : *La vie spirituelle 3*, 1949, suppl. 3-23.

Boyer Ch., *"La Pensée" de M. Maurice Blondel et la théologie*, in : *Gregorianum 16*, 1935, 485-503.

Bremond H., *Histoire littéraire du sentiment religieux en Frnace depuis la fin des guerres de religion jusqu'à nos jours*, 6 vol., Paris, Bloud et Gay, 1916-1922.

Bremond H., *La poésie pure. Avec "Un débat sur la poésie" par Robert de Souza*, Paris, Grasset, 1926 ; trad. allem. par : *"La poésie pure" : Reine Poesie* ; trad. par E. F. Neufforge, in : Bremond H. : *Mystik und Poesie*, 7-11.

Bremond H., *Prière et Poésie*, Paris, Grasset, 1926 ; trad. allem. : *Mystik und Poesie*, trad. par E. F. Neufforge, Freiburg, 1929.

Brenier de Montmorand V., *Ascétisme et mysticisme*, in : *Revue philosophique de la France et de l'étranger 29*, 1904, 242-262.

Brenier de Montmorand V., *L'érotomanie des mystiques chrétiens*, in : *Revue philosophique de la France et de l'étranger 28*, 1903, 382-393.

Brenier de Montmorand V., *Les états mystiques*, in : *Revue philosophique de la France et de l'étranger 30*, 1905, 1-23.

Brenier de Montmorand V., *Hystérie et mysticisme. Le cas de sainte Thérèse*, in : *Revue philosophique de la France et de l'étranger 31*, 1906, 301-308.

Brenier de Montmorand V., *Des mystiques en dehors de l'extase*, in : *Revue philosophique de la France et de l'étranger 29*, 1904, 602-625.

Brun J., *Le "Vinculum" Leibnizien et "L'Action"*, in : D. Folscheid (édité par), *Maurice Blondel. Une dramatique de la modernité*, 125-131.

Cangh J.M. v. et autres, *La mystique*, Paris, Desclée de Brouwer, 1988 (*Relais-études 5*).

Cavaliere L., *L'essenza del soprannaturale in Maurice Blondel*, Rom (Dissertat. non publiée), 1980.

Cavallera F., Recension. *J. Baruzi, Saint Jean de la Croix et le problème de l'expérience mystique*, in : *Revue d'ascétique et de mystique 6*, 1925, 307-320.

Cazes M.-Fr., *Le renouveau mystique*, in : *La vie spirituelle 1*, 1919, 280-284.

Charcot J.-M., *Leçons sur les maladies du système nerveux faites à la Salpêtrière*, 3 vol., 3e édit. Paris, Delahaye et Cie, 1877.

Chevallier Ch., *Saint Jean de la Croix en Sorbonne*, in : *La vie spirituelle 7*, 1925, suppl. 188-212.

Chiron Y., *Maurice Barrès. Le prince de la jeunesse*, Introd. par J. Laurent, Paris, Perrin, 1986.

Colombo G., *Maritain e Blondel*, in : *La scuola cattolica 101*, 1973, 435-478.

Coreth E./Neidl W.M./Pfligersdorfer G. (édité par), *Christliche Philosophie im katholischen Denken des 19. und 20. Jahrhunderts*, vol. I: Neue Ansätze im 19. Jahrhundert, Graz/Wien/Köln, 1987.

Cousin V., *Du vrai, du beau et du bien*, 8ᵉ édit. Paris, Didier, 1860.

Coutagne P.-H., *Le problème de "L'Action" chez Teilhard et Blondel*, in : D. Folscheid (édité par), *Maurice Blondel. Une dramatique de la modernité*, 188-200.

Cremer Th., *Le problème religieux dans la philosophie de l'action. M. Maurice Blondel et le P. Laberthonnière*, introd. par V. Delbos, Paris, Alcan, 1912.

Crippa R./P. Henrici, *Attualità del pensiero di Maurice Blondel*. Atti del I Convegno di studio sul pensiero di Maurice Blondel tenuto all'Aloisianum di Gallarate il 21 e 22 marzo 1975, Milano, Comunità di Ricerca-Massimo, 1976 *(= Collana "Problemi del nostro tempo" 38)*.

Dante A., *La divina commedia*, introd. et comment. par E. Camerini, Milano, Sonzogno, 1938.

Delacroix H., *Le développement des états mystiques chez sainte Thérèse* (Séance du 26 octobre 1905), in : *Bulletin de la Société française de philosophie 6*, 1906, 3-13.

Delacroix H., *L'enfant et le langage*, Paris, Alcan, 1934.

Delacroix H., *Essai sur le mysticisme spéculatif en Allemagne au quatorzième siècle*, Paris, Alcan, 1900.

Delacroix H., *Etudes d'histoire et de psychologie du mysticisme. Les grands mystiques chrétiens*, Paris, Alcan, 1908.

Delacroix H., *Le langage et la pensée*, Paris, Alcan, 1930.

Delacroix H., *La religion et la foi*, Paris, Alcan, 1922.

Delbos V., *Le mysticisme allemand*, in : *Cahiers de la nouvelle journée*, 3, 1925, 110-121.

Delbos V., *Le problème moral dans la philosophie de Spinoza et dans l'histoire du Spinozisme*, Paris, Alcan, 1893.

Delbos V., *Le Spinozisme. Cours de M. Victor Delbos professé à la Sorbonne en 1912-1913*, Paris, Vrin, 1972.

Dengerink J.D., *Een eigen gewaad voor een oud en steeds actueel probleem. Maurice Blondel over natuur en genade, rede en geloof*, in : *Philosophia reformata 50*, 1985, 21-46.

Desmond P., *Time and eternity in the early writings of Maurice Blondel*, Roma, Typ. Univ. Gregoriana, 1988.

Despiney M.A., *Madame Royer confidente du Sacré-Cœur et les origines de l'archiconfrérie de prière et de pénitence de Montmartre*, Paris, Castermann, 1930.

Dhotel J.-Cl., *Action et dialectique. Les preuves de Dieu dans "L'Action" de 1893*, in : *Archives de philosophie 26*, 1963, 5-26.

Dudon P., *Le procès de Molinos (1685-1687)*, in : *Revue d'ascétique et de mystique 1*, 1920, 20-35.

Duméry H., *Blondel et la religion. Essai critique sur la "Lettre" de 1896*, Paris, P.U.F., 1954.

Duméry H., *La philosophie de l'action. Essai sur l'intellectualisme blondélien*, Intr. par Maurice Blondel, Paris, Aubier, 1948.

Duméry H., *Raison et religion dans la philosophie de l'action*, Paris, Le Seuil, 1963.

Duméry H., *La tentation de faire du bien*, Paris, Le Seuil, 1957.

Esser D., *Der doppelte Wille bei Maurice Blondel. Das Grundanliegen seines philosophischen Denkens*, Werl 1961 (*Franziskanische Studien 16*).

Fabriziani A., *Blondel, interprete di Tommaso. Tra rinascità del tomismo e condanna del pensiero modernista*, Padova, Antenore 1984 (*Pubblicazioni dell'Istituto di storia della filosofia e del Centro per ricerche di filosofia medievale*, NS, 32).

Fabriziani A., *Tomismo e filosofia cristiana nel primo carteggio del Blondel con Laberthonnière (1894-1907)*, in : *Studia Patavina 25*, 1978, 43-80.

Fabriziani A., *Tomismo e filosofia cristiana nel carteggio del Blondel con Laberthonnière dopo la condanna del pensiero modernista (1907-1928)*, in : *Studia Patavina 27*, 1980, 45-74.

Fabriziani A., *Il Tomismo di Pierre Rousselot nelle condiderazioni filosofiche di Maurice Blondel*, in: *Vetera novis augere. Studi in onore di Carlo Giacon per il 25e Convegno degli assistenti universitari del movimento di Gallarate*. Intr. par C. Giacon, Roma, La Goliarica, 1982, 93-105.

Farges A., *Autour de notre livre "Les phénomènes mystiques"*. *Réponses aux controverses de la presse*, Paris, 1921.

Farges A., *La manière de poser la question mystique*, in : *Revue d'ascétique et de mystique 3*, 1922, 273-282, maintenant dans : *Autour de notre livre "Les phénomènes mystiques"*, 94-100.

Farges A., *Les phénomènes mystiques distingués de leurs contrefaçons humaines et diaboliques. Traité de théologie mystique*, Paris, Feron-Vrau, 1920.

Farges A., *Les voies ordinaires de la vie spirituelle. Traité de théologie ascétique d'après les principes de sainte Thérèse proclamés par le Congrès Carmélitain de Madrid (Mars 1923)*, Paris, Lethielleux, 1924.

Favraux P., *Blondel : Une philosophie du médiateur*, in : D. Folscheid (éd. par), *Maurice Blondel. Une dramatique de la modernité*, 169-179.

Favraux P., *Une philosophie du médiateur : Maurice Blondel*, Intr. par P. Henrici, Paris, Lethielleux / Namur, P.U.N., 1987 (= Le sycomore. Série "Horizon" 15).

Favraux P., *L'unité de l'œuvre blondélienne*, in : *Nouvelle Revue Théologique 108*, 1986, 356-373.

Fessard G. *De l'actualité historique*, 2 vol., Bruxelles, Desclée de Brouwer, 1960 (= *Recherches de philosophie V u. VI*).

Flamand J., *L'idée de médiation chez Maurice Blondel,* Paris/Louvain : Béatrice-Nauwelaerts, 1969 (= Philosophes contemporains. Textes et études 15).

Flamand J., *"Le rôle du philosophe en face du dogme trinitaire" selon Maurice Blondel*, in : *Eglise et théologie 2*, 1971, 197-206.

Folscheid D., (éd. par), *Maurice Blondel. Une dramatique de la modernité.* Actes du Colloque Maurice Blondel Aix-en-Provence, mars 1989, Paris, Ed. Universitaires, 1990.

Folscheid D., *Vie vivante et vie vécue. Pour une nouvelle actualité de Maurice Blondel*, in : D. Folscheid (éd. par), *Maurice Blondel. Une dramatique de la modernité*, 135-153.

Fonck A., *Mystique (Théologie)*, in : *Dictionnaire de théologie catholique*, vol. X, Paris, Letouzey, 1929, 2599-2674.

Gardeil A., *Idée fondamentale de la vie chrétienne*, in : *La vie spirituelle 1*, 1919, 20-29.

Gardeil A., *La structure de l'âme et l'expérience mystique*, 2 vol., Paris, Lecoffre, 1927 (= Bibliothèque théologique).

Garrigou-Lagrange R., *La théologie ascétique et mystique ou la doctrine spirituelle*, in : *La vie spirituelle 1*, 1919, 7-19.

Gauthier P., *Newman et Blondel. Tradition et développement du dogme*, Paris, Le Cerf, 1988 (Cogitatio fidei 147).

Gélinas J.-P., *La restauration du Thomisme sous Léon XIII et les philosophies nouvelles. Etude de la pensée de Maurice Blondel et du Père Laberthonnière à la lumière d'"Aeterni patris"*, Washington D.C., Catholic Univ. of America Pr. 1959 (The Catholic University of America. Studies in sacr. Theology. Ser. 2, Nr. 111).

Gibert P., *Blondel et l'intelligence de l'exégèse biblique*, in : D. Folscheid (éd. par), *Maurice Blondel. Une dramatique de la modernité*, 58-66.

Glaser G., *Zwischen Allerheiligen und Allerseelen*, in : *Geist und Leben 54*, 1981, 365-368.

Goix A., *Le surnaturel et la science. Les extases de sainte Thérèse*, in : *Annales de philosophie chrétienne 132*, 1896, 148-159, 268-280.

Gorce M.M., *Le réalisme de M. Maurice Blondel*, in : *Revue thomiste 39*, 1934, 401-407.

Guérin P., Recension. *M. Blondel, La Pensée*, in : *Revue d'histoire et de philosophie religieuse 16*, 1936, 88-98.

Guibert J. de, *Les études de théologie ascétique et de mystique. Comment les comprendre ?* In : *Revue d'ascétique et de mystique 1*, 1920, 5-19.

Guibert J. de, *"Mystique"*, in : *Revue d'ascétique et de mystique 7*, 1926, 3-16.

Guibert J. de, *A propos de la contemplation mystique. Problèmes actuels et questions de méthode*, in : *Revue d'ascétique et de mystique 1*, 1920, 329-351.

Guibert J. de, *La spiritualité de la Compagnie de Jésus : Esquisse historique.* Ouvrage posthume, Roma, Institutum Historicum S.I., 1953.

Guitton J., *Portraits et circonstances chroniques. Présentation et notes* par Gonzague Williatte, Paris, Desclée de Brouwer, 1989.

Guy A., *La philosophie du concret chez Maurice Blondel et Unamuno*, in : *Annales* publiées par l'Université de Toulouse-Le Mirail, *Philosophie 13*, 1977, 67-83.

Hahn G., *Les phénomènes hystériques et les révélations de sainte Thérèse*, in : *Revue des questions scientifiques 13*, 1883, 5-77, 511-569 ; *14*, 1883, 39-84.

Henrici P., *Aufbrüche christlichen Denkens*, Einsiedeln 1978.

Henrici P., *Die Bestimmung des Menschen*, in : *IKaZ "Communio" 19*, 1990, 193-302.

Henrici P., *Blondels "Action" im Lichte der klassischen Philosophie*, in : *Theologie und Philosophie 64*, 1989, 161-178, nouvelle version sous le titre *Struktur und Anliegen der Action – eine Auseinandersetzung mit dem deutschen Denken im Licht der französischen philosophischen Tradition* dans P. Henrici: *Philosophie aus Glaubenserfahrung. Studien zum Frühwerk Maurice Blondels.* Freiburg i.Br. et München, Alber, 2012, 216-248.

Henrici P., *Maurice Blondel di fronte alla filosofia tedesca*, in : *Gregorianum 56*, 1975, 615-637.

Henrici P., *Maurice Blondel als Leibniz-Schüler*, in : *Studia Leibniziana 5*, 1971, suppl. 156-168, maintenant dans P. Henrici: *Philosophie aus*

Glaubenserfahrung. Studien zum Frühwerk Maurice Blondels. Freiburg i.Br. et München, Alber, 2012, 102-115.

Henrici P., *Maurice Blondel (1861-1949) und die "Philosophie der Aktion"*, in : E. Coreth (éd. par), Christliche Philosophie, vol. I, 543-584.

Henrici P., *Blondel und Loisy in der modernistischen Krise*, in : *IKaZ "Communio" 16*, 1987, 513-530, maintenant dans P. Henrici: *Philosophie aus Glaubenserfahrung. Studien zum Frühwerk Maurice Blondels.* Freiburg i.Br. et München, Alber, 2012, 267-288.

Henrici P., *Les "Carnets intimes" de Maurice Blondel*, in : *Gregorianum 43*, 1962, 769-775, maintenant en allemand dans P. Henrici: *Philosophie aus Glaubenserfahrung. Studien zum Frühwerk Maurice Blondels.* Freiburg i.Br. et München, Alber, 2012, 90-101.

Henrici P., *Au-delà de la dichotomie théorie-pratique. La philosophie de l'action de Maurice Blonde*, in : *Incontri culturali 10*, 1977, 153-162.

Henrici P., *Einleitung zu M. Blondel, Tagebuch vor Gott 1883-1894*, 7-16.

Henrici P., *Expérience et transcendance selon Maurice Blondel*, in : *Gregorianum 58*, 1977, 557-560.

Henrici P., *Glaubensleben und kritische Vernunft als Grund-kräfte der Metaphysik des jungen Blondel*, in : *Gregorianum 45*, 1964, 689-738, maintenant dans P. Henrici: *Philosophie aus Glaubenserfahrung. Studien zum Frühwerk Maurice Blondels.* Freiburg i.Br. et München, Alber, 2012, 14-66.

Henrici P., *Hegel und Blondel. Eine Untersuchung über Form und Sinn der Dialektik in der "Phänomenologie des Geistes" und der ersten "Action"*, Pullach, 1958 (= Pullacher philosophische Forschungen 3).

Henrici P., *Das Leiden – eine Aufgabe*, in : *IKaZ "Communio" 17*, 1988, 495-499.

Henrici P., *Ontologie et religion. De S. Anselme à Blondel*, in : *Archivio di filosofia 58*, 1990, 421-434, maintenant en allemand dans P. Henrici: *Philosophie aus Glaubenserfahrung. Studien zum Frühwerk Maurice Blondels.*Freiburg i.Br. et München, Alber, 2012, 249-266.

Henrici P., *Léon Ollé-Laprune (1839-1898)*, in : E. Coreth (éd. par), *Christliche Philosophie*, vol. I, 535-542.

Henrici P., *Il progetto filosofico di Blondel e la sua attualità*, in : R. Crippa (éd. par), *Attualità del pensiero di Maurice Blondel*, 9-28, maintenant en allemand dans P. Henrici: *Philo-sophie aus Glaubenserfahrung. Studien zum Frühwerk Maurice Blondels.* Freiburg i.Br. et München, Alber, 2012, 67-87.

Henrici P., *Deutsche Quellen der Philosophie Blondels ?* in : *Theologie und Philosophie 43*, 1968, 542-561, maintenant dans P. Henrici: *Philosophie aus Glaubenserfahrung. Studien zum Frühwerk Maurice Blondels.*Freiburg i.Br. et München, Alber, 2012, 116-139.

Henrici P., *Les structures de "L'Action" et la pensée française*, in : D. Folscheid (éd. par), *Maurice Blondel. Une dramatique de la modernité*, 32-43, nouvelle version sous le titre *Struktur und Anliegen der Action – eine Auseinandersetzung mit dem deutschen Denken im Licht der französischen philosophischen Tradition* dans P. Henrici: *Philosophie aus Glaubenserfahrung. Studien zum Frühwerk Maurice Blondels.*Freiburg i.Br. et München, Alber, 2012, 216-248.

Henrici P., *Zwischen Transzendentalphilosophie und christlicher Praxis. Zur philosophischen Methode Maurice Blondels*, in : *Philosophisches Jahrbuch 75*, 1968, 332-346, maintenant dans P. Henrici: *Philosophie aus Glaubenserfah-rung. Studien zum Frühwerk Maurice Blondels.* Freiburg i.Br. et München, Alber, 2012, 196-215.

Henrici P., *Une vocation de laïc*, in : D. Folscheid (éd. par), *Maurice Blondel. Une dramatique de la modernité*, 210-214.

Henrici P., Recension. *Die Aktion*, in : *Theologische Revue 64*, 1968, 506-508.

Henrici P., Recension. *H. Duméry, Raison et religion dans la philosophie de l'action*, in *Philosophisches Jahrbuch 72*, 1965, 408-413.

Henrici P., Recension. *U. Hommes, Transzendenz und Personalität*, in *Philosophisches Jahrbuch 81*, 1974, 214-219.

Henrici P., Recension. *J.J. McNeill, The Blondelian synthesis*, in : *Theologie und Philosophie 42*, 1967, 459-460.

Henrici P., Recension. *J.C. Scannone, Sein und Inkarnation*, in : *Theologische Revue 67*, 1971, 127-129.

Hommes U., *Blondels Phänomenologie des Willens im Lichte gegenwärtiger Erfahrung*, in : *Theologie und Philosophie 64*, 1989, 179-198.

Hommes U., *Maurice Blondel und die deutsche Philosophie der Gegenwart*, in : *Philosophisches Jahrbuch 69*, 1962, 255-281.

Hommes U., *Das Sprechen von Gott. Zum ontologischen Argument in Blondels Philosophie der Action*, in : *Analecta Anselmiana 4*, 1975, 309-316.

Hommes U., *Transzendenz und Personalität. Zum Begriff der Action bei Maurice Blondel*, Frankfurt a.M., 1972 (= *Philosophische Abhandlungen 41*).

Hooff A.E. van, *Die Innenseite des Modernismusstreites. Die persönliche Erfahrung Maurice Blondels – mehr als bloße Geschichte ?* In : *Stimmen der Zeit 114*, 1989, 667-676.

Hoff A.E. van, *Der Panchristismus : Innerer Bezugspunkt von Blondels L'Action*, in : *Zeitschrift für katholische Theologie 109*, 1987, 416-430.

Hoff A.E. van, *Die Vollendung des Menschen. Die Idee des Glaubensaktes und ihre philosophische Begründung im Frühwerk Maurice Blondels*, Freiburg/Basel/Wien, 1983 (= *Freiburger theologische Studien 124*).

Huisman D. (éd. par), *Dictionnaire des philosophes*, 2 vol., Paris, P.U.F., 1984.

Imbert-Goubeyre A., *L'hypnotisme et la stigmatisation*, Paris, Bloud, 1899.

Imbert-Goubeyre A., *La stigmatisation, l'extase divine et les miracles de Lourdes. Réponse aux libres-penseurs*, Clermont-Ferrand, Bellet, 1894.

Isai J.M., *Maurice Blondel. Una rigurosa filosofia de la religión*, Bilbao, Univ. de Deusto, 1982 (Publicaciones de la Universidad de Deusto. Filosofia 5).

Izquierdo C., *Presupuestos filosóficos del acceso histórico a Jesús según M.Blondel*, in : *La ciencia tomista 115*, 1988, 153-159.

Jaer A. de, A. Chapelle, *Le noétique et le pneumatique chez Maurice Blondel*, in : *Revue philosophique de Louvain 59*, 1961, 609-630.

James W., *The varieties of religious experience. A study in human nature*, 35ᵉ édit. , New York/London, Longmans, Green, 1925 (1ᵉʳᵉ édit. juin 1902, 2ᵉ édit. revue août 1902) ; trad. fr. : *La variété d'expériences religieuses*. Trad. et intr. par E. Boutroux, Genève, 1906.

Janet P., *Une extatique*, in : *Bulletin de l'Institut psychologique international 1*, 1901, 209-240.

Joly H., *La psychologie des saints*, 21ᵉ édit., Paris, Lecoffre, 1929 (1ᵉʳᵉ édit. 1897).

Joly H., *Sainte Thérèse (1512-1582)*, 19ᵉ édit., Paris, Lecoffre, 1926 (1ᵉʳᵉ édit. 1902).

Jouhaud M., *Deux aspects du Blondélisme. Expérience morale et réalisme transcendantal*, in : D. Folscheid (éd. par), *Maurice Blondel. Une dramatique de la modernité*, 81-91.

Jouhaud M., *Bergson et Blondel : Cosmologie et philosophie de la destinée*, in : C. Troisfontaines (éd. par), *Journées d'études* (9-10 novembre 1975), 7-29.

Jouhaud M., *Le problème de l'être et l'expérience morale chez Maurice Blondel*, Paris/Louvain, Béatrice-Nauwelaerts, 1970 (= Publications de la faculté des lettres et sciences humaines de Paris-Sorbonne, *Recherches 58*).

Keller H., *Die Geschichte meines Lebens*, trad. de l'angl. par P. Seliger, intr. par F. Holländer, 6ᵉ édit. Stuttgart, 1918 (1ᵉʳᵉ édit. 1905).

Kelly J.J., *The modernist controversy. Von Hügel and Blondel*, in : *Ephemerides theologicae Lovanienses 55*, 1979, 296-330.

König O., *Dogma als Praxis und Theorie. Studien zum Begriff des Dogmas in der Religionsphilosophie Maurice Blondels vor und während der modernistischen Krise (1888-1908)*, Graz, 1983 (*Grazer theologische Studien 9*).

Kopper J., *La connaissance objective chez Maurice Blondel*, in : D. Folscheid (éd. par), *Maurice Blondel. Une dramatique de la modernité*, 92-100.

Kunz E., *Glaube – Gnade – Geschichte. Die Glaubenstheologie des Pierre Rousselot S.J.*, Frankfurt a.M., 1969 (= *Frankfurter theologische Studien 1*).

La Vecchia M.T., *L'evoluzione della psiche nel processo di ominazione*, Roma, Typ. Univ. Gregoriana, 1983.

Laberthonnière L., *Essais de philosophie religieuse*, Paris, Lethielleux, 1903.

Laberthonnière L., *Le problème religieux*, Paris, Roger, 1897.

Laberthonnière L., *Le réalisme chrétien et l'idéalisme grec*, Paris, Lethielleux, 1904. Publié à nouveau in : *Le réalisme chrétien*, précédé des : *Essais de philosophie religieuse,* Intr. par C. Tresmontant, Paris, Le Seuil, 1966, 241-348.

Laberthonnière L., Recension. *M. Blondel, le drame de la passion à Oberammergau*, in : *Bulletin critique 21*, 1900, 493-494.

Laberthonnière L., Recension. *M. Blondel, La psychologie dramatique du mystère de la passion à Oberammergau*, in : *Annales de philosophie chrétienne 161*, 1910, 72-74.

Lacroix J., *Maurice Blondel, sa vie, son œuvre, avec un exposé de sa philosophie*, Paris, P.U.F., 1963.

Ladrière J., *Approche philosophique de la mystique*, in : J.M. v. Cangh et autres, *Mystique*, 81-103.

Lalande A. (éd. par), *Vocabulaire technique et critique de la philosophie*, 16e édit., Paris, P.U.F., 1988 (Fascicule 1ère édit., in : *Bulletin de la Société française de philosophie*, 1902-1923).

Larcher G., *Modernismus als theologischer Historismus. Ansätze zu seiner Überwindung im Frühwerk Maurice Blondels*, Frankfurt a.M. 1985 (Europäische Hochschulschriften XXIII, 231).

Le Lieu L., *La mystique divine et sa psychologie générale*, in : *Annales de philosophie chrétienne 152*, 1906, 449-471, 620-637.

Leclerc M. (éd. par), *Le développement des états mystiques chez sainte Thérèse* (Séance du 26 octobre 1905), in : *Bulletin de la Société française de philosophie 6*, 1906, 1-42.

Leonard A., *La méthode d'immanence et la problématique de "L'Action"*, in : D. Folscheid (éd. par), *Maurice Blondel. Une dramatique de la modernité*, 103-111.

Leuba J.H., *Les tendances fondamentales des mystiques chrétiens*, in : *Revue philosophique de la France et de l'étranger 27*, 1902, 1-36, 441-487.

Lohr C., *Raimondo Lullo : l'azione e il pensiere*, in : *Accademia Tudertina, Conciliarismo*. Stati nazionali. Inizi dell'umanesimo (= Atti del XXV Convegno storico internazionale, Todi, 9-12 ottobre 1988), 235-243.

Lubac H. de, *La mystique et les mystiques*, in : A. Ravier (éd. par), *La mystique et les mystiques*, 7-39.

Lubac H. de, *Théologie dans l'histoire*, vol. I : *La lumière du Christ*, Intr. par M. Sales, Paris, Desclée de Brouwer, 1990.

Mahamé Chr., *Spiritualité et philosophie chez Maurice Blondel de 1883 à1893*, Paris, Beauchesne, 1972 (= Eglise nouvelle – Eglise ancienne. Spiritualité 1).

Marchetti O., *Bollettino di ascetica e mistica. Gli studi ascetico-mistici nell'ultimo ventennio*, in : *La scuola cattolica 48*, 1920, Ser. V, 461-474.

Maréchal J. *Etudes sur la psychologie des mystiques*, vol. I, Paris, Alcan, 1924 ; vol. II, Paris, Desclée de Brouwer, 1937;

Maréchal J., *Le problème de la grâce mystique en Islam*, in : *Recherches de science religieuse 13*, 1923, 244-292.

Maréchal J., *Science empirique et psychologie religieuse*, in : *Recherches de science religieuse 3*, 1912, 1-61.

Maréchal J., *A propos du sentiment de présence chez les profanes et chez les mystiques*, in : *Revue des questions scientifiques 32*, 1908, 527-563 ; *33*, 1909, 219-249, 376-426.

Maréchal J., *Sur quelques traits distinctifs de la mystique chrétienne*, in : *Revue de philosophie 12*, 1912, 416-488.

Marion J.-L., *La conversion de la volonté selon "L'Action"*, in : D. Folscheid (éd. par), *Maurice Blondel. Une dramatique de la modernité*, 154-165.

Maritain J., *Distinguer pour unir ou les degrés du savoir,* 3e édit. revue et augm., Paris, Desclée de Brouwer, 1932 ; trad. allem. : *Die Stufen des Wissens oder Durch Unterscheiden zur Einung,* trad. par H. Broemser, intr. par K. Holzamer, Mainz, 1954, maintenant dans Maritain, Jacques: *Œuvres complètes*. Vol. 4, Fribourg : Éditions universitaires ; Paris : Éditions Saint-Paul, 1983, 257-952.

Maritain J., *L'intelligence d'après M. Maurice Blondel*, in : *Revue de philosophie 30*, 1923, 333-364, 484-511. Texte revu pour constituer le ch. III des *Réflexions sur l'intelligence* (1925) : *L'intelligence et la philosophie de Maurice Blondel*, in : Maritain Jacques : *Œuvres complètes*, vol. 3, Fribourg : Editions universitaires, Paris, Editions Saint-Paul, 1984, p. 93-161.

Maritain J. *Quatre essais sur l'esprit dans sa condition charnelle*, Paris, Desclée de Brouwer, 1939 maintenant dans Maritain, Jacques: *Œuvres complètes*. Vol. 7, Fribourg : Éditions universitaires ; Paris : Éditions Saint-Paul, 1988, 51-279.

Maritain J., *Expérience mystique et philosophie*, in : *Revue de philosophie 33*, 1926, 571-618 maintenant dans Maritain, Jacques: *Œuvres complètes*. Vol. 16, Fribourg : Éditions universitaires ; Paris : Éditions Saint-Paul, 1999, 357-363.

McDermott J.M., *Love and understanding : The relation of will and intellect in Pierre Rousselot's christological vision*, Roma : Ed. Univ. Gregoriana, 1983 (*Analecta Gregoriana 229*, Ser. Facultatis theologiae B 77).

McNeill J.J., *The Blondelian synthesis. A study of the influence of german philosophical sources on the formation of Blondel's method and thought*, Leiden : Brill, 1966 (*Studies in the history of christian thought 1*).

Meijer J.B.J., *De eerste levensfraag in het intellectualisme van St Thomas von Aquino en het integral-realisme van Maurice Blondel*, intr. par M. Blondel, Roermond-Maaseik, Romen, 1940.

Menke K.-H., *Deontologische Glaubensbergründung. Antonio Rosmini (1797-1855) und Maurice Blondel (1861-1949)*, in : *Zeitschrift für katholische Theologie 109*, 1987, 153-172.

Menke K.-H., *Vernunft und Offenbarung nach Antonio Rosmini. Der apologetische Plan einer christlichen Enzyklopädie*, Innsbruck, 1980 (*Innsbrucker theologische Studien 5*).

Merfeld T.J., *Person and presence. The encounter of phenomenology and ontology in the works of Maurice Blondel*, Milwaukee, Fac-similé, 1988.

Molette Ch., *Mulla Zadé. Une conscience d'homme dans la lumière de Maurice Blondel*, intr. par H. de Lubac, Paris, Tequi, 1988.Molette Ch., *Le rayonnement d'une sainteté de l'intelligence*, in : D. Folscheid (éd. par), *Maurice Blondel. Une dramatique de la modernité*, 44-57.

Montcheuil Y. de, *Maurice Blondel. Pages religieuses*, Paris, Aubier, 1942.

Montcheuil Y. de, *Mélanges théologiques*, Paris, Aubier, 1946 (*Théologie 9*).

Murisier E., *Les maladies du sentiment religieux*, Paris, Alcan, 1901.

Nédoncelle M., *Les rapports de l'histoire et du dogme d'après Blondel*, in : C. Troisfontaines (éd. par), *Journées d'études* (9-10 novembre 1974), 91-107.

Ngindu Mushete A., *Le problème de la connaissance religieuse d'après Lucien Laberthonnière*, intr. par R. Aubert, Kinshasa, Faculté de théologie catholique, 1978 (*Recherches africaines de théologie 7*).

Nicolosi S., *Blondel e Kant. La polemica intorno alla "Lettre sur l'apologétique"*, in : *Proteus 5*, 1974, 14-15, 69-103.

Ollé-Laprune L., *De la certitude morale*, Paris, Belin, 1880.

Ollé-Laprune L., *Le prix de la vie*, 9ᵉ édit., Paris, Belin, 1902.

Olphe-Galliard M., *La contemplation dans l'école ignatienne*, in : *Dictionnaire de spiritualité ascétique et de mystique II*, Paris, Beauchesne, 1953, 2102-2119.

Pacheco M., *A génese do problema da acção em Blondel, 1878-1882, Sentido de um projecto filosófico*, Paris, Centro Cultural Português, 1982 (*Humanismo clássico e humanismo moderno 3*).

Pacheu J., *L'expérience mystique et l'activité subconsciente*, Paris, Perrin, 1911.

Pacheu J., *Introduction à la psychologie des mystiques*, Paris, Oudin, 1901.

Pacheu J., *Psychologie des mystiques chrétiens, critique et faits. L'expérience mystique et l'activité subconsciente*, Paris, Perrin, 1911.

Pacheu J., *Psychologie des mystiques chrétiens. Les faits : le poème de la conscience. Dante et les mystiques*, Paris, Perrin, 1909.

Palhoriès F., *L'œuvre philosophique de M. l'Abbé Piat*, in : *Revue du clergé français 99*, 15 juillet 1919, 98-113.

Pegueroles J., *Blondel, Spinoza y el idealismo alemán*, in : *Espíritu 26*, 1977, 5-21.

Pisarello F., *Il concetto di "ecclesia" in A. Sabatier e M. Blondel e il metodo d'immanenza*, in : R. Crippa (éd. par), *Attualità del pensiero di Maurice Blondel*, 146-154.

Planty-Bonjour G., *Les implications théologiques de "L'Action"*, in : *Revue philosophique de la France et de l'étranger 111*, 1986, 435-448.

Polzer G., *Kritik des Lebens. Das Menschenbild der Frühschriften Maurice Blondels*, Würzburg, 1965 (= *Forschungen zur neueren Philosophie und ihrer Geschichte 16*).

Poulain A., *Chronique du mysticisme*, in : *Revue du clergé français 41*, 15 juin 1908, 694-707.

Poulain A., *Des grâces d'oraison. Traité de théologie mystique*, intr. par J.V. Bainvel, 11e éd. augmentée, Paris, Beauchesne, 1931 (1ère édit. 1901).

Poulat E., *Maurice Blondel et la crise moderniste*, in : *Revue philosophique de la France et de l'étranger 112*, 1987, 47-54.

Poulat E., *Critique et mystique. Autour de Loisy ou la conscience catholique et l'esprit moderne*, Paris, Le Centurion, 1984.

Poulat E., *Histoire, dogme et critique dans la crise moderniste*, Paris, Tournay, 1962.

Poulat E., *La pensée blondélienne dans le cadre de la crise moderniste*, in : D. Folscheid (éd. par), *Maurice Blondel. Une dramatique de la modernité*, 19-31.

Poupard P., (éd. par), *Dictionnaire des religions*, Paris, P.U.F., 1984.

Rabeau G., Recension. *M. Blondel, La Pensée*, in : *Revue des sciences philosophiques et théologiques 24*, 1935, 189-217.

Raffelt A., *Bibliografia blondeliana. Mais um decénio*, 1962-1972, in : *Revista portuguesa de filosofia 29*, 1973, 434-444.

Raffelt A., *Blondel, deutsch. Übersetzungen und deutschsprachige Arbeiten zum Werk Blondels. Eine Übersicht*, in : *Theologie und Philosophie 64*, 1989, 237-251.

Raffelt A., *Über die Gottesfrage. Eine Meditation von Maurice Blondel*, in : *Geist und Leben 63*, 1990, 31-38.

Raffelt A., *Opfer und Selbstbejahung : Implikationen der "Immanenzapologetik" Maurice Blondels*, in : *IkaZ "Communio" 7*, 1978, 323-339. < www.freidok.uni-freiburg.de/volltexte/1671/>

Raffelt A., *Spiritualität und Philosophie. Zur Vermittlung geistig-religiöser Erfahrung in Maurice Blondels "L'Action"*, 1893, Freiburg, 1978 (*Freiburger theologische Studien 110*). < www.freidok.uni-freiburg.de/volltexte/5/>

Raffelt A., Recension. *M. Blondel, Zur Methode der Religionsphilosophie*, in : *Theologie und Philosophie 51*, 1976, 297-298.

Raffelt A., Recension. *R. Virgoulay/Cl. Troisfontaines, Maurice Blondel. Bibliographie analytique et critique I*, in : *Theologie und Philosophie 51*, 1976, 472-473.

Raffelt A., Recension. *A. Virgoulay/Cl. Troisfontaines, Maurice Blondel. Bibliographie analytique et critique II*, in : *Theologie und Philosophie 52*, 1977, 452-455.

Ranga J.-P., *L'eucharistie chez Maurice Blondel des "Carnets intimes"* à *"L'Action" 1882-1894. La vie eucharistique dans l'élaboration d'une pensée philosophique*, Lyon : Dissert. non publiée, 1979.

Ravier A., (éd. par), *La mystique et les mystiques*, intr. par H. de Lubac, Paris, Desclée de Brouwer, 1965.

Reiter J., *Geist und Buchstabe. Blondels Verständnis konkret-lebendigen Erkennens*, in : *Theologie und Philosophie 64*, 1989, 222-236.

Renault M., *Note blondélienne sur l'analogie*, in : *Actes du XVIIIe congrès des sociétés de philosophie de langue française*, Strasbourg, juillet 1980, Paris, Vrin, 1982, 321-324.

Renault M., *Déterminisme et liberté dans "L'Action" de Maurice Blondel*, Lyon, Vitte, 1965 (= Collection "Problèmes et doctrines" 21).

Renauld M., *Le Singulier. Essai de monadologie*, Montréal, Bellarmin, 1979 (= *Recherches. Philosophie 22*).

Rivera de Ventosa E., *Dos pensadores cristocentricos : San Buenaventura y M. Blondel. Estudo comparativo*, in : *Estudios Franciscanos 75*, 1974, 339-378.

Romeyer B., *La philosophie religieuse de Maurice Blondel*, Paris, Aubier, 1943.

Roure L., *En face du fait religieux*, Paris, Perrin, 1908.

Roure L., *Mysticisme*, in : *Dictionnaire apologétique de la foi catholique*, vol. III, 4ᵉ édit., Paris, Beauchesne, 1916, 1014-1024.

Rousselot P., *Intellectualisme*, in : *Dictionnaire apologétique de la foi catholique*, 4ᵉ édit., Paris, Beauchesne, 1911, 1066-1081.

Rousselot P., *L'intellectualisme de saint Thomas*, avec une Notice sur l'auteur et une bibliographie par L. de Grandmaison, 3ᵉ édit., Paris, Beauchesne, 1936, 1ᵉʳᵉ édit. Paris, Alcan, 1908).

Ruy L., *Un message du Sacré-Cœur, Madame Royer et l'archiconfrérie de prière et de pénitence de Montmartre*, Paris, Lethielleux, 1962.

Saint-Jean R., *L'apologétique philosophique. Blondel 1893-1913*, Paris, Aubier, 1966.

Saint-Jean R., *Genèse de l'action : M. Blondel 1882-1893*, Paris, Desclée de Brouwer, 1965 (Museum Lessianum, section philosophique 52).

Sales M., *Les marches d'approche de la foi. Dieu en quête de l'homme et l'homme en quête de Dieu*, in : *Revue catholique internationale Communio 12*, 1988, 12-34.

Sales M., P. Agaesse, *La vie mystique chrétienne*, in : *Dictionnaire de spiritualité ascétique et mystique*, vol. X, Paris, Beauchesne, 1980, 1939-1984.

San L. de, *Etude pathologico-théologique sur sainte Thérèse*, Louvain, Fonteyn, 1886.

Saudreau A., *La contemplation selon Mgr Saudreau*, in : *Dictionnaire de spiritualité ascétique et mystique*, vol. II, Paris, Beauchesne, 1953, 2159-2171.

Saudreau A., *L'état mystique. Sa nature, ses phases et les faits extraordinaires de la vie spirituelle*, 2e éd. revue et augmentée, Paris, Amat, 1921.

Saudreau A., *Les faits extraordinaires de la vie spirituelle. Etat angélique – extase – révélations – visions – possessions*, Paris, Amat, 1908.

Saudreau A., *La vie d'union à Dieu et les moyens d'y arriver d'après les grands maîtres de la spiritualité*, 2e édit. revue et augmentée, Paris, Amat, 1909, (1ère édit. 1900).

Saudreau A., *La voie qui mène à Dieu. Conseils pratiques pour tous ceux qui aspirent à une solide piété*, Paris, Amat, 1904.

Scannone J.C., *Sein und Inkarnation. Zum ontologischen Hintergrund der Frühschriften Maurice Blondels*, Freiburg, i.Br./München, 1968 (*Symposium 27*).

Scantimburgo J. de, *Dinâmica espiritual*, in : *Revista brasileira de filosofia 25*, 1975, 479-494.

Scantimburgo J. de, *A espiritualidade de Maurice Blondel*, in : *Revista brasileira de filosofia 32*, 1982, 277-285.

Scantimburgo J. de, *O problema do destino humano.Segundo a filosofia de Maurice Blondel*, intr. par L. van Acker, São Paulo, Convivio 1979.

Schram D., *Theologia mystica*, 2 vol., Paris, Vrayet de Surcy, 1848.

Schütz L., *Thomas-Lexikon. Sammlung, Übersetzung and Erklärung der in sämtlichen Werken des h. Thomas von Aquin vorkommenden Kunstausdrücke und wissenschaftlichen Aussprüche*, 2ᵉ édit. très augmentée, Paderborn, 1895.

Segond J., *La prière. Etude de psychologie religieuse*, Paris, Alcan, 1911.

Sophrone (=pseudonyme), *Le mot "mystique"*, in : *Revue pratique d'apologétique 28*, 1919, 547-556.

Splett J., *Dialektik des Tuns – Dialogik – Person-Sein in trinitarischer Analogie : L'Action (Blondel) als condilectio* (Richard de St-Victor), in : *Theologie und Philosophie 61*, 1986, 161-175.

Theobald Chr., *Maurice Blondel und das Problem der Modernität. Beitrag zu einer epistemologischen Standort bestimmung zeitgenössischer Fundamentaltheologie*, Frankfurt, a.M., 1988 (*Frankfurter theologische Studien 35*).

Tilliette X., *Maurice Blondel et la controverse christologique*, in : P. Colin, *Le modernisme*, Paris, Beauchesne, 1980 (*Philosophie 5*), 129-160.

Tilliette X., *Le Christ de la philosophie. Prolégomènes à une christologie philosophique*, Paris, Le Cerf, 1990 (*Cogitatio fidei 155*).

Tilliette X., *L'insertion du surnaturel dans la trame de "L'Action"*, in : *Revue philosophique de la France et de l'étranger 111*, 1986, 449-465.

Tilliette X., *Problèmes de philosophie eucharistique. I Descartes et Leibniz*, in : *Gregorianum 64*, 1983, 273-304.

Tilliette X., *Problèmes de philosophie eucharistique. II Rosmini et Blondel*, in : *Gregorianum 65*, 1984, 605-633.

Tilliette X., *Die Vielfalt der christologischen Ansätze im Frühwerk Maurice Blondels*, in : *Theologie und Philosophie 64*, 1989, 199-209.

Tonquédec J. de, *Immanence. Essai critique sur la doctrine de M. Maurice Blondel*, 2ᵉ édit., Paris, Beauchesne, 1913.

Tresmontant C., *Introduction à la métaphysique de Maurice Blondel*, Paris, Le Seuil, 1963.

Troisfontaines C., *L'approche phénoménologique de l'être selon Maurice Blondel*, in : D. Folscheid (éd. par), *Maurice Blondel. Une dramatique de la modernité*, 69-80.

Troisfontaines C., *Maurice Blondel et Victor Delbos. A propos de Spinoza*, in : *Revue philosophique de la France et de l'étranger 111*, 1986, 467-483.

Troisfontaines C., (éd. par), *Journées d'études* (9-10 novembre 1974). *Blondel – Bergson – Maritain – Loisy*, Louvain, Institut supérieur de philosophie, Ed. Peeters, 1977 (Centre d'Archives Maurice Blondel 4).

Trouillard J., Recension. *M. Blondel. Exigences philosophiques du christianisme*, in : *Les études philosophiques 6*, 1951, 369-371.

Valensin Albert, *Immanence (Doctrine de l')*, in : *Dictionnaire apologétique de la foi catholique*, 4ᵉ édit., vol. II, Paris, Beauchesne, 1911, 569-579.

Valensin Albert, *Immanence (Méthode d')*, in : *Dictionnaire apologétique de la foi catholique*, 4ᵉ édit., vol. II, Paris, Beauchesne, 1911, 593-612.

Valensin Auguste, *Panthéisme*, in : *Dictionnaire apologétique de la foi catholique*, 4ᵉ édit., vol. III, Paris, Beauchesne, 1916, 1303-1333.

Vallery-Radot R., *Le réveil de l'esprit*, 2ᵉ édit., Paris, Perrin, 1917.

Verweyen H., *Einleitung zu : M. Blondel. Lettre sur les exigences*, 1896, trad. allem. : *Zur Methode der Religionsphilosophie*, 13-105.

Verweyen H., *Methodik der Religionsphilosophie. "L'Action" (1893) im Spiegel der "Lettre" (1896)*, in : *Theologie und Philosophie 64*, 1989, 210-221.

Verweyen H., *Die "Logik der Tat". Ein Durchblick durch M. Blondels "L'Action" (1893)*, in : *Zeitschrift für Katholische Theologie 108*, 1986, 311-320.

Verweyen H., Recension. *M. Blondel, Logik der Tat. Aus der "Action" von 1893 ausgewählt*, in : *Theologische Revue 83*, 1987, 132.

Verweyen H., Recension. *A.E. von Hoof, Die Vollendung des Menschen*, in : *Theologische Revue 80*, 1984, 138-140.

Verweyen H., Recension. *A. Raffelt, Spiritualität und Philosophie*, in : *Theologische Revue 75*, 1979, 246-248.

Virgoulay R., *"L'Action" de Maurice Blondel. Une philosophie de la volonté*, in : *Revue philosophique de la France et de l'étranger 112*, 1987, 55-70.

Virgoulay R., *De "L'Action" à la Tétralogie : Continuité ou rupture ?*, in : D. Folscheid (éd. par), *Maurice Blondel. Une dramatique de la modernité*, 112-124.

Virgoulay R., *Blondel et le modernisme. La philosophie de l'action et les sciences religieuses (1896-1913)*, Paris, Le Cerf, 1980.

Virgoulay R., C. Troisfontaines, *Maurice Blondel. Bibliographie analytique et critique I. Œuvres de Maurice Blondel (1880-1873)*, Louvain, Institut supérieur de philosophie, Ed. Peeters, 1975 (Centre d'Archives Maurice Blondel 2).

Virgoulay R., C. Troisfontaines, *Maurice Blondel. Bibliographie analytique et critique II. Etudes sur Maurice Blondel (1893-1975)*, Louvain, Institut supérieur de philosophie, Ed. Peeters, 1976 (Centre d'Archives Maurice Blondel 3).

Virgoulay R., *La christologie philosophique de Maurice Blondel*, in : D. Folscheid (éd. par), *Maurice Blondel. Une dramatique de la modernité*, 201-209.

Wehrlé J., *Les origines et les étapes de la pensée décrites par un grand philosophe*, in: *Bulletin trimestriel des anciens élèves de Saint-Sulpice*, 15 févr. 1935, 115-135.

Wehrlé J., *Les responsabilités de la pensée en quête de son achèvement*, in : *Bulletin trimestriel des anciens élèves de Saint-Sulpice*, 15 févr. 1936, 129-151.

Worgul G.S., *M. Blondel and the problem of mysticism*, in : *Ephemerides theologicae Lovanienses 61*, 1985, 100-122.

III. Dernières parutions

Belley Pierre-Antoine, C, *Le débat sur l'intelligence : la connaissance réelle de Maurice Blondel*, in : Pierre-Antoine Belley, *Connaître par le coeur : connaissance par connaturalité dans l'Œuvre de Jacques Maritain*, Paris, Téqui, 2005, (Collection *Croire et Savoir* ; 40), 144-176.

Capelle Philippe, *Philosophy and Mysticism : Toward a Typology of Their Relation*, in *Philosophy and Theology*, Marquette University Quarterly 16 (2004), 255-268.

Kerlin Michael J., *Maurice Blondel : Philosophy, Prayer, and the Mystical*, in : Talar Charles J.T. (éd. par) : *Modernists and mystics*, Washington, DC, Catholic Univ. of America Press, 2009, 62-81. Voir aussi :<a href=http://www.aarmysticism.org/ documents/Kerlin.pdf" target="_top">Artikel im Internet</a> </li>

Périco Yvette, *Le problème de la mystique*, in : Marc Leclerc (éd. par) : *Blondel entre L'Action et la Trilogie, Actes du Colloque international sur les "écrits intermédiaires" de Maurice Blondel*, tenu à l'Université grégorienne à Rome du 16 au 18 novembre 2000, Brüssel, Lessius, 2003 (Donner raison ; 12), 285-295.

Saint-Jean Raymond, *La philosophie et la mystique d'après Blondel*, in : *Science et esprit* 62 (1990), 77-88.

Sales Michel, *Henri de Lubac "Maurice Blondel et le problème de la mystique"*, in *Henri de Lubac et le mystère de l'église*, Actes du colloque du 12 octobre 1996 à l'Institut de France / Jean-Marie Lustiger et autres, Paris, éd. du Cerf, 1999 (études lubaciennes ; 1), 15-53.

TABLE DES MATIÈRES